蔬菜产业发展
典型案例

王艳霞　左秀丽　王瑞文　王拴马　刘强　孙明清　主编

中国农业出版社
北　京

图书在版编目（CIP）数据

蔬菜产业发展典型案例／王艳霞等主编 . --北京：
中国农业出版社，2025.1
ISBN 978-7-109-31870-0

Ⅰ.①蔬…　Ⅱ.①王…　Ⅲ.①蔬菜产业-产业发展-
案例-中国　Ⅳ.①F326.13

中国国家版本馆 CIP 数据核字（2024）第 069299 号

蔬菜产业发展典型案例

SHUCAI CHANYE FAZHAN DIANXING ANLI

中国农业出版社出版
地址：北京市朝阳区麦子店街 18 号楼
邮编：100125
责任编辑：谢志新　郭晨茜
版式设计：杨　婧　责任校对：张雯婷
印刷：中农印务有限公司
版次：2025 年 1 月第 1 版
印次：2025 年 1 月北京第 1 次印刷
发行：新华书店北京发行所
开本：700mm×1000mm　1/16
印张：18.25
字数：346 千字
定价：98.00 元

《蔬菜产业发展典型案例》
编 委 会

主 编

王艳霞　　左秀丽　　王瑞文　　王拴马　　刘　强　　孙明清

副主编

王秀琴　　许　刚　　董灵迪　　袁瑞江　　孙桂敏　　王占江　　贾剑麟

严立斌　　郭敬华　　李兰功　　邸垫平　　杨金龙　　李成彤　　何建兴

参编（按姓名笔画排序）

丁　莉　　丁永冲　　丁民伟　　门锁宅　　王　宁　　王育晓　　王宝利

王彦霞　　王举昂　　尹庆珍　　左晓磊　　卢军波　　田菲菲　　白亚利

白俊香　　冯佐龙　　任素梅　　刘　亚　　刘会云　　刘丽虹　　刘环环

刘学娜　　刘艳萍　　刘淑芹　　刘鑫翠　　齐　琨　　安进军　　许永红

许晓东　　孙丽岚　　孙淑敏　　杜亚尊　　李　肖　　李　璞　　李艳玲

李玺家　　李娟茹　　李翠霞　　杨志兵　　杨克力　　杨晓丽　　肖素玲

吴鹏坤　　何　煦　　宋小颖　　张　哲　　张　惠　　张　辉　　张广辉

张克敏　　张艳花　　张素芳　　陈　昶　　范战胜　　周仕昭　　庞永超

郑一飞　　单卫东　　孟彦峰　　孟静静　　赵辉娟　　侯大山　　贾芳芳

夏　冰　　徐一萍　　高　倩　　高西敏　　高庆发　　高红顺　　高丽慧

陶　峰　　龚晓璞　　常苑苑　　崔建强　　葛俊红　　董玉霞　　董胜旗

焦巧芳　　焦素环　　靳昌霖　　靳建红　　楚天元　　路贵华　　潘宝贵

前言

FOREWORD

　　蔬菜产业经过多年发展，已经逐步成为我国很多地区的农业支柱产业，形成了许多具有地方特色的蔬菜优势产区，蔬菜产业的发展为农民增收致富、乡村振兴和服务"三农"做出了重要贡献。蔬菜产业属于高投入、技术含量相对较高的产业，蔬菜种植大户、种植合作社、家庭农场等农业经营主体，在实际生产中经常在新品种新技术引进和选择、如何科学合理安排种植茬口、不同栽培设施如何与高产高效模式配套、产品如何布局才能与市场需求一致等诸多方面存在困惑。要实现蔬菜产业的健康发展、保障蔬菜产品安全供应、提高蔬菜种植效益离不开科技支撑。

　　根据目前蔬菜产业的生产现状和实际需求，我们坚持高起点、高质量、高标准的原则，组织农业科研院所、农业技术推广部门中理论和实践经验丰富的科研人员及长期在一线工作的技术人员编写了《蔬菜产业发展典型案例》一书。本书对地方特色明显、蔬菜生产效益显著的40多个种植园区、合作社、家庭农场、种植公司的经营模式、生产模式进行了详细介绍，内容全面，具有较强的实用性和指导性。整书力避大段晦涩文字，编写形式新颖，依托蔬菜种植合作社和家庭农场、种植公司的实例，将设施、品种、技术、市场需求配套，形成了可复制、可推广的蔬菜高质高效发展典型案例，做到"推有实例、看有样板、学有技术"，提高了技术的可借鉴性，适合蔬菜种植者、农业技术人员和相关专业人员阅读参考。希望本书能为农村蔬菜产业科技进步、乡村振兴和相关产业发展做出贡献，同时也恳请读者和相关专家对书中的不当之处提出宝贵意见，以便补正。

本书的编写得到了河北省现代农业产业体系（二期）蔬菜产业创新团队石家庄综合试验推广站（HBCT2018030407）、石家庄市第三批"高层次人才支持计划"（石家庄市农业技术推广中心）、冀中南甘薯马铃薯提质增效生产综合试验推广站（HBCT2018080404）、石家庄市学科领军人才（石家庄市农业技术推广中心）、河北省现代农业产业体系（三期）蔬菜产业创新团队石家庄综合试验推广站（HBCT2023100404）、冀南高品质蔬菜技术提升岗（HBCT2023100205）、温室长季节用新品种选育岗（HBCT2023100209）、病虫害综合防控技术岗（HBCT2023100210）等多方面支持，对此表示衷心感谢！

编　者

2025 年 1 月

目 录
CONTENTS

1

第一章 石家庄市藁城区蔬菜产业发展典型案例

>>> 石家庄市藁城区农业高科技园区 <<<

一、经营主体简介

石家庄市藁城区农业高科技园区位于藁城区廉州镇系井村南。园区始建于1998年4月,2002年被河北省科技厅认定为省级农业科技园区,2008年被财政部、中国科学技术协会授予"全国科普惠农兴村先进单位"称号,2009年被农业部确定为国家级"蔬菜标准园"创建单位,2013年被科技部授予"国家级科技特派员创业基地"称号,2015年被科技部批准建设为河北石家庄藁城国家农业科技园区、河北省首批现代农业园区,2016年被科技部批准为国家首批备案的"星创天地",2020年在国家农业科技园区自评估工作中荣获第一名。园区在石家庄市及河北省具有较高的知名度和广泛的影响力。园区现已建成可调温育苗温室32栋,标准生产日光温室80栋,现代智能温室10 000米²,农业科技成果展示厅1 000米²,冷库500米²,技术咨询培训楼两栋4 300米²。建有青竹宫面文化产业园,内设藁优麦深加工宫面生产流水线,宫面年产2 000吨。建有荷兰瑞克斯旺种子试验站、以色列海泽拉种子试验站、农业信息化展示中心、河北省农业物联网技术展示平台,与中国农业大学、北京市农业科学院、河北省农林科学院、河北农业大学、河北省农业技术推广总站等单位建立了长期的产学研合作关系。

二、经营主体经营模式

园区围绕促进现代农业发展,"以科技创新为支撑,以新品种开发、引进示范为突破口,以推广水肥一体化、生物物理综合防控等关键技术为基础,以发展生产标准化、操作机械化、管理智能化、营销信息化为重点,全面实施技术创新,提升产业档次,为现代农业发展树立样板"。园区每年从国内外科研单位、知名种子公司引进试种100多个蔬菜新品种,筛选出番茄卓尼、樱桃番茄首尔红、冀美福星黄瓜、津福甜椒、黑丽圆307茄子、西州蜜25哈密瓜和

1

小黄瓜等 10 余个品种,累计推广应用面积 8 000 公顷;新引进中国红、红玛瑙、阿里山、绿熊、满天红等蝴蝶兰花卉品种 100 余种,年产成花可达 30 万株。在蔬菜技术上,园区集成示范集约化穴盘育苗、机械化轻简化栽培、物联网智能化环境监测与调控、生菜轻简化雾培等技术 10 余项;申报"立马好"拱棚设施、微喷带收卷机、可收卷双膜大棚等实用新型专利 21 项;先后承担实施了河北省科技厅、河北省农业农村厅、石家庄市科技局科技项目 23 项,成果获全国农牧渔业丰收奖 1 项,获省、市级科学技术进步奖 4 项。园区通过深入开展高素质农民培育,采取入村培训、集中培训、信息传播、田间指导等形式培育高素质农民 1 000 余人。与此同时,园区积极提供产业化服务,建立"园区+农户"的新型利益联结机制,探索构建"园区+龙头企业+标准化种植基地"增值模式,减少了农户试种或试用风险,达到了"让应用者尝到甜头、让观望者看到希望、让疑惑者转变观念"的效果。

近年来,7 家农业企业入驻园区,从事蔬菜、水果、花卉种植,农产品加工、种苗繁育等产业,呈现一派欣欣向荣的景象。其中,河北炫梦农业科技有限公司引进蔬菜气雾栽培种植技术,节能减排,自动化程度高,极大地提高了蔬菜产品附加值。石家庄品梦花卉种植有限公司集蝴蝶兰研发、种植、销售于一体,年产成花30 万株。石家庄市传承宫面有限公司主打藁城宫面特色品牌,注册了国家地理标志产品,致力于宫面加工自动化、机械化发展,积极创建区域公共品牌。

目前,园区已具备技术展示、科研培训、开发创新、生产加工、辐射带动五大功能,集种植、加工、生产、科研、培训于一体,充分发挥"做给农民看、带着农民干、帮助农民销、引领农民赚"的作用。

三、经营主体生产模式

目前,该园区主要生产模式有日光温室秋冬茬芹菜—育苗—冬春茬黄瓜栽培技术模式、日光温室秋冬茬球茎茴香—育苗—冬春茬番茄栽培技术模式、日光温室越冬—大茬番茄栽培技术模式、早春茬甜(辣)椒—秋冬茬番茄栽培技术模式、日光温室秋冬茬球茎茴香—冬春茬番茄栽培技术模式、越冬茄子—越夏黄瓜栽培技术模式、温室秋冬茬番茄—冬春茬豇豆栽培技术模式、秋冬茬樱桃番茄—冬春茬彩椒连作栽培技术模式、日光温室秋冬茬球茎茴香—冬春茬黄瓜栽培技术模式、集约化育苗技术模式。这些模式是近几年在藁城区农业高科技园区内进行示范推广的集种植、育苗于一体的高效模式,通过引试新品种,膜下滴灌,两膜一网一黄板技术的应用,以及合理安排茬口,从而获得较高的产量及效益。

(一)日光温室秋冬茬芹菜—育苗—冬春茬黄瓜栽培技术模式

1. 设施类型及结构

日光温室为土墙钢筋骨架结构温室,长 120～145 米,内跨度为 12 米,外跨度为 18 米，脊高 5 米，后墙底宽 7 米，顶宽 2～3 米，下挖 1.2 米，深冬可以生产喜温果菜类（如果育苗要有加温设备），实现周年生产。

2. 茬口安排

（1）秋冬茬芹菜。7 月上旬育苗，9 月上旬定植，11 月下旬至 12 月上旬上市，12 月下旬收获完毕。

（2）育冬春茬苗，苗龄 30～60 天。

（3）冬春茬黄瓜。集约化育苗或自己育苗，1 月中下旬育苗，2 月底定植，3 月下旬开始采收，7 月下旬采收完毕。

3. 品种选择

（1）秋冬茬芹菜。品种与秧苗选用优质、抗病、耐热、适应性广、纤维少、实心、品质嫩脆的品种，可选用文图拉、加州王、高优它等。

（2）育苗。根据用苗需求选择品种。

（3）冬春茬黄瓜。选择优质、高产、抗病、抗逆性强的黄瓜品种，冀美801、津优 35 等品种。

4. 秋冬茬芹菜栽培技术

（1）育苗。去育苗厂委托育苗或购苗，如果自己育苗可按下面的方法操作。

在棚内做南北向畦，畦净宽 1.2 米（老棚要将畦内 10 厘米土壤起出来，换成未种过蔬菜的肥沃大田土）。每畦再施入经过充分发酵、腐熟、晾干、捣碎并过筛的鸡粪 0.2 米³，50％多菌灵可湿性粉剂 80 克，磷酸氢二铵 0.5 千克，翻地 10 厘米，将肥、药、土充分混匀，耙平、耙细待播。每 10 米² 苗床可播种子 8～10 克，育 667 米² 芹菜苗需用种 80～100 克。播种前将种子用清水浸泡 24 小时，搓洗几次，置于 15～20℃环境下进行低温催芽，当有 70％左右种子露白即可播种。播种前先将畦内浇灌水，水渗后播种。播种后出苗前，苗床要用湿草帘覆盖，并经常洒水。苗齐后，要保持土壤湿润，当幼苗第一片真叶展开时进行间苗，疏掉过密苗、病苗、弱苗，苗距、行距均留 3 厘米，结合间苗拔除田间杂草。当有 3～4 片真叶时，进行分苗。苗间距（6～8）厘米×（3～4）厘米。定植前 10 天，停止供水，行间松土，2～3 天后浇 1 次水，之后 4～5 天不浇水，促进发根壮根。同时增加见光，逐步缩短遮阳网覆盖时间。苗期正处于高温多雨季节，在大棚内采用一网一膜覆盖（即一层遮阳网防止高温，一层棚膜防暴雨冲刷）。壮苗标准为苗龄 60 天左右，5～6 片叶，茎粗壮，叶片绿色，完整无缺损，无病虫害，苗高 15～20 厘米，根系发达。

（2）定植前准备。

①清洁田园：清除前茬作物的残枝烂叶及病虫残体。

②棚室消毒：在定植前 7～10 天，每 667 米² 用 20％百菌清烟剂 250～400克熏棚。一般在晚上进行，熏烟密闭棚室 24 小时。

3

③整地施肥：每 667 米² 施腐熟好的优质有机肥 3 000～5 000 千克，尿素 10 千克，过磷酸钙 50 千克，硫酸钾 30 千克。将肥料均匀洒施，深翻 40 厘米，纵横各深翻 1 次，耙后做平畦。

（3）定植。于晴天傍晚进行定植，带土移栽。行距 40 厘米，株距 20～25 厘米，每 667 米² 定植 8 000 株左右。每穴 1 株，培土以埋住短缩茎露出心叶为宜，边栽边封沟平畦，随即浇水，切忌漫灌。

（4）定植后的管理。

①温度管理：定植到缓苗阶段的适宜温度为 18～22℃，生长期的适宜温度为 12～18℃，生长后期温度保持在 10℃以上。幼苗发生萎蔫时要遮阳。11 月初上草苫，晴天太阳出时揭苫，太阳落后盖苫；阴天，比晴天晚揭、早盖 1 小时。深冬季节注意保温，白天温度达 20℃以上时，开天窗通风，夜间气温保持在 10℃以上。

②浇水追肥：定植后缓苗期，应保持土壤湿润，注意遮阳，防止烈日暴晒。进入生长期后，应加强水肥管理，勤施少施，不断供给速效性氮肥和磷、钾肥。追肥应在行间进行。定植后 10～15 天，每 667 米² 追尿素 5 千克，之后 20～25 天追肥 1 次，每 667 米² 追尿素和硫酸钾各 10 千克。定植后 2 个月后，进入旺长期，应水肥齐攻，每 667 米² 施用尿素和硫酸钾各 10 千克，深秋和冬季应控制浇水，浇水应在晴天 10：00～11：00 进行，并注意加强通风降湿，防止湿度过大发生病害。浇水后要有连续 3～5 天以上的晴天，每次浇水量都不要过大，以防水大造成死苗。采收前 10 天停止追肥、浇水。

（5）病虫害防治。芹菜的病虫害主要有斑枯病、早疫病、软腐病、蚜虫、白粉虱等。

①斑枯病：阴天时用 45％百菌清烟剂每 667 米² 每次 200 克熏蒸，傍晚暗火点燃闭棚过夜，连熏 2 次，每次间隔 10 天；发病初期可用 75％百菌清可湿性粉剂 600 倍液或 50％多菌灵可湿性粉剂 800 倍液喷雾。

②早疫病：用百菌清烟剂每 667 米² 每次 200 克熏蒸 2 次，每次间隔 10 天；用 50％多菌灵可湿性粉剂 800 倍液或 10％苯醚甲环唑水分散粒剂 1 500 倍液喷雾。

③软腐病：发病初期用 77％氢氧化铜可湿性粉剂 2 000 倍液或 20％噻菌铜悬浮剂 500 倍液喷雾。

④蚜虫、白粉虱：用 1.8％阿维菌素乳油 3 000 倍液或 10％吡虫啉可湿性粉剂 1 500 倍液喷雾。

（6）采收。当芹菜每株达 1.5 千克左右时采收。

5. 对外育苗技术

（1）穴盘和基质消毒。

①消毒。对重复使用的穴盘和自配基质必须进行消毒；穴盘应摆放在与土壤隔离的育苗床架或塑料薄膜之上。重复使用的穴盘，在使用前采用2%的漂白粉充分浸泡30分钟，用清水漂洗干净。自配基质可喷施50%多菌灵可湿性粉剂500倍液，并用塑料薄膜密封1周后使用，以达到灭菌消毒效果。

②基质装盘：

基质预湿：选择商品基质或自配基质，调节基质含水量为50%～70%，即用手紧握基质成团，有水印而不形成水滴，基质团落地散开。

装盘：将预湿好的基质装入穴盘中，使每个孔穴都装满基质，表面平整，装盘后各个格室应能清晰可见，穴盘应错落摆放，避免压实。

（2）播种。

①种子处理：购买的包衣种子可直接播种。未处理的种子可进行温汤浸种或药剂消毒，浸种过程中除去秕籽和杂质，用清水将种子上的黏液洗净，待种子风干后播种。

②播种：将装满基质的穴盘压穴、播种、覆盖、浇水，每穴播种1粒种子，根据种子大小掌握播种深度，播深1～2厘米。种子播后覆土，喷透水，以穴盘底部渗出水为宜，之后进行催芽。

（3）芽前管理。

①催芽环境：在保温、保湿条件下催芽，催芽温度为25～30℃，保持日夜温差5～10℃。

②催芽方法：

催芽室催芽：育苗盘可错开垂直码放在隔板上，盘上覆盖一层白色地膜保湿，并经常向地面洒水增加空气湿度，等种子60%拱土时挪出。

苗床催芽：育苗盘整齐排放在与地面土壤隔离的苗床上，苗盘上面覆盖白色地膜保湿，当种芽伸出时，及时揭去地膜。

（4）苗期管理。

①子苗期的管理：子苗期为子叶拱土到真叶吐心的时期，这一时期是种苗最容易发生徒长的时期。管理要点是适当控制水分，降低夜温，充分见光，防止徒长。白天温度控制在幼苗生长适宜温度，有条件应保证日夜温差在10℃以上，通过增加温差控制苗期的徒长。逐渐增加光照，基质相对湿度保持80%左右。

②成苗期管理：成苗期是指从真叶吐心到达到商品苗标准的时期，管理要点是降低基质湿度和空气温度，适当提高施肥浓度，采用干湿交替方法进行苗期水分管理；对于发生徒长的蔬菜幼苗，可使用适宜浓度的生长调节剂控制徒长，并及时出圃，避免种苗老化。

③成苗到定植前的管理：此阶段在温度控制上应适当降低温度 2～3℃，控制浇水，保持基质在半干燥状态，以利于定植成活和缓苗。出圃前施用广谱性杀菌剂 1 次，预防定植期间的病害。

（5）苗期病虫害防治。按照"预防为主，综合防治"的植保方针，坚持"农业防治、物理防治为主，化学防治为辅"的无害化控制原则。

（6）运输条件。温度接近运输途中和目的地的自然温度，冬季保持在 5～10℃，不得高于 15℃；空气相对湿度保持在 70%～75%。其他季节的运输温度保持在 15～20℃，不得高于 25℃；空气相对湿度保持在 70%～75%。

6. 冬春茬黄瓜栽培技术

（1）育苗。农户可自行育苗，也可以到园区去买苗用。

（2）定植前准备。

①清洁田园：清除前茬作物的残枝烂叶及病虫残体。

②棚室消毒：每 667 米² 棚室用硫黄粉 2～3 千克，拌上锯末，加少许酒精，分堆点燃，然后密闭棚室一昼夜，经放风至无味时再定植。

③结合整地：每 667 米² 施优质腐熟有机肥 2 000～3 000 千克，氮、磷、钾三元复合肥 50 千克，然后深翻土地 30 厘米。采用膜下滴灌，耕翻后的土地整平后起台，台宽 60 厘米、台高 6～10 厘米，台与台之间 90 厘米，整好台备用。

（3）定植。在台上按 30 厘米挖穴，每 667 米² 定植 2 400～2 800 株。

（4）定植后的管理。

①缓苗中耕后：安装滴灌管，然后在台边开小沟，覆盖地膜，调整植株，把膜压好。

②环境调控：

温度管理：缓苗期白天温度以 25～28℃，夜间温度以 13～15℃为宜。初花期适当加大昼夜温差。以增加养分积累，白天超过 30℃从顶部通风，午后降到 20℃闭风，一般室温降到 15℃时放草苫。结果期白天保持在 25～28℃，夜间保持在 15～17℃。

光照：采用透光性好的功能膜，冬春季保持膜面清洁，日光温室后部张挂反光幕，尽量增加光照强度和时间。

湿度：最佳空气相对湿度，缓苗期 80%～90%，开花坐果期 60%～70%，结果期 50%～60%。

增施二氧化碳：冬春季节增施二氧化碳气肥，使室内的二氧化碳浓度达到 800～1 000 毫克/千克。

③水肥管理：定植后及时浇水，可随水施生根肥，如根多多、多维肥精等，每 667 米² 5 千克，有利于黄瓜生根，加速缓苗。天气冷，温度低时尽量

少浇水，如遇干旱可用滴灌浇少量水，等坐住瓜后加大水量及增加浇水次数。滴灌施肥要求少量多次，苗期和开花期不灌水或滴灌 1～2 次，每次每 667 米² 灌水 6～10 米³，加肥 3～5 千克。瓜膨大期至采收期每隔 5～10 天滴灌 1 次，每次每 667 米² 灌水 6～12 米³，施肥 4～6 千克；视黄瓜长势，可隔水加肥 1 次。拉秧前 10～15 天停止滴灌施肥。建议使用滴灌专用肥，肥料养分含量要高，含有中微量元素。氮、磷、钾比例前期约为 1.2∶0.7∶1.1，中期约为 1.1∶0.5∶1.4，后期约为 1∶0.3∶1.4。一般在灌水 20～30 分钟后进行加肥，以防止施肥不均或不足。

④植株调整及保瓜疏瓜：及时去掉病瓜及下部黄化老叶、病叶，视情况放绳向下坠秧。

（5）病虫害防治。

①物理防虫：设防虫网阻虫，在通风口用防虫网密封，阻止蚜虫、白粉虱迁入。

②黄板诱杀白粉虱：每 667 米² 挂 30～40 块，挂在行间或株间，高出植株顶部，当黄板粘满白粉虱时更换黄板。

③药剂防治病虫害：

霜霉病：每 667 米² 用 5％百菌清粉剂 1 千克喷粉，7 天喷 1 次。用 72％霜脲·锰锌可湿性粉剂 500 倍液，或 72.2％霜霉威水剂 800 倍液喷雾，药后短时间闷棚升温抑菌，效果更好。

细菌性斑点病：用 77％氢氧化铜可湿性粉剂 2 000 倍液或 20％春雷霉素水分散粒剂 2 000～3 000 倍液，7 天喷 1 次。

灰霉病：用 50％腐霉利可湿性粉剂 1 500 倍液或 40％嘧霉胺悬浮剂 1 200 倍液喷雾。

白粉病：25％的三唑酮可湿性粉剂 2 000 倍液或 30％氟菌唑可湿性粉剂 1 500～2 000 倍液喷雾。

病毒病：蚜虫可携带病毒，先要防治蚜虫，用 10％吡虫啉可湿性粉剂 1 500 倍液喷雾防治。定植后 14 天、初花期、盛花期喷"NS-83"增抗剂 100 倍液预防病毒病；发生病毒病后用 20％病毒灵可湿性粉剂 500 倍液喷雾，7～10 天喷 1 次，连喷 3～5 次。

温室白粉虱：用 1.8％阿维菌素乳油 3 000 倍液，或 10％吡虫啉可湿性粉剂 1 500 倍液喷雾。

斑潜蝇：用 1.8％阿维菌素乳油 3 000 倍液喷雾。

蚜虫：用 1.8％阿维菌素乳油 3 000 倍液，或 10％吡虫啉可湿性粉剂 1 500 倍液喷雾。收获前 15 天停止用药。

（6）采收。开花后 7 天左右及时采收。

7. 经济效益

三茬蔬菜每 667 米² 平均年产值高达 11.25 万元，其中：

秋冬茬芹菜每 667 米² 产量 7 000 千克，每千克平均售价 2.0 元，每 667 米² 实现产值 1.4 万元。

对外育苗，每 667 米² 育苗量 20 万株左右，每 667 米² 产值 8 万元。

冬春茬黄瓜每 667 米² 产量 7 500 千克，每千克平均售价 2.5 元，每 667 米² 实现产值 1.85 万元。

(二)日光温室秋冬茬球茎茴香—育苗—冬春茬番茄栽培技术模式

1. 设施类型及结构

参考日光温室秋冬茬芹菜—育苗—冬春茬黄瓜栽培技术模式设施类型及结构。

2. 茬口安排

(1) 秋冬茬球茎茴香。7 月中旬育苗，8 月中旬定植，10 月下旬至 12 月上旬上市，1 月上旬收获完毕。

(2) 育冬春茬苗，苗龄 30～60 天。

(3) 冬春茬番茄。集约化育苗，1 月中旬育苗，2 月下旬定植，4 月中下旬开始采收，7 月底采收完毕。

3. 品种选择

(1) 秋冬茬球茎茴香。选用高产、优质、抗病的荷兰早熟品种。

(2) 育苗。根据用苗需求选择品种。

(3) 冬春茬番茄。选择优质、高产、抗病、抗逆性强的番茄品种，如 313、欧盾、欧帝、天马 54 等。

4. 秋冬茬球茎茴香栽培技术

(1) 育苗。苗床耙细耙平后施入腐熟的有机肥，再浅翻一遍，精细整平，浇透底水，水渗后撒一薄层过筛的细土。苗床每 667 米² 播种量 120 克。播前用凉水浸种 24 小时后，放在阴凉的地方催芽，在 20～25℃的温度下，每天用温水冲洗 1 次，5～6 天即可出芽。将催好芽的种子均匀撒播于苗床上，然后撒盖细土 1 厘米厚，同时遮盖遮阳网。出苗后浇水 1 次，撒去遮阳网，再向畦面撒 0.5 厘米的细土，有 1～2 片真叶时分苗。注意蚜虫危害。出苗后白天保持 20～25℃，最高不超过 28℃，夜间 15℃左右。齐苗后浇一次小水。1～2 片真叶时剔除过密苗，3～4 片真叶时，按行距、苗距均为 6 厘米间苗。

(2) 定植前准备。

①清洁田园：清除前茬作物的残枝烂叶及病虫残体。

②棚室消毒：在定植前 7～10 天，每 667 米² 用 20%百菌清烟剂 250～400

克熏棚，一般在晚上进行，熏烟密闭 24 小时。

③整地施肥：定植前，每 667 米² 施有机肥料 3 000 千克以上，平衡肥（N：P₂O₅：K₂O＝15：15：15）50 千克，硫酸钾 15 千克，尿素 20 千克，进行精细整地。

（3）定植。在 8 月中旬，幼苗长有 5～6 片真叶，高 15 厘米左右时，按行距 40 厘米，株距 30 厘米，带土坨定植于温室内。定植前浇透水，定植后浇定植水。

（4）定植后的管理。

①温度管理：定植后温度，白天 25～28℃，夜间 15～20℃；茎叶生长期白天 20～25℃，夜间 10～12℃；球茎膨大期白天 18～25℃，夜间 10℃。

②水肥管理：定植后 3～4 天浇缓苗水，不宜过大，缓苗后中耕蹲苗 10 天左右，以促进根系生长。球茎开始膨大之前要适当控水，球茎开始膨大至收获前小水勤浇，保持土壤湿润；7～8 片叶时第一次追肥，每 667 米² 追施氮肥 10 千克，球茎开始膨大时进行第二次追肥，每 667 米² 追施氮、磷、钾复合肥 30 千克。

（5）病虫害防治。球茎茴香病虫害较少，主要有猝倒病、菌核病、蚜虫及菜青虫等。

猝倒病：苗期不使用大水漫灌，控制环境的湿度，初次发现病株及时清除，并喷洒 70％乙磷·锰锌可湿性粉剂 500 倍液，或 72％霜脲·锰锌可湿性粉剂 800 倍液。

菌核病：用 40％菌核净可湿性粉剂 500 倍液，或 50％腐霉利可湿性粉剂 800 倍液喷雾防治，每 7～10 天喷洒 1 次，连喷 2 次。

蚜虫和菜青虫：可用 1.5％苦参碱可溶液剂 3 000 倍液喷雾。

（6）采收。当单株球茎茴香有 500 克大小时选择采收。

5. 对外育苗技术

参照 P4～P6 对外育苗技术。

6. 冬春茬番茄栽培技术

（1）可自行育苗，或选用商品种苗。

（2）定植前准备。

①清洁田园：清除前茬作物的残枝烂叶及病虫残体。

②棚室消毒：每 667 米² 棚室用硫黄粉 2～3 千克，拌上锯末，加少许酒精，分堆点燃，然后密闭棚室一昼夜，经放风至无味时再定植。

③结合整地：每 667 米² 施优质腐熟有机肥 5 000 千克以上，氮、磷、钾三元复合肥 50 千克，然后翻耕土地深 30 厘米。采用膜下滴灌，翻耕后的土地整平然后起台，台宽 60 厘米、台高 6～10 厘米，台与台之间距离 90 厘米，整

好台备用。

（3）定植。于2月下旬进行定植，在台上按40厘米穴距挖穴，每667米²定植2 400～2 800株。

（4）定植后的管理。

①缓苗中耕后：安装滴灌管，然后在台边开小沟，覆盖地膜，调整植株，把膜压好。

②环境调控：

温度：缓苗期白天保持25～30℃，夜间不低于15℃。开花坐果期白天保持20～25℃，夜间不低于15℃。

光照：采用透光性好的功能膜，冬春季保持膜面清洁，日光温室后部张挂反光幕，尽量增加光照强度和时间。

湿度：最佳空气相对湿度缓苗期80％～90％，开花坐果期60％～70％，结果期50％～60％。

增施二氧化碳：冬春季节增施二氧化碳气肥，使室内的浓度达到1 000毫克/千克左右。

③水肥管理：定植后及时浇水，可随水施生根肥，如根多多、多维肥精等，每667米²用5千克，有利于番茄生根，加速缓苗。天气冷，温度低时，尽量少浇水。如旱可用滴灌浇少量水，等坐住果后加大水量及增加浇水次数。滴灌施肥要求少量多次，苗期和开花期不灌水或滴灌1～2次，每次每667米²灌水6～10米³，施肥3～5千克。果实膨大期至采收期每隔5～10天滴灌1次，每次每667米²灌水6～12米³，施肥4～6千克；视番茄长势，可隔水加肥1次。拉秧前10～15天停止滴灌施肥。建议使用滴灌专用肥，肥料养分含量要高，含有中微量元素。氮、磷、钾比例前期约为1.2∶0.7∶1.1，中期约为1.1∶0.5∶1.4，后期约为1∶0.3∶1.7。一般在灌水20～30分钟后进行加肥，以防施肥不匀或不足。

④植株调整及保果疏果：及时吊蔓，一般采用单干整枝，做好摘心、打底叶和病叶工作。用30～40毫克/千克防落素蘸花，溶液中加入赤霉素，促果保果，兼治灰霉病。每穗留果3～4个，其余疏掉。

（5）病虫害防治。

①物理防虫：设防虫网阻虫，在通风口用防虫网密封，阻止蚜虫、白粉虱迁入。

②黄板诱杀白粉虱：黄板应挂在行间或株间，高出植株顶部，每667米²挂30～40块。

③药剂防治病虫害：

晚疫病：每667米²用5％百菌清粉剂1千克喷粉，7天喷1次。用72％

霜脲·锰锌可湿性粉剂 500 倍液或 72.2％霜霉威水剂 800 倍液喷雾，药后短时间闷棚升温抑菌，效果更好。

早疫病：用 70％代森锰锌可湿性粉剂 500 倍液或 10％苯醚甲环唑水分散粒剂 1 500 倍液喷雾防治。

灰霉病：用 50％腐霉利可湿性粉剂 1 500 倍液或 40％嘧霉胺悬浮剂 1 200 倍液喷雾。

叶霉病：用 10％苯醚甲环唑水分散粒剂 1 500 倍液或 2％春雷霉素水剂 200 倍液喷雾。

病毒病：首先要防治蚜虫，用 10％吡虫啉可湿性粉剂 1 500 倍液喷雾防治。定植后 14 天、初花期、盛花期喷 "NS-83" 增抗剂 100 倍液预防病毒病；发生病毒病后用 20％吗啉胍·乙酸铜可湿性粉剂 500 倍液喷雾，7～10 天喷 1 次，连喷 3～5 次。

溃疡病：用 77％氢氧化铜可湿性粉剂 2 000 倍液或 77％硫酸铜钙可湿性粉剂 1 500 倍液喷雾，7 天喷 1 次。

温室白粉虱：用 1.8％阿维菌素乳油 3 000 倍液，或用 10％吡虫啉可湿性粉剂 1 500 倍液喷雾。

斑潜蝇：用 1.8％阿维菌素乳油 3 000 倍液喷施。

蚜虫：用 1.8％阿维菌素乳油 3 000 倍液或 10％吡虫啉可湿性粉剂 1 500 倍液喷雾。收获前 15 天停止用药。

7. 经济效益

三茬蔬菜每 667 米² 年均产值高达 12.2 万元，其中：

秋冬茬球茎茴香每 667 米² 产量 3 000 千克，每千克平均价格 4 元，每 667 米² 实现产值 1.2 万元。

对外育苗，每 667 米² 育苗量 20 万株左右，每 667 米² 产值 8 万元。

冬春茬番茄每 667 米² 产量 6 000 千克，每千克平均价格 3.0 元，每 667 米² 实现产值 3.0 万元。

（三）日光温室越冬一大茬番茄栽培技术模式

该模式一年种植一大茬番茄，省去了一茬苗钱，如果在雾霾较轻的年份番茄上市比冬春茬番茄上市要早，在春节上市，售价高，效益好。

1. 设施类型及结构

（1）日光温室为土墙钢筋骨架结构温室，结构设计参考日光温室秋冬茬芹菜—育苗—冬春茬黄瓜栽培技术模式。

（2）日光温室为土墙加砖结构温室，长 70～100 米，内跨度为 9 米，脊高 3.5 米，后墙底宽 4 米，顶宽 1.5～2 米，下挖深度 1 米，深冬可以生产果菜类，实现周年生产。

2. 茬口安排

于 8 月中下旬育苗，10 月初定植，1 月上旬开始采收，7 月上旬收获完毕。

3. 品种选择

越冬茬番茄栽培选择抗病（番茄黄化曲叶病毒病、叶霉病、灰霉病、早疫病、晚疫病等）、高秧、丰产、大果型、品质优良、较耐储运的中晚熟粉红果品种，如 818、普罗旺斯等品种。

4. 育苗

按穴盘育苗方法进行育苗，也可以到园区去购苗用。

5. 定植前准备

（1）清洁田园。清除前茬作物的残枝烂叶及病虫残体。

（2）棚室消毒。按每立方米棚室用 25% 百菌清 1 克、锯末 8 克混匀，分堆点燃，密闭棚室一昼夜，经放风至无味时再定植。

（3）整地施肥。结合整地每 667 米² 施优质腐熟有机肥 2 000～3 000 千克，氮、磷、钾三元复合肥 100 千克，然后翻耕土地深 30 厘米。采用膜下滴灌，耕翻后的土地整平然后起台，台宽 60 厘米、台高 6～10 厘米，台与台之间的距离 90 厘米，整好台后备用。

6. 定植

在台上按 40 厘米的穴距挖穴，每 667 米² 定植 2 500 株左右。

7. 定植后的管理

（1）缓苗中耕后，安装滴灌管，然后在台边开小沟，覆盖地膜，调整植株，把膜压好。

（2）环境调控。

温度：缓苗期白天保持 25～30℃，夜间不低于 15℃。开花坐果期白天保持 20～25℃，夜间不低于 15℃。

光照：采用透光性好的功能膜，冬春季保持膜面清洁，日光温室后部张挂反光幕，尽量增加光照强度和时间。

湿度：最佳空气相对湿度，缓苗期 80%～90%，开花坐果期 60%～70%，结果期 50%～60%。

增施二氧化碳气肥：冬春季节增施二氧化碳气肥，使室内的二氧化碳浓度达到 1 000 毫克/千克左右。

（3）水肥管理。定植后及时浇水，可以水带生根肥，如根多多、多维肥精等，每 667 米² 用 5 千克，有利于番茄生根，加速缓苗。滴灌施肥要求少量多次，在定植后及时滴灌 1 次透水，水量每 667 米² 20～25 米³，以利缓苗。苗期和开花期不灌水或滴灌 1～2 次，每次每 667 米² 灌水 6～10 米³，加肥 3～5 千克。在 12 月至翌年 1 月因为天气冷，温度低，尽量少浇水。如旱可用滴灌浇少量水，等坐住果后加大水量及增加浇水次数。果实膨大期至采收期每隔 5～10 天滴灌 1 次，每次每 667 米^2 灌水 6～12 米^3，施肥 4～6 千克；视番茄长势，可隔水加肥一次。拉秧前 10～15 天停止滴灌施肥。建议使用滴灌专用肥，肥料养分含量要高，含有中微量元素。氮、磷、钾比例前期施用比例约为 1.2：0.7：1.1，中期施用比例约为 1.1：0.5：1.4，后期施用比例约为 1：0.3：1.7。一般在灌水 20～30 分钟后进行加肥，以防施肥不匀或不足。

（4）植株调整及保果疏果。及时吊蔓。一般采用单干整枝，做好摘心、打底叶和病叶工作。用 30～40 毫克/千克防落素蘸花，溶液中加入 5 毫克/千克的赤霉素和 50％腐霉利 1 500 倍液，促果保果，兼治灰霉病。每穗留果 3～4 个，其余疏掉。

8. 综合防治病虫害

（1）物理防虫。

设防虫网阻虫：在通风口用防虫网密封，阻止蚜虫、白粉虱迁入。

黄板诱杀白粉虱：黄板挂在行间或株间，高出植株顶部，每 667 米^2 挂 30～40 块。

（2）药剂防治病虫害。

茎基腐病：定植后发生病害后应及时救治，可选用 68％精甲霜·锰锌水分散粒剂 600 倍液，或 72.2％霜霉威水剂 600 倍液喷雾或淋灌。

晚疫病：每 667 米^2 用 5％百菌清粉剂 1 千克喷粉，7 天喷 1 次。用 72％霜脲·锰锌可湿性粉剂 500 倍液，或 72.2％霜霉威水剂 800 倍液喷雾，药后短时间闷棚升温抑菌，效果更好。

早疫病：用 70％代森锰锌可湿性粉剂 500 倍液或 10％苯醚甲环唑水分散粒剂 1 500 倍液喷雾防治。

灰霉病：用 50％腐霉利可湿性粉剂 1 500 倍液或 40％嘧霉胺悬浮剂 1 200 倍液喷雾。

叶霉病：用 10％苯醚甲环唑水分散粒剂 1 500 倍液或 2％春雷霉素水剂 200 倍液喷雾。

病毒病：先要防治传毒媒介蚜虫，用 10％吡虫啉可湿性粉剂 1 500 倍液喷雾防治。定植后 14 天、初花期、盛花期喷"NS-83"增抗剂 100 倍液预防病毒病；发生病毒病后用 20％吗啉胍·乙酸铜可湿性粉剂 500 倍液喷雾，7～10 天喷 1 次，连喷 3～5 次。

溃疡病：用 77％氢氧化铜可湿性粉剂 2 000 倍液或 77％硫酸铜钙可溶性粉剂 1 500 倍液，7 天喷 1 次。

温室白粉虱：用 1.8％阿维菌素乳油 3 000 倍液，或 10％吡虫啉可湿性粉

13

剂 1 500 倍液喷雾。

斑潜蝇：用 1.8%阿维菌素乳油 3 000 倍液喷雾。

蚜虫：用 1.8%阿维菌素乳油 3 000 倍液，或 10%吡虫啉可湿性粉剂1 500 倍液喷雾。收获前 15 天停止用药。

9. 经济效益

该模式可实现周年生产，满足春节、五一两个重大节日的市场需求，效益较高，全年产量可达 9 000 千克以上，每千克平均价格 5 元，每 667 米^2 产值 4.5 万元。

（四）早春茬甜（辣）椒——秋冬茬番茄栽培技术模式

1. 设施类型及结构

参照 P11 日光温室越冬一大茬番茄栽培技术模式设施类型及结构。

2. 茬口安排

（1）早春茬甜（辣）椒。12 月初育苗，1 月下旬定植，3 月下旬开始采收，7 月上旬收获完毕。

（2）秋冬茬番茄。6 月中旬育苗，8 月初定植，10 月上旬开始采收，1 月中旬收获完毕。

3. 品种选择

（1）早春茬甜（辣）椒。选用优质、抗病、耐寒、适宜早春栽培的中早熟品种，如津福 8、津福 16、冀研 16、冀研 108、冀研 20、冀研 118、金皇冠等新品种。

（2）秋冬茬番茄。选择优质、高产、抗番茄黄化曲叶病毒病、抗逆性强的番茄品种，如咏美 2 号、818 等新品种。

4. 温室早春茬甜（辣）椒栽培技术

（1）育苗。可到正规集约化育苗场购买优质商品苗。可根据定植时间，提前订购种苗，或自带籽种委托育苗厂育苗。

（2）定植前准备。

①清洁田园：清除前茬作物的残枝烂叶及病虫残体。

②棚室消毒：每 667 米^2 棚室用硫黄粉 2～3 千克，拌上锯末，加少许酒精，分堆点燃，然后密闭棚室一昼夜，经放风至无味时再定植。

③整地施肥：结合整地每 667 米^2 施优质腐熟有机肥 3 000～4 000 千克，氮、磷、钾三元复合肥 100 千克，然后深翻土地 30 厘米。采用膜下滴灌，耕翻后平整土地然后起台，台宽 60 厘米、台高 6～10 厘米，台与台之间的距离 90 厘米，整好台后备用。

（3）定植。在台上按 40 厘米的穴距挖穴，每 667 米^2 定植 2 200 株左右。

（4）定植后的管理。

①缓苗中耕后，安装滴灌管，然后在台边开小沟，覆盖地膜，调整植株，把膜压好。

②环境调控：

温度：缓苗期白天保持 30℃左右，夜间不低于 15℃。开花坐果期白天保持 22～27℃，夜间不低于 15℃。

光照：采用透光性好的功能膜，冬春季保持膜面清洁，日光温室后部张挂反光幕，尽量增加光照强度和时间，夏秋季节适当遮阳降温。

湿度：最佳空气相对湿度，缓苗期 80%～90%，开花坐果期 60%～70%，结果期 50%～60%。

增施二氧化碳气肥：冬春季节增施二氧化碳气肥，使室内的二氧化碳浓度达到 1 000 毫克/千克左右。

③水肥管理：定植后及时浇水，可随水施生根肥，每 667 米² 用 5 千克，有利于甜辣椒生根，加速缓苗。滴灌施肥要求少量多次，在定植后及时滴灌 1 次透水，水量每 667 米² 20～25 米³，以利缓苗。苗期和开花期不灌水或滴灌 1～2 次，每次每 667 米² 灌水 6～10 米³，加肥 3～5 千克。坐住椒后加大水量及增加浇水次数。果实膨大期至采收期每隔 5～10 天滴灌 1 次，每次每 667 米² 灌水 6～12 米³，可隔水加肥，每次每 667 米² 施肥 4～6 千克。拉秧前 10～15 天停止滴灌施肥。建议使用滴灌专用肥，养分含量要高，含有中微量元素。氮、磷、钾施用比例前期约为 1.2∶0.7∶1.1，中期约为 1.1∶0.5∶1.4，后期约为 1∶0.3∶1.7。一般在灌水 20～30 分钟后进行加肥，以防施肥不匀或不足。

④植株调整：门椒采收后，采用双干或三干整枝，去除主干以下全部叶片，及主枝上的分枝、空枝、弱枝、徒长枝、重叠枝。整枝后应及时喷药防止伤口感染；按主枝的生长方向及时吊蔓。结果中后期，在晴天中午，摘除植株上的老叶和病叶。

（5）病虫害防控。主要病害有疫病、青枯病、炭疽病、根腐病、病毒病，主要虫害有蝼蛄、蚜虫、棉铃虫、烟青虫等。

疫病：可在发病初期用 72%霜脲·锰锌可湿性粉剂 600 倍或 70%乙膦铝·锰锌可湿性粉剂 500 倍液喷雾，7 天 1 次，连续用 2～3 次。

青枯病：可在发病初期用 20%噻唑锌悬浮剂 1 000 倍液进行喷淋，或用 77%氢氧化铜可湿性粉剂 500 倍液喷雾防治，隔 10 天 1 次，连续用 2～3 次。

炭疽病：可在发病初期用 80%炭疽福美可湿性粉剂 600～800 倍液喷雾，7 天 1 次，连喷 2 次。

根腐病：可用 50%多菌灵可湿性粉剂 500 倍液进行灌根防治，雨后排除积水，防止沤根。

病毒病：早期防治蚜虫，发病初期用 20%吗啉胍·乙酸铜 400 倍液＋硫酸锌 1 000 倍液＋爱多收 600 倍液，或用 1.5％烷醇·硫酸铜 400 倍液＋1％硫酸锌溶液喷雾，交替用药，7 天 1 次，连喷 2～3 次。定植后 3～5 天可在棚内撒些毒饵诱杀蝼蛄。

蚜虫：可用 10％吡虫啉可湿性粉剂 1 500 倍液喷雾防治，视情况而定喷药次数。

棉铃虫、烟青虫：用 20％甲氰菊酯乳油 2 000 倍液，或 10％联苯菊酯乳油 3 000 倍液喷雾防治。

5. 秋冬茬番茄栽培技术

（1）育苗。按其他模式中的育苗方法进行育苗，也可以购买商品苗。

（2）定植前准备。

①清洁田园：清除前茬作物的残枝烂叶及病虫残体。

②棚室消毒：定植前 7～10 天，每 667 米² 用 20％百菌清烟剂 250～400 克熏棚。一般在晚上进行，熏烟密闭棚室 24 小时。

③整地施肥：结合整地每 667 米² 施优质腐熟有机肥 2 000～3 000 千克左右，氮、磷、钾三元复合肥 50 千克，然后翻耕土地深 30 厘米。采用膜下滴灌，耕翻后平整土地然后起台，台宽 60 厘米、台高 6～10 厘米，台与台之间的距离 90 厘米，整好台后备用。

（3）定植。配制 68％精甲霜·锰锌水分散粒剂 500 倍液，对定植穴进行喷施，然后定植。在台上按 40 厘米的穴距挖穴，每 667 米² 定植 2 400～2 800 株。

（4）定植后的管理。

①缓苗中耕后：安装滴灌管，然后在台边开小沟，覆盖地膜，调整植株，把膜压好。

②环境调控：

温度：缓苗期白天保持 25～30℃，夜间不低于 15℃。开花坐果期白天保持 20～25℃，夜间不低于 15℃。

湿度：最佳空气相对湿度，缓苗期 80％～90％，开花坐果期 60％～70％，结果期 50％～60％。

③水肥管理：定植后及时滴灌 1 次透水，每 667 米²20～25 米³，可随水施生根肥。每 667 米² 5 千克，有利于番茄生根，加速缓苗。苗期和开花期不灌水或滴灌 1～2 次，每次每 667 米² 灌水 6～10 米³，加肥 3～5 千克。果实膨大期至采收期每隔 5～10 天滴灌一次，灌水 6～12 米³，每 667 米² 加肥 4～6 千克；视番茄长势，可在滴灌时少加肥一次。拉秧前 10～15 天停止滴灌施肥。滴灌肥养分含量要高，含有中微量元素；氮、磷、钾施用比例前期约为 1.2∶0.7∶1.1，中期约为 1.1∶0.5∶1.4，后期约为 1∶0.3∶1.7。

④植株调整及保果疏果：及时吊蔓。一般采用单干整枝，做好摘心、打底叶和病叶工作。缓苗后及时中耕，由浅入深，防止植株旺长。用 30～40 毫

克/千克防落素蘸花，溶液中加入 5 毫克/千克的赤霉素和 50％腐霉利 1 500 倍液，促果保果，兼治灰霉病。每穗留果 3～4 个，其余疏掉。

（5）病虫害防治。

①物理防虫：

设防虫网阻虫：在通风口用防虫网密封，阻止蚜虫、白粉虱迁入。

黄板诱杀白粉虱：用黄板挂在行间或株间，高出植株顶部，每 667 米² 挂 30～40 块。

②药剂防治病虫害：

茎基腐病：定植后发生病害应及时救治，可选用 68％精甲霜・锰锌水分散粒剂 600 倍液或 72.2％霜霉威水剂 600 倍液喷雾或淋灌。

晚疫病：每 667 米² 用 5％百菌清粉剂 1 千克喷粉，7 天喷 1 次。用 72％霜脲・锰锌可湿性粉剂 500 倍液，或 72.2％霜霉威水剂 800 倍液喷雾，药后短时间闷棚升温抑菌，效果更好。

早疫病：用 70％代森锰锌可湿性粉剂 500 倍液，或 10％苯醚甲环唑水分散粒剂 1 500 倍液喷雾防治。

灰霉病：用 50％腐霉利可湿性粉剂 1 500 倍液，或 40％嘧霉胺悬浮剂 1 200倍液喷雾。

病毒病：先要防治传毒媒介蚜虫，可用 10％吡虫啉可湿性粉剂 1 500 倍液喷雾防治。定植后 14 天、初花期、盛花期喷 "NS-83" 增抗剂（10％混合脂肪酸水剂）100 倍液预防病毒病；发生病毒病后用 20％吗啉胍・乙酸铜可湿性粉剂 500 倍液喷雾，7～10 天喷 1 次，连喷 3～5 次。

溃疡病：用 77％氢氧化铜可湿性粉剂 2 000 倍液，或 77％硫酸铜钙可湿性粉剂 1 500 倍液喷雾，7 天喷 1 次。

温室白粉虱：用 1.8％阿维菌素乳油 3 000 倍液，或 10％吡虫啉可湿性粉剂 1 500 倍液喷雾。

斑潜蝇：用 1.8％阿维菌素乳油 3 000 倍液喷雾。

蚜虫：用 1.8％阿维菌素乳油 3 000 倍液，或 10％吡虫啉可湿性粉剂 1 500 倍液喷雾。收获前 15 天停止用药。

6. 经济效益

两茬蔬菜每 667 米² 年产值达 3.8 万元，其中：

早春茬甜（辣）椒每 667 米² 产量 6 000 千克，每千克平均价格 3.0 元，每 667 米² 实现产值 1.8 万元。

秋冬茬番茄每 667 米² 产量 5 000 千克，每千克平均价格 4.0 元，每 667 米² 实现产值 2.0 万元。

（五）日光温室秋冬茬球茎茴香—冬春茬番茄栽培技术模式

1. 设施类型及结构

参考日光温室越冬一大茬番茄栽培技术模式设施类型及结构。

2. 茬口安排

（1）秋冬茬球茎茴香。7月下旬育苗，8月下旬定植，11月下旬至12月上旬上市，2月中旬收获完毕。

（2）冬春茬番茄：集约化育苗或参考藁城区其他模式育苗方法进行，1月中旬育苗，2月下旬定植，4月中下旬开始采收，7月上旬采收完毕。

3. 品种选择

秋冬茬球茎茴香：选用高产、优质、抗病的荷兰早熟品种。

冬春茬番茄：选择优质、高产、抗病、抗逆性强的番茄品种，如313、818、欧盾、欧帝、天马54等。

4. 秋冬茬球茎茴香栽培技术

参照P8~P9秋冬茬球茎茴香栽培技术。

5. 冬春茬番茄栽培技术

参照P9~P11冬春茬番茄栽培技术。

6. 经济效益

两茬蔬菜每667米^{2}年产值高达4.7万元，其中：

秋冬茬球茎茴香每667米^{2}产量3 000千克，每千克平均价格4元，每667米^{2}实现产值1.2万元。

冬春茬番茄每667米^{2}产量7 000千克，每千克平均价格5.0元，每667米^{2}实现效益3.5万元。

（六）越冬茄子—越夏黄瓜栽培技术模式

1. 设施类型及结构

参考日光温室秋冬茬芹菜—育苗—冬春茬黄瓜栽培技术模式设施类型及结构。

2. 茬口安排

（1）越冬茄子。8月初育苗，9月底定植，11月中下旬开始采收，5月底收获完毕。

（2）越夏黄瓜。6月初直播，7月中旬开始采收，9月中旬收获完毕。

3. 越冬茄子高效栽培技术

（1）品种。砧木选用托鲁巴姆或刺茄，接穗选用抗病、高产、优质的品种，如紫光大圆茄、茄杂2号等。

（2）育苗。尽量去育苗厂委托育苗或购苗，如果自己育苗可按下面进行。

①育苗：接穗选用紫光大圆茄、茄杂2号。播前配好营养土，配制比例

为：40％没种过茄科作物的熟土，40％腐熟有机肥，20％炉渣，过筛后用多菌灵可湿性粉剂800倍液喷后混合拌匀，一部分铺入育苗床，一部分装入营养袋。砧木比接穗早1个月播种，播前砧木托鲁巴姆采取浸种催芽育苗，接穗只浸种不催芽，当砧木苗铜钱大小时移到营养袋内，接穗苗两叶一心时进行分苗。当砧木长有5片真叶，接穗长有3片真叶时为嫁接适期，采用劈接方法嫁接。

②苗期管理：播后至出苗的温室管理，白天30～32℃，夜间20～22℃；齐苗至定植前7～10天温度管理，白天25～28℃，夜间18～20℃；定植前7～10天，白天18～20℃，夜间15℃。

（3）定植。每667米^{2}施腐熟有机肥2 000～3 000千克，磷酸氢二铵25千克，深翻平整。定植前进行药剂熏棚，每667米^{2}用硫黄粉2～3千克，拌上锯末，加少许酒精，分堆点燃，密闭熏蒸24小时。熏棚后南北向开沟，小行距60厘米，大行距80厘米，定植沟深5～6厘米，浇足底墒水。定植在10月下旬进行，选晴天无风条件下按株距40厘米栽苗。

（4）定植后的管理。

①温度管理：定植后1～2天中午要放草苫遮阳，缓苗期白天温度保持30℃，夜间保持18～20℃；缓苗后温度保持白天28～30℃，夜间15～18℃，10月下旬盖草苫，翌年3月以后要加大放风量，排湿。

②水肥管理：定植后7天后浇1次缓苗水，到门茄谢花前一直控制浇水、追肥。当门茄长到3～4厘米时，要开始追肥、浇水。1月尽可能不浇水，2～3月中旬，要浇小水。3月中旬，地温到18℃浇1次大水，3月下旬以后，每5～6天浇1次水。第一次追肥后，之后要每隔15天追肥1次，前期平衡肥，后期高钾肥，并及时浇水。

③整枝：待门茄采收后，将下部老叶全部摘除。待对茄形成后，剪去上部两个向外的侧枝，形成双干枝，以此类推。当四门斗茄坐住后摘心，一般每株留5～7个茄子。

④保花护果：开花后2天内用浓度25毫克/千克的2,4-滴蘸花，处理过的花冠要在果实膨大后轻轻摘掉。

（5）病虫害防治。

①苗期病害：主要有茄苗猝倒病与立枯病，用50％多菌灵可湿性粉剂每平方米苗床8～10克，与细土混匀，播种时下铺上盖，出苗后用75％百菌清可湿性粉剂600倍液喷雾。

②绵疫病：用64％噁霜·锰锌可湿性粉剂600倍液喷雾，还可用45％百菌清烟剂熏棚防治，每667米^{2}用量1千克。

③黄萎病：用50％混杀硫悬浮剂500倍液，每株浇灌300～500毫升，或

19

用 12.5％增效多菌灵可溶液剂 200～300 倍液，每株灌 100 毫升，每 10 天灌 1 次，连灌 2～3 次。

④青枯病：用 20 亿孢子/克蜡质芽孢杆菌可湿性粉剂 100～300 倍液或 77％氢氧化铜可湿性粉剂 500 倍液灌根，每株 300～500 毫升，每 10 天 1 次，连灌 3～4 次。

⑤虫害：主要有蚜虫、白粉虱和茶黄螨，苗定植前 3～4 天，在苗床上用 43％联苯肼酯悬浮剂 2 500 倍液防治茶黄螨，定植后现蕾至结果期再查治 1 次茶黄螨；防治白粉虱采用 25％噻虫嗪水分散粒剂，或 1.8％阿维菌素乳油 3 000 倍液，或用青霉素喷施，可与黄板诱杀的办法结合使用；蚜虫用 10％吡虫啉可湿性粉剂 1 500 倍液喷雾防治。

4. 越夏黄瓜高效栽培技术

(1) 品种选择。可选用津优 35、津优 2 号等耐热抗病型品种。

(2) 定植前的准备。

①育苗：尽量委托育苗厂育苗或购苗，如果自己育苗可按下面进行。

②营养土配制：选用未种过瓜类的肥沃表土，掺入 1/3 腐熟的过筛牲畜粪，然后每立方米土中掺入磷酸氢二铵 0.75 千克，硫酸钾 0.5 千克或绿源复合肥 1.5～2 千克混匀。

③播种：每 667 米^2 地需种量 150 克，播时在浇透水的前提下，要用多菌灵 800 倍药土下铺上盖，以防苗期病害，种子覆土 1 厘米左右。播完后需盖小拱棚防雨，并把四周卷起，以利通风。小拱棚设防虫网阻隔害虫。

(3) 整地与施肥。定植前精细整地并结合整地每 667 米^2 施粗肥 2 000 千克以上，磷酸氢二铵 100 千克，硫酸钾 50 千克。

(4) 定植及定植后管理：采用 40 厘米×80 厘米大小行方式定植，株距 25 厘米，每 667 米^2 定植 4 000～4 500 株。定植后浇大水，以利缓苗。当根瓜长至 10 厘米时开始浇水施肥，每 667 米^2 顺沟浇水施根多多或亲土 1 号等生根肥料 15 千克，结瓜初期每 7 天浇 1 次水，半月施 1 次肥，盛瓜期每 3～4 天浇 1 次水，以后随着温度的降低，减少浇水次数。

(5) 病虫害防治。

霜霉病：每 667 米^2 用 5％百菌清粉剂 1 千克喷粉，每 7 天喷 1 次。或用 72.2％霜霉威水剂 800 倍液喷雾，药后短时间闷棚升温抑菌，效果更好。

细菌性斑点病：用 77％氢氧化铜可湿性粉剂 2 000 倍液或 3％中生菌素可湿性粉剂 600～800 倍液，7 天喷 1 次。

灰霉病：用 50％腐霉利可湿性粉剂 1 500 倍液或 40％嘧霉胺悬浮剂 1 200 倍液喷雾。

白粉虱：用 1.8％阿维菌素乳油 3 000 倍液或 10％吡虫啉可湿性粉剂 1 500

倍液喷雾。

斑潜蝇：用11％阿维·灭蝇胺悬浮剂3 000～4 000倍液喷雾。

蚜虫：用1.8％阿维菌素乳油3 000倍液或10％吡虫啉可湿性粉剂1 500倍液喷雾。收获前15天停止用药。

5. 经济效益

两茬蔬菜每667米² 年产值达4.0万元，其中：

越冬茄子每667米² 产量8 000千克，每千克平均价格4元，每667米² 实现产值3.2万元。

越夏黄瓜每667米² 产量4 000千克，每千克平均价格2元，每667米² 实现产值0.8元。

（七）温室秋冬茬番茄—冬春茬豇豆栽培技术模式

1. 设施类型及结构

参照P11日光温室越冬一大茬番茄栽培技术模式的设施类型及结构。

2. 茬口安排

（1）秋冬茬番茄。7月底育苗，9月上旬定植，11月上旬开始采收，2月上旬拉秧。

（2）冬春茬豇豆。1月中旬育苗，2月中旬定植，3月底采收，7月下旬收获完毕。

3. 品种选择

（1）秋冬茬番茄。选择优质、高产、抗番茄黄化曲叶病毒病、抗逆性强的口感型番茄新品种，如高抗病毒的咏美2号、高糖1号。

（2）冬春茬豇豆。选择优质、高产、抗病、抗逆性强的品种，如之豇28-2、红嘴燕等品种。

4. 秋冬茬番茄栽培技术

参考P16～P18秋冬茬番茄栽培技术。

5. 冬春茬豇豆栽培技术

（1）育苗。可代育、订购苗或自己育苗，自己育苗可参考以下方法：

播前配好营养土，配制比例为：40％没种过豆科作物的熟土，40％腐熟有机肥，20％炉渣，过筛后用多菌灵800倍液喷后拌匀，装入塑料营养钵，播前精选种子，将种子放入25～30℃的温水中浸种2～4小时，然后用棉布包裹，放在20～25℃条件下催芽，1～2天出芽后，播入营养钵中，每钵3～4粒种子，盖小拱棚保温，以利出苗。长出真叶后，间去弱苗，每穴留2株。

（2）定植。定植前应耕翻土壤，深25厘米，结合翻地每667米² 施入过磷酸钙75～100千克，或磷酸氢二铵50千克，钾肥15～25千克。整地后做畦，畦宽1.2～1.3米，每畦移栽2行豆角，大行行距70厘米，小行行距

50厘米，穴距20厘米左右，每穴栽2株。每667米² 5 500穴。

（3）先控后促管理。育苗移栽豆角浇定苗水和缓苗水后，随即中耕蹲苗、保墒提温，促进根系发育，控制茎叶徒长。出现花蕾后可浇小水，再中耕。初花期不浇水。当第一花序开花坐荚，要浇足头水。头水后，茎叶生长很快，待中、下部荚伸长，中、上部花序出现时，再浇第二次水，以后进入结荚期，见干就浇水，有利于获得高产。采收盛期，随水追肥1次，每667米²施优质速效化肥、磷酸氢二铵25千克或磷酸二氢钾25千克。

（4）插架、摘心、打杈。豆角甩蔓后插架，可将第一穗花以下的杈子全部抹掉，主蔓爬到架顶时摘心，后期的侧枝坐荚后也要摘心。主蔓摘心可促进侧枝生长，抹杈和侧枝摘心可促进豆角生长。

（5）病虫害防治。

①锈病：发病初期喷洒20%唑菌胺酯水分散粒剂1 000～2 000倍液，或75%百菌清可湿性粉剂600倍液，每10天左右喷1次，连续喷2～3次。

②白粉病：发病初期喷洒30%氟菌唑可湿性粉剂2 000倍液，或2%武夷霉素水剂200倍液，隔7～10天喷1次，连续喷2～3次。重病田可视病情增加喷药次数。

③煤霉病：发病初期喷洒50%甲基硫菌灵悬浮剂800倍液，或50%万霉灵可湿性粉剂600倍液，或50%腐霉利可湿性粉浮剂1 500倍液等，隔7～10天喷1次，连续喷2～3次。

④豆荚螟：每667米²用10%溴氰虫酰胺可分散油悬浮剂14～18毫升，或2.5%三氟氯氰菊酯乳油30～40毫升，或3%茚虫威水分散粒剂6～9克等喷雾防治。从现蕾开始每隔10天喷1次，重点喷花及嫩荚。

⑤蚜虫：每667米²安置黄板30～50块，下端离植株最高点15～20厘米。在发生初期用10%吡虫啉可湿性粉剂1 500倍液，或50%抗蚜威可湿性粉剂2 000倍液，或3%啶虫脒乳油1 500倍液，或0.5%苦参碱水剂500倍液等喷雾防治。

6. 经济效益

两茬蔬菜每667米²年产值高达4.5万元，其中：

秋冬茬番茄每667米²产量5 000千克，每千克平均价格3元，每667米²实现产值1.5万元。

冬春茬豇豆每667米²产量5 000千克，每千克平均价格6元，每667米²实现产值3万元。

（八）秋冬茬樱桃番茄—冬春茬彩椒连作栽培技术模式

1. 设施类型及结构

参考日光温室越冬一大茬番茄栽培技术的设施类型及结构。

2. 茬口安排

（1）秋冬茬樱桃番茄。6 月中旬育苗，8 月初定植，10 月中下旬开始采收，12 月底拉秧。

（2）冬春茬彩椒。11 月底播种育苗，1 月上旬定植，2 月下旬开始采收，7 月底收获完毕。

3. 品种选择

（1）秋冬茬樱桃番茄。选择优质、高产、抗番茄黄化曲叶病毒病、抗逆性强的品种，如台湾圣女、首尔红。

（2）冬春茬彩椒。选择优质、高产、抗病、抗逆性强的五彩椒，如冀研 16、冀研 118、金黄冠、红灯笼、紫晶、奶油等。

4. 秋冬茬樱桃番茄栽培技术

（1）育苗。农户可以到园区去购苗用。自己育苗可参考下面的方法：

苗床基质配方：草碳与蛭石按 2：1 混配，另外添加适量烘干鸡粪，每平方米基质加磷酸氢二铵 2.5 千克，用 50％多菌灵可湿性粉剂 800 倍液喷雾，基质彻底消毒。用 72 孔育苗穴盘播种，播后盖蛭石 0.5～1 厘米厚，将育苗盘喷透水，苗期注意防止苗徒长。

（2）定植前准备。

①清洁田园：清除前茬作物的残枝烂叶及病虫残体。

②棚室消毒：在定植前 7～10 天，每 667 米² 用 20％百菌清烟剂 250～400克熏棚。一般在晚上进行，熏烟密闭棚室 24 小时。

③整地施肥：结合整地每 667 米² 施优质腐熟有机肥 3 000 千克左右，氮、磷、钾三元复合肥 50 千克，然后深翻土地 30 厘米。采用膜下滴灌，耕翻后平整土地然后起台，台宽 60 厘米、台高 6～10 厘米，台与台之间距离 90 厘米，整好台后备用。

（3）定植。配制 68％精甲霜·锰锌水分散粒剂 500 倍液，对定植田进行表面喷施，8 月初进行定植。在台上按直径 40 厘米挖定植穴，每 667 米² 定植2 400～2 800 株。

（4）定植后管理。

①缓苗中耕后：安装滴灌管，然后在台边开小沟，覆盖地膜，调整植株，把膜压好。

②环境调控：

温度：缓苗期温度，白天保持在 25～30℃，夜间不低于 15℃。开花坐果期温度，白天保持在 20～25℃，夜间不低于 15℃。

湿度：最佳空气相对湿度，缓苗期 80％～90％，开花坐果期 60％～70％，结果期 50％～60％。

23

③水肥管理：定植后及时滴灌 1 次透水，每 667 米² 20～25 米³，可用水带生根肥，每 667 米² 5 千克，有利于番茄生根，加速缓苗。苗期和开花期不灌水或滴灌 1～2 次，每次每 667 米² 灌水 6～10 米³，加肥 3～5 千克。果实膨大期至采收期每隔 5～10 天滴灌 1 次，灌水 6～12 米³，每 667 米² 加肥 4～6 千克；视番茄长势，可在滴灌时停止加肥 1 次。拉秧前 10～15 天停止滴灌施肥。滴灌肥养分含量要高并含有中微量元素；氮、磷、钾比例前期约为 1.2∶0.7∶1.1，中期约为 1.1∶0.5∶1.4，后期约为 1∶0.3∶1.7。

④植株调整及保果疏果：及时吊蔓。一般采用单干整枝，做好摘心、打底叶和病叶工作。缓苗后可喷施 1～2 次 1 000 毫克/千克的助壮素，防止植株旺长。用 30～40 毫克/千克防落素蘸花，溶液中加入 5 毫克/千克的赤霉素和 50％腐霉利 1 500 倍液，促果保果，兼治灰霉病。樱桃番茄不疏果。

（5）病虫害防治。

①物理防虫：设防虫网阻虫，通风口用 40 月防虫网密封，阻止蚜虫、白粉虱迁入。黄板诱杀白粉虱，将黄板挂在行间或株间，高出植株顶部，每 667 米² 挂 30～40 块，当黄板粘满白粉虱时，更换黄板。

②药剂防治病虫害：

茎基腐病：定植后发生病害后应及时救治，可选用 68％精甲霜·锰锌水分散粒剂 600 倍液或 72.2％霜霉威水剂 600 倍液喷雾或淋灌。

晚疫病：每 667 米² 用 5％百菌清粉剂 1 千克喷粉，每 7 天喷 1 次。用 72.2％霜霉威水剂 800 倍液喷雾，药后短时间闷棚升温抑菌，效果更好。

早疫病：用 70％代森锰锌可湿性粉剂 500 倍液或 10％苯醚甲环唑水分散粒剂 1 500 倍液喷雾防治。

灰霉病：用 50％腐霉利可湿性粉剂 1 500 倍液或 40％嘧霉胺悬浮剂 1 200 倍液喷雾防治。

病毒病：先要防治传毒媒介蚜虫，用 10％吡虫啉可湿性粉剂 1 500 倍液喷雾防治。定植后 14 天、初花期、盛花期喷 "NS-83" 增抗剂 100 倍液预防病毒病；发生病毒病后用 20％吗啉胍·乙铜可湿性粉剂 500 倍液喷雾，7～10 天喷一次，连喷 3～5 次。

溃疡病：用 77％氢氧化铜可湿性粉剂 2 000 倍液或 77％硫酸铜钙可溶性粉剂 1 500 倍液，7 天喷 1 次。

温室白粉虱：用 1.8％阿维菌素乳油 3 000 倍液或用 10％吡虫啉可湿性粉剂 1 500 倍液喷雾。

斑潜蝇：用 50％灭蝇胺可湿性粉剂 2 000～3 000 倍液喷雾。

蚜虫：用 1.8％阿维菌素乳油 3 000 倍液或 10％吡虫啉可湿性粉剂 1 500 倍液喷雾。收获前 15 天停止用药。

5. 冬春茬彩椒栽培技术

（1）育苗。农户可以购买商品苗。自己育苗可参考下面的方法：

①播前种子消毒：播种前用 55～60℃的热水，水量相当于种子干重的 6 倍左右，不停地搅拌并维持水温，浸泡 20～30 分钟，再用 1%硫酸铜浸种 5 分钟，预防炭疽病和疫病的发生，用清水冲洗干净，再用 10%磷酸三钠浸种 15 分钟，以钝化病毒，防治病毒病的发生，种子处理后冲洗干净，再在 20～25℃的水中浸泡 8～12 小时后捞出，晾干后即可播种。

②选择适合的育苗场地：一般在 11 月底播种育苗，育苗场地应选择地势高燥、排水良好的温室，根据气候条件（温度、光照等）进行环境调控。

③穴盘护根育苗：采用穴盘护根育苗、一次成苗的现代化育苗技术，可保护幼苗根系，有效地防止土传病害的发生。日光温室冬春茬彩椒栽培一般采用 50 孔穴盘进行育苗，育苗基质采用草炭：蛭石＝2：1 混合，并在每立方米基质中加 50 千克腐熟鸡粪和 1 千克复合肥混匀。

④苗期化学调控：在幼苗长到 6～7 厘米（或幼苗长到 3～4 片真叶）时，选择傍晚进行喷洒生长调节剂培育壮苗。

（2）定植前准备。

①定植苗龄及时期：定植时苗龄不宜太大，应选择苗龄在 30～35 天，株高 18 厘米以下，长到 7～9 片真叶的适宜幼苗定植。一般在 1 月上旬定植。

②整地施肥：定植前 1 周进行整地做畦，按行距 50～80 厘米开浅沟，沟深 10～15 厘米，每 667 米² 在沟内施磷酸氢二铵 15 千克，过磷酸钙 50 千克，硫酸钾 20 千克，硫酸铜 3 千克，硫酸锌 1 千克，硼砂 1 千克，生物钾肥 1 千克；或施入复合肥 40 千克，硫酸铜 3 千克，硫酸锌 1 千克，硼砂 1 千克，生物钾肥 1 千克；深翻土壤并整平。

（3）定植。

彩椒日光温室冬春茬栽培，定植时正值低温季节，不利于秧苗缓苗。因此，定植必须选择晴天进行，栽后立即浇透水，并随水冲施敌磺钠 2～3 千克。每 667 米² 栽 2 400 株左右。

（4）田间管理。

①定植后：门椒坐住前尽量不浇水，干旱时，浇一小水。门椒坐稳后，每 667 米² 追施硫酸钾复合肥 10～12 千克，门椒采收后，每 667 米² 追施尿素 10～12 千克，硫酸钾 10～15 千克；或硫酸钾复合肥 15～20 千克。采收盛期，应以水带肥，每 667 米² 每次追施硫酸钾复合肥 12～15 千克，结合防病每周喷 1 次 0.2%～0.3%磷酸二氢钾与 0.1%尿素混合的肥液。

②整枝打杈：门椒采收后，采用双干或三干整枝，去除主干以下全部叶片，及主枝上的分枝、空枝、弱枝、徒长枝、重叠枝。整枝后应及时喷药，防

止伤口感染；按主枝的生长方向及时吊蔓。结果中后期，在晴天中午，摘除植株上的老叶和病叶。

（5）综合防治病虫害。病虫害防治以预防为主，从种子消毒做起，培育壮苗、增施有机肥，加强栽培管理。点片发生时及时采取防治措施。为减少虫源及农药的使用量，温室放风口用防虫网隔离。冬季低温寡照、雾霾天气选用烟雾剂防治。

①农业防治：前茬作物收获后及时清理前茬残枝枯叶，采用膜下沟灌或膜下滴灌的灌溉方法，达到降低室内空气湿度、减少病虫害发生的效果。

②物理防治：利用在温室放风口处设置防虫网（40目），棚内悬挂黄板，畦面覆盖地膜等方法，防治蚜虫、白粉虱等蔬菜害虫，降低棚内湿度，减少病虫害发生。

③化学防治：

虫害：注意防治蚜虫、白粉虱、茶黄螨等害虫。蚜虫、白粉虱可用10%吡虫啉1 500～2 000倍液，或25%噻虫嗪可湿性粉剂2 000～3 000倍液防治；茶黄螨可用15%哒螨酮乳油300倍液，或1.8%阿维菌素3 000倍液，或15%哒螨灵乳油1 500倍液进行防治。

真菌性病害：防治疫病、炭疽病、菌核病等真菌性病害可用25%嘧菌酯悬浮剂3 000倍液，或10%苯醚甲环唑水分散粒剂1 500倍液，或53%精甲霜·锰锌600～800倍液，或32.5%吡唑奈菌胺·嘧菌酯悬浮剂1 500倍液，或47%春雷·王铜可湿性粉剂400～500倍液，或62.75%氟吡菌胺·霜霉威水剂1 000倍液，或72.2%霜霉威1 000倍液等防治。

细菌性病害：防治疮痂病、枯萎病等可用47%春雷·王铜可湿性粉剂400～500倍液，或90%新植霉素可溶性粉剂1 000～2 000倍液，或50%琥铜·甲霜灵可湿性粉剂400～500倍液防治。

病毒病：可在防治蚜虫、白粉虱、茶黄螨的同时，喷施20%链霉素·琥珀铜500～800倍液，或1.5%烷醇·硫酸铜水乳剂500～600倍液，或2%宁南霉素水剂200倍液防治。

各种病害防治药剂每7～10天喷1次，尤其在定植前、定植后、多雨季节几个关键时期，及时、连续喷2～3次。可每667米^{2}撒施枯草芽孢杆菌可湿性粉剂（每克含3×10^9个有效活菌）500～1 000克防治土传病害，在苗期、定植期撒药土，或随定植水冲施。

6. 经济效益

两茬蔬菜每667米^{2}年产值达5.5万元，其中：

秋冬茬樱桃番茄每667米^{2}产量4 500千克，每千克平均价格6元，每667米^{2}实现产值2.7万元。

冬春茬彩椒每 667 米^2 产量 4 000 千克，每千克平均价格 7 元，每 667 米^2 实现产值 2.8 万元。

（九）日光温室秋冬茬球茎茴香—冬春茬黄瓜栽培技术模式

1. 设施类型及结构

参考日光温室越冬一大茬番茄栽培技术模式设施类型及结构。

2. 茬口安排

（1）秋冬茬球茎茴香。7 月下旬育苗，8 月下旬定植，11 月下旬至 12 月上旬上市，2 月中旬收获完毕。

（2）冬春茬黄瓜。采用集约化育苗或参考藁城区其他模式育苗方法进行育苗，1 月下旬育苗，2 月下旬定植，3 月下旬开始采收，7 月上中旬采收完毕。

3. 品种选择

秋冬茬球茎茴香：选用高产、优质、抗病的荷兰早熟品种。

冬春茬黄瓜：选择优质、高产、抗病、抗逆性强的黄瓜品种，如冀美801、津优 35 等品种。

4. 秋冬茬球茎茴香栽培技术

参照 P8～P9 秋冬茬球茎茴香栽培技术。

5. 冬春茬黄瓜栽培技术

参照 P6～P7 冬春茬黄瓜栽培技术。

6. 经济效益

两茬蔬菜每 667 米^2 年产值达 3.45 万元，其中：

秋冬茬球茎茴香每 667 米^2 产量 3 000 千克，每千克平均价格 4 元，每 667 米^2 实现产值 1.2 万元。

冬春茬黄瓜每 667 米^2 产量 7 500 千克，每千克平均售价 3 元，每 667 米^2 实现产值 2.25 万元。

（十）集约化育苗技术

1. 设施类型及结构

（1）土墙钢筋骨架结构日光温室，长 120～145 米，内跨度为 12 米，外跨度为 18 米，脊高 5 米，后墙底宽 7 米，顶宽 2～3 米，下挖 1.2 米，深冬可以生产喜温果菜类，实现周年生产。

（2）土墙加砖结构日光温室，长 70～100 米，内跨度为 9 米，脊高 3.5 米，后墙底宽 4 米，顶宽 1.5～2 米，下挖深度 1 米，深冬可以生产果菜类，实现周年生产。

2. 穴盘和基质消毒

（1）消毒。对重复使用的穴盘和自配基质必须进行消毒；穴盘应摆放在与土壤隔离的育苗床架或塑料薄膜之上。重复使用的穴盘，在使用前采用 2% 的漂白粉充分浸泡 30 分钟，然后用清水漂洗干净。自配基质可喷施 50% 多菌灵可湿性粉剂 500 倍液，并用塑料薄膜密封 1 周后使用，以达到灭菌消毒效果。

（2）基质装盘。

①基质预湿：选择商品基质或自配基质，调节基质含水量至 50%～70%，即用手紧握基质，有水印而不形成水滴，落地散开。

②装盘：将预湿好的基质装入穴盘中，使每个孔穴都装满基质，表面平整，装盘后各个格室应能清晰可见，穴盘错落摆放，避免压实。

3. 播种

（1）种子处理。购买的包衣种子可直接播种。未处理的种子可进行温汤浸种或药剂消毒，浸种过程中除去秕籽和杂质，用清水将种子上的黏液洗净，待种子风干后播种。

（2）播种。将装满基质的穴盘压穴、播种、覆土、浇水，每穴播 1 粒种子，根据种子大小掌握播种深度，播深在 1～2 厘米。种子覆盖好后喷透水，以穴盘底部渗出水为宜，之后进行催芽。

4. 芽前管理

（1）催芽环境。在保温、保湿条件下催芽，催芽温度为 25～30℃，保持日夜温差 5～10℃。

（2）催芽方法。

催芽室催芽：育苗盘可错开垂直码放在隔板上，盘上覆盖一层白色地膜保湿，并经常向地面洒水增加空气湿度，等种子 60% 拱土时挪出。

苗床催芽：育苗盘整齐排放在与地面土壤隔离的苗床上，苗盘上面覆盖白色地膜保湿，当种芽伸出时，及时揭去地膜。

5. 苗期管理

（1）子苗期的管理。子苗期为子叶拱土到真叶吐心的时期，这一时期是种苗最容易发生徒长的时期。管理要点是适当控制水分，降低夜温，充分见光，防止徒长。白天温度控制在幼苗生长适宜温度，有条件的应保证日夜温差在 10℃ 以上，通过增加温差控制子苗期的徒长。逐渐增加光照，基质相对湿度保持在 80% 左右。

（2）成苗期管理。成苗期是指从真叶吐心到达到商品苗标准的时期，管理要点是降低基质湿度和空气温度，适当提高施肥浓度，采用干湿交替方法进行苗期水分管理；对于发生徒长的蔬菜幼苗，可使用适宜浓度的生长调节剂控制徒长，并及时出圃，避免种苗老化。

（3）成苗到定植前的管理。此阶段可适当降低温度 2～3℃，控制浇水，保持基质在半干燥状态，以利于定植成活和缓苗。出圃前施用广谱性杀菌剂 1 次，预防定植期间的病害。

6. 苗期病虫害防治

按照"预防为主,综合防治"的植保方针,坚持"以农业防治、物理防治为主,以化学防治为辅"的无害化防控原则。

7. 运输条件

运输温度接近运输途中和目的地的自然温度,冬季 5～10℃,不得高于15℃;空气相对湿度保持在 70%～75%。其他季节的运输温度 15～20℃,不得高于 25℃;空气相对湿度保持在 70%～75%。

>>> 石家庄市藁城区三新种植服务专业合作社 <<<

一、经营主体简介

三新种植服务专业合作社位于石家庄藁城区传统的番茄种植区域,北邻307 国道,南临世纪大道,东临京港澳高速公路,离高速口 1 千米。合作社成立于 2011 年 4 月,主要业务是番茄新品种的引进筛选和工厂化育苗,以及新品种的推广和种植。合作社有专业农技人员 5 名,育苗温室 9 个,番茄种植基地约 33 公顷,与中国农业科学院、河北省农林科学院、藁城区农业农村局、河北省蔬菜创新团队石家庄综合试验推广站建立了长期的合作关系,带动和提高了周边番茄种植技术和种植模式的发展。

二、经营主体经营模式

合作社不但在蔬菜种植上引进名特优品种,按品种制定生产技术操作规程、标准,实行统防统治,推广了集约化育苗、绿色防控、膜下滴灌、水肥精准管理、夏季高温闷棚、有机肥替代、轻简化栽培等实用新技术,先进技术应用覆盖率达 100%,为蔬菜安全生产提供了技术支撑。注册了"青春之歌"商标,所生产的蔬菜产品全部在园区内就地进行分级包装,统一销售。设置了"二维码"质量追溯系统,让产品质量可追溯。根据市场的变化和人民群众对高品质高口感番茄产品的需求,不断引进推广一大批新的口感番茄品种,通过和石家庄、北京等地的团购商场、超市合作,建立了顺畅的销售渠道。提高了合作社的种植效益。

三、经营主体生产模式

目前,该合作社主要生产模式有日光温室越冬一大茬口感型番茄栽培技术模式,秋冬茬—冬春茬口感型番茄栽培技术模式。

(一)日光温室越冬一大茬口感型番茄栽培技术模式

该模式是藁城区三新种植服务专业合作社示范推广的一种高效优化模式,

通过引试口感型番茄新品种，膜下滴灌，两膜一网一黄板技术的应用，合理安排茬口，从而获得较高的产量及效益。一年一大茬番茄，省去了一茬苗钱，在雾霾较轻的年份番茄上市比冬春茬番茄上市要早，在春节上市，售价高，效益好。

1. 设施类型及结构

采用土墙钢筋骨架结构日光温室，长 150 米，内跨度为 12 米，外跨度为 18 米，脊高 5 米，后墙底宽 7 米，顶宽 2～3 米，下挖 1.2 米，深冬可以生产喜温果菜类，实现周年生产。

2. 茬口安排

于 8 月中下旬育苗，10 月初定植，翌年 1 月上旬开始采收，7 月上旬收获完毕。

3. 品种选择

越冬茬番茄栽培选择抗病（耐低温、叶霉病、灰霉病、早疫病、晚疫病等）、品质优良、较耐储运的口感型中晚熟粉红果品种，如咏美系列 2 号、3 号，伊利系列 2 号、3 号，普罗旺斯等品种。

4. 育苗

可应用育苗穴盘自行育苗，也可到育苗场购苗。

5. 定植前准备

（1）清洁田园。清除前茬作物的残枝烂叶及病虫残体。

（2）棚室消毒。每 667 米^2 棚室用硫黄粉 2～3 千克，拌上锯末，加少许酒精，分堆点燃，然后密闭棚室一昼夜，经放风至无味时再定植。

（3）整地施肥。结合整地每 667 米^2 施优质腐熟有机肥 4 000～5 000 千克，氮、磷、钾三元复合肥 100 千克，然后深翻土地 30 厘米。采用膜下滴灌，耕翻后平整土地，然后起台，台宽 60 厘米、台高 6～10 厘米，台与台之间的距离 90 厘米，整好台后备用。

6. 定植

在台上按 40 厘米的穴距挖定植穴，每 667 米^2 定植 2 200～2 800 株。

7. 定植后管理

（1）缓苗中耕后，安装滴灌管，然后在台边开小沟，覆盖地膜，调整植株，把膜压好。

（2）环境调控。

温度：缓苗期温度，白天保持在 25～30℃，夜间不低于 15℃。开花坐果期温度，白天保持在 20～25℃，夜间不低于 15℃。

光照：采用透光性好的功能膜，冬春季保持膜面清洁，日光温室后部张挂反光幕，尽量增加光照强度和时间，夏秋季节适当遮阳降温。

湿度：最佳空气相对湿度，缓苗期 80%～90%，开花坐果期 60%～70%，结果期 50%～60%。

二氧化碳：冬春季节增施二氧化碳气肥，使室内的二氧化碳浓度达到 1 000 毫克/千克左右。

（3）水肥管理。定植后及时浇水，可以水带生根肥，如根多多、多维肥精等，每 667 米² 用 5 千克，有利于番茄生根，加速缓苗。滴灌施肥要求少量多次，在定植后及时滴灌 1 次透水，水量每 667 米² 20～25 米³，以利缓苗。苗期和开花期不灌水或滴灌 1～2 次，每次每 667 米² 灌水 6～10 米³，加肥 3～5 千克。在 12 月至翌年 1 月，天气冷，温度低，尽量少浇水。如旱可用滴灌浇少量水，等坐果后加大浇水量及增加浇水次数。果实膨大期至采收期每隔 5～10 天滴灌 1 次，每次每 667 米² 灌水 6～12 米³，施肥 4～6 千克；拉秧前 10～15 天停止滴灌施肥。建议使用滴灌专用肥，要求肥料养分含量高，含有中微量元素。氮、磷、钾施用比例前期约为 1.2：0.7：1.1，中期约为 1.1：0.5：1.4，后期约为 1：0.3：1.7。一般在灌水 20～30 分钟后进行加肥，以防施肥不匀或不足。

（4）植株调整及保果疏果。及时吊蔓。一般采用单干整枝，做好摘心、打底叶和病叶工作。用 30～40 毫克/千克防落素蘸花，溶液中加入 5 毫克/千克的赤霉素和 50% 腐霉利 1 500 倍液，促果保果，兼治灰霉病。每穗留果 4～5 个，其余疏掉。

8. 病虫害防治

（1）物理防虫。设防虫网阻虫，在通风口用防虫网密封，阻止蚜虫、白粉虱迁入。利用黄板诱杀白粉虱，用黄板挂在行间或株间，高出植株顶部，每 667 米² 挂 30～40 块，更换黄板。

（2）药剂防治病虫害。

茎基腐病：定植后发生病害应及时防治，可选用 68% 精甲霜·锰锌水分散粒剂 600 倍液，或 72.2% 霜霉威水剂 600 倍液喷雾或淋灌。

晚疫病：每 667 米² 用 5% 百菌清粉剂 1 千克喷粉，每 7 天喷 1 次。用 72.2% 霜霉威水剂 800 倍液喷雾，药后短时间闷棚升温抑菌，效果更好。

早疫病：用 70% 代森锰锌可湿性粉剂 500 倍液，或 10% 苯醚甲环唑水分散粒剂 1 500 倍液喷雾防治。

灰霉病：用 50% 腐霉利可湿性粉剂 1 500 倍液或 40% 嘧霉胺悬浮剂 1 200 倍液喷雾。

叶霉病：用 10% 苯醚甲环唑水分散粒剂 1 500 倍液或 2% 春雷霉素水剂 200 倍液喷雾。

病毒病：先要防治传毒媒介蚜虫，用 10% 吡虫啉可湿性粉剂 1 500 倍液喷雾防治。定植后 14 天、初花期、盛花期喷"NS-83"增抗剂 100 倍液预防病

毒病；发生病毒病后用 20％吗啉胍·乙酸铜可湿性粉剂 500 倍液喷雾，7～10
天喷 1 次，连喷 3～5 次。

溃疡病：用 77％氢氧化铜可湿性粉剂 2 000 倍液或 77％硫酸铜钙可湿性
粉剂 1 500 倍液，7 天喷 1 次。

温室白粉虱：用 1.8％阿维菌素乳油 3 000 倍液，或 10％吡虫啉可湿性粉
剂 1 500 倍液喷雾。

斑潜蝇：用 1.8％阿维菌素乳油 3 000 倍液喷雾。

蚜虫：用 1.8％阿维菌素乳油 3 000 倍液，或 10％吡虫啉可湿性粉剂 1 500
倍液喷雾。收获前 15 天停止用药。

9. 经济效益

该模式可实现周年生产，在春节、五一两个重大节日上市，效益较高，全
年产量可达 8000 千克以上，每千克平均价格 5 元，每 667 米² 可实现产值 4
万元。

(二) 日光温室秋冬茬—冬春茬口感型番茄栽培技术模式

该模式是藁城区三新种植服务专业合作社示范推广的一种高效优化模式，
引试一年两茬口感型番茄品种，合理安排茬口，市场行情好，能获得较高的产
量及效益。

1. 设施类型及结构

采用土墙钢筋骨架结构的日光温室，长 150 米，内跨度为 12 米，外跨度
为 18 米，脊高 5 米，后墙底宽 7 米，顶宽 2～3 米，下挖 1.2 米，深冬可以生
产喜温果菜类，实现周年生产。

2. 茬口安排

(1) 秋冬茬番茄。6 月中旬播种育苗，7 月中下旬定植，9 月中下旬开始
采收，12 月中下旬拉秧。

(2) 冬春茬番茄。11 月中旬育苗，12 月底定植，3 月中旬采收，7 月上旬
拉秧。

3. 品种选择

(1) 秋冬茬番茄。选择优质、高产、抗番茄黄化曲叶病毒病、抗逆性强的
口感型番茄品种，如高抗病毒的咏美 2 号、高糖 1 号品种。

(2) 冬春茬番茄。选择优质、高产、抗病、抗逆性强的口感型番茄品种，
如伊利 2 号、伊利 3 号、草莓 2 号等品种。

4. 秋冬茬番茄栽培技术

参照 P16～P17 秋冬茬番茄栽培技术。

5. 冬春茬番茄栽培技术

参照 P9～P11 冬春茬番茄栽培技术。

6. 经济效益

两茬蔬菜每 667 米² 年产值达 7.9 万元,其中:

秋冬茬番茄每 667 米² 产量 5 000 千克,每千克平均价格 6 元,每 667 米² 实现产值 3.0 万元。

冬春茬番茄每 667 米² 产量 7 000 千克,每千克平均价格 7 元,每 667 米² 实现产值 4.9 万元。

>>> 石家庄市藁城区农昌种植服务专业合作社 <<<

一、经营主体简介

石家庄市藁城区农昌种植服务专业合作社成立于 2009 年 4 月,主要从事蔬菜育苗、种植、新品种示范推广,合作社流转土地 112 667 米²,土地集中成方连片。合作社拥有完善的生产经营机械设备及其他配套设施,其中日光温室 17 个,智能温室 2 个,蔬菜大棚 45 个,仓库 2 000 米²,供办公、科研、交流、培训、食宿的附属设施 615 米²,拥有各类机械 10 台,移动苗床 4 000 米²,农机设备一应俱全,合作社自有技术人员 5 名,其中大专以上学历 2 名。法人 2014 年获得省级"农村青年致富带头人"称号,2020 年获得藁城区"最美致富带头人"称号,可以较好地完成农业科技推广创新服务工作。合作社成立以来,先后同天津黄瓜研究所、河北省蔬菜产业创新团队、河北农业大学、河北省农林科学研究院、石家庄市农业技术推广中心、石家庄市邮电职业技术学院等单位组织联合开展蔬菜新品种的引进、示范、推广以及实训工作。合作社先后被认定为天津科润黄瓜研究所核心试验站,石家庄综合试验推广站示范基地,石家庄邮电职业技术学院农村电商人才培养实训基地、劳动实训教育基地。

二、经营主体经营模式

合作社自成立以来,先后引试黄瓜、番茄、茄子、辣椒等蔬菜新品种 50 余个。2019 年合作社与天津黄瓜研究所共同筛选出华北密刺型黄瓜新品种"津早 199",2020 年该品种被列入河北省农业农村厅主推品种,2021 年该品种在首届京津冀鲜食黄瓜擂台赛夺得"擂主奖"。2020 年天津、河北蔬菜产业创新团队联合对接观摩会在合作社召开,重点推广"津早 199"黄瓜新品种。2021 年河北新闻网"天津良种、河北结'果'"专题报道该品种,2 年时间该品种推广至周边 3 个省 20 余个县市区,累计推广面积达 1 533.3 公顷。合作社积极试验示范设施蔬菜栽培新技术,大力推广水肥一体化、绿色防控、有机肥替代化肥、黄瓜轻简化栽培、设施土壤活化等生态栽培技术,2018 年起合作社实行生产合格证制度并全面开展二维码质量追溯体系建设，在保证产量的同时大力提高农产品质量。合作社通过试验示范推广蔬菜新品种，带动辐射周边群众千余户致富增收近 5 000 万元。

三、经营主体生产模式

目前，藁城区农昌种植服务专业合作社主要生产模式有大棚四膜早春黄瓜—夏秋黄瓜—越冬菠菜栽培技术模式、大棚四膜早春番茄—秋延后黄瓜栽培技术模式、大棚秋延后芹菜—四膜早春黄瓜栽培技术模式、大棚秋延后黄瓜—四膜早春茄子栽培技术模式。

（一）大棚四膜早春黄瓜—夏秋黄瓜—越冬菠菜栽培技术模式

该模式是石家庄市藁城区大棚黄瓜基地规模种植的一种高效优化模式，通过引种新品种，采用大棚四膜加膜下沟灌这一新技术，合理安排茬口，从而获得较高的产量及效益。

1. 大棚类型及结构

大棚为两头水泥加竹制拱架结构，棚长 60～80 米，跨度 8 米宽，脊高 3 米，间隔 1.2 米立 1 根水泥拱架，内立 4 排水泥柱，共覆 4 层膜保温，可较原来大棚单膜黄瓜早春定植时间提前 25 天，黄瓜采收上市提前 20 天左右。

2. 茬口安排

（1）早春黄瓜。1 月上旬播黄瓜，12 月底播黑籽南瓜，1 月上中旬开始嫁接，苗龄 45 天，2 月中下旬定植，3 月下旬开始采收，6 月底收获完毕。

（2）夏秋黄瓜。7 月初干籽直播或提前 1 个月到育苗厂预定苗，7 月底至 8 月初开始采收，8 月底收获完毕。

（3）越冬菠菜。9 月初播种，11 月上旬陆续开始上市，11 月底收获完毕。

3. 品种选择

（1）四膜早春黄瓜。选择早熟、优质、抗病、抗逆性强的黄瓜品种，如冀洲 17～1、津早 199、津优 35 等。

（2）夏秋黄瓜。选择适宜夏秋栽培的优质、高产、抗病、抗逆性强的黄瓜品种，如津优 35 等。

（3）越冬菠菜。选用优质、高产、抗寒性强、抗霜霉病、商品性好的菠菜品种，如腾辉、春季欢歌等。

4. 四膜早春黄瓜栽培技术

（1）育苗。提倡到正规集约化育苗场购买优质商品苗。可提前 1 个半月去苗厂订购种苗，或自带籽种委托苗厂育苗。

（2）定植前的准备。

①扣棚提温：在 2 月上旬扣棚，扣棚时南北棚要在东侧预留放风口，东西

棚要在南面预留放风口，扣棚后把棚膜封严提高地温。

②整地施肥：结合整地每 667 米² 施优质腐熟有机肥 2 000～3 000 千克，氮磷钾三元复合肥 50 千克，然后深翻土地 30 厘米，之后起垄，垄宽 70 厘米，垄沟宽 60 厘米。

③大棚消毒。每 667 米² 棚用硫黄粉 2～3 千克，拌上锯末，加少许酒精，分堆点燃，然后密闭大棚一昼夜，经放风至无味时再定植。

（3）定植。在已做好的垄上按行距 60 厘米、株距 35 厘米挖穴栽苗，每 667 米² 定植 3 100～3 300 株。定植后及时浇水，可以水带生根肥，如根多多、多维肥精等，每 667 米² 用 5 千克，有利于黄瓜生根，定植后在种植行上盖好地膜、小拱棚，加速缓苗。

（4）定植后管理。

①环境调控：缓苗期温度，白天以 28～32℃为宜，夜间以 12～15℃为宜。缓苗后白天温度控制在 25～28℃，夜间控制在 12℃左右。地温全天控制在 14℃以上。空气湿度尽量控制在 80%以下。初花期白天温度控制在 25～30℃，夜间控制在 12℃左右。3 月底至 4 月初，如果天气好光照强时，注意温度，当白天温度超过 30℃时，把大棚右侧通风口打开，午后降到 20℃关闭通风口，控制空气湿度在 75%以下。随着温度的升高，加强放风管理，防止棚内高温。棚室内温度高于 32℃时要加大放风量，当棚内最低气温高于 15℃时，开始逐渐由小到大放底风，与两边风口形成对流，以利通风排湿。当外界夜间最低温度高于 13℃时，开始进行昼夜通风。

②水肥管理：根瓜坐住前因为天气冷，温度低，要尽量少浇水，如旱可浇 1 次小水。根瓜坐住后，进行膜下沟灌，随水每 667 米² 追施钾肥 5 千克，根多多、多维肥精等生根的肥料 5 千克，注意浇水追肥在晴天进行。之后每隔 5～7 天浇 1 次水，天气转暖以后进入盛果期，追肥间隔时间逐渐缩短。追肥随浇水隔次进行。每次每 667 米² 追施高钾肥 10 千克，或腐殖酸型肥料 20 千克，或尿素 10 千克，轮换追施。

③植株管理：黄瓜长到 6～7 片叶时开始甩蔓，株高 25～30 厘米时，及时吊蔓。当黄瓜植株生长点达到吊秧铁丝高度时进行落秧，重新固定和吊蔓，同时摘掉下部老叶，带出棚外。注意整枝与落秧要在晴天 10：00～16：00 进行，每次落秧的高度不超过 30 厘米。

（5）病虫害防治。定植后易发生的病害主要有靶斑病、霜霉病、细菌性角斑病，虫害有蚜虫和白粉虱。

①病害防治：要加强环境调控，注意通风控湿，防止叶面结露，浇水应选晴天上午，阴天注意放风。防治靶斑病采用异菌脲 750 倍液或氟菌·肟菌酯 750 倍液喷雾，交替用药；防治霜霉病采用 72%霜脲·锰锌可湿性粉剂 500 倍

液，或72.2%霜霉威水剂800倍液喷雾，交替用药；防治细菌性角斑病可用77%氢氧化铜可湿性粉剂2 000倍液或20%春雷霉素水分散粒剂2000～3 000倍液喷雾，交替用药，7天1次，连喷2次。

②虫害以物理防治为主，以化学防治为辅：

物理防治：设防虫网阻虫，在通风口用防虫网密封，阻止蚜虫、白粉虱迁入。

利用黄板诱杀白粉虱。将黄板挂在行间或株间，高出植株顶部，每667米^{2}挂30～40块。

化学防治：

白粉虱：用1.8%阿维菌素乳油3 000倍液，或10%吡虫啉可湿性粉剂1 500倍液喷雾。

斑潜蝇：用1.8%阿维菌素乳油3 000倍液喷雾。

蚜虫：用1.8%阿维菌素乳油3 000倍液，或10%吡虫啉可湿性粉剂1 500倍液喷雾。收获前15天停止用药。

5. 夏秋黄瓜栽培技术

（1）大棚消毒。每667米^{2}棚用硫黄粉2～3千克，拌上锯末，加少许酒精，分堆点燃，然后密闭大棚一昼夜，经放风至无味时再播种或定植。

（2）采用干籽点播法或育苗定植，干籽直播即在垄上按株距25厘米挖穴，穴深2.5厘米，每穴点播种子2～3粒，墒情不好的，应顺穴浇一小水，促出苗，每667米^{2}用种量200～250克。当幼苗3～4片叶时定苗，每667米^{2}定植4 000株左右。采用育苗定植的在起好的垄上按株行距栽苗即可。

（3）播种到根瓜坐住。

温度管理：此时正处于高温强光时期，应注意温度控制，晴朗天气温度超过32℃要注意搭遮阳网，或在棚膜上喷遮阳剂来达到降温目的。

水肥管理：到根瓜坐住前，一般要中耕3～5次，深度以5厘米为宜，以提高土壤疏松度，为防止茎叶徒长和感病，尽量少浇水，如旱可以浇小水。根瓜坐住后，随水每667米^{2}每次追施高钾水溶肥10千克，5～7天1次，隔1水冲1次肥。

促花坐瓜：可喷施增瓜灵（按说明书使用）从黄瓜2片真叶开始喷施，间隔7天再用第二次，促雌花形成。

病虫害防治：主要防控霜霉病、白粉虱、蚜虫、斑潜蝇。防治方法参照四膜早春黄瓜。

6. 越冬菠菜栽培技术

（1）整地施肥。每667米^{2}用优质腐熟有机肥2 000千克，氮磷钾三元复合肥30千克，深翻整地造墒，做成1～1.5米宽的平畦。

（2）种子处理及播种。播前种子用 55℃ 的温水浸种 20 分钟，然后在冷水中浸泡 12 小时，洗净晾干后播种，每 667 米² 用种量 4～5 千克。每畦播种 4～5 沟，沟宽 10～12 厘米，沟深 4～5 厘米，顺沟撒种，播种后覆土 2～3 厘米，全部播完后按畦浇明水。

（3）播种后管理。

温度管理：大棚菠菜播种后外界温度逐渐降低，出苗后要及时扣上棚膜，白天温度保持在 15～20℃，夜间温度保持在 13～15℃。

水肥管理：在播前造好墒的基础上出苗至 3 片真叶期一般不浇水，以免棚室内湿度大引发病害，4 片真叶后浇第一水，结合浇水每次每 667 米² 追施尿素 20 千克；10～15 天后再次追肥浇水，浇后注意通风排湿，在生长期间可喷施 2～3 次 0.2%～0.3% 的磷酸二氢钾溶液。

（4）病虫害防治。重点防治霜霉病、灰霉病和蚜虫。防治霜霉病采用 72% 霜脲·锰锌可湿性粉剂 500 倍液，或 72.2% 霜霉威水剂 800 倍液喷雾，交替用药。防治灰霉病用 50% 腐霉利可湿性粉剂 1 500 倍液，或 40% 嘧霉胺悬浮剂 1 200 倍液喷雾，交替用药。防治蚜虫用 1.8% 阿维菌素乳油 3 000 倍液，或 10% 吡虫啉可湿性粉剂 1 500 倍液喷雾，收获前 15 天停止用药。

（5）及时采收。当菠菜植株高 20～25 厘米时要及时采收。

7. 经济效益

三茬蔬菜每 667 米² 年产值高达 3.8 万元，其中：

四膜早春黄瓜每 667 米² 产量 10 000 千克，每千克平均价格 2.5 元，每 667 米² 实现产值 2.5 万元。

夏秋黄瓜每 667 米² 产量 4 000 千克，每千克平均价格 2 元，每 667 米² 实现产值 0.8 万元。

越冬菠菜每 667 米² 产量 2 000 千克，每千克平均价格 2 元，每 667 米² 实现产值 0.5 万元。

（二）大棚四膜早春番茄—秋延后黄瓜栽培技术模式

该模式是近几年石家庄市藁城区大棚黄瓜基地规模种植的一种高效优化模式之一，旨在克服大棚黄瓜两茬种植连作障碍，减少土传病害的发生，通过改种一茬番茄，引种新品种，两膜一网—黄板技术的应用，再加上合理安排茬口，减少病虫害发生，降低成本，从而获得较高的产量及效益。

1. 大棚类型及结构

大棚为拱形钢架结构，棚长 80～100 米，跨度 10 米宽，脊高 3.3 米，间隔 1.2 米立 1 根钢架，钢架直径 1 寸，棚内没有立柱，便于机械化耕作，早春采用四膜覆盖，即大棚早春种植番茄采用 4 层膜覆盖，可有效提高棚内温度和抑制杂草的生长，可较原来大棚单膜黄瓜早春定植时间提前 25 天。

2. 茬口安排

（1）四膜早春番茄。12 月底育苗，苗龄 45 天，2 月上中旬定植，4 月中下旬开始采收，7 月中下旬收获完毕。

（2）秋延后黄瓜。7 月底干籽直播，8 月底采收，11 月底收获完毕。

3. 品种选择

（1）四膜早春番茄。选择耐低温、优质、高产、抗病、抗逆性强的番茄品种，如粉冠、欧盾、欧帝、313 等品种。

（2）秋延后黄瓜。选择适宜秋栽的优质、高产、抗病、抗逆性强的黄瓜品种，如津优 35、津研 2 号等品种。

4. 四膜早春番茄栽培技术

（1）育苗。农户可自行育苗或到育苗场购买商品苗。

（2）定植前的准备。参照四膜早春黄瓜栽培技术。

（3）定植。在已起好的垄上按行距 60 厘米、株距 45 厘米挖穴栽苗，每 667 米² 定植 2 500 株左右。定植后及时浇水，可以水带生根肥，以利于番茄生根，盖好黑色地膜，加速缓苗和抑制杂草生长。

（4）定植后的管理。

①缓苗中耕后：在垄边开小沟，在种植行上加盖小拱棚覆盖黑色地膜，调整植株，把膜压好。

②环境调控：

温度：缓苗期温度，白天保持在 25～30℃，夜间不低于 15℃。开花坐果期温度，白天保持在 20～25℃，夜间不低于 15℃。

湿度：最佳空气相对湿度，缓苗期 80%～90%，开花坐果期 60%～70%，结果期 50%～60%。

③水肥管理：定植后及时浇水，可以水带生根肥，有利于番茄生根，加速缓苗。第一穗果坐住前天气冷，温度低，尽量少浇水，等坐住果后每次每 667 米² 灌水 10 米³，加肥 5 千克。果实膨大期至采收期每次每 667 米² 灌水 15 米³，加肥 10 千克；视番茄长势，可隔水加肥 1 次。氮、磷、钾施用比例前期约为 1.2∶0.7∶1.1，中期约为 1.1∶0.5∶1.4，后期约为 1∶0.3∶1.7。

④植株调整及保果疏果：及时吊蔓。一般采用单干整枝，做好摘心、打底叶和病叶工作。用 30～40 毫克/千克防落素蘸花，溶液中加入 5 毫克/千克的赤霉素和 50%腐霉利 1 500 倍液，促果保果，兼治灰霉病。每穗留果 3～4 个，其余疏掉。

（5）病虫害防治。

①物理防虫：设防虫网阻虫：在通风口用防虫网密封，阻止蚜虫、白粉虱迁入。利用黄板诱杀白粉虱。将黄板挂在行间或株间，高出植株顶部，每 667

米² 挂 30～40 块。

②药剂防治病虫害：

晚疫病：每 667 米² 用 5％百菌清粉剂 1 千克喷粉，7 天喷 1 次。用 72％霜脲·锰锌可湿性粉剂 500 倍液，或 72.2％霜霉威水剂 800 倍液喷雾，药后短时间闷棚升温抑菌，效果更好。

早疫病：用 70％代森锰锌可湿性粉剂 500 倍液，或 10％苯醚甲环唑水分散粒剂 1 500 倍液喷雾防治。

灰霉病：用 50％腐霉利可湿性粉剂 1 500 倍液，或 40％嘧霉胺悬浮剂 1 200 倍液喷雾。

叶霉病：用 10％苯醚甲环唑水分散粒剂 1 500 倍液，或 2％春雷霉素水剂 200 倍液喷雾。

病毒病：先要防治传毒的蚜虫，用 10％吡虫啉可湿性粉剂 1 500 倍液喷雾防治。定植后 14 天、初花期、盛花期喷 "NS-83" 增抗剂 100 倍液预防病毒病；发生病毒病后用 20％吗啉胍·乙酸铜可湿性粉剂 500 倍液喷雾，7～10 天喷 1 次，连喷 3～5 次。

溃疡病：用 77％氢氧化铜可湿性粉剂 2 000 倍液，或 77％硫酸铜钙可湿性粉剂 1 500 倍液，7 天喷 1 次。

温室白粉虱：用 1.8％阿维菌素乳油 3 000 倍液，或 10％吡虫啉可湿性粉剂 1 500 倍液喷雾。

斑潜蝇：用 1.8％阿维菌素乳油 3 000 倍液喷雾。

蚜虫：用 1.8％阿维菌素乳油 3 000 倍液，或 10％吡虫啉可湿性粉剂 1 500 倍液喷雾。收获前 15 天停止用药。

5. 秋延后黄瓜栽培技术

（1）大棚消毒。每 667 米² 棚用硫黄粉 2～3 千克，拌上锯末，加少许酒精分堆点燃，然后密闭大棚一昼夜，经放风至无味时再播种或定植。

（2）育苗。采用干籽点播法或育苗定植。干籽直播即在垄上按株距 25 厘米挖穴，深 2.5 厘米，每穴点播种子 2～3 粒，墒情不好的，应顺穴浇一次小水，促出苗，每 667 米² 用种量 200～250 克。当幼苗 3～4 片叶时定苗，每 667 米² 留苗 4 000 株左右。采用育苗定植的在起好的垄上按株行距栽苗即可。

（3）播种到根瓜坐住。

①温度管理：此期正处于高温强光时期，应注意温度控制，温度超过 32℃要注意搭遮阳网或在棚膜上撒泥巴来达到降温目的。

②水肥管理：到根瓜坐住前一般要中耕 3～5 次，深度以 5 厘米为宜，以提高土壤疏松度；为防止茎叶徒长和感病，尽量少浇水，如旱可以浇小水。根瓜坐住后，随水每 667 米² 每次追施高钾复合肥 10 千克或尿素 10 千克，轮换

追施。

③促花坐瓜：可喷施增瓜灵（按说明书使用），从黄瓜2片真叶开始喷施，间隔7天再喷第二次，促雌花形成。

④病虫害防治：主要防控霜霉病、白粉虱、蚜虫、斑潜蝇。防治方法参照四膜早春黄瓜栽培技术。

6. 经济效益

两茬蔬菜每667米² 年产值达4.25万元，其中：

四膜早春番茄每667米² 产量7 000千克，每千克平均价格3.5元，每667米² 实现产值2.45万元。

秋延后黄瓜每667米² 产量4 000千克，每千克平均价格2元，每667米² 实现产值0.8元。

（三）大棚秋延后芹菜—四膜早春黄瓜栽培技术模式

该模式是石家庄市藁城区大拱棚黄瓜基地规模种植的一种高效优化模式，旨在克服大棚黄瓜两茬种植连作障碍，减少土传病害的发生，通过改种一茬芹菜，引种新品种，合理安排茬口，减少病虫害发生，降低成本，从而获得较高的产量及效益。

1. 大棚类型及结构

大棚为两头水泥加竹制拱架结构，棚长60～80米，跨度8米宽，脊高3米，间隔1.2米立1根水泥拱架，内立4排水泥柱，采用4层膜覆盖，可较原来大棚单膜黄瓜早春定植时间提前25天，采收上市提前20天左右。

2. 茬口安排

（1）秋延后芹菜。7月上旬育苗，9月上旬定植，11月下旬至12月上旬上市，12月下旬收获完毕。

（2）四膜早春黄瓜。1月上旬播黄瓜，12月底播黑籽南瓜，1月中旬开始嫁接，苗龄45天，2月中下旬定植，3月下旬开始采收，7月底收获完毕。

3. 品种选择

（1）秋延后芹菜。选用优质、抗病、耐热、适应性广、纤维少、实心、品质嫩脆的西芹品种，可选用文图拉、加州王、高优它等。

（2）四膜早春黄瓜。选择优质、高产、抗病、抗逆性强的黄瓜品种，如冀美801、津优35等品种。

4. 大棚秋延后芹菜栽培技术

（1）育苗。尽量委托育苗厂育苗或购苗，如果自己育苗可按下面的方法进行。在棚内做南北向畦，畦净宽1.2米（老棚要将棚内深10厘米的土壤起出来，换成未种过菜的肥沃大田土）。每畦每667米² 再施入经过充分发酵、腐熟、晾干、捣碎并过筛的鸡粪0.2米²，50%多菌灵可湿性粉剂80克，磷酸氢二铵 0.5 千克，翻地 10 厘米，使肥、药、土充分混匀，耙平、耙细待播。每 10 米² 苗床可播种子 8～10 克，芹菜每 667 米² 需用种 80～100 克。播种前将种子用清水浸泡 24 小时，搓洗几次捞出，置于 15～20℃ 环境下进行低温催芽，当有 70% 左右种子露白即可播种。播种前先向畦内浇水，水渗后播种。播种后出苗前，苗床要用湿草帘覆盖，并经常洒水。苗齐后，要保持土壤湿润。当幼苗第一片真叶展开时进行间苗，疏掉过密苗、病苗、弱苗，苗距 3 厘米，结合间苗拔除田间杂草。当有 3～4 片真叶时，进行分苗。定植株行距为 4 厘米×7 厘米。定植前 10 天，停止供水，行间松土，2～3 天后浇 1 次水，之后 4～5 天不浇水，促进发根壮根，同时增加见光，逐步缩短遮阳网覆盖时间。苗期正处于高温多雨季节，在大棚内采用一网一膜覆盖（即一层遮阳网防止高温，一层棚膜防暴雨冲刷）。壮苗标准为苗龄 60 天左右，5～6 片叶，茎粗壮，叶片绿色，完整无缺损，无病虫害，苗高 15～20 厘米，根系发达。

（2）定植前准备。

①清洁田园：清除前茬作物的残枝烂叶及病虫残体。

②棚室消毒：在定植前 7～10 天，每 667 米² 用 20% 百菌清烟剂 250～400 克熏棚。一般在晚上进行，熏烟密闭棚室 24 小时。

③整地施肥：每 667 米² 施腐熟的优质有机肥 3 000 千克，尿素 10 千克，过磷酸钙 50 千克，硫酸钾 30 千克。将肥料均匀洒在日光温室内，深翻 40 厘米，纵横各深翻一遍，耙后做平畦。

（3）定植。于晴天傍晚定植，带土移栽。行距 40 厘米，株距 20～25 厘米，每 667 米² 定植 8 000 株左右。每穴 1 株，培土以埋住短缩茎，以露出心叶为宜，边栽边封沟平畦，随即浇水，切忌漫灌。

（4）定植后管理。

①温度管理：定植到缓苗阶段的适宜温度为 18～22℃，生长期的适宜温度为 12～18℃，生长后期温度保持在 10℃ 以上。幼苗发生萎蔫时，要遮花荫。11 月初盖上小拱棚，小拱棚上覆盖草苫，晴天以出太阳时揭苫，以太阳落下时盖苫；阴天比晴天晚揭、早盖 1 小时。深冬季节注意保温，白天温度达 20℃ 以上时，通风，夜间最低气温保持在 10℃ 以上。

②浇水追肥：定植后缓苗期，应保持土壤湿润，注意遮阳，防止烈日曝晒。进入生长期后，应加强水肥管理，勤施少施，不断供给速效性氮肥和磷钾肥。追肥应在行间进行。定植后 10～15 天，每 667 米² 追尿素 5 千克，以后每隔 20～25 天追肥 1 次，每 667 米² 每次追尿素和钾肥各 10 千克。定植后 2 个月后，进入旺长期，应水肥齐攻。深秋和冬季应控制浇水，浇水应在晴天 10：00～11：00 进行，并注意加强通风降湿，防止湿度过大发生病害。浇水后要有连续 3～5 天的晴天，每次浇水量都不要过大，以防水大造成死苗。采

41

收前 10 天停止追肥、浇水。

（5）病虫害防治。芹菜的病虫害主要有斑枯病、早疫病、软腐病、蚜虫、白粉虱等。

斑枯病：阴天时采用 45% 百菌清烟剂熏蒸，每 667 米² 每次 200 克，傍晚暗火点燃闭棚过夜，连熏 2 次，间隔 10 天 1 次；发病初期可用 75% 百菌清可湿性粉剂 600 倍液，或 50% 多菌灵可湿性粉剂 800 倍液喷雾。

早疫病：用百菌清烟剂，每 667 米² 每次 200 克，熏 2 次，每次间隔 10 天；用 50% 多菌灵可湿性粉剂 800 倍液，或 10% 苯醚甲环唑水分散粒剂 1 500 倍液喷雾。

软腐病：发病初期用 77% 氢氧化铜可湿性粉剂 2 000 倍液，或 20% 噻菌铜悬浮剂 300～500 倍液喷雾。

蚜虫、白粉虱：用 1.8% 阿维菌素乳油 3 000 倍液，或 10% 吡虫啉可湿性粉剂 1 500 倍液喷雾。

（6）采收。当芹菜单株重达 1.5 千克左右时采收。

5. 四膜早春茬黄瓜

参照 P34～P36 四膜早春黄瓜栽培技术。

6. 经济效益

大棚两茬蔬菜每 667 米² 年产值达 3.9 万元，其中：

秋延后芹菜每 667 米² 产量 7 000 千克左右，每千克平均价格 2.0 元，每 667 米² 实现产值 1.4 万元。

四膜早春黄瓜每 667 米² 产量 10 000 千克左右，每千克平均价格 2.5 元，每 667 米² 实现产值 2.5 万元。

（四）大棚秋延后黄瓜—四膜早春茄子栽培技术模式

该模式是近几年石家庄市藁城区大拱棚黄瓜基地规模种植的一种高效优化模式，旨在克服大棚黄瓜两茬种植连作障碍，减少土传病害的发生，通过改种一茬茄子，引种新品种，合理安排茬口，减少病虫害发生，降低成本，从而获得较高的产量及效益。

1. 大棚类型及结构

大棚为拱形钢架结构，长 80～100 米，跨度 10 米，脊高 3.3 米，间隔 1.2 米立 1 根钢架，钢架直径 1 寸，棚内没有立柱，便于机械化耕作，采用双膜覆盖，有效提高棚内温度和抑制杂草生长，该模式比单膜覆盖早定植 25 天，提早采收上市 15～20 天。

2. 茬口安排

（1）秋延后黄瓜。提前 1 个月到育苗厂育苗，7 月初定植，8 月上旬采收，11 月底收获完毕。

（2）四膜早春茄子。于1月初播种育苗，2月中旬定植，4月初开始收获，6月底收获完毕。

3. 秋延后黄瓜栽培技术

（1）品种选择。可选用津优35、津优2号等耐热、抗病型品种。

（2）定植前的准备。

育苗：尽量委托育苗厂育苗或购买商品苗，自己育苗可按下面的方法操作。

营养土配制：草碳∶蛭石为2∶1，另外添加适量的烘干鸡粪，每平方米基质加磷酸氢二铵2.5千克，用50％多菌灵可湿性粉剂800倍液喷雾，基质彻底消毒。播后盖蛭石0.5～1厘米厚，将育苗盘喷透水，苗期注意防徒长。

播种：用50孔育苗穴盘播种，播后盖蛭石0.5～1厘米厚，将育苗盘喷透水，苗期注意防徒长。播后需盖小拱棚防雨，并把四周卷起，以利通风，结合防虫网防治害虫。

（3）整地与施肥。定植前精细整地并结合整地每667米^{2}施腐熟好的鸡粪等有机肥3 000千克，氮磷钾平衡肥（15∶15∶15）80千克。

（4）定植及定植后管理。采用40厘米×80厘米大小行方式，株距35厘米，每667米^{2}定植3 000株左右。定植后浇大水，以利缓苗。当根瓜长至10厘米时开始浇水施肥，每667米^{2}顺沟浇高钾肥10千克，结果初期7天一水，半月一肥，结果盛期3～4天一水，以后随着温度的降低，减少浇水次数。

（5）病虫害防治。

霜霉病：每667米^{2}用5％百菌清粉剂1千克喷粉，7天喷1次。用72％霜脲·锰锌可湿性粉剂500倍液，或72.2％霜霉威水剂800倍液喷雾，药后短时间闷棚升温抑菌，效果更好。

细菌性斑点病：用77％氢氧化铜可湿性粉剂2 000倍液，或20％春雷霉素水分散粒剂2 000～3 000倍液，7天喷1次。

灰霉病：用50％腐霉利可湿性粉剂1 500倍液，或40％嘧霉胺悬浮剂1 200倍液喷雾。

白粉虱：用1.8％阿维菌素乳油3 000倍液，或10％吡虫啉可湿性粉剂1 500倍液喷雾。

斑潜蝇和蚜虫：用1.8％阿维菌素乳油3 000倍液喷雾。收获前15天停止用药。

4. 四膜早春茄子栽培技术

（1）品种选择。砧木选用托鲁巴姆或刺茄，接穗选用抗病、高产、优质的品种，如紫光大圆茄、茄杂2号等。

（2）育苗。尽量委托育苗厂育苗或购买商品苗，如果自己育苗可按下面的方法操作。

①育苗：播前配好营养土，配制比例为 40％没种过茄科作物的熟土，40％腐熟的有机肥，20％的炉渣，过筛后混合拌匀，一部分铺入育苗床，一部分装入营养袋。砧木比接穗早 1 个月播种，播前砧木托鲁巴姆采取浸种催芽育苗，接穗只浸种不催芽，当砧木苗叶铜钱大小时移到营养袋内，接穗苗两叶一心时进行分苗。当砧木长有 5 片真叶，接穗长有 3 片真叶时为嫁接适期，采用劈接方法嫁接。

②苗期管理。播后至出苗的温度管理，白天 30～32℃，夜间 20～22℃；齐苗至定植前 7～10 天温度，白天 25～28℃，夜间 18～20℃；定植前 7～10 天温度，白天 18～20℃，夜间 15℃。

（3）定植。定植前结合整地每 667 米² 施腐熟有机肥 5 000 千克，过磷酸钙 50 千克，尿素 10 千克，定植密度每 667 米²2 200～2 500 株，可采用大小行或大垄双行定植，实行地膜覆盖、加盖小拱棚；大棚内盖二层膜。

（4）定植后的管理。

①温度管理：定植后缓苗期温度，白天 30℃，夜间 18～20℃；缓苗后温度，白天 28～30℃，夜间 15～18℃；3 月以后要加大放风量，排湿。

②水肥管理：定植 7 天后浇一次缓苗水，到门茄谢花前控制浇水、追肥。当门茄长到 3～4 厘米时，开始追肥、浇水。3 月中旬以前要浇小水。3 月中旬，地温达到 18℃浇 1 次大水，3 月下旬以后，每 5～6 天浇 1 次水。第一次追肥后，要每隔 15 天追肥 1 次，每次每 667 米² 追施尿素 10～15 千克，磷酸氢二铵 10 千克，钾肥 5 千克，并及时浇水。

③整枝。待门茄采收后，将下部老叶全部摘除。待对茄形成后，剪去上部两个向外的侧枝，形成双干枝，以此类推。当四门斗茄坐住后摘心，一般每株留 5～7 个茄子。

④保花护果。开花后 2 天内用浓度 25 毫克/千克的 2,4-滴蘸花，处理过的花冠要在果实膨大后轻轻摘掉。

（5）病虫害防治。

①苗期病害：主要有茄苗猝倒病与立枯病，用 50％多菌灵可湿性粉剂每平方米苗床 8～10 克，与细土混匀，播种时下铺上盖，出苗后用 75％百菌清可湿性粉剂 600 倍液喷雾。

②绵疫病：用 64％噁霜·锰锌可湿性粉剂 600 倍液喷雾，还可用 5％百菌清烟剂熏棚防治，每 667 米² 用量 1 千克。

③黄萎病：用 50％混杀硫悬浮剂 500 倍液，每株浇灌 300～500 毫升，或用 12.5％增效多菌灵可溶液剂 200～300 倍液，每株灌 100 毫升，每 10 天灌 1 次，连灌 2～3 次。

④青枯病：用 20 亿孢子/克蜡质芽孢杆菌可湿性粉剂 100～300 倍液或 77%氢氧化铜可湿性粉剂 500 倍液灌根，每株 300～500 毫升，每 10 天 1 次，连灌 3～4 次。

⑤虫害：主要有蚜虫、白粉虱和茶黄螨，苗定植前 3～4 天，在苗床上用 15%哒嗪酮 2 500 倍液防治茶黄螨，定植后现蕾至结果期再查治 1 次茶黄螨；防治白粉虱采用 25%噻虫嗪水分散粒剂，或 1.8%阿维菌素乳油 3 000 倍液，或青霉素喷施，与黄板诱杀的办法结合防治；防治蚜虫用 10%吡虫啉可湿性粉剂 1 500 倍液喷雾。

5. 经济效益

两茬蔬菜每 667 米^2 年产值达 3.6 万元，其中：

秋延后黄瓜每 667 米^2 产量 4 000 千克，每千克平均价格 2 元，每 667 米^2 实现产值 0.8 万元。

四膜早春茄子每 667 米^2 产量 7 000 千克，每千克平均价格 4 元，每 667 米^2 实现产值 2.8 万元。

>>> 石家庄市藁城区春辉种植服务专业合作社 <<<

一、经营主体简介

石家庄市藁城区春辉种植服务专业合作社是由石家庄市众生源食品有限公司牵头成立的，是一家为种植户提供蔬菜种植技术支持、培训，提高农户种植水平的一家服务性企业，主要是从事蔬菜、经济作物种植及新产品、新品种引进、试验、示范、推广。合作社打造了"南孟镇无公害蔬菜生产基地"，建立了生态农业标准示范园区。核心示范区占地面积 100 公顷，位于石家庄市藁城区南孟镇南凝仁村东，紧邻京港澳高速藁城北出口，交通十分便利。核心示范区分种植区和加工区，种植区现已建成智能日光温室 72 个，用于育苗和种植，主要种植蔬菜、花卉、精品水果、露地苗木等，其中设施蔬菜大棚占地面积 9.3 公顷。合作社现有职工 40 人，其中技术人员 8 人，与中国农业科学院、河北省农林科学院、河北农业大学、河北省蔬菜创新团队、石家庄市农业技术推广中心、石家庄综合试验推广站、藁城区农业农村局建立了长期的合作关系，是河北省农林科学院、河北农业大学、石家庄市农业技术推广中心的试验示范基地，技术力量雄厚。近年来在省市区各级农业主管部门领导的关怀下，在河北省蔬菜创新团队的指导下，对原有棚室及配套设施进行了升级改造，同时将物联网等先进技术引进园区，使园区在软件及硬件方面的条件都有了大幅提升。

二、经营主体经营模式

春辉种植服务专业合作社积极发展龙头企业、合作社和种植大户联动发展模式，进一步完善"园区＋企业＋合作社＋农户"的现代农业发展新模式，坚持"互联网＋"现代农业的发展思路，积极做好一二三产业有机融合。在蔬菜种植上，100％引进名特优品种，按品种制定生产技术操作规程、标准，100％按标生产，实行统防统治，推广了集约化育苗、绿色防控、膜下滴灌、水肥精准管理、夏季高温闷棚、有机肥替代、轻简化栽培等实用新技术，先进技术应用覆盖率达100％，为蔬菜安全生产提供了技术支撑。注册了"耕天下"商标，所生产的蔬菜产品全部在园区内就地进行分级包装，统一销售。设置了"二维码"质量追溯系统，实现了产品质量可追溯。

三、经营主体生产模式

目前，该合作社主要生产模式有日光温室越冬一大茬甜（辣）椒换头栽培技术模式、日光温室秋冬茬芹菜—冬春茬黄瓜栽培技术模式、日光温室早春茬甜瓜—秋延后番茄栽培技术模式等。

（一）日光温室越冬一大茬甜（辣）椒换头栽培技术模式

该模式是藁城区春辉种植服务专业合作社示范推广的一种高效优化模式之一，通过引试新特菜品种，合理安排茬口，从而获得较高的产量及效益。

1. 设施类型及结构

采用土墙钢筋骨架结构日光温室，长 80 米，内跨度为 12 米，外跨度为 18 米，脊高 4.5 米，后墙底宽 6 米，顶宽 2~3 米，下挖 1.2 米，深冬可以生产喜温果菜类，实现周年生产。

2. 品种选择

选择熟性较早，前期较耐高温、后期耐低温、耐弱光、植株恢复再生能力强的甜椒、辣椒品种。

（1）冀研 16 号甜椒。该品种为河北省农林科学院经济作物研究所利用甜椒雄性不育两用系育成的中早熟甜椒杂交种，植株生长势强，果实呈灯笼形，果面光滑有光泽，青果绿色，成熟果黄色，单果重 220 克左右，果肉厚 0.6 厘米，每百克维生素 C 含量 141.0 毫克，商品性好，连续坐果性好，较耐低温弱光，抗病毒病、炭疽病，耐疫病，一般每 667 米² 产量 4 000 千克左右。既可作为青椒采收上市，又可作为彩椒高档精品蔬菜栽培。2013 年通过全国蔬菜品种鉴定，适宜河北省早春茬或秋冬茬保护地栽培。

（2）冀研 108 号甜椒。该品种为河北省农林科学院经济作物研究所利用甜椒雄性不育两用系育成的早熟甜椒杂交种，植株生长势强，果实呈灯笼形，单果重 230 克左右，果面光滑有光泽，青果绿色，每成熟果红色，每百克维生素 C 含量 128.01 毫克，商品性好，连续坐果性好，抗病毒病、炭疽病，耐疫病，一般每 667 米^2 产量 4 000 千克左右。2016 年通过全国蔬菜品种鉴定，适宜河北省早春茬或秋冬茬保护地栽培。

（3）冀研 20 号辣椒。该品种为河北省农林科学院经济作物研究所利用雄性不育两用系育成的早熟辣椒杂交种，植株生长势强，果实长牛角形，黄绿色，果面光滑顺直，一般单果重 130 克，最大可达 160 克，微辣，商品性好，较耐低温弱光，抗病毒病、疫病。一般每 667 米^2 产量 4 000 千克。2015 年通过河北省科学技术成果鉴定。主要适合春提前和秋延后设施栽培。

（4）冀研 118 甜椒。该品种为河北省农林科学院经济作物研究所利用雄性不育两用系育成的中早熟甜椒杂交种，植株生长势强，果实灯笼形，果面光滑而有光泽，味甜质脆，商品性好，平均单果重 240 克左右，抗病毒病、耐疫病，连续坐果能力强，耐低温弱光。适宜在河北及相似气候类型区域进行设施春提前及秋延后种植。

（5）金皇冠水果型甜椒。该品种为河北省农林科学院经济作物研究所利用雄性不育两用系育成的中早熟甜椒杂交种，植株生长势强，始花节位在 10～11 节，果实灯笼形，果面光滑而有光泽，果味甜度大，口感脆甜，成熟果黄色，商品性好，平均单果重 200 克左右，抗病性强。适宜在河北及相似气候类型区域进行设施春提前及秋延后种植。

3. 育苗

（1）播前种子消毒。播种前用种子 6 倍体积的 55～60℃ 热水浸种，过程中不停地搅拌并维持水温，浸泡 20～30 分钟，再用 1％硫酸铜浸种 5 分钟，预防炭疽病和疫病的发生，用清水冲洗干净，再用 10％磷酸三钠浸种 15 分钟，以钝化病毒，防止病毒病的发生；种子处理后冲洗干净，再在 20～25℃ 的水中浸泡 8～12 小时捞出，晾干后即可播种。

（2）搭建遮阳防雨、防虫育苗场地。该模式一般在 7 月中下旬播种育苗，时值高温多雨季节，为避免高温、雨涝及病毒病的危害，应选择地势高燥、排水良好的地方育苗，最好选择温室或大棚育苗，一般棚上覆盖遮光度 75％的遮阳网，以利降温。要注意覆盖物不宜过厚，一般以花荫凉为宜，并且可以根据气候条件（温度、光照等）调控遮阳网，覆盖物还应随着幼苗的生长逐渐撤去，否则幼苗易徒长，难以达到培育壮苗的目的。为了有效地预防病毒病的发生，防止蚜虫、白粉虱等虫害的传播，应在育苗棚四周设置 40 目的防虫网。

（3）穴盘护根育苗。采用穴盘护根育苗、一次成苗的现代化育苗技术，可保护幼苗根系、有效地防止土传病害的发生。一般采用 50 孔穴盘进行育苗，育苗基质采用草炭：蛭石为 2：1 混合，并按每立方基质中加 50 千克腐熟鸡粪和 1 千克复合肥混合。

（4）苗期化学调控。在幼苗生长到 6～7 厘米（或幼苗长到 3～4 片真叶）时，选择在傍晚喷洒生长调节剂培育壮苗。

4. 定植

（1）定植苗龄及时期。苗龄不宜太大，应选择苗龄在 30～35 天，株高 18 厘米以下，长出 7～9 片真叶的适宜幼苗定植。一般在 8 月下旬定植。

（2）高温闷棚消毒。为保证植株生长健壮和预防病虫害的发生，必须保证植株获得足够的营养，并进行土壤消毒处理。施足以有机肥为主的基肥，一般每 667 米^2 施有机肥 5 000～8 000 千克，同时施入杀菌剂和杀虫剂，进行高温闷棚消毒，一般要求闷棚在 20 天以上，彻底消灭土壤残留的病原菌、虫卵等，并将有机肥充分腐熟。

（3）整地施肥。定植前 1 周进行整地做畦，按行距 50～80 厘米开浅沟，沟深 10～15 厘米，每 667 米^2 沟内施磷酸氢二铵 15 千克，过磷酸钙 50 千克，硫酸钾 20 千克，硫酸铜 3 千克，硫酸锌 1 千克，硼砂 1 千克，生物钾肥 1 千克；或施入复合肥 40 千克，硫酸铜 3 千克，硫酸锌 1 千克，硼砂 1 千克，生物钾肥 1 千克；深翻整平，与土混匀。

（4）定植。甜（辣）椒定植时正值高温、高湿、强光、多雨季节，不利于秧苗缓苗，并且容易诱发各种病虫害。因此，定植必须选择在晴天的傍晚或阴天进行，栽后立即浇透水，并随水冲施敌磺钠 2～3 千克。这种栽培形式定植密度一定要稀，选择单株栽培，穴距 40 厘米，栽植密度每 667 米^2 2 200 株。

5. 田间管理

（1）严防徒长，促进坐果。定植缓苗后，结合划锄培土，要始终保持地面潮湿，但切忌大水漫灌，否则易疯秧。植株一旦出现徒长迹象，应及时在傍晚喷洒缩节胺 100 毫克/千克，或矮壮素 200 毫克/千克等生长调节剂，可以明显矮化植株，增加茎粗，降低开花节位，使植株开花、结果提前，提高抗病毒病、疫病能力。开花期可喷施爱多收、绿丰 95、辣椒灵等促进坐果的生长调节剂，结合喷洒 0.1％硼砂效果更好。

（2）冬前管理技术。门椒坐稳后，每 667 米^2 追施硫酸钾复合肥 10～12 千克。门椒采收后，每 667 米^2 追施尿素 10～12 千克、硫酸钾 10～15 千克，或硫酸钾复合肥 15～20 千克。采收盛期，应以水带肥，每 667 米^2 每次追施硫酸钾复合肥 12～15 千克，结合防病每周喷 1 次 0.2％～0.3％磷酸二氢钾与 0.1％尿素的混合肥液。

植株现蕾后结合中耕培土 2～3 次，培成 10～15 厘米的小高垄。当外界最低气温下降到 12℃时，畦面覆盖地膜。

门椒采收后，采用双干或三干整枝，去除主干以下全部叶片及主枝上的分枝、空枝、弱枝、徒长枝、重叠枝。整枝后应及时喷药防止伤口感染；按主枝的生长方向及时吊蔓。结果中后期，在晴天中午，摘除植株上的老叶和病叶。

（3）越冬管理技术。盛果期过后，气温逐渐转冷，温度较低，光照减弱，管理主要以增温保温、增光补热、降低棚内湿度等措施为主，可用地膜覆盖畦面。同时坚持清扫棚膜上尘土，适当早放草苫保持夜间温度。一般低温期不浇水或少浇水，同时注意防治病虫害，最好选用烟雾剂防病。

（4）早春植株恢复生长管理技术。植株生长到翌年 2 月中下旬时，随着外界气温的迅速回升，植株生长活力增强，需水需肥量增大，将植株"四母斗"以上枝条全部剪掉，同时打掉植株的全部叶片，浇大水并随水每 667 米^2 施入复合肥 10 千克，同时密闭温室，创造与植株定植后缓苗相似的温湿度环境条件，促进植株迅速恢复生长。管理以恢复植株再生能力为主，7～10 天后枝条重新发出，采取整枝、打尖、换头技术，选留不同生长方向的 2～3 个健壮枝条，其余枝条全部打掉，通过水肥调控、温湿调控，促高产。

6. 综合防治病虫害

病虫害防治以预防为主，从种子消毒做起，培育壮苗、增施有机肥，加强栽培管理。点片发生时及时采取防治措施。为减少虫源，减少农药的使用量，温室放风口用防虫网隔离。冬季低温寡照雾霾天气选用烟雾剂防治。

（1）农业防治。前茬作物收获后及时清理前茬残枝枯叶，通过深耕将地表的病原菌及害虫翻入土中，进行高温闷棚消毒 15～20 天。由于定植时外界处于高温、高湿、多雨的环境，可采用浅沟定植，逐步中耕培土，采用膜下沟灌或膜下滴灌的灌溉方法，达到定植前期降低根系温度、冬季降低室内空气湿度、减少病虫害发生的效果。

（2）物理防治。在温室放风口处设置防虫网（40 目），棚内悬挂黄板，畦面覆盖地膜，防治蚜虫、白粉虱等蔬菜害虫，降低棚内湿度，减少病虫害发生。

（3）化学防治。

①虫害：整个生育期注意防治蚜虫、白粉虱、茶黄螨等害虫，蚜虫、白粉虱可用 10% 吡虫啉 1 000 倍液，或 1% 吡虫啉 2 000 倍液，或 40% 氯虫·噻虫嗪（每 667 米^2 用 8～12 克）等药剂防治；茶黄螨可用 15% 哒螨酮乳油 300 倍液，或 1.8% 阿维菌素乳油 3 000 倍液，或 15% 哒螨灵乳油 1 500 倍液，或 73% 炔螨特乳油 2 000 倍液等药剂进行防治。

②真菌性病害：防治疫病、炭疽病、菌核病等真菌性病害可用 25% 嘧菌酯悬浮剂 3 000 倍液，或 10% 苯醚甲环唑水分散粒剂 1 500 倍液，或 53% 精甲霜·锰锌 600～800 倍液，或 32.5% 吡唑奈菌胺·嘧菌酯悬浮剂 1 500 倍液，或 47% 春雷·王铜可湿性粉剂 400～500 倍液，或 62.75% 氟吡菌胺·霜霉威

水剂 1 000 倍液，或 72.2％霜霉威水剂 1 000 倍液等。

③细菌性病害：防治疮痂病、枯萎病等细菌性病害可用 47％春雷·王铜可湿性粉剂 400～500 倍液，或 90％新植霉素可溶性粉剂 1 000～2 000 倍液，或 50％琥铜·甲霜灵可湿性粉剂 400～500 倍液防治。

④病毒病：可在防治蚜虫、白粉虱、茶黄螨的同时，喷施 20％链霉素·琥珀铜 500～800 倍液，或 1.5％烷醇·硫酸铜水乳剂 500～600 倍液，或 2％宁南霉素水剂 200 倍液防治。7～10 天喷 1 次药剂，尤其在定植前、定植后、多雨季节几个关键时期，及时、连续喷 2～3 次。可每 667 米² 撒施枯草芽孢杆菌可湿性粉剂（每克含 3×10^9 个有效活菌）500～1 000 克防治土传病害，在苗期、定植期撒药土，或随定植水冲施。

7. 产值效益

该模式可实现周年生产，主要以供应国庆、元旦、春节、五一，四个我国人民比较重视的重大节日的市场需求，效益较高，全年产量可达 10 000 千克以上，每 667 米² 实现产值 3.8 万元。其中 2 月中下旬之前产量可达 4 000 千克以上，平均每千克价格 5 元，实现每 667 米² 产值 2 万元以上，2 月中下旬至 6 月下旬拉秧产量可达 6 000 千克以上，每千克平均价格 3 元，每 667 米²实现产值 1.8 万元。

（二）日光温室秋冬茬芹菜—冬春茬黄瓜栽培技术模式

该模式是藁城区春辉种植服务专业合作社示范推广的一种高效优化模式之一，通过引试新品种，膜下滴灌，两膜一网一黄板技术的应用，合理安排茬口，从而获得较高的产量及效益。

1. 设施类型及结构

采用土墙钢筋骨架结构日光温室，长 80 米，内跨度为 12 米，外跨度为 18 米，脊高 4.5 米，后墙底宽 6 米，顶宽 2～3 米，下挖 1.2 米，深冬可以生产喜温果菜类，实现周年生产。

2. 茬口安排

秋冬茬芹菜：7 月上旬育苗，9 月上旬定植，11 月下旬至 12 月上旬上市，12 月下旬收获完毕。

冬春茬黄瓜：12 月上旬育苗，1 月上中旬定植，2 月底开始采收，6 月下旬采收完毕。

3. 品种选择

秋冬茬芹菜：选用优质、抗病、耐热、适应性广、纤维少、实心、品质嫩脆的西芹品种，可选用文图拉、加州王、高优它等。

冬春茬黄瓜：选择优质、高产、抗病、抗逆性强的黄瓜品种，如冀美801、津优 35 等品种。

4. 秋冬茬芹菜

（1）育苗。尽量委托育苗厂育苗或购买商品苗，如果自己育苗可按下面的方法操作。

在棚内做南北向畦，畦净宽 1.2 米（老棚要将棚内深 10 厘米的土壤起出来，换成未种过蔬菜的肥沃大田土）。每畦再施入经过充分发酵、腐熟、晾干、捣碎并过筛的鸡粪 0.2 米^3，50% 多菌灵可湿性粉剂 80 克，磷酸氢二铵 0.5 千克，翻地 10 厘米，使肥、药、土充分混匀，耙平、耙细待播。每 10 米^2 苗床可播种子 8~10 克，芹菜育苗每 667 米^2 需用种 80~100 克。播种前将种子用清水浸泡 24 小时，搓洗几次，置于 15~20℃ 环境下进行低温催芽，当有 70% 左右种子露白即可播种。播种前先向畦内浇水，水渗后播种。播种后出苗前，苗床要用湿草帘覆盖，并经常洒水。苗齐后，要保持土壤湿润，当幼苗第一片真叶展开时进行间苗，疏掉过密苗、病苗、弱苗，苗距 3 厘米，结合间苗拔除田间杂草。当有 3~4 片真叶时，进行分苗。定植行间距为（6~8）厘米×（3~4）厘米。定植前 10 天，停止供水，行间松土，2~3 天后浇 1 次水，之后的 4~5 天不浇水，促进发根壮根。同时增加见光，逐步缩短遮阳网覆盖时间。苗期正处于高温多雨季节，在大棚内采用一网一膜覆盖（即一层遮阳网防止高温，一层棚膜防暴雨冲刷）。壮苗标准为苗龄 60 天左右，5~6 片叶，茎粗壮，叶片绿色，完整无缺损，无病虫害，苗高 15~20 厘米，根系发达。

（2）定植前准备。

①清洁田园：清除前茬作物的残枝烂叶及病虫残体。

②棚室消毒：在定植前 7~10 天，每 667 米^2 用 20% 百菌清烟剂 250~400 克熏棚。一般在晚上进行，熏烟密闭棚室 24 小时。

③整地施肥：每 667 米^2 施腐熟好的优质有机肥 3 000~5 000 千克，尿素 10 千克，过磷酸钙 50 千克，硫酸钾 30 千克。将肥料均匀洒在日光温室内，深翻 40 厘米，纵横各深翻一遍，耙后做平畦。

（3）定植。于晴天傍晚进行定植，带土移栽。行距 40 厘米，株距 20~25 厘米，每 667 米^2 定植 8 000 株左右。每穴 1 株，培土以埋住短缩茎露出心叶为宜，边栽边封沟平畦，随即浇水，切忌漫灌。

（4）定植后的管理。

①温度管理：定植到缓苗阶段的适宜温度为 18~22℃，生长期的适宜温度为 12~18℃，生长后期温度保持在 10℃ 以上。幼苗发生萎蔫时，要遮花荫。11 月初盖草苫，晴天以太阳出揭草苫，以太阳落盖草苫；阴天比晴天晚揭、早盖 1 小时。深冬季节注意保温，白天温度达 20℃ 以上时通风，夜间最低气温保持在 10℃ 以上。

②浇水追肥：定植后缓苗期，应保持土壤湿润，注意遮阳，防止烈日暴

晒。进入生长期后，应加强水肥管理，勤施少施，不断供给速效性氮肥和磷钾肥。追肥应在行间进行。定植后 10～15 天，每 667 米² 追施尿素 5 千克，之后每 20～25 天追肥 1 次，每 667 米² 追 1 次尿素和硫酸钾各 10 千克。定植后 2 个月后，进入旺长期，应水肥齐攻，每 667 米² 用尿素和硫酸钾各 10 千克，深秋和冬季应控制浇水，浇水应在晴天 10：00～11：00 进行，并注意加强通风降湿，防止湿度过大发生病害。浇水后要有连续 3～5 天以上的晴天，每次浇水量都不要过大，以防水大造成死苗。采收前 10 天停止追肥、浇水。

（5）病虫害防治。芹菜的病虫害主要有斑枯病、早疫病、软腐病、蚜虫、白粉虱等。

①斑枯病：阴天时用 45％百菌清烟剂每 667 米² 每次用量 200 克熏蒸，傍晚暗火点燃闭棚过夜，连熏 2 次，间隔 10 天 1 次；发病初期可用 75％百菌清可湿性粉剂 600 倍液，或 50％多菌灵可湿性粉剂 800 倍液喷雾。

②早疫病：百菌清烟剂每 667 米² 每次 200 克熏 2 次，间隔 10 天 1 次；用 50％多菌灵可湿性粉剂 800 倍液，或 10％苯醚甲环唑水分散粒剂 1 500 倍液喷雾。

③软腐病：发病初期用 77％氢氧化铜可湿性粉剂 2 000 倍液，或 20％噻菌铜悬浮剂 300～500 倍液喷雾。

④蚜虫、白粉虱：用 1.8％阿维菌素乳油 3 000 倍液，或用 10％吡虫啉可湿性粉剂 1 500 倍液喷雾。

（6）采收：当芹菜单株达 1.5 千克左右时采收。

5. 冬春茬黄瓜栽培技术

（1）农户可以自行育苗，也可到集约化育苗厂订购或代育。

（2）定植前准备。

①清洁田园：清除前茬作物的残枝烂叶及病虫残体。

②棚室消毒：每 667 米² 棚室用硫黄粉 2～3 千克，拌上锯末，加少许酒精，分堆点燃，然后密闭棚室一昼夜，经放风至无味时再定植。

（3）结合整地。每 667 米² 施优质腐熟有机肥 3 000 千克，氮、磷、钾三元复合肥 50 千克，然后深翻土地 30 厘米。采用膜下滴灌，耕翻后平整土地，然后起台，台宽 60 厘米、台高 6～10 厘米，台与台之间距离 90 厘米，整好台备用。

（4）定植。在台上按 30 厘米挖穴，每 667 米² 定植 25 00 株左右。

（5）定植后的管理。

①缓苗中耕后：安装滴灌管，然后在台边开小沟，覆盖地膜，调整植株，把膜压好。

②环境调控：

温度管理：缓苗期温度，白天以 25～28℃ 为宜，夜间以 13～15℃ 为宜。

初花期适当加大昼夜温差，以增加养分积累。白天温度超过 30℃ 从顶部通风，午后降到 20℃ 关闭通风，一般室温降到 15℃ 时放草苫。结果期白天温度保持在 25～28℃，夜间保持在 15～17℃。

光照：采用透光性好的功能膜，冬春季保持膜面清洁，日光温室后部张挂反光幕，尽量增加光照强度和时间。

湿度：最佳空气相对湿度，缓苗期 80%～90%，开花坐果期 60%～70%，结瓜期 50%～60%。

二氧化碳：冬春季节增施二氧化碳气肥，使室内的二氧化碳浓度达到 800～1 000 毫克/千克。

水肥管理：定植后及时浇水，可以水带生根肥，如根多多、多维肥精等，每 667 米^2 用 5 千克，有利于黄瓜生根，加速缓苗。因为天气冷，温度低，尽量少浇水。如旱可用滴灌浇少量水，等坐住瓜后加大浇水量及增加浇水次数。滴灌施肥要求少量多次，苗期和开花期不灌水或滴灌 1～2 次，每次每 667 米^2 灌水 6～10 米^3，加肥 3～5 千克。瓜膨大期至采收期每隔 5～10 天滴灌 1 次，每次每 667 米^2 灌水 6～12 米^3，施肥 4～6 千克；视黄瓜长势，可隔水加肥 1 次。拉秧前 10～15 天停止滴灌施肥。建议使用滴灌专用肥，要求肥料养分含量高，含有中微量元素。氮、磷、钾施用比例前期约为 1.2：0.7：1.1，中期约为 1.1：0.5：1.4，后期约为 1：0.3：1.4。一般在灌水 20～30 分钟后进行加肥，以防止施肥不均或不足。

植株调整及保瓜疏瓜：及时疏瓜并去掉下部黄叶、老叶、病叶，视情况放绳向下坠秧。

（6）病虫害防治。

①物理防虫：设防虫网阻虫，在通风口用 40 目防虫网密封，阻止蚜虫、白粉虱迁入。利用黄板诱杀白粉虱。将黄板挂在行间或株间，高出植株顶部，每 667 米^2 挂 30～40 块。

②药剂防治病虫害：

霜霉病：每 667 米^2 用 5% 百菌清粉剂 1 千克喷粉，7 天喷 1 次。用 72% 霜脲·锰锌可湿性粉剂 500 倍液，或 72.2% 霜霉威水剂 800 倍液喷雾，药后短时间闷棚升温抑菌，效果更好。

细菌性斑点病：用 77% 氢氧化铜可湿性粉剂 2 000 倍液，或 20% 春雷霉素水分散粒剂 2 000～3 000 倍液，7 天喷 1 次。

灰霉病：用 50% 腐霉利可湿性粉剂 1 500 倍液，或 40% 嘧霉胺悬浮剂 1 200 倍液喷雾。

白粉病：用 25% 三唑酮可湿性粉剂 2 000 倍液，或 30% 氟菌唑可湿性粉剂 1 500～2 000 倍液喷雾。

病毒病：先要防治传毒媒介蚜虫，用10％吡虫啉可湿性粉剂1 500倍液喷雾防治。定植后14天、初花期、盛花期喷"NS-83"增抗剂100倍液预防病毒病；发生病毒病后用20％吗啉胍·乙酸铜可湿性粉剂500倍液喷雾，7～10天喷1次，连喷3～5次。

温室白粉虱：用1.8％阿维菌素乳油3 000倍液，或10％吡虫啉可湿性粉剂1 500倍液喷雾。

斑潜蝇：用1.8％阿维菌素乳油3 000倍液喷雾。

蚜虫：用1.8％阿维菌素乳油3 000倍液，或10％吡虫啉可湿性粉剂1 500倍液喷雾。收获前15天停止用药。

（7）采收。开花后7天左右及时采收。

6. 经济效益

两茬蔬菜每667米²年产值达3.9万元，其中：

秋冬茬芹菜每667米²产量7 000千克左右，每千克平均价格2.0元，每667米²实现产值1.4万元。

早春茬黄瓜每667米²产量10 000千克左右，每千克平均价格2.5元，每667米²实现产值2.5万元。

（三）日光温室早春茬甜瓜—秋延后番茄栽培技术模式

该模式是藁城区春辉种植服务专业合作社示范推广的一种高效优化模式之一，通过引试新品种，合理安排茬口，从而获得较高的产量及效益。

1. 设施类型及结构

采用土墙钢筋骨架结构日光温室，长80米，内跨度为12米，外跨度为18米，脊高4.5米，后墙底宽6米，顶宽2～3米，下挖1.2米，深冬可以生产喜温果菜类，实现周年生产。

2. 茬口安排

（1）早春茬甜瓜。1月上旬育苗，翌年2月中旬定植，4月下旬开始上市，6月初采收完毕。

（2）秋延后番茄。6月中旬育苗，8月初定植，10月上旬开始采收，翌年2月上中旬收获完毕。

3. 品种选择

早春茬甜瓜：选择优质、高产、抗病、抗逆性强的甜瓜品种，如网纹仙子、绿宝、绿帅等。

秋延后番茄：选择优质、高产、抗番茄黄化曲叶病毒病、抗逆性强的口感型番茄品种，如801、501。

4. 冬春茬甜瓜栽培技术

（1）培育壮苗。农户可以到育苗厂购买苗用，也可以自己育苗。自己育苗可参考以下育苗方法：

①种子处理：用多菌灵 500 倍液浸种 15 分钟，捞出清洗后再用温水浸种，水温达 30℃时浸 3～4 小时，捞出稍凉后在 25～30℃的温度下催芽。

②营养土的配制：用 70％的田园土＋30％的腐熟有机肥，每立方米土中加入 1.5 千克磷酸氢二铵，1 千克硫酸钾，混匀过筛，装入营养钵。

③播种：于 1 月上旬把催好芽的种子播入浇透水的营养钵内，每钵 1 粒种子，上覆细土 1～1.5 厘米厚。

④苗期管理：出苗前，苗床温度白天 30℃左右，夜间 16～18℃；出苗后温度，白天 25℃左右，夜间 13～15℃；秧苗破心后温度，白天 25～30℃，夜间 15～18℃。

（2）定植。

①整地施肥：每 667 米² 施入腐熟有机肥 3 000 千克，普力复合肥 50 千克，深翻耙平。

②定植：于 2 月中旬按大行 90 厘米，小行 70 厘米，株距 45 厘米定植，每 667 米² 栽 1 800 株。

（3）田间管理。

①整枝引蔓：用单蔓整枝，子蔓结瓜，11～16 节位留瓜，留 1～2 个瓜，主蔓长到 25～30 片叶时摘心。

②人工授粉：于 9：00～10：00 时，将当天新开的雄花摘下，确认已开始散粉，即可将雄花花冠摘除，露出雄蕊，往结瓜花的柱头上轻轻涂抹。

③水肥管理：伸蔓期追肥，于幼苗附近开浅沟，随水每 667 米² 施氮磷钾平衡水溶肥 15 千克，定瓜后可开沟，沟内每 667 米² 施腐熟捣细的饼肥 30～40 千克，或含氮磷钾的高钾水溶肥 15 千克，瓜膨大期进行叶面追肥，喷施 0.2％的磷酸二氢钾 2～3 次。

（4）病虫害防治。

①物理防虫：设防虫网阻虫，在通风口用防虫网密封，阻止蚜虫、白粉虱迁入。利用黄板诱杀白粉虱，将黄板挂在行间或株间，高出植株顶部，每 667 米² 挂 30～40 块。

②药剂防治病虫害：主要有霜霉病、细菌性斑点病、灰霉病、白粉病、病毒病；虫害主要有斑潜蝇、白粉虱和蚜虫。

霜霉病：每 667 米² 用 5％百菌清粉剂 1 千克喷粉，7 天喷 1 次。或用 72％霜脲·锰锌可湿性粉剂 500 倍液，或 72.2％霜霉威水剂 800 倍液喷雾，药后短时间闷棚升温抑菌，效果更好。

细菌性斑点病：用 77％氢氧化铜可湿性粉剂 2 000 倍液，或 20％春雷霉素水分散粒剂 2 000～3 000 倍液，7 天喷 1 次。

灰霉病：用50％腐霉利可湿性粉剂 1 500 倍液，或40％嘧霉胺悬浮剂 1 200倍液喷雾。

白粉病：用25％三唑酮可湿性粉剂 2 000 倍液，或30％氟菌唑可湿性粉剂 1 500～2 000 倍液喷雾。

病毒病：先要防治传毒媒介蚜虫，用10％吡虫啉可湿性粉剂 1 500 倍液喷雾防治。定植后 14 天、初花期、盛花期喷"NS-83"增抗剂 100 倍液预防病毒病；发生病毒病后用20％吗啉胍·乙酸铜可湿性粉剂 500 倍液喷雾，7～10天喷 1 次，连喷 3～5 次。

温室白粉虱和蚜虫：用1.8％阿维菌素乳油 3 000 倍液，或10％吡虫啉可湿性粉剂 1 500 倍液喷雾。

斑潜蝇：用1.8％阿维菌素乳油 3 000 倍液喷雾。收获前 15 天停止用药。

5. 秋冬茬番茄栽培技术

参照P16～P17秋冬茬番茄栽培技术。

6. 经济效益

两茬瓜菜每 667 米^2 年产值达 3.5 万元，其中：

冬春茬甜瓜每 667 米^2 产 5 000 千克，每千克平均价格 4.0 元，每 667 米^{2}实现产值 2.0 万元。

秋冬茬番茄每 667 米^2 产 6 000 千克，每千克平均价格 2.5 元，每 667 米^{2}实现产值 1.5 万元。

>>> 石家庄市藁城区乡缘禾苗种植服务专业合作社 <<<

一、经营主体简介

石家庄市藁城区乡缘禾苗种植服务专业合作社，始建于 2010 年 5 月，同年该合作社建成第一期种植基地，2011 年建成第二期种植基地，2012 年建成第三期种植基地，共流转土地 75.9 公顷。建有无立柱全钢架结构高标准日光温室 218 座。建成杜村现代农业园，成为藁城区乡缘禾苗种植服务专业合作社的一个集中示范种植区，占地面积 13.8 公顷，投资 1 160 万元，建有无立柱全钢架结构高标准日光温室 46 座，是集"旅游、采摘、观光、科普"于一体的农业综合体，是全国巾帼现代农业科技示范基地，石家庄市科普示范基地。

藁城区乡缘禾苗种植服务专业合作社，开拓思路，坚持实施"走出去、引进来""走特色之路，打绿色品牌，发展生态农业"的发展战略，持续落实高品质农业园区、现代温室大棚建设。

二、经营主体经营模式

合作社创新实践了"党支部＋合作社＋农户"的党建引领运营模式,党支部牵头成立了藁城区乡缘禾苗种植服务专业合作社,安排专人对接销售,实现统一建造,统一管理,统一销售。多次组织人员赴山东等地学习现代温室大棚种植技术,推广采用"两膜一网一黄板、沟灌滴灌加管灌"等新型种植管理技术,并引进温室物联网智能管理系统,实现了自动控温控湿控肥,产品实现了全程监管,引进人工影响天气作业系统,提高了科技化管理水平,实现了番茄种植由商品果番茄向水果番茄的转变。创建"杜乡缘"品牌,打造产品形象,有效提高产品附加值,实现以质提效。目前,每 667 米^2 温室番茄平均收入达10 万元以上。

与此同时,积极介入电商产业发展,邀请专业老师对社员进行直播带货培训、指导,将传统销售转型为农超对接和线上销售。根据市场的变化和人民群众对高品质、口感型番茄产品的需求,不断引进并推广新的口感型番茄品种。园区常年举办"拼菜团购""奔跑吧宝贝""亲子采摘科普"等活动,年接待游客 5 万余人次,产值 500 余万元,带动了 100 多名妇女就业,600 多户村民致富。目前,全村人均年收入达 1.7 万余元,和石家庄、北京等地的商场、超市合作,建立了顺畅的销售渠道,提高了大家的种植效益。

三、主要经营品种

园区实现了多样化种植,以番茄种植为主,同时种植黄瓜、甜瓜、荷兰瓜、火龙果、百香果、牛奶草莓、吊瓜等,叶菜以蒲公英、荠菜为主。2016年又引进了柠檬、香蕉、芒果、木瓜等热带水果。采摘园产品通过国家级 A级绿色认证,所创建的"杜乡缘"品牌是"河北省三十佳农产品品牌",获得"河北省著名商标"荣誉称号,园区所有蔬菜均为绿色产品。

四、经营主体生产模式

该合作社主要生产模式有日光温室越冬一大茬口感型番茄栽培技术模式、日光温室秋冬茬—冬春茬口感型番茄栽培技术模式、日光温室秋冬茬芹菜—冬春茬口感型番茄栽培技术模式和秋冬茬樱桃番茄—冬春茬苦瓜栽培技术模式。以采摘为主,实现周年番茄采摘供应。

(一)日光温室越冬一大茬口感型番茄栽培技术

该模式是藁城区乡缘禾苗种植服务专业合作社示范推广的一种高效优化模式之一,通过引试适合采摘的口感型番茄新品种,合理安排茬口,从而获得较高的产量及效益。一年一大茬番茄,省去了一茬苗钱,在雾霾较轻的年份番茄上市比冬春茬番茄上市要早 2 个月。番茄品种有大、中、小型，早熟和晚熟品种分开采摘，售价高，效益好。

1. 设施类型及结构

采用土墙钢筋骨架结构日光温室，长 135 米，内跨度为 12 米，外跨度为 18 米，脊高 5 米，后墙底宽 7 米，顶宽 2～3 米，下挖 1.2 米，深冬可以生产喜温果菜类，实现周年生产。

2. 茬口安排

于 8 月中下旬育苗，10 月初定植，翌年 1 月下旬开始开园采摘，7 月上旬收获完毕。

3. 品种选择

越冬茬番茄栽培选择抗病（抗叶霉病、灰霉病、早疫病、晚疫病等）、品质优良、较耐储运的口感型、中晚熟粉红果品种，如咏美系列 2 号、3 号，伊利系列 2 号、3 号，普罗旺斯等品种。

4. 栽培技术

（1）育苗。农户自行育苗，也可以到该合作社购苗。

（2）定植前准备。

①清洁田园：清除前茬作物的残枝烂叶及病虫残体。

②棚室消毒：每 667 米² 棚室用硫黄粉 2～3 千克，拌上锯末，加少许酒精，分堆点燃，然后密闭棚室一昼夜，经放风至无味时再定植。

③整地施肥：结合整地每 667 米² 施优质腐熟有机肥 5 000 千克以上，氮、磷、钾三元复合肥 100 千克，然后深翻土地 30 厘米。采用膜下滴灌，耕翻后平整土地，然后起台，台宽 60 厘米、台高 6～10 厘米，台与台之间距离 90 厘米，整好台后备用。

（3）定植。在台上按 40 厘米挖穴，每 667 米² 定植 2 500 株。

（4）定植后的管理。

参照 P30～P31 日光温室越冬一大茬口感型番茄栽培技术定植后管理。

（5）病虫害防治。

参照 P31～P32 日光温室越冬一大茬口感型番茄栽培技术病虫害防治。

5. 经济效益

越冬一大茬番茄每 667 米² 年产量 8 000 千克左右，每千克番茄采摘平均售价在 10 元，每 667 米² 实现产值达 8.0 万元。

（二）日光温室秋冬茬—冬春茬口感型番茄栽培技术

该模式是藁城区乡缘禾苗种植服务专业合作社示范推广的一种高效优化模式之一，通过引试口感型番茄新品种，合理安排茬口，从而获得较高的产量及效益。

1. 蔬菜设施类型及结构

采用土墙钢筋骨架结构日光温室，长 135 米，内跨度为 12 米，外跨度为 18 米，脊高 5 米，后墙底宽 7 米，顶宽 2～3 米，下挖 1.2 米，深冬可以生产喜温果菜类，实现周年生产。

2. 茬口安排

（1）秋冬茬番茄。6 月下旬育苗，7 月底定植，10 月上旬开始采收，翌年 1 月下旬拉秧。

（2）冬春茬番茄。12 月中旬育苗，翌年 1 月底定植，3 月底采收，7 月中下旬拉秧。

3. 品种选择

（1）秋冬茬番茄。选择优质、高产、抗番茄黄化曲叶病毒病、抗逆性强的口感型番茄品种，如咏美 2 号、高糖 1 号、高糖 2 号品种。

（2）冬春茬番茄。选择优质、高产、抗病、抗逆性强的口感型番茄品种，如伊利 2 号、伊利 3 号、草莓 2 号等品种。

4. 秋冬茬番茄栽培技术

（1）育苗。农户自行育苗，也可以到园区购苗。

（2）定植前准备。

①清洁田园：清除前茬作物的残枝烂叶及病虫残体。

②棚室消毒：在定植前 7～10 天，每 667 米^2 用 20％百菌清烟剂 250～400 克熏棚。一般在晚上进行，熏烟密闭棚室 24 小时。

③整地施肥：结合整地每 667 米^2 施优质腐熟有机肥 5 000 千克左右，氮磷钾三元复合肥 50 千克，然后深翻土地 30 厘米。采用膜下滴灌，耕翻后平整土地然后起台，台宽 60 厘米、台高 6～10 厘米，台与台之间距离 90 厘米，整好台后备用。

（3）定植。配制 68％精甲霜•锰锌水分散粒剂 500 倍液，对定植田间定植穴坑表面喷施，然后在 7 月底进行定植。每 667 米^2 定植 2 400～2 800 株。

（4）定植后的管理。

①缓苗中耕后，安装滴灌管，然后在台边开小沟，覆盖地膜，调整植株，把膜压好。

②环境调控：

温度：缓苗期温度，白天保持在 25～30℃，夜间不低于 15℃。开花坐果期温度，白天保持在 20～25℃，夜间不低于 15℃。

湿度：最佳空气相对湿度，缓苗期 80％～90％，开花坐果期 60％～70％，结果期 50％～60％。

③水肥管理：定植后及时滴灌一次透水，每 667 米^2 20～25 米^3，可以水

带生根肥，如根多多、多维肥精，每667米²用5千克，有利于番茄生根，加速缓苗。苗期和开花期不灌水或滴灌1～2次，每次每667米²灌水6～10米³，加肥3～5千克。果实膨大期至采收期每隔5～10天滴灌1次，灌水6～12米³，每667米²加肥4～6千克；视番茄长势，可在滴灌时少加肥1次。拉秧前10～15天停止滴灌施肥。滴灌肥养分含量要高，含有中微量元素；氮、磷、钾施用比例，前期约为1.2∶0.7∶1.1，中期约为1.1∶0.5∶1.4，后期约为1∶0.3∶1.7。

④植株调整及保果疏果：及时吊蔓。一般采用单干整枝，做好摘心、打底叶和病叶工作。缓苗后可喷施1～2次1 000毫克/千克的助壮素，防止植株旺长。用30～40毫克/千克防落素蘸花，溶液中加入5毫克/千克的赤霉素和50%腐霉利1 500倍液，促果保果，兼治灰霉病。每穗留果3～4个，其余疏掉。

（5）病虫害防治。

①物理防虫：设防虫网阻虫：在通风口用40目防虫网密封，阻止蚜虫、白粉虱迁入。利用黄板诱杀白粉虱。用黄板挂在行间或株间，高出植株顶部，每667米²挂30～40块。

②药剂防治病虫害：

茎基腐病：定植后发生病害后应及时防治，可选用68%精甲霜·锰锌水分散粒剂600倍液，或72.2%霜霉威水剂600倍液喷雾或淋灌。

晚疫病：每667米²用5%百菌清粉剂1千克喷粉，每7天喷1次。用72%霜脲·锰锌可湿性粉剂500倍液，或72.2%霜霉威水剂800倍液喷雾，药后短时间闷棚升温抑菌，效果更好。

早疫病：用70%代森锰锌可湿性粉剂500倍液，或10%苯醚甲环唑水分散粒剂1 500倍液喷雾防治。

灰霉病：用50%腐霉利可湿性粉剂1 500倍液，或40%嘧霉胺悬浮剂1 200倍液喷雾。

病毒病：先要防治传毒媒介蚜虫，用10%吡虫啉可湿性粉剂1 500倍液喷雾防治。定植后14天、初花期、盛花期喷"NS-83"增抗剂100倍液预防病毒病；发生病毒病后用20%吗啉胍·乙酸铜可湿性粉剂500倍液喷雾，7～10天喷1次，连喷3～5次。

溃疡病：用77%氢氧化铜可湿性粉剂2 000倍液，或77%硫酸铜钙可湿性粉剂1 500倍液，7天喷1次。

白粉虱：用1.8%阿维菌素乳油3 000倍液，或10%吡虫啉可湿性粉剂1 500倍液喷雾。

斑潜蝇：用1.8%阿维菌素乳油3 000倍液喷雾。

蚜虫：用1.8%阿维菌素乳油3 000倍液，或10%吡虫啉可湿性粉剂1

500 倍液喷雾。收获前 15 天停止用药。

5. 冬春茬口感型番茄栽培技术

（1）育苗。农户自行育苗，也可以到该合作社购苗。

（2）定植前准备。

①清洁田园：清除前茬作物的残枝烂叶及病虫残体。

②棚室消毒：每 667 米^2 棚室用硫黄粉 2～3 千克，拌上锯末，加少许酒精，分堆点燃，然后密闭棚室一昼夜，经放风至无味时再定植。

③结合整地：每 667 米^2 施优质腐熟有机肥 3 000 千克以上，氮、磷、钾三元复合肥 50 千克，然后深翻土地 30 厘米。采用膜下滴灌，耕翻后平整土地，然后起台，台宽 60 厘米、台高 6～10 厘米，台与台之间距离 90 厘米，整好台后备用。

（3）定植。于 1 月底进行定植。在台上按 40 厘米挖穴，每 667 米^2 定植 2 400～2 800 株。

（4）定植后管理。

①缓苗中耕后，安装滴灌管，然后在台边开小沟，覆盖地膜，调整植株，把膜压好。

②环境调控：

温度：缓苗期温度，白天保持在 25～30℃，夜间不低于 15℃。开花坐果期温度，白天保持在 20～25℃，夜间不低于 15℃。

光照：采用透光性好的功能膜，冬春季保持膜面清洁，日光温室后部张挂反光幕，尽量增加光照强度和时间。

湿度：最佳空气相对湿度，缓苗期 80%～90%，开花坐果期 60%～70%，结果期 50%～60%。

二氧化碳：冬春季节增施二氧化碳气肥，使室内的二氧化碳浓度达到 1 000 毫克/千克左右。

③水肥管理：定植后及时浇水，可以水带生根肥，如根多多、多维肥精等，每 667 米^2 用 5 千克，有利于番茄生根，加速缓苗。因为天气冷，温度低，尽量少浇水。如旱可滴灌少量水，等坐住果后加大浇水量及增加浇水次数。滴灌施肥要求少量多次，苗期和开花期不浇水或滴灌 1～2 次，每次每 667 米^2 浇水 6～10 米^3，加肥 3～5 千克。果实膨大期至采收期每隔 5～10 天滴灌 1 次，每次每 667 米^2 灌水 6～12 米^3，加肥 4～6 千克；视番茄长势，可隔水加肥 1 次。拉秧前 10～15 天停止滴灌施肥。建议使用滴灌专用肥，肥料养分含量要高，含有中微量元素。氮、磷、钾施用比例，前期约为 1.2 : 0.7 : 1.1，中期约为 1.1 : 0.5 : 1.4，后期约为 1 : 0.3 : 1.7。一般在灌水 20～30 分钟后进行加肥，以防止施肥不匀或不足。

④植株调整及保果疏果：及时吊蔓。一般采用单干整枝，做好摘心、打底叶和病叶工作。用 30～40 毫克/千克防落素蘸花，溶液中加入 5 毫克/千克的赤霉素和 50% 腐霉利 1 500 倍液，促果保果，兼治灰霉病。每穗留果 3～4 个，其余果疏掉。

（5）病虫害防治。

①物理防虫：设防虫网阻虫：在通风口用 40 目防虫网密封，阻止蚜虫、白粉虱迁入。利用黄板诱杀白粉虱。将黄板挂在行间或株间，高出植株顶部，每 667 米^2 挂 30～40 块。

②药剂防治病虫害：

晚疫病：每 667 米^2 用 5% 百菌清粉剂 1 千克喷粉，每 7 天喷 1 次。用 72% 霜脲・锰锌可湿性粉剂 500 倍液，或 72.2% 霜霉威水剂 800 倍液喷雾，药后短时间闷棚升温抑菌，效果更好。

早疫病：用 70% 代森锰锌可湿性粉剂 500 倍液，或 10% 苯醚甲环唑水分散粒剂 1 500 倍液喷雾防治。

灰霉病：用 50% 腐霉利可湿性粉剂 1 500 倍液，或 40% 嘧霉胺悬浮剂 1 200 倍液喷雾。

叶霉病：用 10% 苯醚甲环唑水分散粒剂 1 500 倍液，或 2% 春雷霉素水剂 200 倍液喷雾。

病毒病：先要防治传毒媒介蚜虫，用 10% 吡虫啉可湿性粉剂 1 500 倍液喷雾。定植后 14 天、初花期、盛花期喷 "NS-83" 增抗剂 100 倍液预防病毒病；发生病毒病后用 20% 吗啉胍・乙酸铜可湿性粉剂 500 倍液喷雾，7～10 天喷 1 次，连喷 3～5 次。

溃疡病：用 77% 氢氧化铜可湿性粉剂 2 000 倍液或 77% 硫酸铜钙可湿性粉剂 1 500 倍液，7 天喷 1 次。

温室白粉虱和蚜虫：用 1.8% 阿维菌素乳油 3 000 倍液，或 10% 吡虫啉可湿性粉剂 1 500 倍液喷雾。

斑潜蝇：用 1.8% 阿维菌素乳油 3 000 倍液喷雾。收获前 15 天停止用药。

6. 经济效益

两茬蔬菜每 667 米^2 年产值达 7.6 万元，其中：

秋冬茬番茄每 667 米^2 产量 4 000 千克，每千克平均价格 7 元，每 667 米^2 实现产值 2.8 万元

冬春茬番茄每 667 米^2 产量 6 000 千克，每千克平均价格 8 元，每 667 米^2 实现产值 4.8 万元。

（三）日光温室秋冬茬芹菜—冬春茬口感型番茄栽培技术模式

该模式是藁城区乡缘禾苗种植服务专业合作社示范推广的一种高效优化模

式之一，旨在克服温室番茄连续两茬种植产生的连作障碍，减少土传病害的发生，通过改种一茬芹菜，引试口感型番茄新品种，合理安排茬口，减少病虫害发生，降低成本，从而获得较高的产量及效益。

1. 设施类型及结构

采用土墙钢筋骨架结构日光温室，长 135 米，内跨度为 12 米，外跨度为 18 米，脊高 5 米，后墙底宽 7 米，顶宽 2～3 米，下挖 1.2 米，深冬可以生产喜温果菜类，实现周年生产。

2. 茬口安排

（1）秋冬茬芹菜。7 月上旬育苗，9 月上旬定植，11 月下旬至 12 月上旬上市，12 月下旬收获完毕。

（2）冬春茬番茄。11 月中旬育苗，12 月底定植，3 月中旬开园采摘，7 月上旬采收完毕。

3. 品种选择

（1）秋冬茬芹菜。选用优质、抗病、耐热、适应性广、纤维少、实心、品质嫩脆的西芹品种，可选用文图拉、加州王、高优它等。

（2）冬春茬番茄。选择优质、高产、抗病、抗逆性强的番茄品种：天马 54、欧盾、欧帝等品种。

4. 秋冬茬芹菜栽培技术

（1）育苗。尽量委托育苗厂育苗或购苗，如果自己育苗可按下面的方法操作。

在棚内做南北向畦，畦净宽 1.2 米（老棚要将棚内 10 厘米深的土壤起出来，换成未种过菜的肥沃大田土）。每畦再施入经过充分发酵、腐熟、晾干、捣碎并过筛的鸡粪 0.2 米^3，50％多菌灵可湿性粉剂 80 克，磷酸氢二铵 0.5 千克，翻地 10 厘米，将肥、药、土充分混匀，耙平、耙细待播。每 10 米^2 苗床可播种子 8～10 克，育 667 米^2 芹菜苗需用种 80～100 克。播种前将种子用清水浸泡 24 小时，搓洗几次，捞出置于 15～20℃环境下进行低温催芽，当有 70％左右种子露白时即可播种。播种前先向畦内浇灌水，水渗后播种。播种后出苗前，苗床要用湿草帘覆盖，并经常洒水。苗齐后，要保持土壤湿润，当幼苗第一片真叶展开时进行间苗，疏掉过密苗、病苗、弱苗，定植株、行距为 3 厘米，结合间苗拔除田间杂草。当有 3～4 片真叶时，进行分苗。定植株、行距为（6～8）厘米×（3～4）厘米。定植前 10 天，停止供水，行间松土，2～3 天后浇 1 次水，之后的 4～5 天不浇水，促进发根壮根。同时增加见光，逐步缩短遮阳网覆盖时间。苗期正处于高温多雨季节，在大棚内采用一网一膜覆盖（即一层遮阳网防止高温，一层棚膜防暴雨冲刷）。壮苗标准为苗龄 60 天左右，5～6 片叶，茎粗壮，叶片绿色，完整无缺损，无病虫害，苗高 15～20 厘米，根系发达。

（2）定植前准备。

①清洁田园：清除前茬作物的残枝烂叶及病虫残体。

②棚室消毒：在定植前 7～10 天，每 667 米² 用 20％百菌清烟剂 250～400 克熏棚。一般在晚上进行，熏烟密闭棚室 24 小时。

③整地施肥：每 667 米² 施腐熟好的优质有机肥 3 000 千克，尿素 10 千克，过磷酸钙 50 千克，硫酸钾 30 千克。将肥料均匀洒施，深翻 40 厘米，纵横各深翻一遍，耙后做平畦。

（3）定植。于晴天傍晚定植，带土移栽。行距 40 厘米，株距 20～25 厘米，每 667 米² 定植 8 000 株左右。每穴 1 株，培土以埋住短缩茎露出心叶为宜，边栽边封沟平畦，随即浇水，切忌漫灌。

（4）定植后的管理。

①温度管理：定植至缓苗阶段的适宜温度为 18～22℃，生长期的适宜温度为 12～18℃，生长后期温度保持在 10℃以上。幼苗发生萎蔫时，要遮花荫。11 月初盖草苫子，晴天以太阳出揭苫，以太阳落盖苫；阴天比晴天晚揭、早盖 1 小时。深冬季节注意保温，白天温度达 20℃以上时，通风，夜间最低气温保持在 10℃以上。

②浇水追肥：定植后缓苗期，应保持土壤湿润，注意遮阳，防止烈日曝晒。进入生长期后，应加强水肥管理，勤施少施，不断供给速效性氮肥和磷钾肥。追肥应在行间进行。定植后 10～15 天，每 667 米² 追施尿素 5 千克，以后每 20～25 天追肥 1 次，每 667 米² 追施 1 次尿素和硫酸钾各 10 千克。定植后 2 个月后，进入旺长期，应水肥齐攻，每 667 米² 施用尿素和硫酸钾各 10 千克，深秋和冬季应控制浇水，浇水应在晴天 10：00～11：00 进行，并注意加强通风降湿，防止湿度过大发生病害。浇水后要有连续 3～5 天以上的晴天，每次浇水量都不要过大，以防水大造成死苗。采收前 10 天停止追肥、浇水。

（5）病虫害防治。芹菜的病虫害主要有斑枯病、早疫病、软腐病、蚜虫、白粉虱等。

斑枯病：阴天时用熏蒸法施 45％百菌清烟剂每 667 米² 每次 200 克，傍晚暗火点燃闭棚过夜，连熏 2 次，间隔 10 天 1 次；发病初期可用 75％百菌清可湿性粉剂 600 倍液，或 50％多菌灵可湿性粉剂 800 倍液喷雾。

早疫病：百菌清烟剂每 667 米² 每次用 200 克熏 2 次，间隔 10 天 1 次；用 50％多菌灵可湿性粉剂 800 倍液，或 10％苯醚甲环唑水分散粒剂 1 500 倍液喷雾。

软腐病：发病初期用 77％氢氧化铜可湿性粉剂 2 000 倍液，或 2％春雷霉素可湿性粉剂 500 倍液喷雾。

蚜虫、白粉虱：用 1.8%阿维菌素乳油 3 000 倍液，或 10%吡虫啉可湿性粉剂 1 500 倍液喷雾。

（6）采收。当芹菜每株达 1.5 千克左右时采收。

5. 冬春茬口感型番茄栽培技术

（1）育苗。农户可自行育苗，也可以到园区购苗。

（2）定植前准备。

参照 P61 冬春茬口感型番茄栽培技术的定植前准备。

（3）定植。番茄苗要定植在沟沿的中上部，按 40 厘米的穴距挖穴，每 667 米² 定植 2 500 株左右，定植后在沟内浇定植水。

（4）定植后的管理。

参照 P61～P62 冬春茬口感型番茄栽培技术的定植后管理。

（5）病虫害防治。

参照 P62 冬春茬口感型番茄栽培技术的病虫害防治。

6. 经济效益

两茬蔬菜每 667 米² 实现年产值 6.3 万元，其中：

秋冬茬芹菜每 667 米² 产量 6 000 千克，每千克平均售价 2.5 元，每 667 米² 实现产值 1.5 万元。

冬春茬番茄每 667 米² 产量 6 000 千克，每千克平均售价 8 元，每 667 米² 实现产值 4.8 万元。

（四）秋冬茬樱桃番茄—冬春茬苦瓜栽培技术

该模式是藁城区乡缘禾苗种植服务专业合作社示范推广的一种高效优化模式之一，旨在克服温室番茄连续两茬种植产生的连作障碍，减少土传病害的发生，通过改种一茬苦瓜，引试口感型樱桃番茄新品种，应用膜下滴灌、两膜一网一黄板技术，合理安排茬口，减少病害发生，降低成本，从而获得较高的产量及效益。

1. 设施类型及结构

日光温室为土墙钢筋骨架结构温室，建造时间为 2010 年，长 135 米，内跨度为 12 米，外跨度为 18 米，脊高 5 米，后墙底宽 7 米，顶宽 2～3 米，下挖 1.2 米，深冬可以生产喜温果菜类，实现周年生产。

2. 茬口安排

（1）秋冬茬樱椒番茄。7 月上旬播种育苗，8 月上中旬定植，10 月下旬开始采收，1 月底拉秧。

（2）冬春茬苦瓜。1 月初温室育苗，2 月上旬定植，3 月中旬开始采收，7 月底拉秧。

3. 品种选择

（1）秋冬茬番茄。选择优质、高产、抗番茄黄化曲叶病毒病、抗逆性强的樱桃番茄品种。

（2）冬春茬苦瓜。选择优质、高产、抗病、抗逆性强的适宜春季栽培的品种。

4. 秋冬茬樱桃番茄栽培技术

（1）育苗。农户自行育苗或到园区购苗。自己育苗可参考下面的方法：

①育苗：苗床基质配方，草碳：蛭石为 2：1，另外添加适量的烘干鸡粪，每平方米基质加磷酸氢二铵 2.5 千克，50％多菌灵可湿性粉剂 800 倍液喷雾，基质彻底消毒。7 月上旬用 72 孔育苗穴盘播种，播后盖蛭石 0.5～1 厘米厚，将育苗盘喷透水，苗期注意防徒长。

②定植：定植标准，株高 12～14 厘米，茎粗 2.5～3 毫米，6～7 片真叶。

（2）定植前准备。

①清洁田园：清除前茬作物的残枝烂叶及病虫残体。

②棚室消毒：在定植前 7～10 天，每 667 米² 用 20％百菌清烟剂 250～400 克熏棚。一般在晚上进行，熏烟密闭棚室 24 小时。

③整地施肥：结合整地每 667 米² 施优质腐熟有机肥 3 000 千克左右，氮磷钾三元复合肥 50 千克，然后深翻土地 30 厘米。采用膜下滴灌，耕翻后平整土地，然后起台，台宽 60 厘米、台高 6～10 厘米，台与台之间距离 90 厘米，整好台后备用。

（3）定植。在台上按 40 厘米穴距挖穴。配制 68％精甲霜•锰锌水分散粒剂 500 倍液，对定植田间定植穴坑表面喷施，然后在 7 月底进行定植。每 667 米² 定植 2 800 株左右。

（4）定植后的管理。

参照 P59～P60 秋冬茬番茄栽培技术（4）定植后的管理。

（5）病虫害防治。

①物理防虫：设防虫网阻虫，在通风口用 40 目防虫网密封，阻止蚜虫、白粉虱迁入。利用黄板诱杀白粉虱，将黄板挂在行间或株间，高出植株顶部，每 667 米² 挂 30～40 块。

②药剂防治病虫害：参照 P60 秋冬茬番茄栽培技术（5）病虫害防治。

5. 冬春茬苦瓜栽培技术

（1）育苗。农户可以到园区购苗，也可自己育苗，自己育苗可参考下面的方法：播种前将种子用 60℃左右的热水浸种 12～15 小时，浸泡过程中，适当搅拌；浸种后搓洗干净，用净毛巾或纱布包裹，在 35℃、高湿度条件下催芽。在此条件下，大约 3 天即可发芽。催芽期间宜用和催芽温度相当的温水冲洗，每天 1 次。60％种子露白时即可播种。播种密度 10 厘米²/株，覆土 2～3 厘米厚，出苗前温度可保持在 30～32℃，出苗后，温度可掌握在 25℃ 左右，一般 1 周左右即可出苗。出苗后温度过高时要放风，夜间温度不能低于 15℃。

（2）定植前准备。

①清洁田园：清除前茬番茄的残枝烂叶及病虫残体。

②棚室消毒：每 667 米² 棚室用硫黄粉 2～3 千克，拌上锯末，加少许酒精，分堆点燃，然后密闭棚室一昼夜，经放风至无味时再定植。

（3）结合整地。每 667 米² 施优质腐熟有机肥 2 000～3 000 千克，氮磷钾三元复合肥 50 千克，然后翻耕土地，深 30 厘米。

（4）定植。定植行距 80 厘米，株距 40 厘米，每 667 米² 定植 2 000 株左右。

（5）定植后的管理。

①缓苗中耕后，安装滴灌管，然后在台边开小沟，覆盖地膜，调整植株，把膜压好。

②环境调控：

温度：缓苗期温度，白天以 25～28℃ 为宜，夜间以 13～15℃ 为宜。初花期适当加大昼夜温差，以增加养分积累，白天超过 30℃ 从顶部通风，午后降到 20℃ 关闭通风口，一般室温降到 15℃ 时放草苫。果期温度，白天保持在 25～28℃，夜间保持在 15～17℃。

光照：采用透光性好的功能膜，冬春季保持膜面清洁，日光温室后部张挂反光幕，尽量增加光照强度和时间。

湿度：最佳空气相对湿度，缓苗期 80％～90％，开花坐果期 60％～70％，结果期 50％～60％。

二氧化碳：冬春季节增施二氧化碳气肥，使室内的二氧化碳浓度达到 800～1 000 毫克/千克。

水肥管理：定植后及时浇水，可以水带生根肥，如根多多、多维肥精等，每 667 米² 用 5 千克，有利于黄瓜生根，加速缓苗。冬春天气冷，温度低，尽量少浇水，等坐住瓜后加大浇水量及增加浇水次数。滴灌施肥要求少量多次，苗期和开花期不灌水或滴灌 1～2 次，每次每 667 米² 灌水 6～10 米³，加肥 3～5 千克。瓜膨大期至采收期每隔 5～10 天滴灌 1 次，每次每 667 米² 灌水 6～12 米³，施肥 4～6 千克。拉秧前 10～15 天停止滴灌施肥。建议使用滴灌专用肥，肥料养分含量要高，含有中微量元素。氮、磷、钾施用比例，前期约为 1.2∶0.7∶1.1，中期约为 1.1∶0.5∶1.4，后期约为 1∶0.3∶1.4。一般在灌水 20～30 分钟后进行加肥，以防止施肥不均或不足。

吊蔓及整枝：及时吊蔓，绑蔓上爬。整蔓方法是保持主茎的生长，主茎 1.5 米高度以下的侧蔓全部去掉。主茎伸长到一定高度后，留下 2～3 个健壮的侧枝与主茎一起上架。其后再产生的侧枝（包括多级分枝），有瓜即留枝（蔓），并当节打顶，无瓜则将整个分枝从基部剪掉。

（6）病虫害防治。

①物理防虫：设防虫网阻虫，在通风口用 40 目防虫网密封，阻止蚜虫、白粉虱迁入。利用黄板诱杀白粉虱。用黄板挂在行间或株间，高出植株顶部，每 667 米^2 挂 30～40 块。

②药剂防治病虫害：

霜霉病：每 667 米^2 用 5％百菌清粉剂 1 千克喷粉，7 天喷 1 次。用 72％霜脲·锰锌可湿性粉剂 500 倍液，或 72.2％霜霉威水剂 800 倍液喷雾，药后短时间闷棚升温抑菌，效果更好。

细菌性斑点病：用 77％氢氧化铜可湿性粉剂 2 000 倍液，或 20％春雷霉素水分散粒剂 2 000～3 000 倍液，7 天喷 1 次。

灰霉病：用 50％腐霉利可湿性粉剂 1 500 倍液，或 40％嘧霉胺悬浮剂 1 200 倍液喷雾。

白粉病：用 25％三唑酮可湿性粉剂 2 000 倍液，或 30％氟菌唑可湿性粉剂 1 500～2 000 倍液喷雾。

病毒病：先要防治传毒媒介蚜虫，用 10％吡虫啉可湿性粉剂 1 500 倍液喷雾防治。定植后 14 天、初花期、盛花期喷 "NS-83" 增抗剂 100 倍液预防病毒病；发生病毒病后用 20％吗啉胍·乙酸铜可湿性粉剂 500 倍液喷雾，7～10 天喷 1 次，连喷 3～5 次。

温室白粉虱：用 1.8％阿维菌素乳油 3 000 倍液，或 10％吡虫啉可湿性粉剂 1 500 倍液喷雾。

斑潜蝇：用 1.8％阿维菌素乳油 3 000 倍液喷雾。

蚜虫：用 1.8％阿维菌素乳油 3 000 倍液，或 10％吡虫啉可湿性粉剂 1 500 倍液喷雾。收获前 15 天停止用药。

（7）适时采收。以中度成熟的瓜条食味好，一般自雌花开放至采收 12～15 天的时间，苦瓜的柄长且牢固，可用剪刀剪摘。

6. 经济效益

两茬蔬菜每 667 米^2 年产值达 5.2 万元，其中：

秋冬茬樱桃番茄每 667 米^2 产量 4 000 千克，每千克平均价格 8 元，每 667 米^2 实现产值 3.2 万元。

冬春茬苦瓜每 667 米^2 产量 4 000 千克，每千克平均价格 5 元，每 667 米^2

实现产值 2.0 万元。

>>> 石家庄市藁城区思雨种植服务专业合作社 <<<

一、经营主体简介

石家庄市藁城区思雨种植服务专业合作社于 2010 年 5 月注册成立，注册资金 300 万元。位于石家庄市藁城区西关镇台营村，距石家庄正定国际机场 7 千米，与紧邻的机场东高速收费站距离 2 千米，交通十分便利，地理位置优越。

该合作社建有办公室库房等房屋 15 间，办公、培训、运输各种生产设施齐全。建立了比较规范的内部管理制度，制定了合作社章程，规范了包括管理机制，组织机构建设和职责，财务管理制度，学习培训制度，以及合作社合并、分立、解散、清算等各项制度。主要道路已硬化，设有采摘区、休闲区、停车位等，打造集采摘、休闲、娱乐、科普于一体的休闲农业采摘园。

二、经营主体经营模式

近年来在省市区各级农业主管部门领导的关怀下，在河北省蔬菜技术创新团队的指导下，合作社对原有部分棚室及配套设施进行了升级改造，完善了给排水管道设施，绿化亮化了合作社环境，将水肥一体化和物联网等先进技术引进合作社，同时也引进新品种及生产技术，使合作社软件、硬件都有了较大提升。

合作社主要从事蔬菜种植及新产品、新品种引进、试验、示范、推广，瓜菜种植面积 109 667 米^2，建有无立柱全钢架结构高标准日光温室 18 座。常年种植番茄、荷兰鲜食小黄瓜、大黄瓜、绿宝甜瓜、厚皮甜瓜、羊角蜜甜瓜、樱桃番茄、彩椒，供应各季节青菜。成立了益农社，为种植户提供蔬菜种植技术支持、培训服务，促进蔬菜销售，具有典型的示范带动作用。

三、主体生产模式

石家庄市藁城区思雨种植服务专业合作社主要生产模式有温室秋茬鲜食小黄瓜—冬春茬小西瓜—茼蒿栽培技术、温室秋茬小西瓜—春茬小西瓜—茼蒿栽培技术、秋冬茬五彩椒—冬春茬甜瓜—越夏黄瓜栽培技术、秋冬茬樱桃番茄—冬春茬甜瓜—越夏黄瓜栽培技术、秋冬茬樱桃番茄—冬春茬芸豆—越夏茼蒿栽培技术、秋冬茬五彩椒—冬春茬鲜食小黄瓜—夏秋茬菜心栽培技术、秋茬小西瓜—冬茬芹菜—冬春茬茄子—越夏茼蒿栽培技术。

（一）温室秋茬鲜食小黄瓜—冬春茬小西瓜—茼蒿栽培技术

该模式是藁城区思雨种植服务专业合作社示范推广的一种高效优化模式之一，通过引试适合采摘的小黄瓜、小西瓜新品种，合理安排茬口，减少病害发生，降低成本，从而获得较高的产量及效益。

1. 设施类型及结构

采用土墙钢筋骨架结构日光温室，长 120 米，内跨度为 12 米，外跨度为 18 米，脊高 5 米，后墙底宽 7 米，顶宽 2～3 米，下挖 1.2 米，深冬可以生产喜温果菜类，实现周年生产。

2. 茬口安排

（1）秋茬鲜食小黄瓜。7 月初播种育苗，8 月初定植，9 月上旬开始开园采摘，12 月底收获完毕。

（2）冬春茬小西瓜。12 月中下旬育苗，1 月底定植，五一节前抢早上市完毕。

（3）茼蒿。5 月上旬干籽直播，7 月底收完。

3. 品种选择

（1）秋茬鲜食小黄瓜。选用优质、抗病、耐热、适应性广的荷兰鲜食小黄瓜品种。

（2）冬春茬小西瓜。选择皮薄、可食率高、含糖量高的小型礼品瓜品种，如红小玉、秀玲、黑美人等。

（3）茼蒿。采用小叶茼蒿。

4. 秋茬鲜食小黄瓜栽培技术

（1）播种育苗。由于秋茬蔬菜育苗温度不好控制，易发生病毒病，还有潜叶蝇、粉虱类害虫危害，所以不提倡自己育苗，可提前 2 个月去集约化育苗厂订购苗。

（2）播前整地。每 667 米² 施有机肥 3 000 千克，磷酸氢二铵 50 千克，硫酸钾 50 千克，深耕细耙，土肥均匀。起 12～15 厘米的小高垄。

（3）定植。小高垄上按株距 50 厘米定植，定植完毕浇 1 次大水，降温防干旱。此期正处于高温强光时期，为了减少病毒病发生，应注意温度控制，温度超过 32℃，要注意搭遮阳网或在棚膜上撒泥巴，达到降温目的。

（4）田间管理。

①中耕松土：到根瓜坐住前，一般要中耕次 3～5 次，深度 5 厘米为宜，以提高土壤疏松度，结合中耕用 10 毫克/千克萘乙酸，控秧促雌花，为防止茎叶徒长和感病，尽量少浇水，如旱可以浇小水。

②水肥管理：根瓜坐住后，随水每 667 米² 每次追施硝酸钾复合肥 10 千克，之后保持土壤湿润，掌握 1 个月追 1 次肥，每次每 667 米²30 千克复合肥。

③植株调整：荷兰小黄瓜品种长势旺盛，植株健壮，为充分利用温室空间，合理采光，一般采取吊蔓。为了保证主蔓生长，发挥其结果优势，打掉所有侧蔓，同时要及时掐去卷须和雄花，以及一些老叶、病叶，以减少养分消耗。

（5）病虫害防治。此期重点防控病毒病、炭疽病、锈病，虫害重点防治白粉虱、蚜虫、红蜘蛛、斑潜蝇等。

①病毒病：先要防治传毒媒介蚜虫，用10％吡虫啉可湿性粉剂1 500倍液喷雾防治。定植后14天、初花期、盛花期喷"NS-83"增抗剂100倍液预防病毒病；发生病毒病后用20％吗啉胍·乙酸铜可湿性粉剂500倍液喷雾，7～10天喷1次，连喷3～5次。

②炭疽病、锈病：可用50％多菌灵可湿性粉剂500倍液，或15％三唑酮可湿性粉剂1 500倍液防治。

③蚜虫、红蜘蛛：可用10％吡虫啉悬浮剂1 500倍液，或1.8％阿维菌素乳油3 000倍液防治。

④温室白粉虱：用1.8％阿维菌素乳油3 000倍液，或10％吡虫啉可湿性粉剂1 500倍液喷雾。

⑤斑潜蝇：用1.8％阿维菌素乳油3 000倍液喷雾。

5. 冬春茬小西瓜栽培技术

（1）育苗。农户可以自行育苗，也可订购园区育好的苗，或委托园区代育苗。

（2）整地做畦。定植前15天将土地深翻1次，结合深翻施入基肥，每667米² 施入充分发酵腐熟的有机肥3 000千克左右。整地做畦，在1.2米高的畦上做2个小高垄，中间留沟宽20～30厘米，畦和畦之间留40厘米的距离，畦上覆1.8米宽的地膜，使温室内地面全覆盖，采取膜下滴灌。晚上温室内增加覆盖1层薄膜，白天揭开，夜间盖严。

（3）定植。当温室内5厘米地温在12℃以上，凌晨最低气温在10℃以上时，选择冷尾暖头的晴天上午定植。每垄定植1行，株距35厘米，形成畦内小行距70厘米，畦间大行距90厘米，每667米² 定植2 300～2 400株。定植时可暗水稳苗，也可定植后按穴灌水，水温与室内温度相近。

（4）定植后管理。

①温度管理：在缓苗期，定植后7天之内不放风，白天温度保持在28～32℃，夜间保持在15～20℃，最低不能低于10℃；土壤温度要保持在15℃以上。在发棵期，白天温度22～25℃，超过30℃时放风，夜间温度12℃以上。在伸蔓期，白天温度25～28℃，夜间温度15℃以上。在结果期，白天温度30～32℃，夜间温度16～18℃。进入4月中旬后，外界及温室内增温

都较快，此时正处于膨瓜期，当上午室内温度超过30℃时应及时通风降温，排湿换气，此时可将操作行上的地膜揭开，以改善土壤通透性，促进根部呼吸。

②水肥管理：缓苗后膜下浇1次小水，每667米² 随水施入生根水溶肥5千克，促进发棵。在伸蔓期可根据苗情适当浇1次小水，随水每667米² 施入平衡水溶肥10千克，如果土壤保水性好也可不浇。当幼瓜长到鸡蛋大小时浇膨瓜水，每667米² 施高钾型水溶肥30千克，膨瓜期保持土壤见干见湿，不要久旱大灌，每7～10天喷1次0.2％磷酸二氢钾水溶液。以后水肥用量要根据瓜苗长势及土壤墒情而定。

③吊蔓整枝与授粉留瓜：当主蔓长到35～40厘米时进行吊蔓，实行"一主一侧"双蔓整枝法，主蔓第二雌花人工授粉留瓜。授粉方法是将当日清晨开放的雄花摘下，剥掉花冠露出雄蕊，对刚开放的雌花柱头进行均匀涂抹，授粉要在10：00以前进行，并按授粉日期挂不同颜色的标牌或毛线，作为分批采收的标记。对于瓜个相对较大的品种，为预防瓜秧被西瓜拉伤，当瓜长到250克时，要及时将瓜套入网兜吊起。

④二次结瓜技术：看行势决定是否采用此项技术，该技术可延长采瓜期，若应用该技术则后续不再种植茼蒿。

对于红小帅等小西瓜品种，生长势相对较强，连续结瓜性能好，生产上如果管理得当，可实现二次结瓜。二茬瓜以侧蔓结瓜为主，头茬瓜采收前5天左右，侧蔓出现子房较大的雌花，进行人工辅助授粉，去掉老叶及病叶，有利于通风透光，并加强病虫防治。当第二茬瓜坐住后，根据土壤墒情和植株长势及时浇水，每667米² 随水追施三元复合肥20千克，膨瓜时每667米² 再随水追施高钾三元水溶肥25千克，每7～10天喷1次0.2％磷酸二氢钾水溶液。此期外界气温已升高，要通过放顶风和腰风调节温湿度，避免高温高湿，5月下旬以后可放底风，雨天要关闭风口防止雨水淋到瓜秧。

（5）病虫害防治。开花坐果期病害主要有枯萎病，发现病株及时拔除，用40％瓜枯宁可湿性粉剂1 000倍液，或25％多菌灵可湿性粉剂1 000倍液浇灌病株及病株根部周围土壤；中后期病害主要有炭疽病，要加强放风排湿管理，发病初期用50％多菌灵可湿性粉剂500倍液，或80％炭疽福美可湿性粉剂800倍液喷雾，湿度大时每667米² 用45％百菌清250～300克熏杀，能较好地控制该病的发生蔓延。虫害主要有蚜虫和粉虱，可用黄板诱蚜，也可用25％噻虫嗪水分散粒剂2 000倍液灌根，每株50克，或用5 000倍液喷雾，或用10％吡虫啉可湿性粉剂1 000倍液喷雾。

（6）采收。果实花纹清晰，色泽鲜明，瓜柄附近茸毛脱落，此时应及时采收，五一节前尽早上市。

6. 茼蒿栽培技术

（1）播种。于5月上旬采用干籽直播法播种，播前精细整地后做成平畦，每667米²撒种4千克，出土前需每天浇水，保持土壤湿润。

（2）播后管理。播后1周可出齐苗，长出1～2片心叶时进行间苗并拔除杂草，间苗以4厘米的苗距留苗；生长期不能缺水，保持土壤湿润；植株长到12厘米时开始追肥，每667米²施尿素15千克。

（3）采收。当植株15厘米高时，即可采收嫩梢，每次采收后需浇水追肥1次，使侧枝旺盛萌发生长，7月底采收完毕。

7. 经济效益

这三茬瓜菜每667米²年产值达6.2万元，其中：

秋茬鲜食小黄瓜每667米²产量4 000千克，每千克平均售价7元，每667米²实现产值2.8万元。

冬春茬小西瓜每667米²产量5 000千克，每千克平均售价5元，每667米²实现产值2.5万元。

茼蒿每667米²产量3 000千克，每千克平均售价3元，每667米²实现产值0.9万元。

（二）温室秋茬小西瓜—冬春茬小西瓜—茼蒿栽培技术

1. 设施类型及结构

采用土墙钢筋骨架结构日光温室，长120米，内跨度为12米，外跨度为18米，脊高5米，后墙底宽7米，顶宽2～3米，下挖1.2米，深冬可以生产喜温果菜类，实现周年生产。

2. 茬口安排

（1）秋茬小西瓜。于7月中下旬育苗，8月中下旬定植，12月上旬采收，翌年1月中旬采收完毕。

（2）冬春茬小西瓜。于12月中下旬育苗，翌年1月底定植，五一前后收获完毕。

（3）茼蒿。5月上旬干籽直播，7月底至8月上旬收完。

3. 品种选择

（1）秋茬小西瓜。选用耐热、耐阴、抗病、结果力强，适合温室栽培的早熟品种，如秋红玉、红小玉、黄小玉等。

（2）冬春茬小西瓜。选择皮薄、可食率高、含糖量高的小型礼品瓜品种，如红小玉、秀玲、黑美人等。

（3）茼蒿。选用优质、高产、抗病、耐热性强的小叶茼蒿。

4. 秋茬小西瓜栽培技术

（1）育苗。此茬西瓜育苗期由于温度过高，发生病害较多，育苗有些困难，建议预定园区育好的苗。

（2）整地做畦。定植前半月将土地深翻 1 次，结合深翻施入基肥，每 667 米² 施入充分发酵腐熟的有机肥 2 000～3 000 千克，整地做畦，1.2 米畦上做 2 个小高垄，中间留沟宽 20～30 厘米，畦和畦之间留 40 厘米的距离。

（3）定植。每垄定植 1 行，株距 35 厘米，形成畦内小行距 70 厘米，畦间大行距 90 厘米，每 667 米² 定植 2 300～2 400 株。定植后马上浇水，也可定植后按穴灌水。

（4）定植及定植后的管理。于 8 月中下旬定植，将幼苗栽植在畦的两侧，株距 40 厘米，定植后只盖顶膜避雨，随着温度降低闭棚。双蔓整枝，每蔓留 1 个瓜，开花后人工授粉，膨瓜期加强水肥管理。

（5）病虫害综合防治。

霜霉病：每 667 米² 用 5％百菌清粉剂 1 千克喷粉，7 天喷 1 次。用 72％霜脲·锰锌可湿性粉剂 500 倍液，或 72.2％霜霉威水剂 800 倍液喷雾，药后短时间闷棚升温抑菌，效果更好。

蔓枯病：用 70％代森锰锌可湿性粉剂 500 倍液，或 10％苯醚甲环唑水分散粒剂 1 500 倍液喷雾防治。

灰霉病：用 50％腐霉利可湿性粉剂 1 500 倍液，或 40％嘧霉胺悬浮剂 1 200 倍液喷雾。

病毒病：先要防治传毒媒介蚜虫，用 10％吡虫啉可湿性粉剂 1 500 倍液喷雾防治。定植后 14 天、初花期、盛花期喷"NS-83"增抗剂 100 倍液预防病毒病；发生病毒病后用 20％吗啉胍·乙酸铜可湿性粉剂 500 倍液喷雾，7～10 天喷 1 次，连喷 3～5 次。

溃疡病：用 77％氢氧化铜可湿性粉剂 2 000 倍液，或 77％硫酸铜钙可湿性粉剂 4 000 倍液，7 天喷 1 次。

温室白粉虱和蚜虫：用 1.8％阿维菌素乳油 3 000 倍液，或 10％吡虫啉可湿性粉剂 1 500 倍液喷雾。

斑潜蝇：用 1.8％阿维菌素乳油 3 000 倍液喷雾。收获前 15 天停止用药。

5. 冬春茬小西瓜栽培技术

参照 P71～P72 冬春茬小西瓜栽培技术。

6. 茼蒿栽培技术

参照 P73 茼蒿栽培技术。

7. 经济效益

三茬种植每 667 米² 年产值达 5.1 万元，其中：

秋茬小西瓜每 667 米² 产量 5 000 千克，每千克平均售价 4 元，每 667 米² 实现产值 2.0 万元。

冬春茬小西瓜每 667 米² 产量 5 000 千克，每千克平均售价 5 元，每 667 米² 实现产值 2.5 万元。

茼蒿每 667 米² 产量 3 000 千克，每千克平均售价 2 元，每 667 米² 实现产值 0.6 万元。

（三）秋冬茬五彩椒—冬春茬甜瓜—越夏黄瓜栽培技术

1. 设施类型及结构

采用土墙钢筋骨架结构日光温室，长 120 米，内跨度为 12 米，外跨度为 18 米，脊高 5 米，后墙底宽 7 米，顶宽 2～3 米，下挖 1.2 米，深冬可以生产喜温果菜类，实现周年生产。

2. 茬口安排

（1）秋冬茬五彩椒。于 8 月上旬播种育苗，9 月底定植，11 月中旬开始陆续采收，翌年 2 月中旬收获完毕。

（2）冬春茬甜瓜。1 月上旬育苗，2 月下旬定植，4 月下旬开始上市，5 月底采收完毕。

（3）越夏黄瓜。于 6 月初直播，7 月上旬开始采收，9 月下旬收获完毕。

3. 品种选择

（1）秋冬茬五彩椒。可选择红英达、黄欧宝、桔西亚、紫贵人、白公主等品种。

（2）冬春茬甜瓜。选择优质、高产、抗病、抗逆性强的甜瓜品种，如网纹仙子、绿宝、绿帅等。

（3）越夏黄瓜。选用高产、耐热、抗病的中早熟品种，如津研系列品种。

4. 秋冬茬五彩椒栽培技术

（1）育苗。采用育苗盘自行育苗，也可订购园区育好的苗。

（2）定植。定植前每 667 米² 施入充分腐熟的优质有机肥 3 000 千克，过磷酸钙 25 千克，硫酸铵 20 千克或腐殖酸复合肥 50 千克，深耕细耙整平，按照大小行起垄，大行距 90 厘米，小行距 60 厘米，起小高垄，垄宽 20 厘米，垄高 15 厘米，然后在小行上覆地膜。按照 40 厘米左右株距在地膜上开口，挖穴，浇水栽苗。

（3）定植后的管理。

①水肥管理：定植时浇定植水，定植后 5～6 天浇 1 次缓苗水，而后适当蹲苗。待 80% 的植株门椒直径到 2 厘米时，结束蹲苗，开始浇催果水，结合浇水每 667 米² 冲施氮、磷、钾复合肥 15 千克。门椒采摘以后，彩椒进入结果高峰期，也是提高彩椒产量的关键时期。此期间须保证有充足的水肥。每 8～9 天浇 1 次水，隔一水追 1 次肥，每 667 米² 可追氮、磷、钾复合肥 15 千克，同时叶面喷施 0.2% 磷酸二氢钾。

②整枝：采用双干整枝。缓苗后，将门椒以下的侧枝全部抹掉，结果盛期，植株封垄，田间郁蔽，为加强通风，要及时摘除植株下部变黄的老叶。摘除的老叶带到棚外，集中处理。门椒以下如再有侧枝出现也要及时抹去。

（4）主要病虫害防治。病虫害防治以预防为主，从种子消毒做起，培育壮苗，增施有机肥，加强栽培管理。点片发生时及时采取防治措施。为减少虫源，减少农药的使用量，温室放风口用防虫网隔离。冬季低温寡照雾霾天气选用烟雾剂防治。

①农业防治：前茬作物收获后及时清理前茬残枝枯叶，深耕将地表的病原菌及害虫翻入土中，进行高温闷棚消毒 15～20 天。定植时外界处于高温、高湿、多雨的环境，采用浅沟定植、逐步中耕培土，采用膜下沟灌或膜下滴灌的灌溉方法，达到定植前期降低根系温度，冬季降低室内空气湿度，减少病虫害发生的效果。

②物理防治：在温室放风口处设置防虫网（40 目），棚内悬挂黄板，畦面覆盖地膜等方法，防治蚜虫、白粉虱等蔬菜害虫，降低棚内湿度，减少病虫害发生。

③化学防治：

虫害：整个生育期注意防治蚜虫、白粉虱、茶黄螨等害虫。蚜虫、白粉虱可用 10％吡虫啉 1 000 倍液，或 1％吡虫啉 2 000 倍液，或 40％氯虫·噻虫嗪（每 667 米^2 用 8～12 克）等药剂防治；茶黄螨可用 15％哒螨酮乳油 300 倍液，或 1.8％阿维菌素 3 000 倍液，或 15％哒螨灵乳油 1 500 倍液，或 73％炔螨特乳油 2 000 倍液等药剂进行防治。

真菌性病害：防治疫病、炭疽病、菌核病等真菌性病害可用 25％嘧菌酯悬浮剂 3 000 倍液，或 10％苯醚甲唑水分散剂 1 500 倍液，或 53％精甲霜·锰锌可湿性粉剂 600～800 倍液，或 32.5％吡唑奈菌胺·嘧菌酯悬浮剂 1 500 倍液，或 47％春雷·王铜可湿性粉剂 400～500 倍液，或 62.75％氟吡菌胺·霜霉威水剂 1 000 倍液，或 72.2％霜霉威水剂 1 000 倍液等。

细菌性病害：防治疮痂病、枯萎病等细菌性病害可用 47％春雷·王铜可湿性粉剂 400～500 倍液，或 90％新植霉素可溶性粉剂 1 000～2 000 倍液，或 50％琥铜·甲霜灵可湿性粉剂 400～500 倍液防治。

病毒病：可在防治蚜虫、白粉虱、茶黄螨的同时，喷施 20％链霉素·琥珀铜 500～800 倍液，或 1.5％烷醇·硫酸铜水乳剂 500～600 倍液，或 2％宁南霉素水剂 200 倍液。

7～10 天喷 1 次药剂，尤其在定植前、定植后、多雨季节几个关键时期，及时、连续喷 2～3 次。可每 667 米^2 撒施枯草芽孢杆菌可湿性粉剂（每克含 3×10^9 个有效活菌）500～1 000 克防治土传病害，在苗期、定植期撒药土，或随定植水冲施。

5. 冬春茬甜瓜栽培技术

（1）培育壮苗。农户可以到育苗厂购买苗，也可参考以下育苗方法自行育苗。

①种子处理：用多菌灵 500 倍液浸种 15 分钟，捞出后清洗干净，再用温水浸种，用 30℃温水浸 3～4 小时，稍凉后捞出，在 25～30℃的温度下催芽。

②营养土的配制：用 70%的田园土＋30%的腐熟有机肥，每立方米土中加入 1.5 千克磷酸氢二铵，1 千克硫酸钾，混匀过筛，装入营养钵。

③播种：于 1 月上旬把催好芽的种子播入浇透水的营养钵内，每钵 1 粒种子，上覆细土 1～1.5 厘米厚。

④苗期管理：出苗前，苗床温度白天 30℃左右，夜间 16～18℃；出苗后温度白天 25℃左右，夜间 13～15℃；秧苗破心后温度，白天 25～30℃，夜间 15～18℃。

（2）定植。

①整地施肥：每 667 米^2 施入腐熟有机肥 5 000 千克，复合肥 50 千克，深翻耙平。

②定植：于 2 月下旬按大行 90 厘米，小行 70 厘米，株距 45 厘米定植，每 667 米^2 栽 1 800 株。

（3）田间管理。

①整枝引蔓：用单蔓整枝，子蔓结瓜，11～16 节位留瓜，留 1～2 个瓜，主蔓长到 25～30 片叶时摘心。

②人工授粉：于 9：00～10：00，将当天新开的雄花摘下，确认已开始散粉，即可将雄花花冠摘除，露出雄蕊，往结瓜花的柱头上轻轻涂抹。

③水肥管理：伸蔓期追肥，于幼苗附近开浅沟，随水每 667 米^2 施氮磷钾平衡水溶肥 15 千克；定瓜后可开沟，每 667 米^2 施腐熟捣细的饼肥 30～40 千克，或含氮磷钾的高钾水溶肥 15 千克；瓜膨大期进行叶面追肥，喷施 0.2%的磷酸二氢钾 2～3 次。

（4）病虫害防治。

①物理防虫：设防虫网阻虫，在通风口用防虫网密封，阻止蚜虫、白粉虱迁入。利用黄板诱杀白粉虱，用黄板挂在行间或株间，高出植株顶部，每 667 米^2 挂 30～40 块。

②药剂防治病虫害：主要有霜霉病、细菌性斑点病、灰霉病、白粉病、病毒病；虫害主要是斑潜蝇、白粉虱和蚜虫。

霜霉病：每 667 米^2 用 5%百菌清粉剂 1 千克喷粉，7 天喷 1 次。或用 72%霜脲·锰锌可湿性粉剂 500 倍液，或 72.2%霜霉威水剂 800 倍液喷雾，药后短时间闷棚升温抑菌，效果更好。

细菌性斑点病：用 77％氢氧化铜可湿性粉剂 2 000 倍液，或 20％春雷霉素水分散粒剂 2 000～3 000 倍液，7 天喷 1 次。

灰霉病：用 50％腐霉利可湿性粉剂 1 500 倍液，或 40％嘧霉胺悬浮剂 1 200 倍液喷雾。

白粉病：用 25％三唑酮可湿性粉剂 2 000 倍液，或 30％氟菌唑可湿性粉剂 1 500～2 000 倍液喷雾。

病毒病：先要防治传毒媒介蚜虫，用 10％吡虫啉可湿性粉剂 1 500 倍液喷雾防治。定植后 14 天、初花期、盛花期喷"NS-83"增抗剂 100 倍液预防病毒病；发生病毒病后用 20％吗啉胍·乙酸铜可湿性粉剂 500 倍液喷雾，7～10 天喷 1 次，连喷 3～5 次。

温室白粉虱和蚜虫：用 1.8％阿维菌素乳油 3 000 倍液，或 10％吡虫啉可湿性粉剂 1 500 倍液喷雾。

斑潜蝇：用 1.8％阿维菌素乳油 3 000 倍液喷雾。收获前 15 天停止用药。

6. 越夏黄瓜栽培技术

（1）整地。每 667 米² 施腐熟有机肥 2 000 千克，磷肥 50 千克，施后旋耕，平整土地，做成大小垄距分别为 80 厘米和 50 厘米的小高垄，便于浇水或排水防涝。

（2）播种。采用干籽点播法，即在垄上按株距 24 厘米挖穴，深 2.5 厘米，每穴点播种子 2～3 粒，墒情不好的，应顺沟浇 1 次小水，促出苗，每 667 米² 用种量 200～250 克。

（3）定苗。当幼苗长出 3～4 片叶时定苗，每 667 米² 留株 3 500 株左右。

（4）田间管理。

①在黄瓜三叶一心时用乙烯利 4 000 倍液喷株（1 毫升乙烯利加 4 千克水），以促进雌花形成，喷时在傍晚进行，行走要迅速，喷雾要均匀，严防重喷，也可喷施增瓜灵处理植株。

②水肥管理：定苗后如不旱，直到根瓜坐住前不浇水，勤锄划，防止茎叶徒长和感病；当第一个黄瓜长到 10 厘米长时进行大肥大水管理，每 667 米² 追施尿素 30～40 千克。到结果期，小水勤浇，4～5 天浇 1 次，每 667 米² 隔水追水溶肥 15 千克。

③搭架整枝：当瓜苗长到 20 厘米时及时搭架绑蔓，整枝原则是主蔓 50 厘米以下分枝、卷须全部掐掉，50 厘米以上的分枝留 2 叶掐尖。

④病虫害防治：此茬黄瓜易发生霜霉病、疫病和蚜虫，在发病初期用 72.2％霜霉威 600 倍液，或 58％烯酰吗啉·锰锌 1 000 倍液，交替用药，喷雾防治，每隔 7～10 天 1 次；用 50％辛硫磷乳油 1 000～1 500 倍液防治蚜虫。

7. 经济效益

这三茬瓜菜每 667 米² 年产值达 6.2 万元，其中：

秋冬茬五彩椒每 667 米² 产量 4 000 千克，每千克平均价格 7 元，每 667 米² 实现产值 2.8 万元。

冬春茬甜瓜每 667 米² 产量 5 000 千克，每千克平均价格 5 元，每 667 米² 实现产值 2.5 万元。

越夏黄瓜每 667 米² 产量 6 000 千克，每千克平均价格 1.5 元，每 667 米² 实现产值 0.9 万元。

（四）秋冬茬樱桃番茄—冬春茬甜瓜—越夏黄瓜栽培技术

1. 设施类型及结构

采用土墙钢筋骨架结构日光温室，长 120 米，内跨度为 12 米，外跨度为 18 米，脊高 5 米，后墙底宽 7 米，顶宽 2~3 米，下挖 1.2 米，深冬可以生产喜温果菜类，实现周年生产。

2. 茬口安排

（1）秋冬茬樱桃番茄。7 月中旬育苗，8 月底定植，11 月上旬开始采收，翌年 2 月上旬收获完毕。

（2）冬春茬甜瓜。1 月上旬育苗，2 月中旬定植，4 月中旬开始上市，5 月底收获完毕。

（3）越夏黄瓜。于 6 月初直播，8 月下旬收获完毕。

3. 品种选择

（1）秋冬茬樱桃番茄。选择优质、高产、抗番茄黄化曲叶病毒病、抗逆性强的口感型番茄品种，如咏美 2 号、501、801 等品种。

（2）冬春茬甜瓜。选择优质、高产、抗病、抗逆性强的甜瓜品种，如网纹仙子、绿宝、绿帅等。

（3）越夏黄瓜。选用高产、耐热、抗病的中早熟品种，如津研系列品种。

4. 秋冬茬樱桃番茄栽培技术

（1）育苗。农户可自行育苗，也可以到园区购苗。自己育苗可参照下面的方法：

①育苗：苗床基质配方。草碳、蛭石的比例为 2∶1，另外添加适量的烘干鸡粪，每平方米基质加磷酸氢二铵 2.5 千克，50%多菌灵可湿性粉剂 800 倍液喷雾，基质彻底消毒。7 月上旬用 72 孔育苗穴盘播种，播后盖蛭石 0.5~1 厘米厚，将育苗盘喷透水，苗期注意防徒长。

②定植标准：以株高 12~14 厘米、茎粗不低于 0.3 厘米、6~7 片真叶时定植。

（2）定植前准备。

①清洁田园：清除前茬作物的残枝烂叶及病虫残体。

②棚室消毒：在定植前 7~10 天，每 667 米² 用 20％百菌清烟剂 250~400 克熏棚。一般在晚上进行，熏烟密闭棚室 24 小时。

③整地施肥：结合整地每 667 米² 施优质腐熟有机肥 3 000 千克，氮磷钾三元复合肥 50 千克，然后深翻土地深 30 厘米。采用膜下滴灌，耕翻后平整土地，然后起台，台宽 60 厘米、台高 6~10 厘米，台与台之间距离 90 厘米，整好台后备用。

（3）定植。配制 68％精甲霜·锰锌水分散粒剂 500 倍液，对定植田间定植穴坑表面喷施，然后在 7 月底进行定植。在台上按 40 厘米的穴距挖穴，每 667 米² 定植 2 400~2 800 株。

（4）定植后的管理。

①缓苗中耕后：安装滴灌管，然后在台边开小沟，覆盖地膜，调整植株，把膜压好。

②环境调控：

温度：缓苗期温度，白天 25~30℃，夜间不低于 15℃。开花坐果期温度，白天 20~25℃，夜间不低于 15℃。

湿度：最佳空气相对湿度，缓苗期 80％~90％，开花坐果期 60％~70％，结果期 50％~60％。

③水肥管理：定植后及时滴灌 1 次透水，每 667 米² 20~25 米³，可以水带生根肥，每 667 米² 用 5 千克，有利于番茄生根，加速缓苗。苗期和开花期不灌水或滴灌 1~2 次，每次每 667 米² 灌水 6~10 米³，加肥 3~5 千克。果实膨大期至采收期每隔 5~10 天滴灌 1 次，每 667 米² 灌水 6~12 米³，加肥 4~6 千克；视番茄长势，可在滴灌时减少加肥 1 次。拉秧前 10~15 天停止滴灌施肥。滴灌肥养分含量要高，含有中微量元素；氮、磷、钾施用比例，前期约为 1.2∶0.7∶1.1，中期约为 1.1∶0.5∶1.4，后期约为 1∶0.3∶1.7。

④植株调整及保果疏果：及时吊蔓。一般采用单干整枝，做好摘心、打底叶和病叶工作。缓苗后可喷施 1~2 次 1 000 毫克/千克的助壮素，防止植株旺长。用 30~40 毫克/千克防落素蘸花，溶液中加入 5 毫克/千克的赤霉素和 50％腐霉利 1 500 倍液，促果保果，兼治灰霉病。每穗留果 3~4 个，其余疏掉。

（5）病虫害防治。

①物理防虫：设防虫网阻虫：在通风口用 40 目防虫网密封，阻止蚜虫、白粉虱迁入。黄板诱杀白粉虱：用黄板挂在行间或株间，高出植株顶部，每 667 米² 挂 30~40 块。

②药剂防治病虫害：

茎基腐病：定植后发生病害应及时防治，可选用 68％精甲霜·锰锌水分散粒剂 600 倍液，或 72.2％霜霉威水剂 600 倍液喷雾或淋灌。

晚疫病：每 667 米² 用 5％百菌清粉剂 1 千克喷粉，7 天喷 1 次。用 72％
霜脲·锰锌可湿性粉剂 500 倍液或 72.2％霜霉威水剂 800 倍液喷雾，药后短
时间闷棚升温抑菌，效果更好。

早疫病：70％代森锰锌可湿性粉剂 500 倍液，或 10％苯醚甲环唑水分散
粒剂 1 500 倍液喷雾防治。

灰霉病：用 50％腐霉利可湿性粉剂 1 500 倍液，或 40％嘧霉胺悬浮剂
1 200 倍液喷雾。

病毒病：先要防治传毒媒介蚜虫，用 10％吡虫啉可湿性粉剂 1 500 倍液喷
雾防治。定植后 14 天、初花期、盛花期喷 "NS-83" 增抗剂 100 倍液预防病
毒病；发生病毒病后用 20％吗啉胍·乙酸铜可湿性粉剂 500 倍液喷雾，7～10
天喷 1 次，连喷 3～5 次。

溃疡病：用 77％氢氧化铜可湿性粉剂 2 000 倍液或 77％硫酸铜钙可湿性
粉剂 1 500 倍液，7 天喷 1 次。

温室白粉虱：用 1.8％阿维菌素乳油 3 000 倍液，或 10％吡虫啉可湿性粉
剂 1 500 倍液喷雾。

斑潜蝇：用 1.8％阿维菌素乳油 3 000 倍液喷雾。

蚜虫：用 1.8％阿维菌素乳油 3 000 倍液，或 10％吡虫啉可湿性粉剂 1 500
倍液喷雾。收获前 15 天停止用药。

5. 冬春茬甜瓜栽培技术

参照 P77～P78 冬春茬甜瓜栽培技术。

6. 越夏黄瓜栽培技术

参照 P78 越夏黄瓜栽培技术。

7. 经济效益

这三茬瓜菜每 667 米² 年产值达 5.2 万元，其中：

秋冬茬樱桃番茄每 667 米² 产量 4 500 千克，每千克平均价格 4 元，每 667 米²
实现产值 1.8 万元。

冬春茬甜瓜每 667 米² 产量 5 000 千克，每千克平均价格 5 元，每 667 米²
实现产值 2.5 万元。

越夏黄瓜每 667 米² 产量 6 000 千克，每千克平均价格 1.5 元，每 667 米²
实现产值 0.9 万元。

（五）秋冬茬樱桃番茄—冬春茬芸豆—越夏茼蒿栽培技术

1. 设施类型及结构

采用土墙钢筋骨架结构日光温室，长 120 米，内跨度为 12 米，外跨度为
18 米，脊高 5 米，后墙底宽 7 米，顶宽 2～3 米，下挖 1.2 米，深冬可以生产

喜温果菜类，实现周年生产。

2. 茬口安排

（1）秋冬茬樱桃番茄。7月上旬播种育苗，8月中旬定植，10月下旬开始采收，翌年1月底拉秧。

（2）冬春茬芸豆。12月中旬温室育苗，翌年2月初定植，4月初开始采收，6月初拉秧。

（3）越夏茼蒿。6月上旬直播，8月初收获完。

3. 品种选择

（1）秋冬茬樱桃番茄。选择优质、高产、抗番茄黄化曲叶病毒病、抗逆性强的品种，如台湾圣女、首尔红。

（2）冬春茬芸豆。选择优质、高产、抗病、抗逆性强的品种，如绿龙、泰国架豆王等品种。

（3）越夏茼蒿。选用优质、高产、抗病、耐热性强的小叶茼蒿。

4. 秋冬茬樱桃番茄栽培技术

参照P79～P81秋冬茬樱桃番茄栽培技术。

5. 冬春茬芸豆关键栽培技术

可育苗可直播。

（1）育苗方法。

①种子处理：将经过筛选的种子晾晒12～24小时，严禁暴晒，然后用30℃温水浸种2小时至种皮不皱，捞出播种。

②播种：每667米² 需5 000个营养钵，将没有种过豆类的肥表土与充分腐熟有机肥按3：1的比例配成营养土，装入营养钵至八成满，浇足底水，随后点播种子，每个营养钵3粒，再盖上潮湿的营养土2～3厘米厚，温度太低时可盖上塑料薄膜，2片真叶时定植。

（2）棚室消毒。前茬收获后定植前用50%多菌灵可湿性粉剂500倍液，对棚室土壤、屋顶及四周进行喷雾消毒。

（3）整地施肥。先浇足底水，每667米² 施腐熟有机肥3 000千克，氮、磷、钾三元复合肥40千克，耕翻整平后按垄宽70～80厘米，垄高15厘米起垄。

（4）定植。在做好的垄上按穴距30～35厘米栽植。

（5）定植后的管理。

①温度管理：缓苗期温度可提高至26～28℃；缓苗后保持日温20～25℃，夜温12～18℃；进入开花结荚期日温22～26℃，夜温13～18℃，相对湿度保持65%～75%。

②追肥浇水：出现花蕾后可浇小水，再中耕。初花期不浇水。当第一花序

开花坐荚，荚长 15 厘米左右，上几节花序相继显现后，要浇足头水，每 667 米² 随水冲施尿素 10 千克。待中、下部荚伸长，中、上部花序出现时，再浇第二次水，每 667 米² 追施尿素 10 千克，以后进入结荚盛期，见干就浇水。采收盛期，随水追肥 1 次，每 667 米² 施优质速效化肥、尿素 15 千克，磷酸氢二铵 20 千克。

叶面追肥：在生长中后期喷施 2～3 次 0.2%～0.3% 磷酸二氢钾溶液，延缓衰老，提高产量。

③植株调整：蔓生种要及时插架，在茎蔓抽出 30 厘米左右时，插花架或吊蔓。整枝，主蔓第一花序以下各节的侧芽都要抹去，第一花序以上的侧枝留 2～3 片真叶掐尖，主蔓爬到架顶时摘心，后期的侧枝坐荚后也要摘心。

（6）病虫害防治。主要防治炭疽病、锈病、灰霉病。虫害主要是豆野螟、蚜虫、白粉虱、斑潜蝇。

①炭疽病：在发病初期用 45% 百菌清烟雾剂熏棚，每 667 米² 用药 150 克，分放在 4～5 处，7 天 1 次，连熏 2 次。当有严重发生趋势时，用 80% 炭疽福美可湿性粉剂 700 倍液，或 70% 代森锰锌可湿性粉剂 500 倍液喷雾，7～10 天喷 1 次，轮换用药，连喷 2 次。

②锈病：在发病初期，用 15% 三唑酮可湿性粉剂 2 000 倍液，或 2.5% 丙环唑乳油 4 000 倍液喷雾，15 天 1 次，连防 2 次。

③灰霉病：在发病初期用 45% 百菌清烟雾剂熏棚。当有严重发生趋势时，用 50% 腐霉利可湿性粉剂 600 倍液，或 40% 嘧霉胺悬浮剂 1 200 倍液交替用药，7～10 天 1 次，连喷 2 次。

④豆野螟：在盛花期或二龄幼虫盛发期喷第一次药，用 1.8% 阿维菌素乳油 3 000～4 000 倍，隔 7 天 1 次，连喷 2 次。

⑤蚜虫、白粉虱、斑潜蝇：在温室放风口处设防虫网，株行间挂黄板，每 20 米² 挂 1 块，悬挂高度与植株高度相当，隔 7～10 天更换黄板 1 次。药剂防治可用 10% 吡虫啉可湿性粉剂 1 500 倍液。采摘前 15 天停止用药。

6. 越夏茼蒿栽培技术

（1）播种。于 6 月上旬采用干籽直播法播种，播前精细整地后做成平畦，每 667 米² 撒种 4 千克种子，出土前需每天浇水，保持土壤湿润。

（2）播后管理。播后 1 周可出齐苗，长出 1～2 片心叶时进行间苗并拔除杂草，间苗密度 4 厘米²/株。生长期不能缺水，保持土壤湿润，植株长到 12 厘米时开始追肥，每 667 米² 施尿素 15 千克。

（3）采收。当植株 15 厘米高时，即可采收嫩梢，每次采收后需浇水追肥 1 次，促进侧枝旺盛生长，7 月底采收完毕。

7. 经济效益

这三茬蔬菜每 667 米² 年产值达 5.6 万元，其中：

秋冬茬樱桃番茄每 667 米^2 产量 4 500 千克，每千克平均价格 6 元，每 667 米^2 实现产值 2.7 万元。

冬春茬芸豆每 667 米^2 产量 4 000 千克，每千克平均售价 5 元，每 667 米^2 实现产值 2 万元。

越夏茼蒿每 667 米^2 产量 3 000 千克，每千克平均售价 3 元，每 667 米^2 实现产值 0.9 万元。

（六）秋冬茬五彩椒—冬春茬鲜食小黄瓜—夏秋茬菜心栽培技术

1. 设施类型及结构

采用土墙钢筋骨架结构日光温室，长 120 米，内跨度为 12 米，外跨度为 18 米，脊高 5 米，后墙底宽 7 米，顶宽 2~3 米，下挖 1.2 米，深冬可以生产喜温果菜类，实现周年生产。

2. 茬口安排

（1）秋冬茬五彩椒。于 8 月上旬播种育苗，9 月底定植，11 月中旬开始陆续采收，翌年 2 月中旬收获完毕。

（2）冬春茬鲜食小黄瓜。1 月上旬育苗，2 月下旬定植，3 月底开始上市，6 月底采收完毕。

（3）夏秋茬菜心。于 7 月初直播，9 月上旬开始采收，9 月下旬收获完毕。

3. 品种选择

（1）秋冬茬五彩椒。可选择红英达、黄欧宝、桔西亚、紫贵人、白公主等品种。

（2）冬春茬鲜食小黄瓜。选择从荷兰引进的瓜条顺直、光滑、无刺的迷你小黄瓜品种。

（3）夏秋茬菜心。选用高产、耐热、抗病的早熟品种，如四九菜心。

4. 秋冬茬五彩椒栽培技术

参照 P75~P76 秋冬茬五彩椒栽培技术。

5. 冬春茬鲜食小黄瓜栽培技术

（1）育苗。农户可以到园区购苗，也可自行育苗。自己育苗可参考下面的方法：

苗床土按腐熟有机肥与肥田土（三年内未种过瓜类的土）按 1:1 的比例混合，每立方米营养土中加入多菌灵 80 克、敌百虫 60 克，与营养土混合均匀，装入营养钵内，将经过浸种处理的种子播入，1 钵 1 粒。

（2）定植。定植前每 667 米^2 施入充分腐熟的优质有机肥 3 000 千克，过磷酸钙 25 千克，硫酸铵 20 千克或腐殖酸复合肥 50 千克，深耕细耙整平，实行大小行起垄种植，大行距 90 厘米，小行距 60 厘米，起小高垄，垄宽 20 厘米，垄高 15 厘米，在小垄上覆地膜，一膜覆双行，定植时按照 40 厘米的株距在地膜上开口，挖穴、浇水，水渗后栽苗。

（3）定植后管理。

①温度调控：缓苗期温度白天保持在 25～28℃，夜间 12℃左右。地温全天控制在 14℃以上，空气湿度尽量控制在 80％以下。初花期白天温度控制在 25～30℃，夜间 12℃左右。3 月底至 4 月初如果天气好，光照强时，白天温度超过 30℃时，把大棚右侧通风口打开，午后降到 20℃时关闭通风口。控制空气湿度在 75％以下。随着温度的升高，加强放风管理，防止室内高温。温室内温度高于 32℃要加大放风量，当室内最低气温高于 15℃时，开始逐渐由小到大放底风，与两边风口形成对流，以利通风排湿。当外界夜间最低气温高于 13℃时，开始进行昼夜通风。

②水肥管理：主要管理措施是加强中耕松土，直到根瓜坐住，一般要中耕 3 次，深度以 5 厘米为宜，以提高土壤疏松度，增加地温，促进植株缓苗与根系下扎。因为天气冷，温度低，此阶段尽量少浇水，如旱可浇 1 次小水。根瓜坐住后进行膜下沟灌，随水每 667 米^2 追硫酸钾 5 千克，以及根多多、多维肥精等生根的肥料 5 千克，注意浇水追肥在晴天进行。之后每隔 5～7 天浇 1 水，天气转暖以后进入盛果期，追肥间隔时间逐渐缩短。追肥随浇水隔次进行。每次每 667 米^2 追硫酸钾复合肥 10 千克，或腐殖酸型肥料 20 千克，或尿素 10 千克，轮换追施。

③植株管理：黄瓜长到 6～7 片叶时开始甩蔓，株高 25～30 厘米时，及时吊蔓。当黄瓜植株生长点达到吊秧铁丝高度时进行落秧，重新固定和吊蔓，同时摘掉下部老叶，带出棚外。注意整枝与落秧要在晴天 10：00～16：00 进行，每次落秧的高度不超过 30 厘米。

（4）病虫害防控。定植后易发生的病害主要有靶斑病、霜霉病、细菌性角斑病，虫害有蚜虫和白粉虱。

①病害防治：要加强环境调控，注意通风控湿，防止叶面结露，浇水应选晴天上午进行，阴天注意放风。防治靶斑病采用异菌脲 750 倍液或氟菌·肟菌酯 750 倍液喷雾，交替用药；防治霜霉病采用 72％霜脲·锰锌可湿性粉剂 500 倍液，或 72.2％霜霉威水剂 800 倍液喷雾，交替用药；防治细菌性角斑病可用 77％氢氧化铜可湿性粉剂 2 000 倍液，或 20％春雷霉素水分散粒剂 2 000～3 000倍液，交替用药，7 天 1 次，连喷 2 次。

②虫害防治：以物理防治为主，化学防治为辅。

物理防治：设防虫网阻虫，通风口用防虫网密封，阻止蚜虫、白粉虱迁入。利用黄板诱杀白粉虱。用黄板挂在行间或株间，高出植株顶部，每 667 米^2 挂 30～40 块。

化学防治：白粉虱，用 1.8％阿维菌素乳油 3 000 倍液，或 10％吡虫啉可湿性粉剂 1 500 倍液喷雾。斑潜蝇，用 1.8% 阿维菌素乳油 3 000 倍液喷雾。蚜虫，用 1.8% 阿维菌素乳油 3 000 倍液，或 10% 吡虫啉可湿性粉剂 1 500 倍液喷雾。收获前 15 天停止用药。

6. 夏秋茬菜心栽培技术

（1）培育壮苗。

①播种：7 月初干籽直播，直播前每 667 米² 施优质腐熟有机肥 2 000 千克，有机复合肥 20 千克，翻匀整平，每 667 米² 地用种量为 50 克，播后覆细土 1 厘米厚。

②定苗：真叶 2～3 片时可定苗，定苗株行距为 18 厘米×22 厘米。

（2）定苗后的田间管理。

①水肥管理：定苗后 7～8 天浇 1 次水，以保持土壤湿度，在菜心的整个生长期，还要追肥 1～2 次，每 667 米² 施尿素 10～15 千克。

②温度管理：把温室前沿和顶部的塑料棚膜打开通风，降低温度，顶部风口及前沿风口要设防虫网防虫。

（3）采收。9 月下旬采收完毕。

7. 经济效益

这三茬蔬菜每 667 米² 年产值达 6.6 万元，其中：

秋冬茬五彩椒每 667 米² 产量 4 000 千克，每千克平均价格 6 元，每 667 米² 实现产值 2.4 万元。

冬春茬鲜食小黄瓜每 667 米² 产量 6 000 千克，每千克平均售价 6 元，每 667 米² 实现产值 3.6 万元。

夏秋茬菜心每 667 米² 产量 3 000 千克，每千克平均售价 2 元，每 667 米² 实现产值 0.6 万元。

（七）秋茬小西瓜—冬茬芹菜—冬春茬茄子—越夏茼蒿栽培技术

1. 设施类型及结构

采用土墙钢筋骨架结构日光温室，长 120 米，内跨度为 12 米，外跨度为 18 米，脊高 5 米，后墙底宽 7 米，顶宽 2～3 米，下挖 1.2 米，深冬可以生产喜温果菜类，实现周年生产。

2. 茬口安排

（1）秋茬小西瓜。于 7 月下旬育苗，8 月中下旬定植，12 月上旬采收，翌年 1 月中旬采收完毕。

（2）冬茬芹菜。于 10 月上中旬育苗，翌年 1 月中旬定植，2 月底收获完毕。

（3）冬春茬茄子。于 12 月底播种育苗，翌年 3 月初定植，4 月下旬开始收获，6 月初收获完毕。

（4）越夏茼蒿。6月中旬干籽直播，8月中旬采收完。

3. 品种选择

（1）秋茬小西瓜。选用耐热、耐阴、抗病、结果力强、适合温室栽培的早熟品种，如秋红玉、红小玉、黄小玉等。

（2）冬茬芹菜。选用优质、抗病、耐热、适应性广、纤维少、实心、品质嫩脆的西芹品种，如文图拉、加州王、高优它等。

（3）冬春茬茄子。砧木选用托鲁巴姆或刺茄，接穗选用抗病、高产、优质的品种，如紫光大圆茄、茄杂2号等。

（4）越夏茼蒿。选用优质、高产、抗病、耐热性强的小叶茼蒿。

4. 秋茬小西瓜栽培技术

参照 P73～P74 秋茬小西瓜栽培技术。

5. 冬茬芹菜栽培技术

（1）育苗。尽量委托育苗厂育苗或购买商品苗，如果自己育苗可按下面的方法进行。

在棚内做南北向畦，畦净宽1.2米（老棚要将棚内深10厘米的土壤起出来，换成未种过菜的肥沃大田土）。每畦施入经过充分发酵、腐熟、晾干、捣碎并过筛的鸡粪 0.2 米^3，50％多菌灵 80 克，磷酸氢二铵 0.5 千克，翻地 10 厘米，将肥、药、土充分混匀，耙平、耙细待播。每 10 米^2 苗床可播种子 8～10 克，芹菜育苗每 667 米^2 需用种 80～100 克。播种前将种子用清水浸泡 24 小时，搓洗几次，置于 15～20℃环境下进行低温催芽，当有 70％左右种子露白时即可播种。播种前先向畦内浇水，水渗后播种。播种后至出苗前，苗床要用湿草帘覆盖，并经常洒水。苗齐后，要保持土壤湿润，当幼苗第一片真叶展开时进行间苗，疏掉过密苗、病苗、弱苗，苗距 3 厘米，结合间苗拔除田间杂草。当有 3～4 片真叶时，进行分苗。

定植株行距（6～8）厘米×（3～4）厘米。定植前 10 天，停止供水，行间松土，2～3 天后浇 1 次水，之后 4～5 天不浇水，促进发根壮根，同时增加见光，逐步缩短遮阳网覆盖时间。苗期正处于高温多雨季节，在大棚内采用一网一膜覆盖（即一层遮阳网防止高温，一层棚膜防暴雨冲刷）。壮苗标准为苗龄 60 天左右，5～6 片叶，茎粗壮，叶片绿色，完整无缺损，无病虫害，苗高 15～20 厘米，根系发达。

（2）定植前准备。

①清洁田园：清除前茬作物的残枝烂叶及病虫残体。

②棚室消毒：在定植前 7～10 天，每 667 米^2 用 20％百菌清烟剂 250～400 克熏棚。一般在晚上进行，熏烟密闭棚室 24 小时。

③整地施肥：每 667 米^2 施腐熟好的优质有机肥 3 000～5 000 千克，尿素

10 千克，过磷酸钙 50 千克，硫酸钾 30 千克。将肥料均匀洒在日光温室内，深翻 40 厘米，纵横各深翻一遍，耙后做平畦。

（3）定植。于晴天傍晚定植，带土移栽。行距 40 厘米，株距 20～25 厘米，每 667 米² 定植 8 000 株左右。每穴 1 株，培土以埋住短缩茎露出心叶为宜，边栽边封沟平畦，随即浇水，切忌漫灌。

（4）定植后的管理。

①温度管理：定植到缓苗阶段的适宜温度为 18～22℃，生长期的适宜温度为 12～18℃，生长后期温度保持在 10℃ 以上。幼苗发生萎蔫时，要遮花荫。11 月初盖草苫，晴天以太阳出揭苫，以太阳落盖苫；阴天比晴天晚揭、早盖 1 小时。深冬季节注意保温，白天温度达 20℃ 以上时，通风，夜间气温保持在 10℃ 以上。

②浇水追肥：定植后缓苗期，应保持土壤湿润，注意遮阳。进入生长期后，应加强水肥管理，勤施少施，不断供给速效性氮肥和磷钾肥。追肥应在行间进行。定植后 10～15 天，每 667 米² 追尿素 5 千克，之后 20～25 天追肥 1 次，每 667 米² 追尿素和硫酸钾各 10 千克。定植 2 个月后，进入旺长期，应水肥齐攻，每 667 米² 用尿素和硫酸钾各 10 千克；深秋和冬季应控制浇水，浇水应在晴天 10：00～11：00 进行，并注意加强通风降湿，防止湿度过大发生病害。浇水后要有连续 3～5 天的晴天，每次浇水量都不要过大，以防水大造成死苗。采收前 10 天停止追肥、浇水。

（5）病虫害防治。芹菜的病虫害主要有斑枯病、早疫病、软腐病、蚜虫、白粉虱等。

斑枯病：用熏蒸法，45% 百菌清烟剂每 667 米² 每次 200 克，傍晚暗火点燃闭棚过夜，连熏 2 次，间隔 10 天 1 次；发病初期可用 75% 百菌清可湿性粉剂 600 倍液或 50% 多菌灵可湿性粉剂 800 倍液喷雾。

早疫病：用百菌清烟剂每 667 米² 每次 200 克熏 2 次，间隔 10 天 1 次；或用 50% 多菌灵可湿性粉剂 800 倍液，或 10% 苯醚甲环唑水分散粒剂 1 500 倍液喷雾。

软腐病：发病初期用 77% 氢氧化铜可湿性粉剂 2 000 倍液或 2% 春雷霉素可湿性粒剂 500 倍液喷雾。

蚜虫、白粉虱：用 1.8% 阿维菌素乳油 3 000 倍液，或 10% 吡虫啉可湿性粉剂 1 500 倍液喷雾。

（6）采收。当芹菜每株达 1.5 千克左右时采收。

6. 冬春茄子栽培技术

（1）育苗。尽量委托育苗厂育苗或购买商品苗，如果自己育苗可按下面的方法进行。

①育苗：接穗选用紫光大圆茄、茄杂 2 号。播前配好营养土，配制比例为：40％没种过茄科作物的熟土，40％腐熟有机肥，20％炉渣，过筛后混合拌匀，一部分铺入育苗床，一部分装入营养袋。砧木比接穗早 1 个月播种，播前砧木托鲁巴姆采取浸种催芽育苗，接穗只浸种不催芽，当砧木苗铜钱大小时移到营养袋内，接穗苗两叶一心时进行分苗。当砧木长有 5 片真叶，接穗长有 3 片真叶时为嫁接适期，采用劈接方法嫁接。

②嫁接苗管理：嫁接后前 3 天全部遮阳，温度控制在白天 25～28℃、夜间 18～20℃。3 天后遮花荫，待全部缓苗后去掉遮阳物。6～7 天后撤去小拱棚，转入正常管理，温度控制在白天 20～25℃，夜间 10～15℃，及时摘除砧木侧芽，在定植前 1 周低温炼苗。

（2）定植。定植前结合整地每 667 米² 施优质腐熟有机肥 5 000 千克，过磷酸钙 50 千克，尿素 10 千克，定植密度每 667 米² 2 200～2 500 株，可采用大小行或大垄双行种植，实行地膜覆盖。

（3）定植后的管理。

①温度管理：定植后缓苗期温度，白天 30℃，夜间 18～20℃；缓苗后温度，白天 28～30℃，夜间 15～18℃；3 月下旬以后要加大放风量，排湿。

②水肥管理：定植后 7 天后浇 1 次缓苗水，直到门茄谢花前控制浇水、追肥。当门茄长到 3～4 厘米长时，开始追肥、浇水。3 月中旬以前要浇小水。3 月中旬，地温到 18℃时浇 1 次大水；3 月下旬以后，每 5～6 天浇 1 次水。第一次追肥后，要每隔 15 天追肥 1 次，每次每 667 米² 追尿素 10～15 千克，磷酸氢二铵 10 千克，硫酸钾 5 千克，并及时浇水。

③整枝：待门茄采收后，将下部老叶全部摘除。待对茄形成后，剪去上部两个向外的侧枝，形成双干枝，以此类推。当四门斗茄坐住后摘心，一般每株留 5～7 个茄子。

④保花护果：开花后 2 天内用浓度 25 毫克/千克的 2,4-滴蘸花，处理过的花冠要在果实膨大后轻轻摘掉。

（4）病虫害防治。

①苗期病害：主要有茄苗猝倒病与立枯病，用 50％多菌灵可湿性粉剂每平方米苗床 8～10 克，与细土混匀，播种时下铺上盖，出苗后用 75％百菌清可湿性粉剂 600 倍液喷雾。

②绵疫病：用 64％噁霜·锰锌可湿性粉剂 600 倍液喷雾，还可用 45％百菌清烟剂熏棚防治，每 667 米² 用量 1 千克。

③黄萎病：用 50％DT 可湿性粉剂 350 倍液，或 50％混杀硫悬浮剂 500 倍液，每株浇灌 300～500 毫升，或用 12.5％增效多菌灵可溶液剂 200～300 倍液，每株灌 100 毫升，每 10 天灌 1 次，连灌 2～3 次。

④青枯病：用 20 亿孢子/克蜡质芽孢杆菌可湿性粉剂 100～300 倍液，或 77％氢氧化铜可湿性粉剂 500 倍液，每株 300～500 毫升灌根，每 10 天 1 次，连灌 3～4 次。

⑤虫害：主要有蚜虫、白粉虱和茶黄螨，苗定植前 3～4 天，在苗床上用 15％哒嗪酮 2 500 倍液防治茶黄螨，定植后现蕾至结果期再查治 1 次茶黄螨；防治白粉虱采用 25％噻虫嗪水分散粒剂，或 1.8％阿维菌素乳油 3 000 倍液，喷药与黄板诱杀结合防治；蚜虫用 10％吡虫啉可湿性粉剂 1 500 倍液喷雾防治。

7. 越夏茼蒿栽培技术

（1）播种。播前精细整地后做成平畦，每 667 米^2 撒种 4 千克，出土前需每天浇水，保持土壤湿润。

（2）播后管理。播后 1 周可出齐苗，长出 1～2 片心叶时进行间苗并拔除杂草，间苗苗距 4 厘米，生长期不能缺水，保持土壤湿润，植株长到 12 厘米时开始追肥，每 667 米^2 施尿素 15 千克。

（3）采收。当植株 15 厘米高时，即可采收嫩梢，每次采收后需浇水追肥 1 次，促进侧枝旺盛生长，8 月中旬采收完。

8. 经济效益

这四茬瓜菜每 667 米^2 年产值达 6.2 万元，其中：

秋茬小西瓜每 667 米^2 产量 5 000 千克，每千克平均售价 4 元，每 667 米^2 实现产值 2.0 万元。

冬茬芹菜每 667 米^2 产量 6 000 千克左右，每千克平均价格 2 元，每 667 米^2 实现产值 1.2 万元。

冬春茬茄子每 667 米^2 产量 7 000 千克，每千克平均价格 3 元，每 667 米^2 实现产值 2.1 万元。

越夏茼蒿每 667 米^2 产量 3 000 千克，每千克平均售价 3 元，每 667 米^2 实现产值 0.9 万元。

>>> 石家庄市藁城区金硕果家庭农场 <<<

一、经营主体简介

石家庄市藁城区金硕果家庭农场位于藁城区南董镇北四公村村北，成立于 2014 年，注册资金 300 万元，2016 年被评为"国家千亿斤粮食生产示范基地"，同年被农业部列为"农业部家庭农场监测点"，2017 年被石家庄市农业局评为"石家庄市 2017 年度示范性家庭农场"，2019 年被评为"省级示范家庭农场"。该农场现流转土地 63 公顷，交通便利，自建晾晒场地、办公场所、粮食库房、玉米存储架等设施，自购大型拖拉机 2 辆、自走式喷药机 1 台、小麦播种机 1 台、小型拖拉机 2 辆、小型汽车 2 辆，用于粮食作物规模化种植，基本实现了全程机械化作业，年生产优质粮食 475 万吨，年利润 40 万元左右。农场主门锁宅，是一位 80 后有志青年，2018 年参加了藁城区农广校高素质农民技术培训，学习新的种植技术，新的管理经验，与好多种植精英互相学习交流，2019 年参加农业农村部休闲农业经理人培训班，并获得证书。

二、经营主体经营模式

家庭农场自成立以来，先后与河北省蔬菜产业创新团队、河北农业大学、河北省农林科学研究院、石家庄市农业技术推广中心、藁城区种子公司、藁城区农业科学研究所等院所单位联合开展小麦、玉米、大豆、高粱、蔬菜新品种的引进、示范、推广工作，在种子公司的大力支持和专业的技术指导下成为小麦繁种基地，每 667 米^2 小麦产量过千斤，比普通农户繁育的小麦品质高，每千克小麦销售价格比市场价高出 0.4 元。因市场调控，2016 年玉米价格极度下滑，农户种植玉米的积极性下降，该农场积极调整种植结构，与藁城区农业科学研究所合作建成优质麦繁种基地，同时带动周边农户繁育优质麦种，每 667 米^2 地比种植普麦多收 200 元，带动周边农户增收。在秋季改玉米种植为大豆种植，大豆种植简便、省工、省时，收割费用比玉米低，每 667 米^2 产量 225 千克，每千克 4.5 元，收益远高于玉米收益。2016 年在各级主管部门的帮助下，安装节水灌溉设施实现了水肥一体化，大力减少了人工成本，节水、节肥、省时，提高了灌溉效率，在上级有关部门的支持下修建了田间公路，成为了田间公路建设示范区。同时增加了蔬菜的种植，在河北省农林科学院、河北农业大学蔬菜技术专家的指导下，同石家庄北国超市签订供应合同，种植的寒秀西兰花每 667 米^2 产量达到 1 600 千克，每 667 米^2 收入 6 000 多元；2017 年开始尝试种养结合模式，试验散养土鸡。2019—2022 年，在河北省蔬菜产业创新团队、河北省农林科学研究院、石家庄市农业技术推广中心、藁城区农业农村局的带领下，试验并推广"小麦套种辣椒轻简化高效栽培技术"，四年累计种植面积达 21.9 顷，在小麦基本不减产情况下，每 667 米^2 产干椒 300 千克，每 667 米^2 获得产值 6 500 元左右。

家庭农场具有完备的规章制度，经营管理水平较高，生产设备齐全，综合水平较强，土地利用率高，自成立以来从未发生质量安全事故，始终倡导科技是第一生产力的原则，大力发展绿色农业，深入贯彻政府要求，节水、节药、节肥，提高产品质量，保证食品安全，走出了一条投入低、可复制、可持续的藁城农业生产新模式，在取得最大经济效益的情况下满足了绿色农业发展新要求，带领高素质农民走得更远，起到了较强的示范带头作用。

三、主体生产模式：小麦套种辣椒轻简化高效栽培技术

冀中南大田种植面积最大的是小麦、玉米二季作，模式是冬小麦—夏玉米模式，藁城区是河北省农业大县，以粮食为主导产业，常年种植面积在3.3万公顷左右，大田种植存在种植模式单一、连作障碍日益加重、土地资源浪费严重、效益差的问题，且日渐突出，直接影响到农民的收入，制约着大田农业产业的健康发展，探索新的大田种植模式势在必行。

小麦套种辣椒轻简化高效栽培技术集农业科研、新品种、新技术引进、示范、销售、贮藏、加工于一体，可实现一二三产融合，充分挖掘光、热、水、土地资源的生产潜力，有效解决种植模式单一，病虫害发生严重，土地利用率低下，效益提升难度大的问题，最终达到增产、节本、增效的目标，实现经济效益和社会效益最大化。该模式改原来传统的大田小麦—玉米栽培模式为小麦套种辣椒高效优化模式，通过应用新品种、新技术，充分利用小麦行间的空闲土地和辣椒的喜散射光的特性，提高土地利用效率，同时采用在小麦行内直播辣椒，减少育苗和移栽环节的用工，达到增产、节本、增效的目的。该模式辣椒每667米^{2}产量在300千克（干重）以上。

1. 田间配置

每一播带幅宽100～110厘米，上年10月上旬秋播3行小麦，小麦播种幅宽20～25厘米，预留行80～85厘米，留着翌年4月上旬栽种2行辣椒；辣椒行距22厘米。这种田间配置使小麦边行优势明显，辣椒的遮阳效果提高，小麦行通风透光增强，小麦纹枯病、辣椒日灼病、病毒病等危害显著减轻。有利于小麦、辣椒产量和品质的双提升。

2. 品种选用

小麦选用石家庄市藁城区农业科学研究所研究的优质小麦品种马兰1号。辣椒选用河北华田食品有限公司出口日本的天鹰椒品种。

3. 机械使用

辣椒利用集铺滴灌管、地膜和干籽直播于一体的直播机，这样可省去辣椒育苗和移栽的工序。

4. 小麦高产栽培技术

（1）播种及冬前管理。头年秋季小麦播种前深耕细耙，耕深25厘米左右。因套作小辣椒后期追肥量大，小麦底肥施用量不要求太大，在施用有机肥的基础上，一般每667米^{2}施氮磷钾（25：10：5）复合肥40～50千克、硫酸锌1～1.5千克，每667米^{2}播种量10～12.5千克，基本苗15万～22万株。小麦播种每667米^{2}用12.5%硅噻菌胺悬浮剂20毫升或40%辛硫磷乳油等有机磷农药拌种，防治小麦全蚀病、纹枯病、根腐病及地下害虫。冬前管理围绕促

弱、控旺、稳壮，以培育越冬壮苗、增加大分蘖为中心，因地、因苗、因墒情和病虫情，抓好中耕、浇水、化学除草、病虫害防治等措施落实。

（2）早春管理。返青拔节期结合浇水科学追肥，对于三类弱苗可在返青期尽早追施尿素 10 千克。对于二类壮苗可氮肥后移，在 3 月中下旬拔节期追施尿素 8～10 千克。2 月下旬至 3 月上旬，每 667 米² 用 12.5％烯唑醇可湿性粉剂 25～30 克，或 20％三唑酮乳油 75～100 毫升，对水 40～50 千克，对准小麦根部喷施，预防小麦纹枯病；对于冬前没有化学除草且杂草严重的地块，于小麦拔节前每 667 米² 用 20％氯氟吡氧乙酸乳油 10 毫升＋75％苯磺隆水分散粒剂 1.5～2.0 克＋6.9％精噁唑禾草灵水乳剂 60 毫升，对水 30～40 千克喷雾防治。

（3）中后期管理。抽穗扬花到灌浆期及时防治小麦白粉病、锈病、赤霉病、红蜘蛛和蚜虫等，同时结合病虫害防治进行叶面喷肥，预防小麦后期早衰和干热风危害。每 667 米² 用 2.5％高效氯氟氰菊酯微乳剂 50 毫升＋35％吡虫啉悬浮剂 4～6 克＋12.5％烯唑醇可湿性粉剂 30 克＋磷酸二氢钾 150～200 克，对水 50 千克均匀喷雾。每隔 7～10 天 1 次，喷 2～3 次。扬花期遇阴雨天气，每 667 米² 用 50％多菌灵可湿性粉剂 50 克，对水 30～40 千克在雨前喷施，预防赤霉病。

（4）及时收获。6 月上旬小麦进入完熟期，应适时早割，尽可能减少共生期，注意少碾压辣椒苗，小麦留茬高度可适当高些，一般 25～30 厘米；因辣椒需要打顶，机械收割小麦时削掉部分小辣椒的顶部也影响不大。

5. 辣椒高产栽培技术

（1）干籽直播。定植前在预留行内每 667 米² 施氮磷钾（17：17：17）复合肥 25 千克，菌肥 50 千克，然后浇地、旋地。于 4 月初在麦田预留行内用播种机干籽直播辣椒，每预留行播种 2 行辣椒，行距 22 厘米，麦收后形成行距 68 厘米，这样形成 68 厘米和 22 厘米的宽窄行种植模式，按株距 11 厘米，1 穴 3～4 粒种子播种，播种完用滴灌系统浇 1 次水，促进辣椒种子吸水发芽，加速出苗，小麦与辣椒共生期为 60 天左右。

（2）水肥管理。麦收后重施麦后肥，追肥 3 次，提苗肥用高氮复合肥（25-5-20），每次每 667 米² 用 10～15 千克；坐果初期追施高钾复合肥（18-7-25）15 千克；坐果中期追施高氮高钾复合肥 15～20 千克；7 月中旬以后辣椒不再追肥，以免晚熟，影响辣椒品质。结合施肥，依据天气和土壤墒情灵活浇水，注意不能大水漫灌；如降大雨要及时排除田间积水。

（3）打顶。在小麦收割时调整小麦收割机，麦茬高度留 33～35 厘米，小麦收割同时为辣椒打顶，限制主茎生长，以增加分枝数，提高单株结果率。保证植株能在 6 月下旬至 7 月初封垄，每 667 米² 有效分枝达到 12 万～14 万枝，结椒 120 万～170 万个。

（4）中耕培土。辣椒第一层椒出现时进行浅中耕，结合中耕进行培土，有利于提高地温，蓄水保墒，促进根系生长，防止倒伏和根部积水沤根。

（5）病虫草害防治。定植后每 667 米² 用 90% 敌百虫原液 150 克，对水拌 5 千克麦麸，撒毒饵诱杀地下害虫。5 月中下旬至 6 月上旬，每 667 米² 用 60% 唑醚·代森联水分散粒剂 30 克，对水 30 千克，防治辣椒疫病、炭疽病、斑点落叶病等；用 70% 吡虫啉水分散粒剂 3～5 克，对水 30 千克，防治蚜虫、飞虱、叶蝉、蓟马等刺吸式口器害虫，阻断辣椒病毒传播途径，预防病毒病的发生。6 月中下旬至 8 月中下旬，对枯萎病、炭疽病、疫病等真菌性病害进行防治；发病初期用 75% 百菌清可湿性粉剂 600 倍液，或 70% 甲基硫菌灵可湿性粉剂 500 倍液喷雾防治；病情严重时，可用 72.2% 霜霉威水剂 500 倍液灌根。对疮痂病、软腐病等细菌性病害，可用 72% 农用硫酸链霉素可湿性粉剂 4 000 倍液进行防治。对棉铃虫、甜菜夜蛾、烟青虫等害虫可用 3% 高氯·甲维盐微乳剂 3 000 倍液喷雾防治。每 667 米² 用 10.8% 高效氟吡甲禾灵乳油 20～30 毫升，对水 20～30 千克均匀喷雾，防除田间杂草。

（6）适时采收。10 月初当辣椒叶片开始变黄甚至脱落时，将辣椒整株收获，摊在地里晾晒 7～10 天，再头向上堆放，晾晒干后堆成条状大垛待摘。

（7）采摘。辣椒堆成条状大垛以后，注意 10 天左右倒一次垛，大约等到 12 月农闲时开始组织人采摘。采摘后的辣椒在阴凉处摊薄阴干，等辣椒摇秧籽响时开始出售给藁城区华田食品有限公司。

6. 经济效益

辣椒每 667 米² 产值 4 500～5 500 元，比二季作区传统小麦—玉米模式的玉米 667 米² 增收 3 500～4 500 元，该种栽培技术模式累计示范推广面积达 453 公顷，总产值达 237 万元以上。

>>> 石家庄市藁城区便民种植专业合作社 <<<

一、经营主体简介

石家庄市藁城区便民种植专业合作社位于藁城区兴安镇角中村，2012 年批准注册登记，合作社注册成员 7 人，注册资金 116.8 万元，设有理事会、理事、监事、合作社专门会计和财务总监，各个环节由合作社统一部署，直接与厂家、市场对接，基本形成管理较为规范的互助性经济关系。合作社有固定的办公场所，仓库面积 200 米²，周围无污染源，土壤质地好，交通便利。合作社现有成员 18 人。

二、主体经营模式

合作社长期指导专家 7 人，河北省农林科学院专家、石家庄市农业技术推广中心专家、藁城区农业农村局专家，召开种植知识讲座数次，为合作社的发展和社员学习与应用新型种植技术打下了坚实的基础。在农业农村局的帮助下，合作社辣椒种植基本实现了从栽苗到收获的全程机械化，减少了用工成本。同时，成立了种植技术微信交流群，群里有省市区级单位的技术专家，可以全程远程技术指导。合作社与华田食品有限公司签订了保底收购政策，保障了稳定的销路。

三、经营主体生产模式

合作社多年来主要是小麦—玉米连作模式，受玉米价格下滑影响，2018年，在藁城区农业农村局的带领下，开始进行小麦套种天鹰椒高效栽培技术模式研究与示范，连续 4 年每 667 米^2 纯利润达到 3 500 元以上。

1. 田间配置

每一播带幅宽 90 厘米，10 月上旬秋播 4 行小麦，小麦占播幅宽 45 厘米，预留行 45 厘米，留着翌年 5 月栽种 2 行天鹰椒，天鹰椒行距 22 厘米，即小麦与天鹰椒实行 68 厘米和 22 厘米行距轮倒配置。这种田间配置使小麦边行优势明显，天鹰椒的遮阳效果提高，小麦行通风透光增强，小麦纹枯病、天鹰椒日灼病、天鹰椒病毒病等危害显著减轻。有利于小麦、小辣椒产量和品质的双提升。

2. 品种选用

小麦选用石家庄市藁城区农业科学研究所研究的优质麦品种马兰 1 号。辣椒选用河北华田食品有限公司出口日本的天鹰椒品种。

3. 小麦高产栽培技术

（1）播种及冬前管理。头年秋季小麦播种整地要深耕细耙，耕深 25 厘米左右。因套作小辣椒后期追肥量大，小麦播种底肥施用量不要求太多，在施用有机肥的基础上，一般每 667 米^2 施氮磷钾（25∶10∶5）复合肥 40～50 千克、硫酸锌 1～1.5 千克，每 667 米^2 播种量 10～12.5 千克，基本苗 15 万～22万头。麦播时每 667 米^2 用 12.5％硅噻菌胺悬浮剂 20 毫升或适量 40％辛硫磷乳油等有机磷农药拌种，防治小麦全蚀病、纹枯病、根腐病及地下害虫。冬前管理围绕促弱、控旺、稳壮，培育越冬壮苗、增加大分蘖，因地、因苗、因墒情和病虫情，抓好中耕、浇水、化学除草、病虫害防治等措施。

（2）早春管理。返青拔节期结合浇水科学追肥，对于三类弱苗可在返青期尽早追施尿素，每 667 米^2 10 千克；对于二类壮苗可氮肥后移，在 3 月中下旬拔节期每 667 米² 追施尿素 8~10 千克。2 月下旬至 3 月上旬，每 667 米² 用 12.5%烯唑醇可湿性粉剂 25~30 克，或 20%三唑酮乳油 75~100 毫升，对水 40~50 千克对准小麦根部喷施，预防小麦纹枯病；对冬前没有化学防除杂草且杂草严重的地块，于小麦拔节前每 667 米² 用 20%氯氟吡氧乙酸乳油 10 毫升＋75%苯磺隆水分散粒剂 1.5~2.0 克＋6.9%精噁唑禾草灵 60 毫升，对水 30~40 千克，喷雾综合防治。

（3）中后期管理。抽穗扬花到灌浆期及时防治小麦白粉病、锈病、赤霉病、红蜘蛛和蚜虫等，同时结合病虫害防治进行叶面喷肥，预防小麦后期早衰和干热风危害。每 667 米² 用 2.5%高效氯氟氰菊酯微乳剂 50 毫升＋35%吡虫啉悬浮剂 4~6 克＋12.5%烯唑醇可湿性粉剂 30 克＋磷酸二氢钾 150~200 克，对水 50 千克均匀喷雾。每隔 7~10 天 1 次，喷 2~3 次。扬花期遇阴雨天气，每 667 米² 用 50%多菌灵可湿性粉剂 50 克，对水 30~40 千克在雨前喷施，预防赤霉病。

（4）及时收获。6 月上旬小麦进入完熟期，应适时早割，尽可能缩短与辣椒苗的共生期，注意少碾压辣椒苗，小麦留茬高度可适当高些，一般 25~30 厘米；因天鹰椒需要打顶，机械收割小麦时削掉部分小辣椒的顶部也影响不大。

4. 天鹰椒高产栽培技术

（1）育苗。苗床育苗，于 3 月初用小拱棚冷床育苗。苗床选择背风向阳、地势高燥、排水良好、肥力适当、2~3 年未种植茄科作物、无病虫源的沙壤土地块。每 667 米² 建苗床 20 米²，苗床宽 1 米左右，用种量 150 克，播前 7~10 天整地做畦，每畦施腐熟鸡粪 5 千克、氮磷钾复合肥 1.5 千克、50%多菌灵可湿性粉剂 75 克，与苗床土混合拌匀。种子提前催芽（也可以干籽播种）并均匀撒播，播后一般 7~10 天即可出苗，齐苗后用 50%多菌灵可湿性粉剂 500~800 倍液，或 75%百菌清可湿性粉剂 600~800 倍液喷洒苗床，预防立枯病、猝倒病。加强苗床温度和水分管理，定植前 5~7 天低温练苗，定植前 1 天浇起苗水。

播后到出齐苗温度，白天控制在 25~30℃，夜间控制在 20~22℃，苗齐后温度，白天控制在 23~28℃，夜间控制在 18~20℃。

定植前用 25%嘧菌酯 20 毫升＋62.5 克/升精甲·咯菌腈 20 毫升喷淋苗。

（2）定植。将足龄 60 天左右的天鹰椒于 5 月上旬定植到麦田预留行内，每预留行栽种 2 行天鹰椒；天鹰椒行距 22 厘米，与麦收后麦茬行距保持 68 厘米，这样形成 68 厘米和 22 厘米的宽窄行种植模式；天鹰椒株距 25 厘米，一穴双株，每 667 米² 种植 1.2 万株左右。定植前在预留行内每 667 米² 施氮磷钾（17-17-17）复合肥 25 千克、菌肥 50 千克，然后旋地，选健壮、根系发达的苗，带土移栽，保护好根部，定植深度 6~8 厘米。小麦与天鹰椒共生期为

30 天左右。

（3）水肥管理。栽完苗后用 50 毫升必腾根有机水溶肥料对水 15 千克淋根，然后浇大水。待水渗后田里能进人时及时扶正秧苗。5～7 天缓苗后用 70%噻虫嗪 1 500 倍液和 62.5 克/升精甲·咯菌腈杀菌剂 1 500 倍液喷淋，喷药后浇缓苗水。15 天后用必腾叶 750 倍液喷施，以后隔 10 天左右再喷 1 次，连喷 3 次。麦收后重施麦后肥，追肥 3 次，提苗肥用高氮（25-5-20）复合肥，每次每 667 米²10～15 千克；坐果初期追施高钾（18-7-25）复合肥 15 千克，坐果中期追施高氮高钾复合肥 15～20 千克，7 月中旬以后天鹰椒不再追肥，以免晚熟，影响天鹰椒品质。结合施肥，依据天气和土壤墒情灵活浇水，注意不能大水漫灌；如降大雨要及时排除田间积水。

（4）适时打顶。天鹰椒定植后 12～14 片真叶时打顶，限制主茎生长，以增加分枝数，提高单株结果率。保证植株能在 6 月下旬至 7 月初封垄，每 667 米² 有效分枝达到 12 万～14 万枝、结椒 120 万～170 万个。

（5）中耕培土。天鹰椒第一层果实出现时进行浅中耕，结合中耕进行培土，有利于提高地温，蓄水保墒，促进根系生长，防止倒伏和根部积水沤根。

（6）病虫草害防治。定植后每 667 米² 用 90%敌百虫原液 150 克，对水拌 5 千克麦麸制成毒饵，撒毒饵诱杀地下害虫。5 月中下旬至 6 月上旬，每 667 米² 用 60%唑醚·代森联水分散粒剂 30 克，对水 30 千克，防治辣椒疫病、炭疽病、斑点落叶病等；用 70%吡虫啉水分散粒剂 3～5 克，对水 30 千克，防治蚜虫、飞虱、叶蝉、蓟马等刺吸式口器害虫，阻断辣椒病毒传播途径，预防病毒病的发生。6 月中下旬至 8 月中下旬，对枯萎病、炭疽病、疫病等真菌性病害进行防治，发病初期用 75%百菌清可湿性粉剂 600 倍液、70%甲基硫菌灵可湿性粉剂 500 倍液喷雾防治，病情严重时，可用 72.2%霜霉威水剂 500 倍液灌根。对疮痂病、软腐病等细菌性病害，可用 20%春雷霉素水分散粒剂 2 000～3 000 倍液进行防治。对棉铃虫、甜菜夜蛾、烟青虫等害虫可用 3%高氯·甲维盐微乳剂 3 000 倍液喷雾防治。每 667 米² 用 10.8%高效氟吡甲禾灵乳油 20～30 毫升，对水 20～30 千克均匀喷雾，防除田间杂草。

（7）适时采收。10 月初当天鹰椒叶片开始变黄甚至脱落时，将整株收获，摊在地里晾晒 7～10 天，再头向上堆放，晾晒干后堆成条状大垛待摘。

（8）采摘。在堆成条状大垛以后，注意 10 天左右倒一次垛，大约等到 12 月农闲时间开始组织人采摘。采摘后的天鹰椒摊薄在阴凉处阴干，等干椒摇秧籽响时开始出售给河北华田食品有限公司。

5. 经济效益

天鹰椒每 667 米² 产值 4 500～5 500 元，比二季作区传统小麦—玉米模式的玉米每 667 米² 增收 3 500～4 500 元。

>>> 河北华田食品有限公司 <<<

一、经营主体简介

河北华田食品有限公司成立于 2001 年，注册地为石家庄市藁城区南孟镇东只甲村，注册资金 3 000 万元，是集天然香辛料辣椒的种植、加工、出口销售于一体的外向型食品加工企业。产品主要出口日本、欧盟、中国台湾等国家和地区，国内主要以合资企业和大型食品集团为销售对象。现有职工 295 人，专业人员 70 人。固定资产 2 100 万元，占地面积 2.6 公顷，建筑面积 2.05 公顷，冷藏库 2 500 吨。该公司是河北省石家庄市农业产业化重点龙头企业、河北出入境检验检疫局辣椒行业标杆企业、出口直通放行 A 类企业、海关信用管理 A 类企业、QS 生产许可企业、ISO9001 认证企业、HACCP 认证企业。公司拥有优秀、专业、严格、高效的生产、研发、品控、服务团队，建有完善的质量保证体系。

公司 2021 年销售额 6 120 万元，其中出口额 324 万美元。公司目前拥有国际贸易高标准示范基地 133 公顷。

公司目前有"华彤"和"宫椒"2 个注册商标，其中"华彤"已通过世界知识产权组织马德里国际商标体系在英国、俄罗斯、日本等国家的注册。现拥有 7 个外观专利和 7 个实用新型专利，还有 4 个发明专利正在审批中。

公司连续多年被评为石家庄市农业产业化重点龙头企业，是省级产业化联合体河北华田辣椒产业化联合体的核心企业，带动就业总人数 195 人。公司是国家级科技型中小企业和高新技术企业，是省级"专精特新"企业，是河北省工业和信息化厅认定的河北省工业企业 A 级研发中心及石家庄市级技术创新中心，是河北省农业科技成果转化承担单位和藁城区级科技计划承建单位。

公司设备齐全、专业、先进，工艺领先。拥有除尘、除杂、除石、除铁、筛选、风选、比选、色选、水洗、热风干燥、微波干燥、切圈、切丝、制碎、制粉、筛分、混合、焙煎、包装、电磁波杀菌、蒸汽杀菌等中外先进的生产设备和检查监视设备 190 余台（套）。其中，蒸汽杀菌装置适用于所有香辛料的杀菌生产，杀菌产品的微生物指标与色、香、味等感官指标，均已达到同行业国际先进、国内领先水平。公司设有杀菌品生产线 12 条、非杀菌品生产线 10 条、水洗烘干生产线 2 条，能加工多种品种规格的固态香辛料产品。

公司配有精良的检测仪器和专业检测人员，除检测外观、色泽、气味、味道、不完善粒、大小、粒度、比重、杂质、水分、总灰分、酸不溶性灰分等指标外，还能准确检测辣椒素、红色素、胡椒碱、不挥发性乙醚抽提物、粗纤维、蛋白质、二氧化硫、挥发油、含油率、过氧化值、酸价、氯化钠、细菌总数、大肠菌群、霉菌、酵母菌、耐热菌等理化指标与微生物指标,从而为做好品控提供了有利的条件。

二、经营主体经营模式

公司拥有种植基地 2 000 公顷,辣椒原料全部来源于种植基地。基地严格实行"十统一管理"(统一供种、统一农药、统一肥料、统一栽培管理、统一收获、统一晾晒、统一采摘、统一收购、统一仓储、统一运输),农药实行种植、收购、仓储、加工、运输等环节的全程追溯与监控管理。不但确保了农药残留、重金属含量、黄曲霉素含量等完全符合日本、欧盟、美国、中国台湾等国家和地区的标准,而且还彻底解决了辣椒品种退化、辣度逐年下降的行业难题,保持了品种的辣度及其他特性。

三、经营主体生产模式

在藁城区农业农村局的大力支持下,公司参与编写了石家庄市地方标准《小麦套种天鹰椒轻简化栽培技术规程》和《天鹰椒种绳播种育苗技术规程》,小麦套种辣椒关键节点机械化栽培技术被河北省农业农村厅定为主推技术,每年 9 月在藁城区示范点举办石家庄地区不同规模的小麦套种辣椒观摩培训会。2018 年开始试验示范,国际贸易高标准示范基地由最开始的 1 户 6 670 米^2,发展到 2021 年的以"麦椒套种"模式为主的 133.3 公顷。该种植模式下,小麦基本不减产,农户每 667 米^2 辣椒产值 4 500~5 500 元。2022 年在藁城区推广了 333.3 公顷小麦套种辣椒模式,通过狠抓统一供种、统一农药、统一肥料、统一栽培管理、统一收获、统一晾晒、统一采摘、统一收购、统一仓储、统一运输等重要环节,积极推进"北方辣椒小镇"建设和辣椒加工园区建设。

>>> 石家庄市藁城区南营镇葱蒜生产基地 <<<

一、基地简介

石家庄市藁城区葱蒜生产基地以南营镇朱家寨村为中心,涉及周边 3 个镇 20 余个村,葱蒜类蔬菜种植面积达 1 867.6 万米^2。其中大蒜 933.8 万米^2,大葱 400.2 万米^2,洋葱 333.5 万米^2。该基地完善了种子服务、技术指导、产品销售三大服务体系,并在生产中按《无公害蔬菜标准化栽培技术规程》进行操作。禁用高毒农药,生产无公害蔬菜,实行编码跟踪追溯制管理。以朱家寨村为例,该村耕地面积 290 公顷,蔬菜种植面积 250 公顷,其中大葱、洋葱、大蒜 3 种蔬菜面积占全村耕地面积的 86.2%。小麦种植面积 40 公顷。种植户占全村总户数的 82%,大葱、洋葱、大蒜 3 种蔬菜实现全村年纯收入 1 125 多万元，人均年收入 3 495 元，占人均总收入水平的 85.5%。

该基地建有专贮蒜薹的冷风库 92 座，贮藏能力近 1.5 万吨以上，收获的蒜薹大多入库贮存，葱头、菜花可根据市场行情或售或存，由服务组织——南营镇蒜蔬协会为农民对接市场，到价高时出售，以实现增值，提高经济效益。

二、基地经营模式

南营镇大蒜生产起步于 1987 年，当时从山东省苍山县引种试种大蒜，1988 年大蒜试种生产取得了较好的经济效益，之后大蒜种植面积逐年扩大，栽培技术水平也不断提高，每 667 米² 蒜薹产量从开始的 450 千克提高到了 600 千克，最高达到了 700 千克。村委会把大蒜生产作为富民强村的重要工作来抓，积极组织引导，完善技术指导，供应优种，主动对接市场销售等。为了做好技术指导服务，解决农民生产中的实际问题，聘请石家庄市农业技术推广中心专家定期到村举办技术培训和技术讲座，关键时期进行田间现场技术指导，使广大菜农学到并掌握先进的生产技术，如地膜覆盖、化学除草等一系列高产配套技术。为做好设施基础建设，仅朱家寨一村先后出资 30 多万元进行低压改造，新安装 4 台 50 千瓦的变压器，缓解了因蔬菜种植面积大、需水多形成的浇地抢电抢井的矛盾。为做好产前、产中、产后服务，多次到山东的苍山、金乡等地引进新的脱毒种子，使种子更新换代，通过异地引种解决品种退化、产量低的弊病。产中服务为群众讲授种蒜技术，成立农化服务组织，供应农药、化肥，解决农民远途购买农资的困难。产后服务，积极联系外地客户，为销售蒜薹、蒜头找出路；鼓励群众建冷库 58 座，用于贮存蒜薹，不但解决了群众卖蒜薹难的问题，而且冷藏能使蒜薹增值，取得较好的经济效益；鼓励群众建蒜米加工厂 3 个，出口到日本、韩国、俄罗斯等国家，实现出口创汇。

三、生产模式

地膜大蒜—秋茬露地菜花栽培技术模式、地膜大葱—秋茬大白菜栽培技术模式、地膜洋葱—秋茬露地菜花栽培技术模式、地膜蒜苗—天鹰椒栽培技术模式、地膜大葱—露地茄子栽培技术模式、地膜大蒜—玉米栽培技术模式、地膜大葱—冬小麦栽培技术模式。

（一）地膜大蒜—秋茬露地菜花栽培技术模式

1. 模式概况

本模式是藁城区葱蒜基地优化模式，通过合理安排茬口，引种新品种，采取精细化栽培管理，取得很好的经济效益。由于大蒜效益好，面积一直保持稳定；菜花由原来的雪山紧花改为绿梗散花品种，由于散花好吃，市场供不应求，价格也一直居高不下；由于茬口安排得当，取得了很高的经济效益，目前辐射到邻近村种植面积近 333.3 公顷，形成了大蒜—菜花基地，市场前景广阔，值得推广。

2. 茬口安排

地膜大蒜。10 月 1 日左右播种，蒜薹在 5 月 17～20 日抽完，蒜头在 5 月底至 6 月初收获完毕。

秋茬露地菜花：6 月底至 7 月初播种，7 月底定植，10 月上中旬收获。

3. 品种选择

（1）地膜大蒜。选择蒜头和蒜薹兼收的脱毒苍山苔蒜品种。

（2）秋茬露地菜花。选用高产、抗病、适销品种，如松不老 75、松不老 80、劲松 65、劲松 75、劲松 80 等品种。

4. 地膜大蒜栽培技术

（1）播种前的准备。每 667 米^2 施腐熟好的有机肥 5 000 千克，磷酸氢二铵 50 千克，复合微生物肥 100 千克（忌施含氯化肥），然后深耕细整，达到上虚下实，无坷垃，做成高 10～12 厘米，畦底宽 70 厘米，畦面 60 厘米的小高畦，畦距 30 厘米。

（2）播种。每 667 米^2 播量 200 千克。在备好的小高畦上按行距 18 厘米，株距 6～8 厘米，每 667 米^2 4 万～5 万株的密度播种。播种深度 3～4 厘米，蒜种背向一致，播后覆土，整平压实土壤，浇水后，每 667 米^2 喷 33％除草通乳油 150 克，然后浇两水（隔天一水），盖上 95 厘米宽的地膜，膜要盖严、压紧，做到膜紧贴地面，无空隙，无褶皱，若有破洞及时用土压上。

（3）播种后的管理。

①破膜出苗：播后 10 天左右出苗，此时要用扫帚在膜上轻扫一遍，以利大蒜破膜出苗，个别不能自行破膜的用铁丝钩在苗顶钩破膜，帮助其出苗。

②水肥管理：在幼苗生长阶段灌 1 次促苗水；入冬后浇足越冬水，3 月初浇 1 次返青水，返青后随返青水每 667 米^2 施 20 千克尿素；在 4 月初浇 1 次水，每 667 米^2 随水冲施硝酸钾冲施肥 10～15 千克；蒜薹露帽时浇第一水，结合露帽水每 667 米^2 追腐殖酸肥 20 千克，过 10 天再浇 1 次抽薹水，随水每 667 米^2 施 10 千克尿素。蒜薹收获前叶面喷洒 1％磷酸二氢钾溶液 2 次。蒜薹采收前 7 天停止浇水，采薹后及时浇一水，在 5 月 20 日抽完薹后大蒜蒜头生长迅速，只浇水 1～2 次，不追肥。

③病虫害防治：重点防控细菌性软腐病、叶枯病、紫斑病、锈病及地蛆。细菌性软腐病可在发病初期用 20％噻唑锌悬浮剂 2 000 倍液进行喷淋，或用 77％氢氧化铜可湿性粉剂 500 倍液喷雾防治，隔 10 天 1 次，连续防治 2～3 次。叶枯病和紫斑病用 50％异菌脲可湿性粉剂 1 000 倍液或 45％咪鲜胺乳油 1

000 倍液轮换用药，喷雾防治，隔 10 天 1 次，连续防治 2～3 次。锈病可用 70％代森锰锌可湿性粉剂 1 000 倍液＋15％三唑酮可湿性粉剂 2 000 倍液防治，每 10 天 1 次，防治 1～2 次。根蛆用 40％辛硫磷乳油 750 毫升防治。

5. 秋茬露地菜花栽培技术

（1）购买或培育壮苗。由于育苗时温度高，农户自己育苗温度不好控制，最好去育苗场代育或买苗用。若自育秧苗，掌握好以下技术要点。6 月底至 7 月初播种，每 667 米^2 用种量 20 克，苗床大小宜 10 米^2。苗床要有遮阳防雨条件。浇透水后撒播种子，覆土 1.5 厘米厚。一叶一心时间苗，2～3 片真叶时分苗，育苗期间要注意防雨遮阳，7 天～10 天喷洒 1 次农用链霉素 4 000 倍液与 70％甲霜·锰锌 500 倍液的混合液，防治菜花黑根病。

（2）整地施肥。每 667 米^2 施腐熟有机肥 5 000 千克，磷肥 50 千克，深耕细整，做成行距为 70 厘米的小高垄。

（3）定植。在做好的垄上按株距 25～30 厘米挖穴，每 667 米^2 3 500 株。

（4）定植后的管理。

①水肥管理：定植水灌足，缓苗后浇 1 次缓苗水，并随水冲施多维肥精叶面肥 5 千克，随后结合中耕培土 1～2 次。蹲苗 15 天，结束蹲苗后要灌 1 次透水，结合灌水每 667 米^2 追施氮肥 10～15 千克，同时用 0.2％的硼砂溶液叶面喷施 1～2 次。莲座期结束后花球开始形成，要加强水肥管理，保持土壤湿润，结合灌水追施尿素 5 千克，磷酸氢二铵 10 千克，钾肥 10～15 千克。当花球直径为 10 厘米时，结合浇水再追 1 次硫酸铵 15 千克，叶面喷施 0.2％的磷酸二氢钾溶液 1～2 次。

②病虫害防治：此期主要病虫害有霜霉病、软腐病、黑腐病、黑斑病、病毒病，虫害有蚜虫和菜青虫，应加强防控。霜霉病可在发病初期用 72％霜脲·锰锌可湿性粉剂 600 倍液，或 70％乙膦铝·锰锌可湿性粉剂 500 倍液喷雾，7 天 1 次，连用 2～3 次。软腐病和黑腐病可在发病初期用硫酸链霉素 4 000 倍液进行喷淋，或用 77％氢氧化铜可湿性粉剂 500 倍液喷雾防治，隔 10 天 1 次，连续 2～3 次。黑斑病在发病初期喷施 3％农抗 120 水剂 100 倍液，或 70％代森锰锌可湿性粉剂 500 倍液，隔 6～8 天喷 1 次，共喷 2～3 次。病毒病要早期防治蚜虫，然后在发病初期用 20％吗胍·乙酸铜 400 倍液＋硫酸锌 1 000 倍液＋爱多收植物生长调节剂 600 倍液，或用 1.5％烷醇·硫酸铜 400 倍液＋1％硫酸锌溶液喷雾，交替用药，7 天 1 次，连喷 2～3 次。蚜虫可用 10％吡虫啉可湿性粉剂 1 500 倍液喷雾防治，视情况而定喷药次数。菜青虫用 20％甲氰菊酯乳油 2 000 倍液，或 10％联苯菊脂乳油 3 000 倍液喷雾防治。

③束叶保球：当花球直径 3～5 厘米大小时进行束叶保护花球。

6. 经济效益

两茬蔬菜每 667 米² 年产值达 1.18 万元，其中：

地膜大蒜每 667 米² 产蒜头 850 千克，每千克平均价格 4 元，每 667 米² 实现产值 0.34 万元；产蒜薹 800 千克，每千克平均价格 3 元，每 667 米² 实现产值 0.24 万元。

秋茬露地菜花每 667 米² 产 4 000 千克，每千克平均价格 1.5 元，每 667 米² 实现产值 0.6 万元。

（二）地膜大葱—秋茬大白菜栽培技术模式

1. 模式概况

本模式是藁城区葱蒜基地优化模式，通过合理安排茬口，引种新品种，采取精细化栽培管理，取得很好的经济效益。近几年大葱效益好，种植面积猛增；大白菜引进试种新品种，新品种适口性好，商品性好，冬季在蔬菜市场供不应求，价格也比别的品种高；由于茬口时间安排得当，取得了很高的经济效益，目前该模式辐射到邻近村种植面积近 467 公顷，市场前景广阔，值得推广。

2. 茬口安排

（1）地膜大葱。8 月上旬育苗，10 月上旬定植，5 月中旬至 7 月底收获完毕。

（2）秋茬大白菜。8 月初直播，11 月上旬收获。

3. 品种选择

（1）地膜大葱。选用章丘大葱、隆尧大葱或五叶齐大葱等。

（2）秋茬大白菜。选择抗病、耐寒、高产且耐贮藏的中晚熟品种，主推优良品种有北京新 3 号、丰抗 70、丰抗 80、太原二青等。

4. 地膜大葱栽培技术

（1）育苗。

①种子处理：种子以当年的新种子为好，每 667 米² 苗床需种子 2~2.5 千克。先将种子在清水中预浸 10 分钟，然后放在 55℃ 的水中烫种并急速搅拌，等水温降到 20~30℃ 时，浸 20~30 分钟后晾干即可播种。

②育苗床土配制：用 3 年未种过葱、蒜、韭类作物的地块，结合整地每 667 米² 施有机肥 6 000 千克，磷酸氢二铵 20 千克。

③苗床土消毒：每 667 米² 用 90% 晶体敌百虫 0.25 千克加水拌 50 千克细土，制成毒土，均匀地撒在畦面上，防治地下害虫。

④播种：可采用湿播法，即先把地整平做畦浇水，水渗后在畦面均匀撒种，然后覆土 1~2 厘米厚，2 天后每 667 米² 畦面用 50% 扑草净可湿性粉剂 100 克加水 50 千克喷洒，可有效防治杂草。在幼苗出土前保持土壤湿润。

⑤幼苗管理：冬前管理，在上冻之前浇一次水，结合浇水每 667 米² 施 10 千克尿素，之后在幼苗上撒有机肥保温防寒。春季管理，在日平均温度达到 13℃ 左右时浇返青水，每 667 米² 随水施冲施肥 10 千克，以促幼苗生长，之后按适宜的苗距间苗，间后停止浇水，进行幼苗耐旱锻炼。定植前用小水润畦，以便于起苗定植。

（2）定植。

①整地施肥：选不重茬地，每 667 米² 施优质腐熟有机肥 4 000～5 000 千克，氮磷钾三元复合肥 40 千克，翻耕后耙平整细，做平畦。

②应力争早定植：定植时要除去伤残、病弱、抽薹苗，按大、中、小分级定植，一般采用沟栽，开沟深度 30 厘米，行距 60 厘米，株距 7 厘米，每 667 米² 栽苗 1.5 万株。边定植边浇水。

（3）定植后的管理。

①水肥管理：此期正处于高温多雨季节，不旱不浇水，加强中耕，遇雨注意排涝，等葱到旺盛生长时，4～5 天浇 1 水，并结合浇水隔次每 667 米² 追冲施肥 10～15 千克，共追 2～3 次。生长中后期可用 0.5% 磷酸二氢钾溶液叶面追肥 2～3 次。

②培土：随叶鞘伸长及时培土，每次培土以不超过叶鞘口为宜。

（4）病虫害防治。

①物理防治：用糖、醋、酒、水、90% 敌百虫晶体按 3∶3∶1∶10∶0.5 的体积比配成溶液，每 150～200 米² 放置 1 盆，随时添加药液保持盆内湿润，诱杀种蝇。

②药剂防治病虫害：

灰霉病：发病初期用 50% 灭霉灵可湿性粉剂 600 倍液，或 50% 乙烯菌核利可湿性粉剂 1 000 倍液喷雾，间隔 7～10 天 1 次，连防 2 次。

霜霉病及疫病：发病初期喷洒 75% 百菌清可湿性粉剂 500～600 倍液，或 50% 甲霜·锰锌 500 倍液喷雾，7 天 1 次，连防 2 次。

紫斑病：发病初期喷洒 75% 百菌清可湿性粉剂 500～600 倍液，或 50% 异菌脲可湿性粉剂 1 500 倍液，间隔 7～10 天 1 次，连防 2 次。

锈病：发病初期用 15% 三唑酮可湿性粉剂 2 000～2 500 倍液，或 25% 丙环唑乳油 3 000 倍液喷雾，隔 10 天 1 次，连防 2 次。

葱种蝇：在成虫羽化期用 2.5% 溴氰菊酯乳油 3 000 倍液防治成虫，或用 50% 辛硫磷乳油 800 倍液灌根 1～2 次。

葱斑潜蝇：在成虫盛发期喷洒 10% 吡虫啉乳油 1 500 倍液，或 1.8% 阿维菌素 2 000 倍液，在收获前半月停止用药。

葱蓟马：用 1.8% 阿维菌素乳油 3 000 倍液，或 10% 吡虫啉可湿性粉剂

1 500 倍液喷雾防治。

5. 秋茬大白菜栽培技术

（1）整地和施肥。结合整地，每 667 米² 施入腐熟的农家肥 5 000～6 000 千克，氮磷钾三元复合肥 50 千克，按 50 厘米等行距起小高垄。

（2）播种。在 8 月 7～10 日播种，每 667 米² 用种 150～250 克。在高垄上挖 5～10 厘米深的沟，先顺沟浇水，水渗透后，将种子均匀撒在沟内，并撒 0.8～1 厘米厚的细土。中熟种按行株距 0.5 米×0.3 米播种，每 667 米² 留 4 000 株左右。晚熟种按行株距 0.5 米×0.4 米播种，每 667 米² 留 3 000 株左右。

（3）田间管理。

①苗期管理：

间苗、补苗、定苗：出苗后 3 天进行 1 次间苗，4～5 片真叶时第二次间苗，每穴留 2～3 株，间苗在下午进行，去掉病、弱苗和杂株。8～9 片叶时结合间苗按株距要求定苗，发现缺苗及时进行补栽。

中耕蹲苗：间苗后应及时进行中耕培土，中耕时要先浅后深，注意不要伤根。

水肥管理：此阶段一般年份正值高温干旱阶段，播种后要注意三水，播种当天一水，顶土一水，苗出齐一水，如果天气特殊，播后就遇到阴雨天，可以少浇或不浇，遇大雨则应注意排水防涝。应根据气候和土壤墒情的具体状况，结合间苗、补苗、定苗浇 4～5 次水，如果有雨可少浇或不浇。苗期结合浇水，追施 1 次提苗肥，每 667 米² 追施硫酸铵 7.5 千克。

病虫害调控：主要病虫害是霜霉病、病毒病、黄曲条跳虫甲、蚜虫、菜青虫等。霜霉病可在发病初期用 72%霜脲·锰锌可湿性粉剂 600 倍液，或 70% 乙膦铝·锰锌可湿性粉剂 500 倍液喷雾，7 天 1 次，连用 2～3 次。病毒病及蚜虫、菜青虫可参考甜椒病虫害防治。黄曲条跳虫甲可在幼苗出土时用 90% 敌百虫 100 倍液喷雾防治。

②莲座期管理：此阶段是大量长叶时，既要注意水肥管理使茎叶长好，又要在长好叶后蹲好苗，为包球做好准备。

水肥管理：莲座期浇水做到土壤"见干见湿"。莲座期中期可浇 1 次大水，结合浇水可追施硫酸铵 15～20 千克。若没有盖严地皮，施肥后可埋土，然后深中耕 1 次，再控水蹲苗 10～15 天。

病虫害调控：同苗期调控。

③包心期管理：此阶段是形成产量的关键时期，注意水肥供应，加强病虫害防控，争取增加产量和提高品质。

水肥管理：包心期可随水冲施肥料，第一次在寒露前施入，第二次在霜降前几天施入。这一时期气温逐渐下降，追施肥料宜以速效氮肥为主，每次每667 米² 追硫酸铵 20～30 千克。对包心程度略差的地块应适当加大追肥量。后期要停止追肥，以免大白菜徒长。

病虫害防治：主要病害是软腐病、黑腐病、黑斑病、干烧心。软腐病、黑腐病可用 20% 噻唑锌悬浮剂 2 000 倍液进行喷淋，或用 77% 氢氧化铜可湿性粉剂 500 倍液喷雾防治；隔 7 天喷 1 次，连续防治 2～3 次。黑斑病可用 10% 苯醚甲环唑水分散粒剂 1 500 倍液，或 2% 春雷霉素水剂 200 倍液喷雾，交替用药，间隔 7～10 天喷 1 次，连喷 2 次。干烧心可用含钙的叶面肥加上锌铁硼多元微肥喷施，连喷 2 次。

（4）防冻与收获。为防霜冻，要及时捆扎。一般在收获前 10～15 天，停止浇水，将莲座叶扶起，抱住叶球，然后用草将叶捆住。中晚熟种尽量延长生长期，但要在立冬后小雪以前看天气及时收获。

6. 经济效益

两茬蔬菜每 667 米² 年产值达 1.1 万元，其中：

地膜大葱每 667 米² 产 6 000 千克，每千克平均价格 1 元，每 667 米² 实现产值 0.6 万元。

秋茬大白菜每 667 米² 产 10 000 千克，每千克平均价格 0.5 元，每 667 米² 实现产值 0.5 万元。

（三）地膜洋葱—秋茬露地菜花高效栽培模式

1. 模式概况

本模式是藁城区葱蒜基地优化模式，通过合理安排茬口时间，引种新品种，采取精细化栽培管理，取得很好的经济效益。洋葱易贮、耐运输，适合出口，效益好，种植面积猛增；菜花引进试种菜花等新品种，新品种适应性好，商品性好，在冬季蔬菜市场供不应求，价格也比其他品种高；由于茬口时间安排得当，取得了很高的经济效益，目前该模式辐射到邻近村种植面积近 381 公顷，市场前景广阔，值得推广。

2. 茬口安排

（1）地膜洋葱。9 月 5 日左右播种育苗，10 月底至 11 月上旬定植，5 月中下旬收获完毕。

（2）秋茬露地菜花。6 月中下旬播种，7 月中旬定植，10 月上中旬收获。

3. 品种选择

（1）地膜洋葱。选择高产、抗病、耐贮藏的品种，如日本黄皮洋葱、金瓶洋葱、天津大水桃洋葱、西安红皮洋葱等。

（2）秋茬露地菜花。选用高产、抗病、口感好、适销品种，如松不老 65、松不老 75、松不老 80、劲松 65、劲松 75、劲松 80 等品种。

4. 地膜洋葱栽培技术

（1）育苗。可以委托集约化育苗厂代育苗，如果自己育苗可按下面的方法进行。

①苗床准备：应选择 2～3 年未种过葱蒜类蔬菜的地块作为苗床。每 667 米² 施入腐熟有机肥 5 000 千克，磷酸氢二铵 20 千克，翻耕后耙平整细，做平畦。

②播种方法：常用的播种方法有两种，一是先浇水，水渗后撒种而后覆土 0.8～1 厘米厚；二是先播种，然后用耙子耧一耧，使种子与表土混合，踩实后浇水。每 667 米² 需洋葱种子 500 克，要求用当年的新种子。播种前将种子浸泡 12～24 小时，稍晾干后播种。

③苗期管理：先播种后浇水的，当地皮见干时浇小水，播种后 7～8 天即可出苗。育苗期要适当控制浇水追肥，每 667 米² 追施尿素 3 千克。育苗期间，要及时拔除杂草但不需要间苗。壤土地可进行化学除草，每 667 米² 地用除草通 125 毫升，对水 50 千克，在播后 2 天进行全田喷洒，可有效控制杂草生长。

（2）整地施肥。洋葱根系发育较弱，整地要细致，尽量把大坷垃打碎，翻耕前每 667 米² 施腐熟好的优质有机肥 5 000 千克，氮磷钾三元复合肥 40 千克。

（3）定植。栽植深度以 3 厘米为宜，行距 17～20 厘米，株距 10～13 厘米，种植密度为每 667 米² 3 万～4 万株。

（4）越冬后管理。冬后地上部开始生长，要追施返青水肥，追施尿素 10 千克、硫酸钾 15 千克，适当追施磷肥。返青后 1 个月，植株进入叶片旺盛生长期，结合浇水追第二次肥，每 667 米² 施冲施肥 10 千克。在 5 月上中旬鳞茎未膨大之前，浇水不宜过勤，保持土壤湿润，并进行多次中耕除草。在 5 月中旬以后，施第三次水肥，每 667 米² 施冲施肥 10 千克。鳞茎开始膨大就不再进行中耕，但要拔除大草。第三次追肥后要 7～8 天浇 1 次水，以促进鳞茎膨大，提高产量。收获前 7～8 天停止浇水，以便贮藏。

（5）病虫害防治。应以高效的农业栽培技术为基础，调控环境条件，使其适合大蒜生长，而不适合病虫害发生，化学防治要注意轮换用药，合理混用，使洋葱农药残留达到无公害栽培标准。

①物理防治：将糖、醋、酒、水、90% 敌百虫晶体按 3∶3∶1∶10∶0.5 的体积比配成溶液，每 150～200 米² 放置 1 盆，随时添加药液保持盆内湿润，诱杀种蝇。

②药剂防治病虫害：

根蛆：用 50% 辛硫磷乳油 1 000～1 500 倍液灌根。

斑潜蝇：用 1.8% 阿维菌素 3 000 倍液喷雾。

蓟马：用 10% 吡虫啉可湿性粉剂 2 000 倍液喷雾。

霜霉病：可用 64% 噁霜•锰锌可湿性粉剂 500 倍液，或 72.2% 霜霉威水剂 800 倍液喷雾，间隔 7～10 天喷 1 次，连喷 2 次。

紫斑病：用 75% 百菌清可湿性粉剂 500 倍液，或 58% 甲霜•锰锌可湿性粉剂 500 倍液喷雾，间隔 7～10 天喷 1 次，连喷 2～3 次。

灰霉病：用 50% 腐霉利可湿性粉剂 2 000 倍液，或 50% 异菌脲可湿性粉剂 2 000 倍液喷雾，间隔 7～10 天喷 1 次，连喷 2～3 次。

软腐病：用 77% 氢氧化铜可湿性粉剂 500 倍液，或 50% 甲霜•铜可湿性粉剂 600 倍液喷雾，隔 7 天喷 1 次，连喷 2 次。

5. 秋茬露地菜花栽培技术

参照 P102 秋茬露地菜花栽培技术。

6. 经济效益

两茬蔬菜每 667 米^2 年产值达 1.32 万元，其中：

地膜洋葱每 667 米^2 产 6 000 千克，每千克平均价格 1.2 元，每 667 米^2 实现产值 0.72 万元。

秋茬露地菜花每 667 米^2 产 4 000 千克，每千克平均价格 1.5 元，每 667 米^2 实现产值 0.6 万元。

（四）地膜蒜苗—天鹰椒栽培技术模式

1. 模式概况

本模式是藁城区葱蒜基地优化模式，通过合理安排茬口，引种新品种，采取精细化栽培管理，取得很好的经济效益。蒜苗既是调料也是蔬菜，很受消费者欢迎，价格较高，并且蒜苗比其他叶菜类产量高，所以有较多种植户开始改大蒜、蒜薹种植为蒜苗种植，种植面积逐年增加；收了蒜苗正好种植天鹰椒。天鹰椒是一种调料，价格稳定，效益高。该模式市场前景广阔，值得推广。

2. 茬口安排

（1）地膜蒜苗。10 月 15 日左右播蒜种，5 月中旬收获完毕。

（2）天鹰椒。5 月中旬育苗移栽，10 月中旬收获。

3. 品种选择

地膜蒜苗。选择抗病、抗逆性强、叶宽且柔软、优质、高产品种，如山东优质白蒜品种玉观音。

4. 地膜蒜苗栽培技术

（1）播种前的准备。每 667 米^2 施腐熟好的有机肥 5 000 千克，磷酸氢二铵 50 千克，复合微生物肥 100 千克（忌施含氯化肥），然后深耕细整，达到上虚下实，无坷垃，做成高 10～12 厘米，畦底宽 70 厘米，畦面 60 厘米的小高畦，畦距 30 厘米。

（2）播种。每 667 米² 播种量 400 千克。在备好的小高畦上按行距 17 厘米，株距 2～3 厘米播种。播种深度 3～4 厘米，蒜种背向一致，播后覆土，整平压实土壤，浇水后，每 667 米² 喷 33％除草通乳油 150 克，然后浇 2 次水（隔天 1 次），浇后覆盖 95 厘米宽的地膜，膜要盖严、压紧，做到膜紧贴地面，无空隙，无褶皱，若有破洞及时用土压上。

（3）播种后的管理。

①破膜出苗：播后 10 天左右出苗，此时要用扫帚在膜上轻扫一遍，以利大蒜破膜出苗，个别不能自行破膜的用铁丝钩在苗顶钩破膜，帮助其出苗。

②水肥管理：在幼苗生长阶段灌 1 次促苗水；入冬后浇足越冬水；3 月初浇 1 次返青水，返青后随返青水每 667 米² 施 20 千克尿素；苗高 7～10 厘米时进行第二次追肥，结合浇水每 667 米² 追施硫酸铵 10 千克或尿素 7～10 千克。苗高 14～16 厘米时进行第三次追肥，结合浇水每 667 米² 追施尿素 7～10 千克或硫酸铵 10 千克。蒜苗生长后期，每隔 10 天叶面喷施 0.3％磷酸二氢钾水溶液或叶面肥，以防植株早衰。收获前 15 天左右停止施肥。

（4）病虫害防治。重点防控细菌性软腐病、叶枯病、紫斑病、锈病及地蛆。细菌性软腐病可在发病初期用 20％噻唑锌悬浮剂 2 000 倍液进行喷淋，或用 77％氢氧化铜可湿性粉剂 500 倍液喷雾防治，隔 10 天喷 1 次，连续喷 2～3 次。叶枯病和紫斑病用 50％异菌脲可湿性粉剂 1 000 倍液，或 45％的咪鲜胺乳油 1 000 倍液喷雾防治，轮换用药，隔 10 天喷 1 次，连续喷 2～3 次。锈病可用 70％代森锰锌可湿性粉剂 1 000 倍液＋15％三唑酮可湿性粉剂 2 000 倍液喷雾，每 10 天喷 1 次，防治 1～2 次。根蛆用 40％辛硫磷乳油 750 毫升防治。

（5）适时采收。当蒜苗长到高 30～50 厘米时开始采收。

5. 天鹰椒栽培技术

（1）育苗。苗床育苗：于 3 月初用小拱棚冷床育苗。苗床选择背风向阳、地势高燥、排水良好、肥力适当、2～3 年未种植茄科作物、无病虫源的沙壤土地块。每 667 米² 建苗床 20 米²，苗床宽 1 米左右，用种量 150 克，播前 7～10 天整地做畦，每畦施腐熟鸡粪 5 千克、氮磷钾复合肥 1.5 千克、50％多菌灵可湿性粉剂 75 克，与苗床土混合拌匀。种子提前催芽（也可以干籽播种），均匀撒播，播后一般 7～10 天即可出苗。齐苗后用 50％多菌灵可湿性粉剂 500～800 倍液，或 75％百菌清可湿性粉剂 600～800 倍液喷洒苗床，预防立枯病、猝倒病。加强苗床温度和水分管理，2 片真叶时间苗，5 片真叶时定苗。定植前 5～7 天低温练苗，定植前 1 天浇起苗水。

苗期温度：播后到出齐苗温度，白天控制在 25～30℃，夜间控制在 20～22℃；苗齐后温度，白天控制在 23～28℃，夜间控制在 18～20℃。

定植前用 25％嘧菌酯 20 毫升＋62.5 克/升精甲·咯菌腈 20 毫升喷淋苗。

（2）定植。将足龄 60 天左右的天鹰椒于 5 月中旬定植到田间，采用 68 厘米宽行和 22 厘米窄行的宽窄行种植模式，天鹰椒株距 25 厘米，一穴双株，每 667 米^2 种植 1.2 万株左右。定植前每 667 米^2 施氮磷钾（17-17-17）复合肥 25 千克、菌肥 50 千克，然后旋地，移栽，选苗壮、根系发达的苗，带土移栽，保护好根部，定植深度 6～8 厘米。小麦与天鹰椒共生期为 30 天左右。

（3）水肥管理。栽完苗后用 50 毫升必腾根有机水溶肥料对水 15 千克淋根，然后浇大水。待水渗后田里能进人时及时扶正秧苗。5～7 天缓苗后用 70％噻虫嗪 1 500 倍液和 62.5 克/升精甲·咯菌腈杀菌剂 1 500 倍液喷淋，喷药后浇缓苗水。15 天后用必腾叶 750 倍液喷施，以后隔 10 天左右再喷 1 次，连喷 3 次。麦收后重施麦后肥，追肥 3 次，提苗肥用高氮复合肥（25-5-20），每次每 667 米^{2}10～15 千克；坐果初期追施高钾复合肥（18-7-25）15 千克，坐果中期追施高氮高钾复合肥 15～20 千克，7 月中旬以后天鹰椒不再追肥，以免晚熟，影响天鹰椒品质。结合施肥，依据天气和土壤墒情灵活浇水，注意不能大水漫灌；如降大雨要及时排除田间积水。

（4）适时打顶。天鹰椒定植缓苗后 12～14 片真叶时打顶，限制主茎生长，以增加分枝数，提高单株结果率。保证植株能在 6 月下旬至 7 月初封垄，每 667 米^2 有效分枝达到 12 万～14 万枝、结椒 120 万～170 万个。

（5）中耕培土。天鹰椒第一层椒出现时进行浅中耕，结合中耕进行培土，有利于提高地温，蓄水保墒，促进根系生长，防止倒伏和根部积水沤根。

（6）病虫草害防治。定植后每 667 米^2 用 90％敌百虫原液 150 克，对水拌 5 千克麦麸制成毒饵撒毒饵诱杀地下害虫。5 月中下旬至 6 月上旬，每 667 米^2 用 60％唑醚·代森联水分散粒剂 30 克，对水 30 千克，防治辣椒疫病、炭疽病、斑点落叶病等；用 70％吡虫啉水分散粒剂 3～5 克，对水 30 千克，防治蚜虫、飞虱、叶蝉、蓟马等刺吸式口器害虫，阻断辣椒病毒传播途径，预防病毒病的发生。6 月中下旬至 8 月中下旬，对枯萎病、炭疽病、疫病等真菌性病害进行防治，发病初期用 75％百菌清可湿性粉剂 600 倍液、70％甲基硫菌灵可湿性粉剂 500 倍液喷雾防治，病情严重时，可用 72.2％霜霉威水剂 500 倍液灌根。对疮痂病、软腐病等细菌性病害，可用 20％噻唑锌悬浮剂 2 000 倍液进行防治。对棉铃虫、甜菜夜蛾、烟青虫等害虫可用 3％高氯·甲维盐微乳剂 3 000倍液喷雾防治。每 667 米^2 用 10.8％高效氟吡甲禾灵乳油 20～30 毫升，对水 20～30 千克均匀喷雾，防除田间杂草。

（7）适时采收。10 月初当天鹰椒叶片开始变黄甚至脱落时，将整株收获，摊在地里晾晒 3～4 天，再头向上堆放，晒干后堆成大垛待摘。

6. 经济效益

两茬蔬菜每 667 米² 年产值达 1.6 万元，其中：

地膜蒜苗每 667 米² 产 5 000 千克，每千克平均价格 2 元，每 667 米² 实现产值 1 万元。

天鹰椒每 667 米² 产 300 千克干椒，每千克平均价格 20 元，每 667 米² 实现产值 0.6 万元。

（五）地膜大葱—露地茄子栽培技术模式

1. 模式概况

本模式是藁城区葱蒜基地优化模式，通过合理安排茬口，引种新品种，采取精细化栽培管理，取得很好的经济效益。近几年由于大葱效益好，面积猛增；茄子引进试种适口性好、商品性好的新品种，市场供不应求，价格也比其他品种高。该模式市场前景广阔，值得推广。

2. 茬口安排

（1）地膜大葱。8 月上旬育苗，10 月上旬定植，5 月中旬收获完毕。

（2）露地茄子。3 月底温室育苗，5 月中下旬定植，10 月中旬收获完毕后。

3. 品种选择

（1）地膜大葱。选用章丘大葱、隆尧大葱或五叶齐大葱等。

（2）露地茄子。选择抗病、耐寒、高产且耐贮藏的中晚熟品种。

4. 地膜大葱栽培技术

参照 P103～P104 地膜大葱栽培技术。

5. 露地茄子栽培技术

（1）育苗。尽量委托育苗厂育苗或购买商品苗，如果自己育苗可按下面的方法进行。

接穗选用紫光大圆茄、茄杂二号。播前配好营养土，配制比例为：40%没种过茄科作物的熟土，40%腐熟有机肥，20%炉渣，过筛后混合拌匀，一部分铺入育苗床，一部分装入营养袋。砧木比接穗早 1 个月播种，播前砧木托鲁巴姆采取浸种催芽育苗，接穗只浸种不催芽，当砧木苗叶片铜钱大小时移到营养袋内，接穗苗两叶一心时进行分苗。当砧木长有 5 片真叶，接穗长有 3 片真叶时为嫁接适期，采用劈接方法嫁接。

（2）定植。定植前结合整地每 667 米² 施腐熟优质有机肥 5 000 千克、过磷酸钙 50 千克、尿素 10 千克，定植密度每 667 米² 2 200～2 500 株，可采用大小行或大垄双行种植。

（3）定植后的管理。

①水肥管理：定植 7 天后浇 1 次缓苗水，直到门茄谢花前控制浇水、追

肥。当门茄直径长到 3～4 厘米时，开始追肥、浇水，每 5～6 天浇 1 次水。第一次追肥后，要每隔 15 天再追肥 1 次，每次每 667 米² 追尿素 10～15 千克、磷酸氢二铵 10 千克、硫酸钾 5 千克，并及时浇水。

②整枝：待门茄采收后，将下部老叶全部摘除。待对茄形成后，剪去上部两个向外的侧枝，形成双干枝，以此类推。当四门斗茄坐住后摘心，一般每株留 5～7 个茄子。

③保花护果：开花后 2 天内用浓度 25 毫克/千克的 2，4-滴蘸花，处理过的花冠要在果实膨大后轻轻摘掉。

（4）病虫害防治。

①苗期病害：主要有茄苗猝倒病与立枯病，用 50％多菌灵可湿性粉剂每平方米苗床 8～10 克，与细土混匀，播种时下铺上盖，出苗后用 75％百菌清可湿性粉剂 600 倍液喷雾。

②绵疫病：用 64％噁霜·锰锌可湿性粉剂 600 倍液喷雾，还可用 45％百菌清烟剂熏棚防治，每 667 米² 用量 1 千克。

③黄萎病：用 50％混杀硫悬浮剂 500 倍液，每株浇灌 300～500 毫升，或用 12.5％增效多菌灵可溶液剂 200～300 倍液，每株灌 100 毫升，每 10 天灌 1 次，连灌 2～3 次。

④青枯病：用 20 亿孢子/克蜡质芽孢杆菌可湿性粉剂 100～300 倍液，或 77％氢氧化铜可湿性粉剂 500 倍液灌根，每株 300～500 毫升，每 10 天 1 次，连灌 3～4 次。

⑤虫害：主要有蚜虫、白粉虱和茶黄螨。苗定植前 3～4 天，在苗床上用 15％哒嗪酮 2 500 倍液防治茶黄螨，定植后现蕾至结果期再查治 1 次茶黄螨；防治白粉虱采用 25％噻虫嗪水分散粒剂，或 1.8％阿维菌素乳油 3 000 倍液，或喷施青霉素与黄板诱杀结合防治；蚜虫用 10％吡虫啉可湿性粉剂 1 500 倍液喷雾防治。

6. 经济效益

两茬蔬菜每 667 米² 年产值达 1.51 万元，其中：

地膜大葱每 667 米² 产 5 000 千克，每千克平均价格 1.2 元，每 667 米² 实现产值 0.6 万元。

露地茄子每 667 米² 产 7 000 千克，每千克平均价格 1.3 元，每 667 米² 实现产值 0.91 万元。

（六）地膜大蒜—玉米栽培技术模式

1. 模式概况

本模式是藁城区葱蒜基地优化模式，通过合理安排蔬菜和粮食种植茬口，采取精细化栽培管理，取得很好的经济效益。由于大蒜效益好，种植面积一直保持稳定；为解决蔬菜连作障碍和保证粮食生产等问题，采取大蒜与玉米进行连作，取得了很高的经济效益，值得推广。

2. 茬口安排

地膜大蒜。10月10日左右播种，蒜薹在5月17～20日采收完，蒜头在5月底至6月初收获完毕。

玉米。6月上旬机械播种，10月初机械收获。

3. 品种选择

（1）地膜大蒜。选择蒜头和蒜薹兼收的脱毒苍山苔蒜品种。

（2）玉米。选用适合藁城区种植的通过国审、冀审紧凑、耐密、抗病、高产的中早熟优良品种。

4. 地膜大蒜栽培技术

参照P101地膜大蒜栽培技术。

5. 玉米栽培技术

（1）提高播种质量、及时播种。播种机械是确保播种质量的关键。玉米播种应选择多功能、高精度、种肥同播的单粒精播机械，采用贴茬机械直播，做到播深一致、行距一致、覆土一致、镇压一致，防止漏播、重播或镇压轮打滑。播种不要晚于6月15日。

（2）合理确定种植密度。常规玉米田种植紧凑型籽粒玉米，保苗密度控制在每667米²4 000～5 000株，高产田密度可适当提高，但增加密度要适度，防止密度过大造成倒伏。一般大田可采用60厘米等行距种植，高产田也可采用80厘米、40厘米宽窄行方式种植，同时适当增加密度5%～10%。

（3）浇好关键水、施好关键肥。肥料推荐使用玉米专用缓控释肥，肥料与种子间隔10厘米以上，防止烧种和烧苗。墒情不足时，播后立即浇"蒙头水"，有利于早出苗、出全苗、成苗壮。

（4）病虫草害防治。一般采用苗后除草方式来防治玉米田间杂草，要科学选用除草剂剂型、浓度、使用时间和方法，避免发生除草剂药害。玉米苗期要注意二点委夜蛾、蓟马等虫害，做到苗期病虫害早防早治。

6. 经济效益

两茬作物每667米²年产值达7 362元，其中：

地膜大蒜每667米²产蒜头850千克，每千克平均价格4元，每667米²实现产值3 400元；产蒜薹800千克，每千克平均价格3元，每667米²实现产值2 400元。

玉米每667米²产570千克，每千克平均价格2.74元，每667米²实现产值约1 562元。

（七）地膜大葱—冬小麦栽培技术模式

1. 模式概况

本模式是藁城区葱蒜基地优化模式，通过合理安排蔬菜和粮食种植茬口，采取精细化栽培管理，取得很好的经济效益。近几年由于大葱效益好，面积猛增；为解决蔬菜连作障碍和保证粮食生产等问题，采取大葱与小麦进行连作，取得了很高的经济效益，值得推广。

2. 茬口安排

（1）地膜大葱。3月中旬播种育苗，6月下旬定植，10月中下旬收获完毕。

（2）冬小麦。10月下旬机械播种，翌年6月上中旬机械收获完毕。

3. 品种选择

（1）地膜大葱。选用章丘大葱、隆尧大葱或五叶齐大葱等。

（2）冬小麦。小麦选用石家庄市藁城区农业科学研究所研究的优质小麦品种。

4. 地膜大葱栽培技术

参照 P103～P104 地膜大葱栽培技术。

5. 小麦高产栽培技术

（1）播种及冬前管理。头年秋季麦播整地要深耕细耙，耕深25厘米左右。麦播底肥施用量不要求太多，在施用有机肥的基础上，一般每667米^{2}施氮磷钾（25：10：5）复合肥40～50千克、硫酸锌1～1.5千克，每667米^{2}播量10～12.5千克，基本苗每667米^{2}15万～22万株。麦播时每667米^{2}用12.5%硅噻菌胺悬浮剂20毫升，或40%辛硫磷乳油等有机磷农药拌种，防治小麦全蚀病、纹枯病、根腐病及地下害虫。冬前管理围绕促弱、控旺、稳壮，以培育越冬壮苗、增加大分蘖，因地、因苗、因墒情和病虫情，抓好中耕、浇水、化学除草、病虫害防治等措施落实。

（2）早春管理。返青拔节期结合浇水科学追肥，对于三类弱苗可在返青期尽早追施尿素10千克；对于二类壮苗可将氮肥后移，在3月中下旬拔节期追施尿素8～10千克。2月下旬至3月上旬，每667米^{2}用12.5%烯唑醇可湿性粉剂25～30克，或20%三唑酮乳油75～100毫升，对水40～50千克，对准小麦根部喷施，预防小麦纹枯病；对于冬前没有化学防除杂草且杂草严重的地块，于小麦拔节前每667米^{2}用20%氯氟吡氧乙酸乳油10毫升＋75%苯磺隆水分散粒剂1.5～2.0克＋6.9%精噁唑禾草灵60毫升，对水30～40千克喷雾综合防治。

（3）中后期管理。抽穗扬花到灌浆期及时防治小麦白粉病、锈病、赤霉病、红蜘蛛和蚜虫等，同时结合病虫害防治进行叶面喷肥，预防小麦后期早衰和干热风危害。每 667 米² 用 2.5％高效氯氟氰菊酯微乳剂 50 毫升＋35％吡虫啉悬浮剂 4～6 克＋12.5％烯唑醇可湿性粉剂 30 克＋磷酸二氢钾 150～200 克，对水 50 千克均匀喷雾。每隔 7～10 天喷 1 次，喷 2～3 次。扬花期遇阴雨天气，每 667 米² 用 50％多菌灵可湿性粉剂 50 克，对水 30～40 千克在雨前喷施，预防赤霉病。

（4）及时收获。6 月上中旬机械收割完毕。

6. 经济效益

两茬作物每 667 米² 年产值达 7 738 元，其中：

地膜大葱每 667 米² 产 5 000 千克，每千克平均价格 1.2 元，每 667 米² 实现产值 6 000 元。

冬小麦每 667 米² 产 550 千克，每千克平均价格 3.16 元，每 667 米² 实现产值 1 738 元。

>>> 石家庄市藁城区东辛庄村露地蔬菜种植基地 <<<

一、东辛庄村简介

东辛庄村露地蔬菜种植基地，种植户共 905 户 3 525 人，耕地面积 286 公顷，以多种多收露地蔬菜为主。一般每年种植 3～5 茬菜，每 667 米² 产值达万元，因露地蔬菜投资少，效益高，吸引好多外来种植户来参观考察。目前形成了以东辛庄、里庄等村为主的多种多收露地蔬菜基地。

二、生产种植模式

"立马好"小拱棚春菜花—越夏西葫芦—秋延后菜花栽培技术模式、春黄瓜—夏秋豇豆—秋冬小葱三种三收栽培技术模式、春甘蓝—夏秋豇豆—秋芹菜栽培技术模式。

（一）"立马好"小拱棚春菜花—越夏西葫芦—秋延后菜花栽培技术模式

1. 模式概况

该模式是近几年藁城区多种多收露地蔬菜生产基地的小拱棚规模种植的一种高效优化模式，通过引种新品种，采用"立马好"小拱棚加膜下滴灌这一新技术，并合理安排茬口，从而获得较高的产量及效益。

2. "立马好"小拱棚建造与性能

应用材料有外镀塑钢管拱架、钢管拱架、14 号钢丝、自锁式扎带。建造方法是地两头埋设地锚，捆三道 14 号钢丝，每 6～8 米插 1 外镀塑钢管拱架，地两头插钢管拱架，用自锁式扎带将铁丝与拱架连接固定，外盖厚 0.03 毫米棚膜，每 667 米² 建造成本 700 元左右，拱架可使用 5～8 年。小拱棚比露地提高温度 3～5℃，提早定植 25～30 天，提早上市 20 天左右。

3. 茬口安排

（1）春菜花。1 月下旬育苗，3 月初定植，5 月初上市，5 月下旬收获完毕。

（2）越夏西葫芦。5 月初育苗，6 月初定植，7 月上旬上市，7 月底收获完毕。

（3）秋延后菜花。7 月上旬育苗，8 月初定植，10 月上旬上市，11 月中旬收获完毕。

4. 品种选择

（1）春菜花。选用高产、抗病、口感好、适销的早熟品种，如青松 70、劲松 75、劲松 80 等品种。

（2）越夏西葫芦。选择耐热、抗病毒、产量高、适销品种如特优尔。

（3）秋延后菜花。选用高产、抗病、耐热、商品性好的品种，如松不老 65、松不老 75、松不老 80、庆农 65、庆美 65 等品种。

5. 春菜花栽培技术

（1）育苗。1 月下旬，在日光温室用 72 穴穴盘育苗，苗龄 40 天左右。穴盘育苗一般选用商品基质，播前把基质装入穴盘，抹平播种。播种深度 1.0～1.5 厘米，播后覆盖消毒蛭石，淋透水，苗床覆盖地膜。定植前 7 天控水炼苗；起苗前一天浇透水。

（2）整地施肥。定植前 10～15 天提前上粪整地，每 667 米² 施生物有机肥 1 000～1 500 千克，三元复合肥（15-15-15）50 千克，硼砂 0.5 千克，硫酸锌 2 千克。

（3）定植。3 月初定植，定植前机械铺设滴灌设施和地膜。使用定植开孔器打孔，随后定植，每个小拱棚设置 2～3 行。定植行距 55～60 厘米，株距 45～50 厘米，每 667 米² 定植 2 200～2 500 株。定植后浇小水，扣小拱棚。

（4）定植后的管理。

温度管理：叶丛生长与抽薹开花的适宜温度为 20～25℃。花球形成的适宜温度为 17～18℃。定植后密封小拱棚，棚内温度高于 28℃时逐渐通风，外界气温高于 10℃时撤掉小拱棚。

肥料管理：定植后，莲座叶形成初期、后期、现蕾期各追肥 1 次，每 667 米² 追施 48％三元复合肥 10～15 千克。同时，配合施用镁、硼、钼等中微量元素肥料。产品收获前 20 天内不得施用任何化肥。

水分管理：定植后，每隔 3 天浇 1 次小水，待缓苗后，可视水分情况每隔 5～7 天浇 1 次水。

（5）束叶护花。花球长至拳头大小时，将靠近花球的 4～5 片互生大叶顺势拉拢互叠而不折断，再用塑料绳、皮筋或小竹签等作为固定，使叶呈灯笼状罩住整个花球，避免花球遭阳光直射，并为花球留出足够的发育膨大空间。生长中后期防止花球接触杀虫剂，以防花球产生红绿毛花。

（6）病虫害防治。主要病害有立枯病、软腐病、霜霉病、黑腐病等，主要虫害有蚜虫、小菜蛾、夜蛾、粉虱等。

物理防治：利用黑光灯或糖醋液诱杀夜蛾成虫，按酒∶水∶糖∶醋为1∶2∶3∶4的比例配制糖醋液，放入盆中，傍晚放于田间，盆高于植株；铺设银灰色地膜驱避蚜虫。

化学防治：立枯病定植初期用99%噁霉灵可湿性粉剂2 000倍液和72%霜霉威盐酸盐水剂800倍液混合灌根；软腐病用72%农用链霉素可溶性粉剂1 000～3 000倍液喷施；霜霉病用72%霜脲·锰锌可湿性粉剂400～600倍液喷施；黑腐病发病初期用72%农用链霉素3 000倍液，或47%春雷·王铜800倍液喷施；蚜虫用10%吡虫啉可湿性粉剂1 500倍液喷雾；小菜蛾用1.8%阿维菌素乳油1 000～1 500倍液喷雾；粉虱用1.8%阿维菌素乳油3 000倍液，或10%吡虫啉可湿性粉剂1 500倍液喷雾。

（7）适时采收。散花菜以花球边缘将要松散或开始松散时为采收适期，采收时留3～5片小叶。

6. 越夏西葫芦栽培技术

（1）育苗。由于越夏葫芦易得病毒病，有时种苗会带病毒，农户自己育苗不好控制，建议农户提前1个月去种苗场订购苗。

（2）整地施肥。每667米² 施腐熟有机肥2 000千克，磷肥50千克，深耕细整，做成行距为1米的小高垄。

（3）定植。选择一叶一心壮苗定植，在做好的垄上按株距50厘米挖穴，每667米² 定植1 400株。

（4）定植后的管理。

①水肥管理：根据天气情况、苗子长势浇水，保持地面见湿见干，浇缓苗水后，随水每667米² 追硫酸钾5千克，根多多、多维肥精等生根的肥料5千克，等第一个果坐住后，随浇水隔次进行追肥，每次每667米² 追施复合肥20千克。

②病虫害防治：定植后及时用多菌灵1 000倍液＋吡虫啉或阿维菌素＋植物生长调节剂等叶面肥，培植壮秧，防治病虫害，间隔5～7天喷施1次。病毒病首先要防治传毒媒介蚜虫，用10%吡虫啉可湿性粉剂1 500倍液喷雾防治；定植后14天、初花期、盛花期分别喷"NS-83"增抗剂100倍液预防，可在防治蚜虫、白粉虱、茶黄螨的同时，喷施20%链霉素·琥珀铜500～800倍液，或1.5%烷醇·硫酸铜水乳剂500～600倍液，或2%宁南霉素水剂200

倍液。

③保花护瓜：雌花开花后喷施免蘸花坐果灵，每桶 10 毫升，7~10 天喷施 1 次，以保证坐果率。

④采收：当瓜条长至 15 厘米时及时采收，采收干净彻底，避免形成老瓜。

7. 秋延后菜花栽培技术

（1）育苗。育苗时温度高，自己育苗温度不好控制，建议提前 1 个月去种苗场订购菜花苗。

（2）整地施肥。每 667 米² 施腐熟有机肥 2 000 千克，磷肥 50 千克，深耕细整，做成行距为 70 厘米的小高垄。

（3）定植。苗选择三叶一心的壮苗，定植时要小水浇匀，在做好的垄上按株距 40 厘米挖穴，每 667 米² 定植 2 300 株。

（4）定植后的管理。定植后 5~7 天浇缓苗水，施肥前期以氮肥为主，每 667 米² 追施三元复合肥 15~20 千克，中后期以高钾肥为主。根据天气情况，植株长势及时浇水，保持地面见湿见干。

（5）病虫害防治。主要病害有黑斑病、黑腐病等，主要虫害有蚜虫、粉虱、菜青虫等。黑斑病发病初期用 75% 百菌清可湿性粉剂 500 倍液喷施；菜青虫用苏云金芽孢杆菌乳剂 2 000 倍液，或 10% 吡虫啉可湿性粉剂 1000 倍液喷施。其他病虫害的防治参照 P117 春菜花栽培技术的病虫害防治部分。

（6）保花护球。当花球直径长至 10~15 厘米及时盖球。

（7）采收。当花球边缘松开时采收。

8. 经济效益

三茬蔬菜每 667 米² 年产值达 2.1 万元，其中：

春菜花每 667 米² 产 2 500 千克，每千克平均价格 3 元，每 667 米² 实现产值 0.75 万元。

越夏西葫芦每 667 米² 产 5 000 千克，每千克平均价格 1.5 元，每 667 米² 实现产值 0.75 万元。

秋延后菜花每 667 米² 产 3 000 千克，每千克平均价格 2.0 元，每 667 米² 实现产值 0.6 万元。

（二）春黄瓜—夏秋豇豆—秋冬小葱三种三收栽培技术模式

1. 模式概况

该模式是近几年藁城区多种多收露地蔬菜生产基地的小拱棚规模种植的一种高效优化模式，通过引种新品种，采用"立马好"小拱棚这一新技术，合理安排茬口，从而获得较高的产量及效益。

2. 茬口安排

春黄瓜（小拱棚＋地膜）于 3 月中下旬定植，6 月中旬收获完毕。夏秋豇豆于6月下旬定植，在10月中旬拉秧。秋冬小葱于10月下旬播种，翌年3月上中旬上市。

3. 品种选择

（1）春黄瓜。选用高产、优质、抗病、耐寒、适宜春季大棚栽培的品种，如津春4号、津优35、津早199等。

（2）夏秋豇豆。选择耐热、抗病、口感好，不易老的青豇80、之豇80等品种。

（3）秋冬小葱。选用耐寒性好的四季小葱品种。

4. 春黄瓜（小拱棚＋地膜）栽培技术

（1）育苗。提前45天去育苗厂订购苗。如果自己育苗可以参考以下方法进行：

①营养土的配制：选没有种过蔬菜的肥沃田土6份、腐熟有机肥4份，每立方米床土中加磷酸氢二铵1千克、硫酸钾肥1千克，混匀过筛，苗床面积为50米^2。

②苗床准备：在育苗温室内，苗床起土10厘米深，并做畦埂，苗床上铺10~12厘米厚的营养土，然后搂平、踏实、播种前2~3天浇水7厘米深，等水渗后撒一层薄土，盖膜以提高地温。

③种子处理：种子先用55~60℃的温水浸种，浸种时要不断搅拌，温度降到30℃时，再浸泡4小时。浸泡后将种子搓洗干净，然后进行催芽。为预防黄瓜枯萎病，浸种前用福尔马林液100倍液浸泡种子10~20分钟，然后充分清洗干净，再浸种催芽；催芽温度25~30℃，1~2天即可发芽。

④播种：当苗床10厘米地温达到12℃以上时，选晴天的上午播种。在播种时为预防苗期病害，每平方米用配好的药土10千克。药土配制方法：用50％多菌灵可湿性粉剂与50％福美双可湿性粉剂按1：1混合，按每210克与10千克过筛的苗床土混匀。将药土的1/3用于下铺，再按行株距各为10厘米划格，把催好芽的种子点在方格中间。播后上盖剩下的2/3药土。然后在苗床上盖好地膜，晚上覆盖小拱棚，提高地温。

⑤播后管理：播种后，及时把棚封严，提高温度，白天保持30℃左右，夜间不低于18℃，以利出苗，苗出齐后把温度保持在白天20~25℃，夜间15℃左右，苗出齐后上一次细土，以防裂缝失墒。一般苗期不再浇水。

（2）整地施肥。3月上中旬整地，每667米^{2}施腐熟有机肥3 000千克，磷酸氢二铵50千克，硫酸钾20千克，整地施肥后深耕耙平，按80厘米和50厘米的行距做小高畦，50厘米高畦上覆地膜。

（3）定植。选择45天苗龄的苗，于3月中下旬定植，大小行栽培，行、株距（80~50）厘米×27厘米，密度为每667米^{2}3 800株，定植完毕扣小拱棚增温，5月初开始摘瓜，6月中旬结束。

（4）病虫害防治。

①白粉虱：用10％的高效氯氰菊酯乳油2 000倍液防治。

②霜霉病：用72％霜脲·锰锌可湿性粉剂600倍液，52.5％噁酮·霜脲氰可湿性粉剂2 000倍液防治，连用2～3次。

③炭疽病：用50％甲基硫菌灵700倍液＋75％百菌清700倍液防治。

④灰霉病：用50％异菌脲可湿性粉剂1 500倍液，或用40％嘧霉胺乳油1 000倍液防治，效果较好。

⑤细菌性角斑病：用50％DT 500倍液，或77％氢氧化铜可湿性粉剂400倍液防治。

⑥病毒病：用20％病毒A可湿性粉剂500倍液，或1.5％烷醇·硫酸铜1 000倍液＋硫酸锌1 000倍液＋复硝酚钠6 000倍液防治。

5. 夏秋豇豆栽培技术

（1）育苗。可到育苗场购苗，也可自己育苗，育苗方法如下：

①种子处理：将经过筛选的种子晾晒12～24小时，严禁暴晒，然后用30℃温水浸种2小时至种皮不皱时，捞出播种。

②播种：每667米^{2}需5 000个营养钵，将没有种过豆类的肥表土与充分腐熟有机肥按3∶1的体积比配成营养土，装至八成满，浇足底水，随后点播，每个营养钵3粒，再盖上潮湿的营养土2～3厘米厚，2片复叶时及时定植。

（2）整地施肥。先浇足底水，每667米^{2}施腐熟有机肥5 000千克，氮磷钾三元复合肥40千克，耕翻整平后按垄宽70～80厘米，垄高15厘米做垄备用。

（3）定植。在做好的垄上按穴距30～35厘米栽植。

（4）定植后管理。

①追肥浇水，出现花蕾后可浇小水，再中耕。初花期不浇水。当第一花序开花坐荚后，荚长15厘米左右，上几节花序相继显现后，要浇足头水，每667米^{2}随水冲施尿素10千克。待中、下部荚伸长，中、上部花序出现时，再浇第二次水，每667米^{2}追施尿素10千克，以后进入结荚盛期，见干就浇水。采收盛期，随水追肥1次，每667米^{2}施优质速效化肥、尿素15千克和磷酸氢二铵20千克。

叶面追肥：在生长中后期喷施2～3次0.2～0.3％磷酸二氢钾溶液，延缓衰老，提高产量。

②植株调整：蔓生种要及时插架，在茎蔓抽出30厘米左右时，插花架或吊蔓。主蔓第一花序以下各节的侧芽都要抹去，第一花序以上的侧枝留2～3片真叶掐尖，主蔓爬到架顶时摘心，后期的侧枝坐荚后也要摘心。

（5）病虫害防治。主要防治炭疽病、锈病、灰霉病。虫害主要是豆野螟、蚜虫、白粉虱、斑潜蝇。

①炭疽病：用80％炭疽福美可湿性粉剂700倍液，或70％代森锰锌500倍液喷雾，每7～10天喷1次，轮换用药，连喷2次。

②锈病：在发病初期，用15％三唑酮可湿性粉剂2 000倍液，或2.5％的丙环唑乳油4 000倍液防治，15天防治1次，连防2次。

③灰霉病：用50％腐霉利600倍液，或40％嘧霉胺1 200倍液交替用药，7～10天用1次，连用2次。

④豆野螟：在盛花期或二龄幼虫盛发期时喷第一次药，用1.8％阿维菌素乳油3 000～4 000倍液，隔7天喷1次，连喷2次。

⑤蚜虫、白粉虱、斑潜蝇：可用10％吡虫啉可湿性粉剂1 500倍液喷雾防治。采摘前15天停止用药。

6. 秋冬小葱栽培技术

（1）整地。豇豆收获后及时整地，每667米² 施腐熟有机肥2 000千克，磷酸氢二铵30千克。

（2）种子处理。先将种子在清水中预浸10分钟，然后放在65℃的水中烫种并急速搅拌，等水温降到20～30℃时，浸20～30分钟后晾干即可播种。

（3）播种。采用干播法，即先把地整平做畦踩实，后把种子分畦均匀地撒下，然后覆土0.5～1厘米厚，每667米² 用33％的二甲戊乐灵100～125克加水50千克进行喷雾，可有效防治各种杂草，喷后浇1次水。

（4）幼苗出土后管理。幼苗出土后伸腰时浇1次水，结合浇水每667米² 施10千克尿素，以后天气渐渐变冷，小雪前后选择晴天上午再浇1次水，随水追施硝铵15千克，确保葱苗正常生长。

（5）越冬管理。

①浅中耕。要想年后小葱返青生长早，长得快，冬季做好防寒工作非常必要，对小葱进行浅中耕既可提高地温，又能保墒，还可以进行轻微的培土，提高小葱的抗寒能力。

②撒草木灰或土杂肥，或烂树叶、麦糠等：在小葱根部覆盖厚10毫米左右的草木灰，不但有很好的防寒作用，还可以补充钾元素。或撒上一些碎的过筛的干燥土杂肥，不但可以防寒，还能起到补充肥料的作用，有利于小葱翌年早早地返青生长。

③喷洒叶面肥防冻剂：在入冬前对小葱进行喷洒胺鲜酯＋芸薹素内酯＋0.2％磷酸二氢钾水溶液，提高小葱的抗寒能力，促进小葱年后早早地返青生长。

（6）病虫害防治。小葱因播种较晚，主要发生病害有霜霉病、疫病、灰霉

121

病、溃疡病等。

霜霉病和疫病：用72%霜脲·锰锌可湿性粉剂500倍液，或72.2%霜霉威水剂800倍液喷雾，收割前7~10天停止施药。

灰霉病：用50%腐霉利可湿性粉剂1 500倍液，或40%嘧霉胺1 200倍液喷雾，收割前7~10天停止施药。

溃疡病：用77%氢氧化铜2 000倍液，或72%农用硫酸链霉素可溶性粉剂4 000倍液喷雾，7天喷1次，收割前7~10天停止施药。

7. 经济效益

此模式三茬作物每667米² 年总产值1.96万元。

春黄瓜每667米² 产8 000千克，每千克平均价格1.2元，每667米² 实现产值0.96万元。

夏秋豇豆每667米² 产2 500千克，每千克平均价格2元，每667米² 实现产值0.5万元。

秋冬小葱每667米² 产2 500千克，每千克平均价格2元，每667米² 实现产值0.5万元。

（三）春甘蓝—夏秋豇豆—秋芹菜栽培技术模式

1. 模式概况

该模式是近几年藁城区多种多收露地菜生产基地的小拱棚规模种植的一种高效优化模式，通过引种新品种，采用"立马好"小拱棚这一新技术，合理安排茬口，从而获得较高的产量及效益。

2. 茬口安排

春甘蓝（小拱棚＋地膜）于3月上旬定植，5月上旬收获完毕。夏秋豇豆于5月中旬播种，7月底拉秧。秋芹菜于7月底至8月初定植，11月初收完。

3. 品种选择

（1）春甘蓝。选择耐寒、抗病、不易裂球的甘蓝品种，如8398、8132、中甘11。

（2）夏秋豇豆。选择耐热、抗病、口感好，不易老的品种，如青豇80、之豇80等。

（3）秋芹菜。选用优质、抗病、耐热、适应性广、纤维少、实心、品质嫩脆的西芹品种，可选用文图拉、加州王、高优它等。

4. 春甘蓝（小拱棚＋地膜）栽培技术

（1）育苗。提前2个月去育苗厂订购苗。如果自己育苗可参考以下方法：于1月底在温室内育苗，每667米² 用种50~75克，苗龄45天。

①育苗畦制作：苗床要建在温室中部，育苗畦宽1.5米，长7米左右，面积10米²，挖深20厘米。

②营养土配制：营养土用 60% 的肥田土和 40% 的腐熟有机肥，混匀后过筛制成。每个畦需 1.5 立方米营养土，每立方米营养土加磷酸氢二铵 1.5 千克。

③消毒土壤：一般 10 米² 畦需消毒过的细土 150 千克。每 15 千克细土加多菌灵或甲基硫菌灵 10 克制成消毒的土壤。

④播种：把配好的营养土铺在畦内，踏实整平，然后浇水使深 5～7 厘米的土层湿润，水渗后烤畦 4～5 天后播种，播前先把消过毒的细土 1/3 撒在畦面上，然后均匀地在每畦上撒 75 克种子，然后再把剩下的 2/3 消毒细土均匀地覆盖在种子上面。可预防多种苗期病害。

⑤播后管理：出苗后注意浇水、间苗、分苗、防病。适时揭盖草苫，以保证幼苗正常生长。

（2）定植前准备。在 2 月中下旬进行整地施肥，每 667 米² 用腐熟好的有机肥 5 米³，磷酸氢二铵 50 千克，碳酸氢铵 50 千克。深翻整平，然后铺上地膜，提高地温。

（3）定植。在晴天上午进行定植。行距 40 厘米，株距 33 厘米，每 667 米² 栽苗 5 000 株。一般要在上午栽完。栽后浇 1 水。并马上盖上小拱棚，提高地温，以利缓苗。

（4）定植后的管理。

①水肥管理：定植水灌足，缓苗后浇 1 次缓苗水，并随水冲施多维肥精 5 千克，随后结合中耕培土 1～2 次。蹲苗 15 天，结束蹲苗后要灌 1 次透水，结合灌水每 667 米² 追施氮肥 10～15 千克，同时用 0.2% 的硼砂溶液叶面喷施 1～2 次。莲座期结束后花球开始形成，要加强水肥管理，保持土壤湿润，结合灌水追施尿素 5 千克，磷酸氢二铵 10 千克，钾肥 10～15 千克。当花球直径为 10 厘米时，结合浇水再追 1 次硫酸铵 15 千克，叶面喷施 0.2% 的磷酸二氢钾溶液 1～2 次。

②病虫害防治：此期主要病虫害有霜霉病、软腐病、黑腐病、黑斑病、病毒病，虫害有蚜虫和菜青虫，应加强防控。

霜霉病：发病前用 72% 霜脲·锰锌可湿性粉剂 600 倍液，或 70% 乙膦铝·锰锌可湿性粉剂 500 倍液喷雾，7 天 1 次，连用 2～3 次。

软腐病和黑腐病：在发病初期用硫酸链霉素 4 000 倍液进行喷淋，或用 77% 氢氧化铜可湿性粉剂 500 倍液喷雾防治，隔 10 天 1 次，连续 2～3 次。

黑斑病：在发病初期喷施 70% 代森锰锌可湿粉剂 500 倍液，隔 6～8 天喷 1 次，共喷 2～3 次。

病毒病：要早期防治传毒媒介蚜虫，然后在发病初期用 20% 吗胍·乙酸铜 400 倍液＋硫酸锌 1 000 倍液＋复硝酚钠 600 倍液，或用 1.5% 烷醇·硫酸铜 400 倍液＋1% 硫酸锌溶液喷雾，交替用药，7 天喷 1 次，连喷 2～3 次。

蚜虫：用10％吡虫啉可湿性粉剂1 500倍液喷雾防治，视情况而定喷药次数。

菜青虫：用20％甲氰菊酯乳油2 000倍液，或10％联苯菊脂乳油3 000倍液喷雾防治。

5. 夏秋豇豆栽培技术

（1）直播方法及密度。播前4～5天，将播种畦先浇足底水，可操作时将畦面浅耙1次，做成宽70～80厘米的高垄，然后开穴点播，穴距30～35厘米，每穴3～4粒，每667米^{2}需种子4～5千克，每667米^2 2 300～3 000穴。

（2）播种后的管理。参照P120夏秋豇豆栽培技术（4）定植后管理。

（3）病虫害防治。参照P121夏秋豇豆栽培技术（5）病虫害防治。

6. 秋芹菜栽培技术

（1）育苗。可委托育苗厂育苗，也可以自己在棚内育苗。

育苗方法：在棚内做南北向畦，畦净宽1.2米（老棚要将畦内10厘米土壤起出来，换成未种过菜的肥沃大田土）。每畦再施入经过充分发酵、腐熟、晾干、捣碎并过筛的鸡粪0.2米^3，加入50％多菌灵80克，磷酸氢二铵0.5千克，翻地10厘米，将肥、药、土充分混匀，耙平、耙细待播。每10米^{2}苗床播种子8～10克。播种前将种子用清水浸泡24小时，搓洗几次，置于15～20℃环境下进行低温催芽，当有70％左右的种子露白即可播种。播种前先在畦内浇灌水，水渗后播种。播种后出苗前，苗床要用湿草帘覆盖，并经常洒水。苗齐后，要保持土壤湿润。当幼苗第一片真叶展开时进行间苗，疏掉过密苗、病苗、弱苗，苗距3厘米，结合间苗拔除田间杂草。当有3～4片真叶时，进行分苗。苗间距（6～8）厘米×（3～4）厘米。定植前10天，停止供水，行间松土，2～3天后浇1次水，以后4～5天不浇水，促进发根壮根。同时增加可见光，逐步缩短遮阳网覆盖时间。苗期正处于高温多雨季节，在大棚内采用一网一膜覆盖（即1层遮阳网防止高温，1层棚膜防暴雨冲刷）。壮苗标准为苗龄60天左右，5～6片叶，茎粗壮，叶片绿色，完整无缺损，无病虫害，苗高15～20厘米，根系发达。

（2）施肥与整地。每667米^{2}施腐熟好的优质有机肥3 000千克，尿素10千克，过磷酸钙50千克，硫酸钾30千克。将肥料均匀洒在日光温室内，深翻40厘米，纵横各深翻一遍，耙后做平畦。

（3）定植。于晴天傍晚进行定植，带土移栽。行距40厘米，株距20～25厘米，每667米^{2}定植8 000株左右。每穴1株，培土以埋住短缩茎露出心叶为宜，边栽边封沟平畦，随即浇水，切忌漫灌。

（4）田间管理。

①浇水追肥：定植后缓苗期，应保持土壤湿润，进入生长期后，应加强水

肥管理，勤施少施，不断供给速效性氮肥和磷钾肥。追肥应在行间进行，定植后 10～15 天，每 667 米² 追尿素 5 千克，以后 20～25 天追肥 1 次，每 667 米² 追尿素和硫酸钾各 10 千克。进入旺长期应水肥齐攻，每 667 米² 用尿素和硫酸钾各 10 千克。深秋和冬季应控制浇水，浇水应在晴天 10：00～11：00 进行，并注意加强通风降湿，防止湿度过大发生病害。浇水后要有连续 3～5 天以上的晴天，每次浇水量都不要过大，以防水大造成死苗。采收前 10 天停止追肥、浇水。

②病虫害防治：芹菜的病虫害主要有斑枯病、早疫病、软腐病、蚜虫、白粉虱等。

斑枯病：发病初期可用 75％百菌清可湿性粉剂 600 倍液或 50％多菌灵可湿性粉剂 800 倍液喷雾。

早疫病：发病初期可用 50％多菌灵可湿性粉剂 800 倍液或 10％苯醚甲环唑 1 500 倍液喷雾。

软腐病：发病初期用 77％氢氧化铜可湿性粉剂 2 000 倍液或新植霉素可溶性粉剂 3 000 倍液喷雾。

蚜虫、白粉虱：用 1.8％阿维菌素乳油 3 000 倍液，或 10％吡虫啉可湿性粉剂 1 500 倍液喷雾。

7. 经济效益

此模式每 667 米² 年产值 2.3 万元。其中：

春甘蓝每 667 米² 产 4 000 千克，每千克平均价格 2 元，每 667 米² 实现产值 0.8 万元。

夏秋豇豆每 667 米² 产 2 500 千克，每千克平均价格 3 元，每 667 米² 实现产值 0.75 万元。

秋芹菜每 667 米² 产 5 000 千克，每千克平均价格 1.5 元，每 667 米² 实现产值 0.75 万元。

>>> 石家庄市藁城区岗上镇双庙村 <<<
中棚甜椒生产基地

一、双庙村简介

藁城区甜椒种植起源于岗上镇双庙村，该村总人口 2 600 人，耕地面积 247.7 公顷，滩地 153.3 公顷，该村 1989 年开始试种甜椒，10 年发展到了 300 公顷，是远近闻名的蔬菜专业村。2002 年，全区中棚甜椒种植面积达到 1 800 公顷，形成了以双庙为中心，辐射周边 5 公里范围内岗上镇故献、台西、故城、内族，廉州镇陈一、陈二、陈三，九门乡只照等三乡镇十余个村的规模化生产基地。在基地内中棚甜椒每 667 米^2 产 4 000～5 000 千克，平均售价每千克 2 元，每 667 米^2 收益在 8 000～10 000 元。许多农民依靠种菜发了家，盖起了楼房，成了远近闻名的蔬菜生产专业村和富裕村，被石家庄市授予"文明村"和"科技兴农先进村"荣誉称号，中央电视台《万家灯火》栏目曾播放该村依靠中棚甜椒生产致富的专题片。

二、基地发展经验及经营模式

1. 典型引路上规模

双庙甜椒基地的形成，源自于该村党支部书记吴军勇，他从 1989 年首先试种甜椒，当年每 667 米^2 收入仅为 500 元，但他不满足于这样的收益，1990 年又种植 1 334 米^2，购买科技书籍学习科技知识，前往河北省农林科学院、石家庄市农业技术推广中心、大专院校，请教专家，聘请石家庄市技术人员进行田间指导，经过辛勤管理获得了较好的收成，并取得了较好的经济效益和管理经验，当年 667 米^2 产量达 4 000 千克，收益高达 8 000 元。此后他逐年扩大种植面积，自家地不够，就租用其他农户土地，1994 年种植面积达到 14 674 米^2，年效益达 10 多万元。引来了周围农户纷纷仿效种植，形成了全村种植甜椒的氛围，河北省、石家庄市农业主管部门大力宣传报道，召开现场会，进一步加快了其甜椒种植发展步伐，1996 年全村种植面积达 100 公顷，1997 年发展到 145.3 公顷，1998 年达到了 200 公顷，从 1999 年至今一直稳定在 300 公顷，成为全村种植主导作物。

2. 技术革新增产量

在双庙村甜椒种植面积逐步扩大的同时，栽培技术也在革新和提高，从栽培形式上，由露地栽培改为地膜覆盖栽培，之后又发展成为小拱棚种植，又从小拱棚改为中棚种植，又从中棚种植改为现在的大棚种植；从种植品种上，由起初的冀椒 1 号，中途改为中椒 4 号、中椒 5 号，之后发展到中椒 7 号并维持了 10 年时间，又改为津福 8 号、津福 16；施肥管理上，由大肥、大水重化肥，发展到重施有机肥、配施氮磷钾肥、适时适量浇水，病虫防治由见病虫防治改为提前综合预防，其管理模式严格按无公害技术规程操作。实践证明，每一项技术的变革和改进，都使产量明显提高。对 10 户种植户进行访问得知，1990 年平均每 667 米^2 产量为 3 680 千克、1992 年为 4 145 千克、1994 年为 4 570 千克、1996 年为 4 960 千克、1999 年至今产量一直稳定在 5 200 千克左右。

3. 市场开放创效益

双庙蔬菜市场由开始的串村兜售，发展到进石家庄市场销售，再发展到联系外地商贩拉运销售，再到如今的建立批发市场销售。20 世纪 90 年代初，全村仅有十几户人家涉足甜椒种植，凭借着穿梭于邻近村落与石家庄市场的销售方式，便能轻松消化所有产量。然而，步入90年代中叶，随着种植面积的大幅扩张，自行销售的难度也随之加剧。村民们开始积极奔走于各大蔬菜批发市场，主动联系运销商贩，这一举措成功吸引了一批来村收运的个体经营者。但遗憾的是，外地商贩的流动性大，来去无常，这在一定程度上制约了甜椒的价格，导致村民们的收益相对较低。

近两年间，村里涌现了一批头脑灵活、年轻有为且敢于闯荡的个体户，他们积极投身于蔬菜运销行业。与此同时，村里还邀请了一批具有市场洞察力、德高望重且办事能力强的老同志出山，共同助力村庄发展。他们划出了30 667米^{2}的耕地，毅然决然地开办了属于自己的蔬菜批发市场。这一举措不仅从根本上解决了卖菜难的问题，还使得村民们的经济效益得到了进一步的提升。1999年5月以来，甜椒收获期外地采购车辆日均在30辆以上。

4. 读书兴农，提高村民文化素质

双庙村建立了图书室，引导农民利用农闲时间读书增加农业知识，提高科技种田水平，进而促进全村经济发展和精神文明建设。该村图书室目前藏书3.5万册，该村的"读书兴农"活动受到了上级领导的大力支持和高度评价，《河北日报》的头版位置曾报道该村这一事迹，河北电视台《读书新体验》节目多次播放该村的读书体验。

三、基地生产模式

目前该基地有中棚春茬甜椒—秋茬大白菜栽培技术模式、中棚春茬甜椒—夏秋豇豆—秋冬小葱栽培技术模式、中棚春茬甜椒—秋茬露地菜花栽培技术模式、中棚春茬甜椒—秋茬甘蓝栽培技术模式。

（一）中棚春茬甜椒—秋茬大白菜栽培技术模式

该模式是近几年藁城区中棚甜椒生产基地的的一种高效优化模式，通过合理安排茬口从而获得较高的产量及效益。

1. 中棚类型及结构

中棚为拱形竹木结构，一般棚长80～100米，跨度6～7米，脊高2.5米，间隔1.2米用1根竹片，使用寿命2～3年。

2. 茬口安排

（1）春茬甜椒。农户自己育苗于12月下旬在温室内播种，3月15日前完成中棚建造工作，3月20日左右定植，5月上旬开始采收，7月中下旬结束采收。

（2）秋茬大白菜。8月5～10日干籽直播，11月上旬收获完毕。

3. 品种选择

（1）春茬甜椒。选用优质、抗病、耐寒、适宜中棚栽培的中早熟品种，如津福 8、津福 16 等品种。

(2)秋茬大白菜。选择抗病、耐寒、高产且耐贮藏的中晚熟品种,当地主栽优良品种有北京新 3 号、丰抗 70、丰抗 80 等。

4. 中棚春茬甜椒栽培技术

(1)育苗。可到正规集约化育苗场购买优质商品苗,也可根据定植时间提前让育苗厂代育苗,或自己育苗。自己育苗按如下方法操作。

每种植 667 米² 甜椒,需苗床面积为 5 米²,每平方米用种 20～25 克,选用肥沃园土与充分腐熟有机肥按 2∶1 的体积比混合均匀,每立方米床土中加 N∶P₂O₅∶K₂O 比例为 15∶15∶15 的三元复合肥 2 千克。将床土铺在苗床内,厚度 10～12 厘米。种子在播前用 55℃ 温水浸种 10 分钟,再放入冷水中冷却,然后催芽播种,或用 50% 多菌灵可湿性粉剂 500 倍液,浸种 1 小时,防止疫病和炭疽病。把处理好的种子用湿布包好放在瓦盆里,用湿布盖严,放在 28～30℃ 的地方催芽。每天用温水冲洗 1 次,每隔 4～6 小时翻动 1 次,4～5 天有 60% 的种子出芽即可播种。在藁城区于 12 月 15～20 日在温室内播种。在播种前浇足底墒水,水渗后覆一层药土,将种子均匀撒播于床面上,再覆药土 1～1.2 厘米厚,上覆地膜。播种后当幼苗一叶一心时间苗 1 次,当苗有 2～3 片真叶时,在备好的分苗床上按株行距均为 10 厘米开沟坐水栽苗,每穴栽苗 2 株。分苗后锄划 1～2 次,保持床土湿润,温度超过 28℃ 时放小风,促苗稳健生长。起苗前 10～15 天,叶面喷施 0.05%～0.1% 硫酸锌 1 次,延缓病毒病发生,或喷施“NS-83”增抗剂 50 倍液,能诱导甜椒耐病毒而增产。定植前苗应达到株高 18 厘米,有 10～12 片叶,茎粗 0.4 厘米以上,叶色浓绿,节间短,根系发达,80% 植株现蕾,无病虫害。

(2)定植前的准备。

①拱棚建造:3 月 15 日以前完成棚室建造。中棚以南北向建造,跨度 4～5 米,高 1.5 米,长度可根据耕地的长度而定。

②扣棚提温:在 3 月上旬扣棚提温,扣棚时南北棚要在东侧预留放风口、东西棚要在南面预留放风口,扣棚后把棚膜封严提高地温。

(3)整地施肥。定植前每 667 米² 施优质腐熟有机肥 3 000 千克,尿素 10 千克,过磷酸钙 42 千克,硫酸钾 8 千克。然后耕深 20～25 厘米,细耙后做 5 米长的平畦。在畦上按等行距 40 厘米起垄。

(4)定植。10 厘米地温一周内稳定在 12℃ 以上,最低气温稳定在 5℃ 以上,即开始定植。定植前要根据天气预报,选择晴天上午定植,藁城区于 3 月 20～30 日定植。定植在垄上,株距 37～40 厘米,每 667 米² 定植 4 100～4 500 穴,每穴 2 株。按株距错开挖深 10～12 厘米定植穴,坐水栽苗,带坨定植,水渗后覆土,厚度以不超过子叶为宜。

（5）定植后的管理。

①温度调控：定植至缓苗，拱棚扣严密封 5～7 天，提高温度，棚内温度超过 32℃时放风。缓苗后棚内温度白天保持 25～28℃，夜间保持 13～15℃。当棚温达到 30℃以上时，打开放风口，温度超过 30℃要加大放风量，降到 20℃时关闭放风口。4 月上旬昼夜通风，棚膜要尽量向上提，但不要拿掉，防止最后一次晚霜冻害。5 月上旬后选阴天傍晚揭去棚膜，之后就进入露地管理。

②中耕除草：当地面不湿时，结合除草，进行中耕 3～4 次，由浅到深。当苗长到 30 厘米时，要深锄 1 次，起到培土作用，以后不再中耕。

③水肥管理：定植后如果不旱，不用浇水，要及时进行扶苗、补苗，如果是沙土地注意缓苗后浇 1 次缓苗水。当门椒长到樱桃大小时，开始追肥浇水，每 667 米² 随水施 15 千克尿素。5 月上旬当门椒长到乒乓球大小时，即进入果实迅速膨大期，此期对水肥要求较大，每 667 米² 随水施 15 千克尿素或 20 千克硝酸铵，过 1 周后再浇 1 次清水，之后门椒开始采收。露地生长阶段，正值雨季，要注意防涝，加设排水沟。进入盛果期，增加追肥浇水次数，每次采收后要结合浇水追肥，追肥随浇水隔次进行。每次每 667 米² 追硫酸钾复合肥 10 千克，或腐殖酸型肥料 20 千克，或尿素 10 千克。若叶色变浅变黄，可于傍晚喷洒 5％尿素或 0.3％磷酸二氢钾。

（6）病虫害防控。主要病害有疫病、青枯病、炭疽病、根腐病、病毒病，主要虫害有蚜虫、棉铃虫、烟青虫等。

疫病：可在发病初期用 70％吠酰·锰锌可湿性粉剂 600～1 000 倍液，或 687.5 克/升霜霉威盐酸盐·氟吡菌胺悬浮剂 800～1 200 倍液，均匀喷施，视病情间隔 5～7 天喷 1 次，也可每 667 米² 用 5％霜脲·锰锌粉剂 1 千克，或 5％百菌清粉剂喷粉。

青枯病：可在发病初期用 77％氢氧化铜可湿性粉剂 500 倍液喷雾防治，隔 10 天喷 1 次，连续喷 2～3 次。

炭疽病：可在发病初期用 40％福·福锌可湿性粉剂 800～1 000 倍液喷雾，7 天 1 次，连喷 2 次。

根腐病：可用 50％多菌灵可湿性粉剂 500 倍液进行灌根防治，最重要的还是雨后排除积水防止沤根。

病毒病：要早期防治传毒媒介蚜虫，然后在发病初期用 20％吗胍·乙酸铜 400 倍液＋硫酸锌 1 000 倍液＋复硝酚钠 600 倍液，或 5％氨基酸寡糖素水剂 300～500 倍液，或 0.5％香菇多糖水剂 300 倍液喷雾，交替用药，7 天喷 1 次，连喷 2～3 次。蚜虫可用 10％吡虫啉可湿性粉剂 1 500 倍液喷雾防治，视情况而定喷药次数。棉铃虫、烟青虫防治用 20％甲氰菊酯乳油 2 000 倍液，或

1％甲氨基阿维菌素苯甲酸盐微乳剂每 667 米² 5～10 毫升喷雾防治。

5. 秋茬大白菜栽培技术

（1）整地和施肥。结合整地，每 667 米² 施入腐熟的有机肥 3 000～5 000 千克，氮磷钾三元复合肥 30 千克，按 50 厘米等行距起小高垄。

（2）播种。每 667 米² 用种 150～250 克。在小高垄上开 5～10 厘米深的沟，先顺沟浇水，水渗透后，将种子按株距 30 厘米（中熟品种）或 40 厘米（晚熟品种）播在沟内，每穴 4～5 粒种子，盖 0.8～1 厘米厚的细土。

（3）田间管理。

①间苗、定苗、补苗：出苗后 3 天进行 1 次间苗，4～5 片真叶时第二次间苗，每穴留苗 2～3 株，间苗在下午进行，去掉病苗、弱苗和杂草。7～8 片叶时结合间苗按株距要求定苗。发现缺苗及时进行补栽。

②中耕培土：间苗后应及时进行中耕培土，中耕时要先浅后深，注意不要伤根。

③水肥管理：此期处于 8 月上中旬，正值高温干旱阶段，播种后要注意三水，播种当天一水，顶土一水，出齐苗一水，如果播后就遇到阴雨天，可以少浇或不浇水，遇大雨则应注意排水防涝。苗期应根据气候和土壤墒情的具体状况，结合间苗、补苗、定苗浇 4～5 次水，如果遇雨可少浇或不浇。结合浇水，追施 1 次提苗肥，每 667 米² 追施复合肥 7.5 千克。在莲座期保持土壤见干见湿，中期可浇 1 次大水，结合浇水可追施复合肥 15～20 千克，然后深中耕 1 次，再控水蹲苗 10～15 天。包心后要加强水肥管理，结合浇水追肥 2 次，第一次在寒露前，第二次在霜降前，每 667 米² 追施速效氮肥 20～30 千克。对包心程度略差的地块应适当加大追肥量。后期要停止追肥，以免大白菜徒长。

（4）病虫害防治。主要病害是霜霉病、病毒病、软腐病、黑腐病、黑斑病，虫害主要是蚜虫、菜青虫等。

霜霉病：可在发病初期用 72％霜脲·锰锌可湿性粉剂 600 倍液，或 47％代锌·甲霜灵可湿性粉剂 600 倍液喷雾，7 天喷 1 次，连喷 2～3 次。

病毒病：要早期防治传毒媒介蚜虫，然后在病毒病初期用 2％宁南霉素水剂 200～400 倍液，或 5％氨基寡糖水剂 300～500 倍液防治，7 天喷 1 次，连喷 2～3 次。

软腐病和黑腐病：可在发病初期用 20％噻菌铜悬浮剂 1 000～1 500 倍液，或 77％氢氧化铜可湿性粉剂 500 倍液喷雾防治，隔 10 天喷 1 次，连喷 2～3 次。

黑斑病：在发病初期喷施 64％氢铜·福美锌可湿性粉剂 1 000 倍液，或 70％代森锰锌可湿性粉剂 500 倍液，隔 7～10 天喷 1 次，共喷 2～3 次。

蚜虫：可用 10％吡虫啉可湿性粉剂 1 500 倍液喷雾防治，视情况而定喷药次数。

菜青虫：用 0.5％苦参碱水剂每 667 米²60～90 毫升，对水喷雾，或用 10％联苯菊脂乳油 3 000 倍液喷雾防治。

（5）防冻与收获。为防霜冻，要及时捆扎。一般在收获前 10～15 天，停止浇水，将莲座叶扶起，抱住叶球，然后用草将叶捆住。中晚熟品种尽量延长生长期，但要在立冬后小雪以前看天气及时收获。

6. 经济效益

两茬蔬菜每 667 米² 年产值达 1.95 万元，其中：

春茬甜椒每 667 米² 产 4 500 千克，每千克平均价格 3 元，每 667 米² 实现产值 1.35 万元。

秋茬大白菜每 667 米² 产 10 000 千克，每千克平均价格 0.6 元，每 667 米² 实现产值 0.6 万元。

（二）中棚春茬甜椒—夏秋豇豆—秋冬小葱高效栽培模式

该模式是近几年藁城区中棚甜椒生产基地的一种高效优化模式，通过合理安排茬口从而获得较高的产量及效益。

1. 中棚类型及结构

中棚为拱形竹木结构，一般棚长 80～100 米，跨度 6～7 米，脊高 2.5 米，间隔 1.2 米用 1 根竹片，使用寿命 2～3 年。

2. 茬口安排

（1）春茬甜椒。农户自己育苗于 12 月下旬在温室内播种，3 月 15 日前完成棚室建造工作，3 月 20 日左右定植，于 5 月上旬开始采收，6 月下旬采收结束。

（2）夏秋豇豆。于 5 月底露地搭遮阳网播种育苗，6 月底育苗移栽，在 10 月中旬拉秧。

（3）秋冬小葱。于 10 月下旬播种，翌年春季 3 月上中旬上市。

3. 品种选择

（1）中棚春茬甜椒。选用优质、抗病、耐寒、适宜中棚栽培的中早熟品种，如津福 8、津福 16 等品种。

（2）夏秋豇豆。选择耐热、抗病、口感好，不易老的青豇 80、之豇 80 等。

（3）秋冬小葱。品种选用耐寒性好的四季小葱品种。

4. 中棚春茬甜椒栽培技术

参照 P128～P129 中棚春茬甜椒栽培技术。

5. 豇豆夏秋栽培技术

（1）可育苗可直播，育苗方法如下。

①种子处理：将经过筛选的种子晾晒 12～24 小时，严禁暴晒，然后用 30℃温水浸泡 2 小时至种皮不皱，捞出播种。

②播种。每 667 米² 需 5 000 个营养钵，将没有种过豆类的肥表土与充分腐熟有机肥按 3∶1 的体积比配成营养土，装入营养钵至八成满，浇足底水，随后点播。每个营养钵 3 粒种子，再盖上潮湿的营养土 2～3 厘米厚，2 片复叶时及时定植。

(2) 整地施肥。先浇足底水，每 667 米² 施腐熟有机肥 3 000～5 000 千克，氮磷钾三元复合肥 40 千克，耕翻整平后按垄宽 70～80 厘米，垄高 15 厘米起垄。

(3) 定植。在做好的垄上按穴距 30～35 厘米栽植苗。

(4) 直播方法及密度。播前 4～5 天，将播种畦先浇足底水，可操作时将畦面浅耙 1 次，在垄上开穴点播，穴距 30～35 厘米，每穴 3～4 粒种子，每 667 米² 需种子 4～5 千克，每 667 米² 2 300～3 000 穴。

(5) 播种（定植）后的管理。

①追肥浇水，出现花蕾后可浇小水，再中耕。初花期不浇水。当第一花序开花坐荚后，荚长 15 厘米左右，上几节花序相继显现后，要浇足头水，每 667 米² 随水冲施尿素 10 千克。待中下部荚伸长，中上部花序出现时，再浇第二次水，每 667 米² 追施尿素 10 千克，以后进入结荚盛期，见干就浇水。采收盛期，随水追肥 1 次，每 667 米² 施尿素 15 千克和磷酸氢二铵 20 千克。

叶面追肥：在生长中后期喷施 2～3 次 0.2～0.3％磷酸二氢钾溶液，延缓衰老，提高产量。

②植株调整：蔓生种要及时插架，在茎蔓抽出 30 厘米左右时，插花架或吊蔓。整枝：主蔓第一花序以下各节的侧芽都要抹去，第一花序以上的侧枝留 2～3 片真叶掐尖，主蔓爬到架顶时摘心，后期的侧枝坐荚后也要摘心。

(6) 病虫害防治。主要防治炭疽病、锈病、灰霉病。虫害主要是豆野螟、斑潜蝇。

①炭疽病：在发病初期用 45％百菌清烟雾剂熏棚，每 667 米² 用药 150 克，分放在 4～5 处，7 天熏 1 次，连熏 2 次。当有严重发生趋势时，用 80％福·福锌可湿性粉剂 700 倍液，或 70％代森锰锌 500 倍液喷雾，7～10 天喷 1 次，轮换用药，连喷 2 次。

②锈病：在发病初期，用 20％唑菌胺酯水分散粒剂 1 000～2 000 倍液＋70％丙森锌可湿性粉剂 600～800 倍液，对水喷雾，7～10 天喷 1 次，连喷 2 次。

③灰霉病：在发病初期用 45％百菌清烟雾剂熏棚。当有严重发生趋势时，

用 50% 腐霉利 600 倍液，或 40% 嘧霉胺 1 200 倍液喷施，交替用药，7～10 天喷 1 次，连喷 2 次。

④豆野螟：在盛花期或二龄幼虫盛发期喷第一次药，用 1.8% 阿维菌素乳油 3 000～4 000 倍液，或 2% 阿维·苏云菌可湿性粉剂 2 000～3 000 倍液，隔 7 天喷 1 次，连喷 2 次。

⑤斑潜蝇：可用 50% 灭蝇胺可湿性粉剂 2 000～3 000 倍液喷雾防治。采摘前 15 天停止用药。

6. 秋冬小葱栽培技术

（1）整地。豇豆收获后及时整地，每 667 米² 施腐熟的优质有机肥 3 000～5 000 千克，磷酸氢二铵 30 千克。

（2）种子处理。先将种子在清水中预浸 10 分钟，然后放在 65℃ 的水中烫种并急速搅拌，等水温降到 20～30℃ 时，浸 20～30 分钟后晾干即可播种。

（3）播种。采用干播法，即先把地整平做畦踩实，后把种子分畦均匀地撒下，然后覆土 0.5～1 厘米厚，每 667 米² 用 33% 二甲戊乐灵 100～125 克加水 50 千克进行喷雾，然后浇 1 次水，可有效防治各种杂草。

（4）幼苗出土后管理。幼苗出土后伸腰时浇 1 次水，结合浇水每 667 米² 施尿素 10 千克，以后天气渐渐变冷，小雪前后选择晴天上午再浇 1 次水，随水追施硝酸铵 15 千克，确保葱苗正常生长。

（5）越冬管理。

①浅中耕：要想年后小葱返青生长早，长得快，冬季做好防寒工作非常必要，对小葱进行浅中耕既可提高地温，又能保墒，还可以进行轻微地培土，可以提高小葱的抗寒能力。

②撒草木灰或土杂肥，烂树叶，麦糠等：在小葱根部覆盖厚 10 毫米左右的草木灰，不但有很好的防寒作用，还可以补充钾元素。也可撒上一些细碎、过筛的干燥土杂肥，不但可以防寒，还可起到补充肥料的作用，有利于小葱翌年早早地返青生长。一些比较细的麦糠、烂树叶等都有防寒的作用。

③喷洒叶面防冻剂：在入冬前对小葱喷洒胺鲜酯＋芸薹素内酯＋0.2% 磷酸二氢钾水溶液，提高小葱的抗寒能力，促进小葱年后早早地返青生长。

（6）病虫害防治。小葱因播种较晚，主要病害有霜霉病、疫病、灰霉病、溃疡病等。

①霜霉病和疫病：用 72% 霜脲·锰锌可湿性粉剂 500 倍液，或 72.2% 霜霉威水剂 800 倍液喷雾，收割前 7～10 天停止施药。

②灰霉病：用 50% 腐霉利可湿性粉剂 1 500 倍液，或 40% 嘧霉胺 1 200 倍液喷雾，收割前 7～10 天停止施药。

③溃疡病：用 77% 氢氧化铜可湿性粉剂 2 000 倍液，或 20% 噻菌酮悬浮

剂 1 000～1 500 倍液，7 天喷 1 次。收割前 7～10 天停止施药。

7. 经济效益

三茬蔬菜每 667 米² 年产值达 2.35 万元，其中：

中棚春茬甜椒每 667 米² 产 4 500 千克，每千克平均价格 3 元，每 667 米² 实现产值 1.35 万元。

夏秋豇豆每 667 米² 产 2 500 千克，每千克平均价格 2 元，每 667 米² 实现产值 0.5 万元。

秋冬小葱每 667 米² 产 2 500 千克，每千克平均价格 2 元，每 667 米² 实现产值 0.5 万元。

（三）中棚春茬甜椒—秋茬露地菜花栽培技术模式

该模式是近几年藁城区中棚甜椒生产基地的一种高效优化模式，通过合理安排茬口从而获得较高的产量及效益。

1. 中棚类型及结构

中棚为拱形竹木结构，一般棚长 80～100 米，跨度 6～7 米，脊高 2.5 米，间隔 1.2 米用 1 根竹片，使用寿命 2～3 年。

2. 茬口安排

（1）春茬甜椒。农户自己育苗于 12 月下旬在温室内播种，3 月 15 日前完成棚室建造工作，3 月 20 日左右定植，5 月上旬开始采收，7 月上旬结束采收。

（2）秋茬菜花。6 月底至 7 月初播种，7 月底定植，10 月上中旬收获。

3. 品种选择

（1）春茬甜椒。选用优质、抗病、耐寒、适宜中棚栽培的中早熟品种，如津福 8、津福 16 等品种。

（2）秋茬露地菜花。选用高产、抗病、口感好、适销品种，如松不老 65、松不老 75、松不老 80、劲松 65、劲松 75、劲松 80 等品种。

4. 中棚春茬甜椒栽培技术

参照 P128～P129 中棚春茬甜椒栽培技术。

5. 秋茬露地菜花栽培技术

（1）购买或培育壮苗。由于育苗时温度高，农户自己育苗温度不好控制，最好去育苗场代育或买苗用。若自育秧苗，掌握好以下技术要点：6 月底至 7 月初播种，每种植 667 米² 菜花需种量 20 克，需苗床 10 米²。苗床要有遮阳防雨条件。浇透水后撒播，覆土 1.5 厘米。一叶一心时间苗，2～3 片真叶时分苗，育苗期间要注意防雨遮阳，7～10 天喷洒 1 次农用链霉素 4 000 倍液和 70% 甲霜·锰锌 500 倍液的混合液，防治菜花黑根病。

（2）整地施肥。每 667 米² 施有机肥 3 000 千克，磷肥 50 千克，深耕细整，做成垄距为 70 厘米的小高垄。

（3）定植。在做好的垄上按株距 25～30 厘米挖穴，每 667 米² 定植 3 500 株。

（4）定植后的管理。

①水肥管理：定植水灌足，缓苗后浇 1 次缓苗水，并随水冲施多维肥精 5 千克，随后结合中耕培土 1～2 次。蹲苗 15 天，结束蹲苗后要灌 1 次透水，结合灌水每 667 米² 追施氮肥 10～15 千克，同时用 0.2％的硼砂溶液叶面喷施 1～2 次。莲座期结束后花球开始形成，要加强水肥管理，保持土壤湿润，结合灌水追施尿素 5 千克，磷酸氢二铵 10 千克，钾肥 10～15 千克。当花球直径为 10 厘米时，结合浇水再追 1 次硫酸铵 15 千克。叶面喷施 0.2％磷酸二氢钾溶液 1～2 次。

②病虫害防治：主要病虫害有霜霉病、软腐病、黑腐病、黑斑病、病毒病，虫害有蚜虫和菜青虫等，应加强防控。

霜霉病：可在发病初期用 72％甲霜·百菌清可湿性粉剂 600 倍液，或 70％乙膦铝·锰锌可湿性粉剂 500 倍液喷雾，7 天喷 1 次，连喷 2～3 次。

软腐病和黑腐病：可在发病初期用 40％春雷·喹啉铜悬浮剂 500～1 000 倍液，或 77％氢氧化铜可湿性粉剂 800 倍液喷雾防治，隔 10 天喷 1 次，连续喷 2～3 次。

黑斑病：在发病初期喷施 70％丙森·多菌可湿性粉剂 600～800 倍液，或 47％春雷·王铜可湿性粉剂 600～800 倍液，隔 7～10 天喷 1 次，共喷 2～3 次。

病毒病：要早期防治蚜虫，然后在发病初期用 2％宁南霉素水剂 200～400 倍液，或 3.85％三氮唑核苷水剂 600～800 倍液，5～7 天喷 1 次，连喷 2～3 次。

蚜虫：可用 10％吡虫啉可湿性粉剂 1 500 倍液喷雾防治，视情况而定喷药次数。菜青虫防治用 20％甲氰菊酯乳油 2 000 倍液，或 10％联苯菊脂乳油 3 000倍液喷雾防治。

③束叶球：当花球直径 3～5 厘米时，进行束叶保护花球。

6. 经济效益

两茬蔬菜每 667 米² 年产值 2.15 万元，其中：

春茬中棚甜椒每 667 米² 产 4 500 千克，每千克平均价格 3 元，每 667 米² 实现产值 1.35 万元。

秋茬露地菜花每 667 米² 产 4 000 千克，每千克平均价格 2 元，每 667 米² 实现产值 0.8 万元。

（四）中棚春茬甜椒—秋茬甘蓝栽培技术模式

该模式是近几年藁城区中棚甜椒生产基地的一种高效优化模式，通过合理安排茬口从而获得较高的产量及效益。

1. 中棚类型及结构

中棚为拱形竹木结构，一般棚长 80～100 米，跨度 6～7 米，脊高 2.5 米，间隔 1.2 米用 1 根竹片，使用寿命 2～3 年。

2. 茬口安排

（1）春茬甜椒。农户自己育苗于 12 月下旬在温室内播种，3 月 15 日前完成棚室建造工作，3 月 20 日左右定植，于 5 月上旬开始采收，7 月上旬结束。

（2）秋茬甘蓝。于 6 月底播种育苗，7 月下旬移栽，10 月中下旬收获完毕。

3. 品种选择

（1）中棚春茬甜椒。选用优质、抗病、耐寒、适宜中棚栽培的中早熟品种，如津福 8、津福 16 等品种。

（2）秋茬甘蓝。选用既耐热又耐寒品种，如 8398、8132。

4. 中棚春茬甜椒栽培技术

参照 P128～P129 中棚春茬甜椒栽培技术。

5. 秋茬甘蓝栽培技术

（1）育苗。提前 1 个月去育苗厂订购苗或者自己育苗。适宜苗龄 30 天左右，定植田每 667 米^2 甘蓝用种 75 克，需苗床面积 10 米^2，露地育苗苗床上搭遮阳网。

①育苗畦制作：畦宽 1.5 米，长 7 米左右，每畦面积约 10 米^2，挖深 20 厘米。

②营养土配制：营养土由 60％的肥田土和 40％的腐熟有机肥混合过筛制成。每畦需 1.5 米^3 营养土，每立方米营养土加磷酸氢二铵 1.5 千克。

③土壤消毒：一般 10 米^2 需消毒的细土 150 千克，每 15 千克细土中加入五氯硝基苯和代森锌各 5 克，也可加入多菌灵或甲基硫菌灵各 10 克。

④播种：把配好的营养土铺在畦内，踏实整平，然后浇水使 5～7 厘米土层湿润，水渗后烤畦 4～5 天后播种。播前先把消过毒的细土 1/3 撒在畦面上，然后每畦均匀地撒上 75 克种子，撒后再把剩下的 2/3 消毒细土均匀地覆盖在种子上面。可预防多种苗期病害。

⑤播后管理：出苗后认真管理，注意浇水、间苗、分苗、防病。适时揭盖草苦，以保证幼苗正常生长。

（2）整地施肥。每 667 米^2 用腐熟好的有机肥 5 米^3，磷酸氢二铵 50 千克，碳酸氢铵 50 千克，深翻整平。

（3）定植。定植行距 40 厘米，株距 33 厘米，每 667 米² 栽苗 5 000 株，栽后浇 1 次水，以利缓苗。

（4）定植后的管理。

①水肥管理：定植水灌足，缓苗后浇 1 次缓苗水，并随水冲施多维肥精 5 千克，随后结合中耕培土 1～2 次。蹲苗 15 天，结束蹲苗后要灌 1 次透水，结合灌水每 667 米² 追施氮肥 10～15 千克，同时用 0.2% 的硼砂溶液叶面喷施 1～2 次。莲座期结束后花球开始形成，要加强水肥管理，保持土壤湿润，结合灌水追施尿素 5 千克，磷酸氢二铵 10 千克，钾肥 10～15 千克。当球茎直径为 10 厘米时，结合浇水再追一次硫酸铵 15 千克。叶面喷施 0.2% 的磷酸二氢钾溶液 1～2 次。

②病虫害防治：此期主要病虫害有霜霉病、软腐病、黑腐病、黑斑病、病毒病等，虫害有蚜虫和菜青虫等，应加强防控。

霜霉病：可在发病初期用 72% 霜脲·锰锌可湿性粉剂 600 倍液，或 70% 乙膦铝·锰锌可湿性粉剂 500 倍液喷雾，7 天喷 1 次，连喷 2～3 次。

软腐病和黑腐病：可在发病初期用 40% 春雷·喹啉铜悬浮剂 500～1 000 倍液，或 3% 中生菌素可湿性粉剂 600～800 倍液，对水喷雾，隔 7 天喷 1 次，连续 2～3 次。

黑斑病：在发病初期喷施 80% 王铜水分散粒剂 1 000～1 500 倍液，或 20% 噻菌铜悬浮剂 1 000～1 500 倍液，隔 6～8 天喷 1 次，共喷 2～3 次。

病毒病：要早期防治传毒媒介蚜虫，然后在发病初期用 20% 吗胍·乙酸铜 400 倍液＋硫酸锌 1 000 倍液＋复硝酚钠 600 倍液，或用 2% 宁南霉素水剂 200～400 倍液喷雾，交替用药，7 天喷 1 次，连喷 2～3 次。

蚜虫：可用 10% 吡虫啉可湿性粉剂 1 500 倍液喷雾防治，视情况而定喷药次数。

菜青虫：用 10% 醚菊酯乳油 2 000 倍液，或 1.8% 阿维菌素乳油 2 000～3 000 倍液喷雾防治。

6. 经济效益

两茬蔬菜每 667 米² 年产值 2.15 万元，其中：

中棚春茬甜椒每 667 米² 产 4 500 千克，每千克平均价格 3 元，每 667 米² 实现产值 1.35 万元。

秋茬甘蓝每 667 米² 产 4 000 千克，每千克平均价格 2 元，每 667 米² 实现产值 0.8 万元。

第二章 石家庄市新乐市蔬菜产业发展典型案例

>>> 新乐市国锋西瓜专业合作社 <<<

一、经营主体简介

合作社现有成员101人，分布在新乐市邯郸镇、东王镇、承安镇、彭家庄乡、协神乡的瓜菜种植村，直接带动瓜菜种植农户600余户，流转土地86.7公顷，建有占地3.3公顷的育苗基地。其推广先进种植技术、品牌化运作、统购统销，创新了农产品运行模式。合作社常年聘请河北省、石家庄市技术专家定期进行技术培训，与新乐市农业技术推广中心合作筛选推广了京欣西瓜，聚丰脆甜、绿宝系列薄皮甜瓜，蔬菜七号茄子，凯越尖椒等瓜菜新品种，高产新品种应用面积达到80％以上。2014年12月该合作社被评为国家级示范社，2016年被河北省农业厅认定为河北省无公害农产品产地，2016年在农业部管理干部学院主办的第三届农合之星活动中，"新益沙"品牌获得优秀合作社品牌荣誉称号。

二、经营主体经营模式

合作社以"发展现代农业"为目标，在采用"合作社＋基地＋农户"的农业生产模式的基础上，通过几年的摸索实践，发展壮大，现已发展为集瓜菜种植、产品销售、设施建造及技术应用于一体的农民专业合作社组织。自2013年开始组建瓜菜科技指导服务、瓜菜高效物资服务、瓜菜设施建造服务、瓜菜销售、新品种新技术引进等5个科技服务团队。该合作社积极拓展其经营范围，成功承揽了饶阳、元氏、无极、行唐以及新乐市承安镇、协神乡等地的大型种植园区、种植大户及基地的土壤改良、棚室建造、种苗供应、技术服务与产品销售等一系列产业服务，形成了完整的产业链条。合作社实施了"统一种苗供应、统一技术培训、统一物资供应、统一生产操作规程、统一市场销售"的高效管理机制，现如今，已迈入崭新的快速发展阶段。这一系列的举措为瓜菜产业的蓬勃发展开辟了一条规模化、产业化、高效化的现代农业发展道路。

三、经营主体生产模式

目前，该合作社主要有大棚早春茬西瓜—秋延后番茄栽培技术模式、大棚早春茬西瓜—秋延后茄子栽培技术模式等。

（一）大棚早春茬西瓜—秋延后番茄栽培技术模式

1. 茬口安排

（1）早春茬西瓜。1月上旬育苗，2月中旬定植，5月上旬采收，6月下旬拉秧。

（2）秋延后番茄。6月中旬育苗，7月中下旬定植，9月中旬采收至霜降结束。

2. 品种选择

（1）早春茬西瓜。选择熟性较早、前期较耐低温、后期耐高温、植株抗病性强、甜度高、风味独特的品种，如全美4K、全美2K等。

①全美4K西瓜：中早熟椭圆形杂交品种，花皮红肉，果皮绿色、条带清晰，单果重4～5千克。外观靓丽，果形周正美观，皮薄，韧性好，耐裂性强，适合长途运输。糖度稳定在13度左右，糖度梯度小。低温弱光坐果能力强，容易栽培。

②全美2K西瓜：早中熟西瓜品种，平均春播果实发育期31天，单果重1.9千克左右，果形椭圆，果面绿色，覆深绿色齿带，果面无棱沟，果皮厚度中等，瓤色红，汁液多，口感好，瓤质松脆，中心糖度为12.5度，边缘糖度为10.0度。

（2）秋延后番茄。选择优质、抗病、高产番茄品种，如天赐595、天丰5号等。

3. 大棚早春茬西瓜栽培技术

（1）育苗。

①播前种子消毒：将种子加入55～60℃、水量相当于种子干重的6倍左右的热水中，不停地搅拌至水温降至25～30℃，捞出再用高锰酸钾溶液浸种6～8小时，再用清水冲洗干净，晾干后放至温度28～30℃的催芽箱催芽，6～8小时出芽后即可在营养钵内播种。

②温室育苗：1月上旬温室育苗，覆盖保温被，育苗床内铺地温线，并用暖风炉增温，避免温度过低。育苗期间及时通风透光，适时调控温湿度，预防幼苗徒长。出苗时温度保持在30～35℃，夜间温度不低于15℃，定植前进行炼苗。

③营养钵基质配置：将有机肥（腐熟马粪、羊粪）、基质、沙壤土（未种

过瓜的园土）按 3∶3∶4 的体积比混合均匀，装入营养钵内。

④播种砧木：西瓜播种 2 天后，对南瓜砧木种子进行消毒处理。砧木播种前用 55～60℃、水量相当于种子干重 6 倍左右的热水浸泡，并不停地搅拌至水温降至 25～30℃，浸泡 20～30 分钟，再用高锰酸钾溶液浸泡 8～12 小时，晾干后即可播种。

⑤嫁接：砧木播种 7～8 天后（两片子叶展开时），将砧木移至西瓜营养钵内定植，2～3 天后采用靠接法进行嫁接。嫁接苗温度保持在 20～30℃，12 天后西瓜断根，断根 10 天后定植。

（2）定植。

①定植苗龄及时期：一般在 2 月中旬棚内地温稳定在 10℃以上，瓜苗长到 4～5 片真叶时进行定植。

②整地施肥：上茬作物收获后，一般 11 月下旬进行整地做畦，每 667 米² 施用有机肥（腐熟的羊粪或马粪）1 000～3 000 千克，菌肥 200～300 千克，撒施均匀后旋耕机深翻 20～25 厘米，旋耕 2 次。做成宽 60～80 厘米、高 15～20 厘米的栽培畦，畦间距 50～60 厘米。

③西瓜定植：定植选择晴天上午进行。栽培畦上挖定植坑，定植前 2～3 天，苗床浇 1 次透水。瓜苗放入定植穴后浇定植水。浇过定植水后覆土，覆土厚度以使嫁接苗接口高于畦面 1～2 厘米为宜。选择双垄单株种植，株距 60 厘米，每 667 米² 定植 1 000～1 200 株。

（3）田间管理。

①缓苗期：白天棚内温度保持在 30℃左右，夜间温度保持在 15℃左右。

②伸蔓期：白天棚内温度控制在 25～28℃，夜间棚内温度控制在 13℃以上。伸蔓初期浇 1 次水，每 667 米² 施黄腐酸钾水溶肥 5 千克，采用双蔓整枝。

③吊蔓：瓜蔓长度大于 40 厘米时，进行吊蔓。

④开花坐果期：严格控制浇水，每天 7∶00～10∶00 用软毛刷收集雄花的花粉，涂在雌花的柱头上，进行人工授粉，或采用熊蜂授粉。

⑤果实膨大期及成熟期：西瓜果实长到鸡蛋大小、开始褪毛时，疏果并浇膨瓜水，选择主蔓第二或第三朵雌花授粉坐果，并进行标记，标记内容包括坐果时间、每天日照时间等。浇水 2～3 次，结合浇水每 667 米² 追施硫酸钾水溶肥 5 千克，成熟前 10 天停止浇水。

（4）病虫害综合防治。按照"预防为主，综合防治"的植保方针，坚持以农业防治、物理防治、生物防治为主，以化学防治为辅。

①农业防治：前茬作物收获后及时清理前茬残枝枯叶及病虫残体，深耕起垄覆膜定植。采用膜下沟灌或膜下滴灌，降低室内湿度，减少病虫害发生。

②物理防治：用糖醋液（糖、醋、酒、水和90％敌百虫晶体按3：3：1：10：0.6的体积比配制）诱杀害虫，大棚放风口处设置防虫网（60目），棚内悬挂黄板，以减少病虫害发生。

③化学防治：用吡蚜酮防治蚜虫。用嘧菌酯悬浮剂或苯醚甲环唑水分散剂等防治炭疽病。用噁霉灵或枯草芽孢杆菌等防治枯萎病。

（5）西瓜采收。当西瓜呈本品种固有皮色，脐部和果蒂部位向里凹陷、收缩时，及时采摘。

4. 秋延后番茄栽培技术

（1）育苗。

①播前种子消毒：将种子用清水浸泡3～4小时，再放入10％磷酸三钠溶液中浸20～30分钟，捞出洗净后催芽，防病毒病；或用福尔马林300倍液浸种30分钟，用清水洗净后催芽。

②搭建遮阳防雨、防虫育苗场地：该模式一般在6月中旬播种育苗，时值高温多雨季节，为避免高温、雨涝及病毒病的危害，选择地势高燥、排水良好的地方，一般在大棚内育苗，棚上覆盖遮光度75％的遮阳网，以利遮阳降温，以花荫凉为宜。根据气候条件（温度、光照等）进行遮阳网调控，防止幼苗徒长，培育壮苗。育苗棚四周设置60目的防虫网防虫。

③穴盘护根育苗：采用穴盘护根育苗、一次成苗的现代化育苗技术，可保护幼苗根系，有效地防止土传病害的发生。番茄秋延后栽培一般采用72孔穴盘进行育苗。

④苗期化学调控：在幼苗生长到6～7厘米（或幼苗长到3～4片真叶）时，选择傍晚进行喷洒生长调节剂调控。

（2）定植。

①定植苗龄及时期：选择幼苗5～6片真叶时定植。一般在7月中下旬。

②高温闷棚消毒：施足有机肥，一般每667米^{2}施有机肥1 000～3 000千克，同时施入杀菌剂和杀虫剂，进行高温闷棚消毒，有效时间在20天以上，减少土壤残留的病菌、虫卵等，并将有机肥充分腐熟。

③整地施肥：定植前一周进行整地，每667米^{2}施45％以上氮磷钾复合肥25千克，生物菌肥200～300千克，旋耕2次。

④定植：定植时正值高温、高湿、强光、多雨季节，不利于秧苗缓苗，并且容易诱发各种病虫害，因此选择晴天的傍晚或阴天进行，随水定植，双垄单株栽培，每667米^{2}栽2 000～2 200株。

（3）田间管理。

①严防徒长：定植缓苗后，中耕培土，防止疯秧，应及时在傍晚喷洒生长调节剂，以矮化植株，增加茎粗，降低开花节位，提高抗病毒病、疫病的

能力。

②水肥管理：及时结合浇缓苗水每 667 米² 追施黄腐酸钾水溶肥 5 千克；第一穗果核桃大时结合浇水每 667 米² 追施硝酸钾水溶肥 5 千克；第二、三穗果迅速膨大期，随浇水追施硝酸钾水溶肥 5 千克，并于晴天傍晚叶面喷施 0.2%～0.5%磷酸二氢钾或微量元素。

③整枝吊蔓：株高 40～50 厘米时，单干整枝，及时去除侧枝，按主枝的生长方向及时吊蔓。留 4～5 穗果，第一穗果定个后，摘除下部老叶，整枝时避免损伤叶片，同时使叶片空间分布均匀，不互相遮挡。

（4）综合防治病虫害。按照"预防为主，综合防治"的植保方针，坚持以农业防治、物理防治、生物防治为主，以化学防治为辅。

①农业防治：前茬作物收获后及时清理前茬残枝枯叶及病虫残体，深耕起垄定植。采用滴灌，降低室内湿度，减少病虫害发生。

②物理防治：覆盖银灰色地膜避蚜，或用 10 厘米宽的银灰色膜条，间距 10～15 厘米纵横拉成网状避蚜；利用 40 目防虫网防虫，用黄板诱杀蚜虫、白粉虱。

③化学防治：用 20%唑菌胺酯水分散粒剂 1 000～1 500 倍液，或 20%硅唑·咪鲜胺水乳剂 2 000～3 000 倍液防治炭疽病。用 60%唑醚·代森联水分散粒剂每 667 米² 60～100 克，50%锰锌·氟吗啉可湿性粉剂 600～800 倍液防治疫病。用 80%多·福·福锌可湿性粉剂 700 倍液，或 70%噁霉灵可溶粉剂 1 400 倍液防治枯萎病。

5. 产值效益

大棚一年两茬作物每 667 米² 产值 3 万元以上。其中：早春茬西瓜以礼品瓜为主，每 667 米² 产 3 000～4 000 千克，每 667 米² 产值 2 万～3 万元。延秋后番茄每 667 米² 产 5 000～6 000 千克，每 667 米² 产值 1 万～1.5 万元。

大棚早春茬西瓜—秋延后番茄栽培技术

（二）大棚早春茬西瓜—秋延后茄子栽培技术

1. 茬口安排

春茬西瓜1月上旬育苗，2月中旬定植，5月上旬采收，6月下旬拉秧。

秋延后茄子6月中旬育苗，7月中下旬定植，9月中旬采收，霜降结束采收。

2. 品种选择

（1）早春茬西瓜。选择熟性较早、前期较耐低温、后期耐高温、植株抗病性强、甜度高、风味独特的西瓜品种，如全美4K、全美2K等。

（2）秋延后茄子。可选择超亮黑峰圆茄、超亮黑冠圆茄、农大604圆茄等。

①超亮黑峰圆茄：一代茄子杂交种，晚熟，生长势强，坐果率高。果实亮丽黑色，圆形，平均单果重750克。果肉浅绿白色，细嫩，品质佳。耐储运，商品性佳，适宜早春露地、麦茬越夏和秋延后大拱棚种植。该品种适应性强，产量稳定，丰产性好，抗病性、抗逆性强。适宜在河北及相似气候类型区设施春提前及秋延后种植。

②超亮黑冠圆茄：一代茄子杂交种，晚熟，生长势强，坐果率高。果实亮丽黑色，圆形，平均单果重800克。果肉浅绿白色，细嫩，品质佳。耐贮运，商品性佳，适宜早春露地、麦茬越夏和秋延后大拱棚种植。

③农大604圆茄：晚熟杂交一代圆茄，茎秆粗壮，生长势好，连续坐果能力强，平均单果重550克；果实着色均匀，深紫黑色，果面沉泽；果肉紧实、细嫩、籽少、口感佳；丰产性好，抗病能力强，商品性状优良，适合秋延后保护地栽培。

3. 大棚早春茬西瓜栽培技术

参照P139～P141大棚早春茬西瓜栽培技术。

4. 秋延后茄子高效栽培技术

（1）育苗。

①播前种子消毒：种子先用冷水浸种3～4小时，后用50℃温水浸种0.5小时，浸后立即用冷水降温晾干后备用。

②搭建遮阳防雨、防虫育苗场地：该模式一般在6月中旬播种育苗，时值高温多雨季节，为避免高温、雨涝及病毒病的危害，选择地势高燥、排水良好的大棚内育苗，棚上覆盖遮光度75%的遮阳网，以利遮阳降温，以花荫凉为宜，根据气候条件（温度、光照等）进行遮阳网调控，防止幼苗徒长，培育壮苗。育苗棚四周设置60目的防虫网防虫。

③穴盘护根育苗：采用穴盘护根育苗、一次成苗的现代化育苗技术，可保护幼苗根系，有效地防止土传病害的发生。茄子秋延后栽培一般采用72孔穴

盘进行育苗。

④苗期化学调控：在幼苗生长到 6～7 厘米（或幼苗长到 3～4 片真叶）时，选择傍晚进行喷洒生长调节剂，培育壮苗。

（2）定植。

①定植苗龄及时期：选择苗龄在 30～35 天，长到 5～7 片真叶的适宜幼苗定植。一般在 7 月中下旬定植。

②高温闷棚消毒：施足有机肥，一般每 667 米² 施有机肥 1 000～3 000 千克，同时施入杀菌剂和杀虫剂，进行高温闷棚消毒，有效时间在 20 天以上，减少土壤残留的病菌、虫卵等，并将有机肥充分腐熟。

③整地施肥：定植前 1 周进行整地，每 667 米² 施 45％以上氮磷钾复合肥 25 千克，生物菌肥 200～300 千克，旋耕 2 次。

④定植：定植时正值高温、高湿、强光、多雨季节，不利于秧苗缓苗，并且容易诱发各种病虫害，因此选择晴天的傍晚或阴天定植，随水定植，双垄单株栽培，每 667 米² 栽植 1 800 株左右。

（3）田间管理。

①中耕松土：定植缓苗后，及早中耕松土，提高土壤通透性，增强地温，促进根系下扎。

②水肥管理：浇过缓苗水后，中耕 2～3 次。及时结合浇缓苗水每 667 米² 追施黄腐酸钾水溶肥 5 千克；当门茄长到核桃大小时，结合浇水每 667 米² 追施水溶肥 5 千克；每隔 10 天浇 1 次水，每采收 1 次每 667 米² 追 1 次水溶肥 5 千克。盛果期喷施 0.2％～0.5％磷酸二氢钾或微量元素 2～3 次。

③整枝吊蔓：双干整枝，及时打掉门茄以下侧枝及植株下部老叶和病叶。门茄长到拳头大小时，按主枝的生长方向及时吊蔓。

（4）综合防治病虫害。按照"预防为主，综合防治"的植保方针，坚持以农业防治、物理防治、生物防治为主，以化学防治为辅。

①农业防治：前茬作物收获后及时清理前茬残枝枯叶及病虫残体，深耕起垄定植。采用沟灌或滴灌，降低室内湿度，减少病虫害发生。

②物理防治：利用黄板诱杀蚜虫、茶黄螨等，挂在高出植株顶部的行间，每 667 米² 挂 30～40 块。棚室放风口使用防虫网防虫。

③化学防治：用 10％吡虫啉可湿性粉剂 1 500～2 000 倍液，或 25％噻虫嗪可湿性粉剂 2 000～3 000 倍液防治蓟马、白粉虱；用 50％异菌脲悬浮剂 1 000～2 000 倍液，或 50％多·福·乙可湿性粉剂 800～1 000 倍液防治灰霉病。

5. 产值效益

大棚一年两茬作物每 667 米² 产值 2.9 万元以上。其中：早春茬西瓜以礼品瓜为主,每 667 米² 产 3 000~4 000 千克,每 667 米² 产值 2 万~3 万元。秋延后茄子每 667 米² 产 3 000~4 000 千克,每 667 米² 产值 0.9 万~1.2 万元。

大棚早春茬西瓜—秋延后茄子栽培技术

>>> 新乐市嘉联瓜菜专业合作社 <<<

一、经营主体简介

新乐市嘉联瓜菜专业合作社位于邯邰镇南苏村,主要经营范围为瓜菜的种植、销售。现流转土地 23.4 公顷。日光温室面积 6.3 公顷,大棚 16.2 公顷。农用机械齐全,经营情况良好,为了使合作社不断得到发展,经常参加农业技术培训,不断改进瓜菜的种植技术,学习先进经验,将丰富的种田经验与科学化的种植有机地结合在一起,同时带动周围农户 200 余户科学种植,增加了农民的收入,实现了合作社与周边农户的共赢。

二、经营主体经营模式

新乐市嘉联瓜菜专业合作社积极发展合作社和种植大户联动的发展模式,进一步完善“园区＋企业＋合作社＋农户”的现代农业发展新模式,坚持“互联网＋现代农业”的发展思路,积极做好一二三产业有机融合。在蔬菜种植上,引进使用名特优品种,按品种制定生产技术操作规程标准,实行统防统治,推广绿色防控、膜下滴灌、水肥精准管理、夏季高温闷棚、有机肥替代、轻简化栽培等实用新技术,为蔬菜安全生产提供了技术支撑。注册了“圣皇原野”商标,所生产的蔬菜产品全部在园区内就地进行分级包装,统一销售。设置了“二维码”质量追溯系统,产品质量可追溯。

三、经营主体生产模式

目前,该合作社主要生产模式有日光温室早春茬西瓜—越冬茬番茄栽培技术模式、大棚早春茬西瓜—秋延后辣椒栽培技术模式等。

（一）日光温室早春茬西瓜—越冬茬番茄栽培技术模式

1. 茬口安排

（1）早春茬西瓜。12 月中旬育苗，2 月上旬定植，五一前后开始采收，5 月下旬拉秧。

（2）越冬茬番茄。8 月初至 9 月初定植，10 月下旬至 11 月下旬开始采收，翌年 2 月结束。

2. 品种选择

（1）早春茬西瓜。选择熟性较早、前期较耐低温、后期耐高温、植株抗病性强、甜度高、风味独特的西瓜品种，如全美 4K、全美 2K 等。

（2）越冬茬番茄。选择熟性较早、前期较耐高温、后期耐低温、弱光性好、植株恢复再生能力强的番茄品种，如番茄-5、番茄榜样等。

①番茄-5：无限生长型粉果，硬度好，长势强，早熟，抗番茄黄化曲叶病毒，抗线虫，耐低温弱光，果色靓丽，挂果成熟一致性好，果实均匀整齐，连续挂果能力强，早熟，膨果速度快，高圆果型，单果重 250～320 克，叶量适中，口感好，耐储运，适应性广，具有抗番茄黄化曲叶病毒病 $Ty1$ 和 $Ty3a$ 基因位点，抗根结线虫 $Mi1$ 基因位点，抗番茄花叶病毒 $Tm2a$ 基因位点。综合抗病能力较强。商品性佳，适宜高水肥栽培管理，水肥充足每 667 米² 产量可达 10 000 千克左右。

②番茄榜样：硬度好，长势强，中早熟，抗番茄黄化曲叶病毒，抗线虫，耐低温弱光，果色靓丽，挂果成熟一致性好，果实均匀整齐，连续挂果能力强，早熟，膨果速度快，高圆果型，单果重 200～300 克，叶量适中，口感好，耐储运，适应性广，抗番茄黄化曲叶病毒病，抗根结线虫，综合抗病能力较强。商品性佳，适宜高水肥栽培管理，水肥充足条件下，每 667 米² 产量可达 100 00 千克左右。

3. 日光温室早春茬西瓜栽培技术

（1）育苗。

①播前浸种催芽：选用包衣种子，将种子放在 55℃ 的温水里浸种，不停搅拌，水温下降至 35℃ 时停止搅拌，在室温下浸泡 6～8 小时，捞出稍晾后包在湿毛巾内催芽，要保持温度在 28～32℃。催芽过程中，保持毛巾湿润。24～36 小时种子露白即可播种。催芽播种时，芽不可过长，以不超过 0.30 厘米为宜，若过长在点播时容易将芽尖碰断，可采取随发随拣随播的原则。

②营养土配制：一般用调配好的蛭石营养土，或者没有种过瓜的肥田土喷洒杀菌剂混拌均匀。

③育苗钵育苗：将配制好的营养土装入育苗钵。放入宽 1.20 米、高 15 厘米（长根据育苗量而定）的温室苗床上，铺地温线增温以保证出苗，温度太低时用暖风炉增温，嫁接后苗床上覆小拱棚，定植前炼苗。

④播种：播种前将营养钵和苗床浇透水，将露白的种子平放，芽尖朝下，点播在营养钵内，盖厚 0.05～1 厘米的沙土或营养土，然后浇水，并覆膜保持湿度。播种后至出苗前，苗床温度白天控制在 28～30℃，夜间 15～20℃，出苗破心后白天温度 22～28℃，夜间温度 15～20℃。底墒水浇足后苗期一般不浇水，确需浇水，可隔 2 天浇 1 次。定植前 1 天营养钵浇足水。

（2）定植。

①定植苗龄及时期：应选择具 3～5 片真叶的幼苗定植。一般在 2 月上旬定植。

②整地施肥：定植前进行整地，每 667 米² 施稻壳粪 1 000 千克左右，生物有机菌肥 500 千克，复合肥 25 千克，深翻整平后起垄，一般垄高 20～30 厘米，垄宽 70 厘米，沟宽 50 厘米。

③定植：定植前浇水，垄稍干按株距挖定植穴，把苗坨从营养钵内倒出，放入定植穴内，四周压平压实。每 667 米² 定植 1400～1500 株，定植穴内浇定植水。定植后的前几天温度要适当高些，适度遮光，以利于西瓜缓苗，然后覆地膜。

（3）田间管理。

①温度及光照：西瓜要求的温度较高，白天保持在 28～30℃，晚上 18～20℃，凌晨温度不低于 15℃。进入果实膨大期后，白天保持 28～30℃，一般不要超过 32℃。本地冬春夜间散温快，温度管理应以保温蓄热为中心，白天的最高温度可提高 2～3℃，甚至短时间的 34～35℃也可暂不放风，以保证早晨最低气温在 15℃左右。西瓜对光照的要求高，选用透光率高的棚膜。要勤扫棚面，早拉帘晚放帘，延长光照时间。及时调整植株和吊蔓，使棚内通风透光良好，防止病虫害发生。

②水肥管理：西瓜应着重上足上好基肥，基肥以豆粕有机肥为主，以菌肥为辅，钾肥在促进西瓜果实膨大和提高品质，以及减少病虫害发生等方面都有重要的作用，应大力提倡施用。在浇足底墒水的情况下缓苗期一般不干不浇，在伸蔓初期浇水，幼瓜长到鸡蛋大小时要浇 1 次透水，促进果实膨大，结合浇水追施平衡水溶肥 10 千克，约 10 天结合浇水追施高钾水溶肥 10 千克；果实定个后一般不再浇水，以提高糖度。

③整枝与吊蔓：西瓜品种一般采用双蔓整枝，吊起主蔓和侧蔓，主蔓留瓜，选第二或第三雌花留瓜，每株 1 瓜。西瓜长势过旺不好坐瓜时，可在第三雌花后扭秧，促进坐瓜。

④人工授粉：日光温室栽培西瓜，必须进行人工授粉，忌用激素。方法是摘取盛开的雄花数朵，除去花冠，小心地逐一将花粉涂在雌花的柱头上，进行多花授粉。授粉后的雌花第二天仍开时须再次授粉，直到坐瓜。冬天西瓜雄花放粉的时间一般在早晨的 10：00 后，阴天放粉的时间更迟，甚至可能在 13：00 左右。雄花放粉标准为花药裂开，花粉堆积在外呈金黄色绒絮状；雄花若不放粉，则授粉结果不佳。

为便于掌握成熟度、适时采收，授粉时一般用不同颜色的毛线绑结在雌花的瓜柄上进行标记，每 2～3 天换一种颜色。这样便可根据品种的成熟日数分批采收熟度一致的瓜，保证上市西瓜的品质。

⑤吊瓜：当西瓜长到拳头大小时，用细网兜兜起，吊挂于铁丝上，防止坠秧。

（4）病虫害综合防治。

按照"预防为主，综合防治"的植保方针，坚持以农业防治、物理防治、生物防治为主，以化学防治为辅。

①农业防治：前茬作物收获后及时清理前茬残枝枯叶及病虫残体，深耕起垄覆膜定植。采用膜下沟灌或膜下滴灌，降低室内湿度、减少病虫害发生。

②物理防治：用糖醋液（糖、醋、酒、水和 90％敌百虫晶体的体积比为 3：3：1：10：0.6）诱杀害虫，大棚放风口处设置防虫网（40 目）防虫，棚内悬挂黄板诱虫，减少病虫害发生。

③化学防治：用吡蚜酮防治蚜虫。用嘧菌酯悬浮剂或苯醚甲环唑水分散剂等防治炭疽病。用噁霉灵或枯草芽孢杆菌等防治枯萎病。用苯甲·嘧菌酯悬浮剂等防治白粉病。

（5）西瓜采收。当西瓜呈本品种固有皮色，脐部和果蒂部位向里凹陷、收缩时，及时采摘。

4. 日光温室越冬茬番茄栽培技术

（1）育苗。

①种子准备：选用包衣种子。

②搭建遮阳防雨、防虫育苗场地：该模式一般在 6 月下旬至 7 月中旬播种育苗，时值高温多雨季节，为避免高温、雨涝及病毒病的危害，选择地势高燥、排水良好的地方育苗。一般在大棚内育苗，棚上覆盖遮光度 75％的遮阳网，以利遮阳降温，以花荫凉为宜，根据气候条件（温度、光照等）进行遮阳网调控，防止幼苗徒长，培育壮苗。育苗棚四周设置 40 目的防虫网防虫。

③穴盘护根育苗：采用穴盘护根育苗、一次成苗的现代化育苗技术，可保护幼苗根系、有效地防止土传病害的发生。番茄秋延后栽培一般采用 72 孔穴

盘进行育苗。

④苗期化学调控：在幼苗生长到 6～7 厘米（或幼苗长到 3～4 片真叶）时，选择傍晚进行喷洒生长调节剂调控。

（2）定植。

①定植苗龄及时期：选择幼苗具 3～4 片真叶时定植，一般在 8 月初至 9 月初。

②高温闷棚消毒：施入杀菌剂和杀虫剂，进行高温闷棚消毒，有效时间在 20 天以上，减少土壤残留的病菌、虫卵等。

③整地施肥：定植前 1 周进行整地，每 667 米^2 施有机菌肥 500 千克，复合肥 25 千克，深翻整平后与土混匀。

④定植：番茄定植时正值高温、高湿、强光、多雨季节，不利于秧苗缓苗，并且容易诱发各种病虫害。因此，定植必须选择晴天的傍晚或阴天进行，栽后立即浇透水。平畦单株栽培，穴距 40 厘米，每 667 米^2 栽 2 500 株左右。

（3）田间管理。

①中耕锄划：定植 7～8 天后中耕锄划 1 次，隔 5～7 天再锄划 1 次。

②水肥管理：第一穗果鸡蛋大小时，结合浇水每 667 米^2 追施平衡水溶肥 5 千克；第二、三穗果迅速膨大期，随浇水每 667 米^2 追施高钾水溶肥 5 千克，并于晴天傍晚叶面喷施 0.2%～0.5%磷酸二氢钾或微量元素。

③整枝吊蔓：株高 40～50 厘米时，单干整枝，及时去除侧枝，按主枝的生长方向及时吊蔓。留 4～5 穗果，第一穗果定个后，摘除下部老叶，整枝时避免损伤叶片，同时使叶片空间分布均匀，不互相遮挡。

（4）综合防治病虫害。按照"预防为主，综合防治"的植保方针，坚持以农业防治、物理防治、生物防治为主，以化学防治为辅。

①农业防治：前茬作物收获后及时清理前茬残枝枯叶及病虫残体。采用沟灌或滴灌，降低室内湿度，减少病虫害发生。

②物理防治：采用大棚放风口处设置防虫网（60 目）、棚内悬挂黄板等方法减少病虫害发生。

③化学防治：利用苦参碱可溶液剂或溴氰虫酰胺可分散油悬浮剂防治蚜虫。用代森锰锌可湿性粉剂或百菌清悬浮剂防治疫病。

5. 产值效益

该模式可实现每 667 米^2 产值 8.2 万～8.5 万元。其中：

西瓜每 667 米^2 定植 1 400～1 500 株，五一前上市，每个 30 元左右，实现产值 4.2 万～4.5 万元。

番茄 8 月定植，元旦前后结束采收，每 667 米^2 产量 10 000 千克左右，价

日光温室早春茬西瓜—越冬茬番茄栽培技术

格 4 元/千克，实现每 667 米² 产值 4 万元。

（二）大棚早春茬西瓜—秋延后辣椒栽培技术模式

1. 茬口安排

（1）早春茬西瓜。1 月上旬育苗，2 月中旬定植，5 月中旬采收，6 月中下旬拉秧。

（2）秋延后辣椒。6 月上旬育苗，7 月上旬定植，9 月上旬采收，霜降前后结束采收。

2. 品种选择

（1）早春茬西瓜。选择熟性较早、前期较耐低温、后期耐高温、植株抗病性强、甜度高、风味独特的西瓜品种，如全美 2K、全美 4K 等。

（2）秋延后尖椒。选择熟性较早，前期较耐高温、后期耐低温弱光、植株恢复再生能力强的辣椒品种，如喜洋洋、175 等。

①喜洋洋辣椒：抗病毒，耐高温，花多，坐果能力强，单果重 200 克左右。

②175 辣椒：抗病毒，耐高温，前期坐果能力差，单果重 300 克左右。

3. 大棚早春茬西瓜栽培技术

参照 P139～P140 大棚早春茬西瓜栽培技术。

4. 秋延后辣椒栽培技术

（1）育苗。

①选种：选用包衣种子。

②搭建遮阳防雨、防虫育苗场地：该模式一般在 6 月上旬播种育苗，时值高温、多雨季节，为避免高温、雨涝及病毒病的危害，选择在地势高燥、排水良好的大棚内育苗，棚上覆盖遮光度 75% 的遮阳网，以利遮阳降温，根据气

候条件（温度、光照等）进行遮阳网调控，防止幼苗徒长，培育壮苗。育苗棚四周设置 40 目的防虫网防虫。

③穴盘护根育苗：采用穴盘护根育苗、一次成苗的现代化育苗技术，可保护幼苗根系，有效地防止土传病害的发生。辣椒秋延后栽培一般采用 72 孔穴盘进行育苗。

④苗期化学调控：在幼苗生长到 6～7 厘米（或幼苗长到 3～4 片真叶）时，选择傍晚进行喷洒生长调节剂培育壮苗。

（2）定植。

①定植苗龄及时期：选择幼苗 3～4 片真叶时定植。一般在 7 月上旬定植。

②高温闷棚消毒：施入杀菌剂和杀虫剂，进行高温闷棚消毒，有效时间在 20 天以上，减少土壤残留的病菌、虫卵等。

③整地施肥：定植前 1 周进行整地，每 667 米² 施有机菌肥 500 千克，复合肥 25 千克，深翻与土混匀后整平。

④定植：大棚秋延后栽培，定植时正值高温、高湿、强光、多雨季节，不利于秧苗缓苗，并且容易诱发各种病虫害。因此，定植必须选择晴天的傍晚或阴天进行，栽后立即浇透水。平畦单株栽培，每 667 米² 栽植 1 800～2 000 株。

（3）田间管理。

①严防徒长，促进坐果：定植缓苗后，中耕培土，防止疯秧，应及时在傍晚喷洒生长调节剂，以矮化植株，增加茎粗，降低开花节位，使植株开花、结果提前，提高抗病毒病、疫病能力。

②水肥管理：缓苗后浇缓苗水；坐果初期结合浇水每 667 米² 追施平衡水溶肥 10 千克，10 天左右结合浇水每 667 米² 追施高钾大量元素水溶肥 10 千克；采收盛期，应浇小水。

（4）综合防治病虫害。按照"预防为主，综合防治"的植保方针，坚持以农业防治、物理防治、生物防治为主，以化学防治为辅。

①农业防治：前茬作物收获后及时清理前茬残枝枯叶及病虫残体，采用沟灌或滴灌，降低室内湿度，减少病虫害发生。

②物理防治：采用大棚放风口处设置防虫网（40 目）、棚内悬挂黄板等方法减少病虫害发生。

③化学防治：用烯酰吗啉可湿性粉剂或噁酮·霜脲氰水分散粒剂等防治疫病；用吡唑醚菌酯乳油或苯醚甲环唑水分散粒剂等防治炭疽病；用溴氰虫酰胺悬乳剂或氯虫·高氯氟微囊悬浮剂防治蚜虫。

5. 产值效益

该模式可实现每 667 米² 产值 5.6 万～6.1 万元。西瓜每 667 米² 定植 1 400～1 500 株，五一前后上市，每个 30 元左右，可实现每 667 米² 产值 4.2

万～4.5万元；辣椒7月上旬定植，霜降前后结束采收，每667米² 产量4 000千克左右，价格4元/千克，可实现每667米² 产值1.6万元。

大棚早春茬西瓜—秋延后辣椒栽培技术

>>> 新乐市鑫河种植专业合作社 <<<

一、经营主体简介

新乐市鑫河种植专业合作社成立于2012年9月10日，主要从事蔬菜、玉米等作物种植及新产品、新品种引进、试验、示范、推广。位于新乐市承安镇凤鸣村村北，紧邻107国道，交通十分便利。占地13.3公顷，钢结构标准冷棚20余个，用于蔬菜种植，占地面积2公顷以上；玉米等作物种植及新产品、新品种引进、试验、示范等占地11.3公顷。合作社现有职工8人，其中技术人员2人，与中种国际种子有限公司和圣尼斯种子（北京）有限公司建立了稳定的合作关系。

二、经营主体经营模式

鑫河种植专业合作社坚持"互联网＋"现代农业的发展思路，推进绿色防控、膜下滴灌、水肥精准管理、夏季高温闷棚、有机肥替代技术、轻简化栽培等实用新技术，为蔬菜安全生产提供了技术支撑。

三、经营主体生产模式

目前，该合作社主要生产模式有大棚早春茬番茄—秋延后番茄栽培技术模式、大棚早春茬甜瓜—秋延后番茄栽培技术模式。

（一）大棚早春茬番茄—秋延后番茄栽培技术

1. 茬口安排

（1）早春茬番茄。1月上旬育苗，2月底至3月初定植。5月中旬采收，6月下旬拉秧。

（2）秋延后番茄。6月上中旬育苗，7月上中旬定植，9月上中旬采收，霜降前后拉秧。

2. 品种选择

选择熟性较早，品质优良、性状稳定、抗逆性强的优良番茄品种，如红岩、黄冠、冀番144等。秋延后番茄以红岩、黄冠等为宜。

①红岩：该品种为圣尼斯种子（北京）有限公司培育的杂交种，植株生长势强，果实椭圆形，果面光滑有光泽，果红色，单果重12克左右，每百克维生素C含量141.0毫克，含糖量13%，商品性好，连续坐果性好，较耐低温弱光，抗病毒病、炭疽病，耐疫病，抗线虫，一般每667米^{2}产5 000千克左右。

②黄冠：该品种为圣尼斯种子（北京）有限公司的杂交种，植株生长势强，果实圆形，单果重12克左右，果面光滑有光泽，成熟果黄色，每百克维生素C含量158.01毫克，商品性好，连续坐果性好，抗病毒病、炭疽病，耐疫病，抗线虫，一般每667米^{2}产5 000千克左右。

③冀番144：该品种为河北省农林科学院自研品种，无限生长类型，生长势强，耐低温弱光，果实高圆或微扁圆，成熟果为粉红色，亮度佳，耐储运，商品性好，单果重250克左右，一般每667米^{2}产15 000千克以上；抗叶霉病、根腐病、灰斑病。

3. 早春茬番茄栽培技术

（1）育苗。

①种子准备：选用包衣种子。

②温室育苗：1月上旬温室育苗，覆盖保温被，育苗床内铺地温线，育苗期间及时通风透光，适时调控温湿度，预防幼苗徒长，定植前进行炼苗。

③穴盘护根育苗：采用穴盘护根育苗、一次成苗的现代化育苗技术，可保护幼苗根系，有效地防止土传病害的发生。一般采用72孔穴盘进行育苗。

④苗期化学调控：在幼苗长到6~7厘米（或幼苗长到3~4片真叶）时，选择在傍晚喷洒生长调节剂。

（2）定植。

①定植苗龄及时期：选择幼苗具3~4片真叶时定植。一般在2月底至3月初定植。

②整地施肥：上茬作物收获后，一般在11月中下旬进行整地，每667米^2

施有机肥（腐熟鸡粪）300~400 千克，大豆菌肥 50~60 千克，平衡复合肥 30 千克，撒施均匀后旋耕机深翻 20~25 厘米，旋耕 2 次。整成宽 50~60 厘米、高 15~20 厘米的栽培畦，畦间距 70~80 厘米。

③定植：定植选择晴天上午进行。定植前一天铺滴灌带、地膜，之后滴灌 2~3 小时。栽培畦上挖好定植穴，将连带基质的番茄苗轻轻放入，覆土严实，搭 2 米宽的小拱棚。选择双垄单株种植，株距 40 厘米，每 667 米² 定植 2 200 株左右。

（3）田间管理。

①小拱棚调控：根据气候条件（温度、光照等）进行小拱棚调控，一般晴天上午 10：00 左右揭开小拱棚，下午 3：30 左右盖好，3 月底拆除小拱棚。

②及时授粉：当第一穗果开 10 来朵花时及时进行授粉，可采用熊蜂授粉。

③水肥管理：每次浇水滴灌 2~3 小时。定植后及时浇定植水，1 周后结合浇缓苗水每 667 米² 冲施海藻鱼蛋白水溶肥 2 千克，半月后浇第二水，以后每隔 10 天左右浇 1 次水。第一穗果花生豆大小时结合浇水每 667 米² 再冲施平衡水溶肥 5 千克，20 天后结合浇水每 667 米² 冲施平衡水溶肥 5 千克。第一穗果开始采收时结合浇水每 667 米² 冲施高钾水溶肥 5 千克，10 天后结合浇水每 667 米² 再冲施高钾水溶肥 5 千克。于晴天叶面喷施磷酸二氢钾或微量元素。

④整枝吊蔓：株高 40~50 厘米时，双干整枝，及时去除侧枝，按主枝的生长方向及时吊蔓。留 5 穗果，第一穗果定个后，摘除下部老叶，整枝时避免损伤叶片，同时使叶片空间分布均匀，不互相遮挡。

（4）综合防治病虫害。按照"预防为主，综合防治"的植保方针，坚持以农业防治、物理防治、生物防治为主，以化学防治为辅。

①农业防治：前茬作物收获后及时清理前茬残枝枯叶及病虫残体，深耕起垄定植。采用滴灌降低室内湿度，减少病虫害发生。

②物理防治：棚室放风口放置防虫网，棚内悬挂黄板。

③化学防治：用溴氰虫酰胺防治蚜虫、蓟马，用百菌清防治疫病、灰霉病。

4. 秋延后番茄栽培技术

（1）育苗。

①种子准备：选用包衣种子。

②搭建遮阳防雨、防虫育苗场地：该模式一般在 6 月上中旬播种育苗，时值高温、多雨季节，为避免高温、雨涝及病毒病的危害，选择地势高燥、排水良好的地方育苗，一般在大棚内育苗，棚上覆盖遮光度 75％的遮阳网，以利遮阳降温，根据气候条件（温度、光照等）进行遮阳网调控，防止幼苗徒长，以培育壮苗。育苗棚四周设置 40 目的防虫网防虫。

③穴盘护根育苗：采用穴盘护根育苗、一次成苗的现代化育苗技术，可保

护幼苗根系,有效地防止土传病害发生。一般采用72孔穴盘进行育苗。

④苗期化学调控:在幼苗生长到6~7厘米(或幼苗长到3~4片真叶)时,选择傍晚喷洒生长调节剂调控。

(2)定植。

①定植苗龄及时期:选择幼苗3~4片真叶时定植。一般在7月上中旬定植。

②高温闷棚消毒:一般每667米² 施腐熟鸡粪400~500千克,平衡复合肥30千克,同时施入杀菌剂和杀虫剂,进行高温闷棚消毒,有效时间在20天以上,减少土壤残留的病菌、虫卵等,并将有机肥充分腐熟。

③整地施肥:定植前进行整地,每667米² 施生物菌肥50~60千克,撒施均匀后旋耕机深翻20~25厘米,旋耕2次。

④定植:定植时正值高温、高湿、强光、多雨季节,不利于秧苗缓苗,并且容易诱发各种病虫害,因此选择晴天的傍晚或阴天进行,定植前浇透水,第二天挖定植穴,将连带基质的番茄苗轻轻放入,覆土严实。平畦大小垄种植,平均行距70厘米,株距40厘米,每667米² 定植2 200株左右。

(3)田间管理。

①中耕锄划:定植7~8天后中耕锄划1次,隔5~7天再锄划1次。

②及时授粉:当第一穗果开10朵花以上时及时进行授粉。

③水肥管理:参照P156早春茬番茄栽培技术③水肥管理。

④整枝吊蔓:株高40~50厘米时,双干整枝,及时去除侧枝,按主枝的生长方向及时吊蔓。留4穗果,第一穗果定个后,摘除下部老叶,整枝时避免损伤叶片,同时使叶片空间分布均匀,不互相遮挡。

(4)综合防治病虫害。按照"预防为主,综合防治"的植保方针,坚持以农业防治、物理防治、生物防治为主,以化学防治为辅。

①农业防治:前茬作物收获后及时清理前茬残枝枯叶及病虫残体,深耕定植。采用沟灌或滴灌,降低室内湿度,减少病虫害发生。

②物理防治:棚室放风口放置防虫网,棚内悬挂黄板。

③化学防治:用溴氰虫酰胺防治蚜虫、蓟马,用百菌清防治疫病、灰霉

大棚早春茬番茄—秋延后番茄栽培技术

病，用宁南霉素防治病毒病。

5. 产值效益

大棚一年两茬番茄每 667 米^2 产值 5 万元以上。其中：早春茬番茄每 667 米^2 产量约 5 000 千克，产值 3 万～4 万元。秋延后番茄每 667 米^2 产量约 4 000 千克，产值 2 万～3 万元。

（二）大棚早春茬甜瓜—秋延后番茄栽培技术

1. 茬口安排

（1）早春茬甜瓜。1 月上旬育苗，2 月底至 3 月初定植，6 月上中旬采收，6 月下旬拉秧。

（2）秋延后番茄。6 月上中旬育苗，7 月上中旬定植，9 月上中旬采收，霜降前后拉秧。

2. 品种选择

（1）早春茬甜瓜。可选择博洋 9 号、绿宝石等品种。

①博洋 9 号：果型中等偏小，一般单果重在 300～500 克，果形多为长椭圆形，从远处看去有点像小小的冬瓜，其果面墨绿，并均匀分布有灰白色条纹，皮薄肉脆，靠近表皮处果肉颜色多为碧绿色，靠近果囊处果肉颜色可分为橘黄色（黄囊）和偏白色（白囊），黄囊与白囊的形成与品种及种植管理方式有关，熟后两者口感差异不多，都脆甜如蜜。

②绿宝石：果皮深绿色，果皮光滑、翠绿，偶有深青条纹，果肉碧绿，不易裂瓜，商品率高，八成熟即可采摘。外观独特，瓜形丰满，高贵典雅，品质绝佳，可溶性固形物含量 16%～18%。香味浓，口感甜脆，风味极佳，被誉为瓜中珍品。耐运输耐贮藏，货架期长。

（2）秋延后番茄。选择熟性较早、品质优良、性状稳定、抗逆性强的番茄品种，如红岩、黄冠等。

3. 大棚早春茬甜瓜栽培技术

（1）育苗。

①播前种子消毒：播种前种子用 40～50℃、水量相当于种子干重的 5～6 倍的温水浸泡，并搅拌至水温降至 25～30℃捞出，用高锰酸钾溶液浸种 6～8 小时，再用清水冲洗干净，沥干后即可播种。

②温室育苗：1 月上旬温室育苗，覆盖保温被，育苗床内铺地温线，育苗期间及时通风透光，适时调控温湿度，预防幼苗徒长，定植前进行炼苗。

③播种砧木：甜瓜出土 2～3 天后播种南瓜砧木，播种前种子用 55～60℃、水量相当于种子干重 5～6 倍的热水浸泡，并搅拌至水温降至 25～30℃，继续浸泡 20～30 分钟，捞出再用高锰酸钾溶液浸泡 8～12 小时，晾干后即可播种。

④嫁接：采用插接法或靠接法进行嫁接。

（2）定植。

①定植苗龄及时期：选择幼苗具 3～5 片真叶时定植。一般在 2 月底至 3 月初定植。

②整地施肥：上茬作物收获后，一般 11 月中下旬进行整地，每 667 米² 施有机肥（腐熟鸡粪）300～400 千克，大豆菌肥 50～60 千克，平衡复合肥 30 千克，撒施均匀后旋耕机深翻 20～25 厘米，旋耕 2 次。整成宽 50～60 厘米、高 15～20 厘米的栽培畦，畦间距 70～80 厘米。

③定植：定植选择晴天上午进行。定植前 1 天铺滴灌设施、地膜等。定植后滴灌 2～3 小时。栽培畦上挖好定植穴，将甜瓜苗轻轻放入，覆土严实，搭 2 米宽小拱棚。选择双垄单株种植，株距 50 厘米，每 667 米² 定植 1 800～2 000 株。

（3）田间管理。

①小拱棚调控：根据气候条件（温度、光照等）进行小拱棚调控，一般晴天 10：00 左右揭开小拱棚，下午 15：30 左右盖好，3 月底去除小拱棚。

②吊蔓整枝留瓜：瓜蔓长度大于 40 厘米时，进行吊蔓。采用单蔓整枝，40 厘米以上选留 4～5 个瓜柄粗、果形正的子蔓结果。

③及时授粉：每天 7：00～10：00 用软毛刷收集雄花的花粉，涂在雌花的柱头上，进行人工授粉，或采用熊蜂授粉。

④温湿度管理：定植后密闭棚室，白天温度保持 28～35℃，夜间保持 18～20℃；缓苗后到雌花开放前，白天温度保持 25～32℃，夜间保持 14～16℃；开花坐果期，白天温度保持 25～30℃，夜间保持 15～18℃。果实生长期白天温度保持 28～32℃，夜间保持 16～18℃。温度达到甜瓜适宜温度范围的最高温度时放风降温排湿，当温度降到甜瓜适宜温度范围的最低温度时关风口保温。随外界气温升高逐步加大放风量。夜间温度超过 18℃也可放风，保持相对湿度 60%～70%。

⑤水肥管理：每次浇水滴灌 2～3 小时。结合浇缓苗水每 667 米² 冲施海藻鱼蛋白水溶肥 2 千克，甜瓜核桃大小时结合浇水每 667 米² 冲施平衡水溶肥 5 千克，10～15 天后结合浇水再冲施 1 次；10～15 天后结合浇水每 667 米² 冲施高钾水溶肥 5 千克，10～15 天后再冲施 1 次；于晴天傍晚叶面喷施磷酸二氢钾或微量元素。

（4）综合防治病虫害。按照"预防为主，综合防治"的植保方针，坚持以农业防治、物理防治、生物防治为主，以化学防治为辅。

①农业防治：前茬作物收获后及时清理前茬残枝枯叶及病虫残体，深耕起垄定植。采用滴灌，降低室内湿度，减少病虫害发生。

②物理防治：棚室放风口放置 60 目防虫网，棚内悬挂黄板。

③化学防治：用精甲·噁霉灵防治猝倒病，用氟菌·霜霉威防治霜霉病，用春雷霉素·溴硝醇防治细菌性角斑病。

4. 秋延后番茄栽培技术

参照 P154～P155 秋延后番茄栽培技术。

5. 产值效益

大棚一年两茬番茄每 667 米^2 产值 4 万元以上。其中早春茬甜瓜每 667 米^2 产量 3 000～4 000 千克，产值 2 万～3 万元。秋延后番茄每 667 米^2 产量约 4 000 千克，产值 2 万～3 万元。

大棚早春茬甜瓜—秋延后番茄栽培技术

第三章　石家庄市正定县蔬菜产业发展典型案例

>>> 正定县永刚粮蔬种植有限公司 <<<

一、经营主体简介

正定县永刚粮蔬种植有限公司成立于 2015 年，位于正定县南楼乡许香村，专门从事蔬菜生产。目前园区有技术人员 2 名、工人 20 余人，流转土地 8 公顷以上，现有棚室 13 个，其中 11 个为蔬菜生产的冷棚，2 个为育苗的温室大棚。适合棚室及露地作业的机械设备 10 余套。主要种植马铃薯、茄子、豆角、黄瓜等，经过多年蔬菜生产，积累了丰富的种植经验，并带动本村十余户及周边村民从事蔬菜生产。

近年来，该公司与河北省农林科学院、石家庄市农业技术推广中心、石家庄综合试验推广站、冀中南甘薯马铃薯提质增效生产综合试验推广站、正定县农业农村局合作，进行了蔬菜新品种、新技术的引进、试验、示范和推广，以及有机肥替代、微生物菌肥等试验示范，蔬菜效益明显提高。公司园区举行新品种、新技术现场观摩会 10 余次，接待上千人，为大面积推广绿色蔬菜生产搭建平台。

该公司 2017 年被正定县农林畜牧局授予蔬菜种植先进单位；2018 年被评为正定县蔬菜示范基地、正定县优农协会授权粮蔬基地，成为北国超市优质农产品直采基地；2019 年被评为县级蔬菜示范基地；2000 年被选为县级示范主体；2021 年被评为县级蔬菜示范基地；2022 年成为河北省蔬菜产业体系创新团队石家庄综合试验推广站示范基地。河北省农林科学院、石家庄市技术推广中心、正定县农业综合技术推广站在该公司组织召开了多次新品种、新技术现场观摩会。2022 年 6 月 21 日省农业农村厅派记者对该公司进行了重点采访。该公司将荣誉视为自我提升的强劲动力，历经数载的试验示范与经验积淀，成功掌握并制定出了一套严谨的绿色生产技术流程。在此基础上，公司稳步扩大生产规模，持续对原有棚室及配套设施进行改造升级，旨在以更优质的服务回馈人民，报答社会。

二、经营主体经营模式

正定县永刚粮蔬种植有限公司在蔬菜种植领域，积极推行资源共享、技术指导与统一销售策略，通过构建紧密的利益联结机制，将农户紧密组织起来，成功实践了"公司＋农户"的经营模式。目前，园区主要致力于示范并推广一系列现代农业技术，包括测土配方施肥技术、有机肥替代技术、设施土壤活化技术、病虫害生态防控技术、棚室蔬菜灾害性天气应对技术，以及膜下滴灌、水肥一体化等高效实用技术。这些新技术与新品种在园区的应用覆盖率高达 100％，公司严格遵循操作规程进行蔬菜生产，确保每一环节都精益求精。

三、经营主体生产模式

经过多年的试验和实践，该公司主要生产模式有冷棚茄子"换头"高产栽培技术模式，马铃薯四膜覆盖—黄瓜—豆角栽培技术模式、地膜马铃薯—大葱栽培技术模式、地膜马铃薯—大白菜栽培技术模式、大棚春夏茄子—夏秋豆角—秋冬小白菜绿色复种高效栽培技术模式等。

（一）冷棚茄子"换头"高产栽培技术模式

该模式根据茄子植株分枝能力强的特点，利用其侧枝萌发形成新枝，管理上通过二次整枝，实现一次定植两次收获产品，即菜农俗称的"换头"，这种栽培模式省工、省力、省时，经济效益好，很受菜农认可。

1. 品种选择

选择抗病抗逆性强、高产稳产的优良品种，如茄杂 6 号、茄优 58 等。

（1）茄杂 6 号。茄杂 6 号是河北省农林科学院经济作物研究所培育的黑色圆茄杂交种。耐弱光、着色好、抗病性强，株型紧凑，棚室中连续坐果能力强。始花节位 7～8 节，果实扁圆形，果色黑亮，果肉浅绿，肉质细密，单果重 800～1 000 克，商品性好，符合市民消费习惯，很受市民的喜爱。适宜华北地区种植，为春秋棚室茄子专用品种。

（2）茄优 58。茄优 58 是河北省农林科学院经济作物研究所培育的中晚熟品种，品质优良，生长势强，株型紧凑，茎叶粗壮，门茄节位 10～12 节，果实圆形，果色黑亮，果面光滑，一般单果重 800～1 000 克，该品种连续坐果能力强，耐热性、抗病性强，商品性好，适合河北、山东和山西等地春秋棚及露地栽培。

2. 定植

（1）定植时间。由于园区种植茄子多年，为预防黄萎病等土传病害的发生，采用育苗基地统一嫁接育苗，2 月 10 日左右定植。

（2）选择壮苗。适合定植的茄子苗有 4～5 片真叶，注意选择叶色浓绿、叶片肥厚、茎秆粗壮、根系发达、没有病虫害的茄苗。

（3）施足底肥。茄子种植要选择土层深厚、土质肥沃、保水保肥性好的地块。定植前每 667 米² 底施腐熟的有机肥 3 米³，比如鸡粪肥，不施化肥，之后深翻整地。

（4）定植。由于定植时天气寒冷，故采用 4 膜覆盖保温栽培模式。平地定植，行距 95 厘米左右，株距 35～40 厘米，每 667 米² 种植约 2 000 株。定植行铺设滴灌带，行间覆反光黑膜，可以有效抑制杂草、降低棚内湿度。

3. 田间管理

（1）水肥管理。定植后浇一次定植水，水量要小，定植沟内微微湿润即可。1 周后根据情况浇 1 次缓苗水，结合浇水每 667 米² 施入黄腐酸 2.5 千克。在门茄花凋谢前要适当控水控肥，门茄长至鸡蛋大小时，随水施肥 1 次，结合浇水每 667 米² 施入高钾复合肥 5 千克。之后天气转暖，气温逐渐升高，根据实际情况浇水，隔次每 667 米² 追施高钾复合肥 5 千克。隔 2 水每 667 米² 施入黄腐酸 2.5 千克。

（2）棚温及放风。苗期注意防寒保温，定植后的 1 周之内不放风，白天棚内温度以 26～28℃ 为宜，夜间温度不能低于 15℃。茄子缓苗以后棚内温度 35℃ 以上时要适当放风。

（3）棚膜管理。定植缓苗后，根据实际情况可以在 2 月 25 日撤掉最里面的第一层小拱棚，10 天后撤掉第二层棚膜，终霜期后撤掉第三层棚膜。

（4）整枝打杈。采用双干整枝法，门茄开始膨大时进行整枝。茄子对光照强度要求较高，要及时整枝打杈，去除老叶、黄叶。

茄子定植后，要注意培育健壮的植株，为下一步的"换头"奠定基础。

（5）茄子植株"换头"技术。即二次整枝。茄子所谓的"换头"就是利用植株主干下部新生的健壮侧芽，通过科学培养形成新枝并开花结果，从而实现茄子植株的更新，1 次定植 2 次收获。

根据园区多年积累的经验，在每株茄子植株的主干基部留 1 个健壮的侧枝，待侧枝上出现花朵时，将上部枝条剪掉，剪口距地面约 25 厘米。注意剪刀要锋利，枝条的剪口为斜口，这样就完成了茄子换头，由老植株转换成了新的有旺盛生命力的新植株。"换头"后要集中水肥促侧枝生长发育，每 667 米² 追高钾复合肥 5 千克，之后即可进行常规管理，如果市场行情好，茄子可以一直采收到霜降。

注意事项：整个棚室的茄子植株不必统一剪枝"换头"，可以根据单株茄子的具体情况在合适的时机分别进行，如长势渐弱、收获结束或者在植株生产能力明显下降时，陆续完成全田植株的"换头"工作。

4. 病虫害防治

茄子常年发生的病虫害主要有黄萎病、褐纹病、绵疫病、茶黄螨、白粉虱等。防治方法以农业防治和物理防治为主，尽量减少化学农药的使用。

（1）农业防治。坚持"以防为主，综合防治"的原则。注意合理轮作倒茬、选择抗病品种、种子消毒、棚内土壤消毒、合理调控棚内温湿度等，减少病虫害发生，培育壮苗。

（2）物理防治。采用黄板、蓝板、防虫网等物理措施，以诱杀害虫，减少病虫害的发生，减少化学农药的使用，保障食品安全。

（3）化学防治。

黄萎病：黄萎病是茄子病害中常见的病害之一。定植后现蕾时防治1次，每667米^{2}用30%噁霉灵水剂500～1 000倍液，或50%烯酰吗啉600倍液灌根。

褐纹病：可以用50%代森锰锌可湿性粉剂1 000倍液，或25%吡唑醚菌酯1 000倍液喷雾防治，根据田间实际情况7～10天喷1次，连续防治2～3次。

绵疫病：绵疫病发生初期用50%烯酰吗啉600倍液、64%噁霜灵·锰锌600倍液、72%霜脲·锰锌可湿性粉剂1 500倍液喷雾防治，7～10天喷1次，连喷2～3次，注意科学交替用药，以避免病原菌产生抗药性。

茶黄螨：用1.8%阿维菌素乳油1 500倍液、5%哒螨灵悬浮剂3 000倍液进行喷雾防治，每隔7天喷1次，连喷2～3次，喷雾要均匀。

白粉虱：在棚室的通风口安装防虫网，防止棚外害虫的进入，同时棚内悬挂黄板，对白粉虱进行诱杀。严重时用25%吡虫啉可湿性粉剂3 000倍液喷雾防治。

茄子"换头"

茄子吊绳调整株型

5. 产值效益

该模式可操作性强，省工省时，经济效益较高，一般每 667 米² 产量达 15 000～16 000 千克，价格 2 元/千克，每 667 米² 产值 3 万～3.2 万元。

（二）马铃薯四膜覆盖—黄瓜—豆角栽培技术模式

四膜覆盖是指大拱棚覆盖 3 层膜，棚内再搭小拱棚的早春马铃薯高效栽培模式。马铃薯上市价格处于一年中市场价格最高点，经济效益较常规地膜栽培明显提高。

1. 品种选择

（1）马铃薯。选用石薯 1 号、荷兰 15 号、中薯 3 号等早熟品种。

①石薯 1 号：石薯 1 号是石家庄市农林科学研究院培育的早熟马铃薯品种。生育期 67 天，薯型椭圆形，浅黄皮，浅黄肉，薯皮光滑，芽眼少而浅，单株结薯块数 4.5 个，商品薯率 86.4%，一般每 667 米² 产量 3 000 千克左右，对马铃薯 X 病毒病、Y 病毒病、S 病毒病、卷叶病毒病及晚疫病表现抗病，2014 年 6 月通过河北省农作物品种审定委员会审定。适宜在河北二季作区春季种植。

②荷兰 15 号：又名费乌瑞它，产地荷兰，20 世纪 90 年代引入河北春播，生育期 65 天左右，皮淡黄色，肉鲜黄色，芽眼少而浅，一般每 667 米² 产量 2 500 千克左右，抗马铃薯 Y 病毒病和卷叶病毒病，淀粉含量高、肉质脆嫩爽口，适合家庭及饭店食用。多在二季作区的各省份种植。

③中薯 3 号：中薯 3 号是中国农业科学院蔬菜花卉研究所研制的一个品种，薯块椭圆形，顶部圆形，浅黄色皮肉，芽眼少而浅，表皮光滑，一般每 667 米² 产量 1 500～2 000 千克，大中薯率达 90%。抗马铃薯重花叶病、轻花叶病和卷叶病毒病，适于二季作区春、秋两季栽培和一季作区早熟栽培。

（2）黄瓜。选用耐高温、耐储运的优良品种，如津研 4 号。该品种由天津市蔬菜研究所选育。植株主蔓结果，较早熟，瓜条生长速度快，开花后 15 天左右即可采收。品质和商品性状好，较耐瘠薄，抗霜霉病和白粉病能力强。

（3）豆角。选择优良品种长丰 110。该品种为中早熟、浅绿皮、长条豇豆品种。荚角肉厚，嫩绿白条，色泽略深，更耐老化；丰产性好，每花序结荚 2 个以上，无鼠尾、不鼓籽，每 667 米² 产量 4 500 千克；耐高温高湿、抗性强，耐早衰。

2. 马铃薯栽培技术

（1）种薯准备。种薯处理包括催芽和切块 2 个阶段。将种薯在 15～20℃ 的条件下催芽，芽长 0.5～1.0 厘米时置于散射光下晾芽，在播种前 1 天切成重量 25～30 克的薯块，每块留 1 个健康芽眼。

（2）播种。

①播前准备：四层棚膜的高度从上向下依次为：3.5米，2.2米，1.7米，0.8米。四层膜覆盖种植马铃薯在播种前15～20天扣大拱棚提高地温，棚内10厘米土层地温稳定在5℃以上时即可播种，时间在1月15～20日，土壤封冻前每667米^{2}撒施充分腐熟鸡粪2 000千克，深耕15～20厘米，春季播前每667米^{2}施复合肥（18-18-18）40千克作底肥。

②播种：该模式下马铃薯必须足墒播种，采用大垄双行种植方法，行距75厘米，株距20厘米，每667米^{2}用种量为150千克，每667米^{2}栽植5 000～5 500株，种薯上覆土8～10厘米厚。

（3）田间管理。

①温光管理：马铃薯出苗前棚内要提高温度，白天温度不低于25～30℃，夜间不低于10℃。出苗85％时要保证白天大棚内保持在16～21℃，不超过25℃，夜间保持在10℃以上。为了增加光照强度，马铃薯出齐苗后白天把大棚内的两层棚膜揭开，晚上盖上。当大拱棚内夜间最低气温不低于10℃时（一般在3月初），揭去小拱棚棚膜，大拱棚内夜间最低气温不低于10℃时，揭去大拱棚最内层棚膜，晚霜过后逐渐揭去大棚棚膜。马铃薯现蕾后进入结薯期，要使棚内温度控制在16～23℃。

②水肥管理：出苗85％时结合培土浇第一次齐苗水，以小水为宜，同时每667米^{2}追施液体氮肥（尿素硝酸铵，总氮≥355克/升）10千克；现蕾期结合浇水每667米^{2}追施高钾水溶肥5千克（N-P$_2$O$_5$-K$_2$O＝12-6-44）；开花期薯块开始迅速膨大，根据土壤墒情浇第三次水，此时不再追施任何化肥，特别是氮肥，以免引起植株徒长，收获前15天如果缺水，则浇第四次小水，为防治早衰可叶面喷洒3％磷酸二氢钾溶液1～2次。开花期若植株徒长，每667米^{2}用5％烯效唑可湿性粉剂20克，叶面喷雾1～2次。

（4）病虫害防治。四膜覆盖种植主要病虫害有晚疫病和蛴螬、地老虎、金针虫等，应以预防为主，综合防治。

晚疫病：选择不带病菌种薯，轮作倒茬，施用充分腐熟有机肥并增施磷钾肥，降低田间湿度，及时清除田间病残枝。出齐苗后喷施58％甲霜·锰锌500倍液预防，连喷2～3次；发病初期用72％霜脲·锰锌可湿性粉剂600倍液，或68.75％氟吡菌胺·霜霉威600倍液每隔7天喷1次，连喷2～3次。

播种时每667米^{2}撒施3％辛硫磷颗粒剂2～3千克，可以有效防治地老虎、蛴螬、金针虫等地下害虫。

（5）收获。当马铃薯茎叶开始衰老至植株下部叶片1/3发黄时即进入成熟期，可根据市场行情安排收获，一般为播种后90天，时间在4月20～30日。收获过程中要尽量减少机械损伤，并装于透气避光的纸箱中销售或存放，避免见光变绿。

3. 黄瓜栽培技术

（1）播种。黄瓜于 5 月 20 号播种（直播），株距 40 厘米，行距 1.2 米，每 667 米² 定植 1 500～1 600 株。

（2）田间管理。

①温光管理：一般情况下，黄瓜在缓苗期，白天温室温度控制在 25～30℃，夜间温度控制在 18～20℃。缓苗后，白天温室温度控制在 20～25℃，夜间温度控制在 12～15℃。坐果后，上午温度控制在 25～30℃，湿度控制在 75％左右，下午温度控制在 20～25℃，湿度控制在 70％左右。当温度过高时及时放风，降低温室内相对湿度，防止闷热。

②水肥管理：黄瓜播种后 3 天即可出苗，8 个叶左右开花，此时吊绳绑蔓，20 天左右开始坐果浇第一次水，30 天左右摘头次瓜后浇第二次水，并随水每 667 米² 施入高钾复合肥（N-P$_2$O$_5$-K$_2$O＝12-6-44）1.75 千克，此后根据土壤墒情进行膜下滴灌，保持土壤湿润即可，并每次摘瓜后随水施入复合肥 1.75 千克，同时要及时防治病虫害，及时摘除衰老叶片，以改善植株通风透光条件。

（3）病虫害防治。棚室黄瓜主要病害为白粉病。通风不良、光照不足、种植密度大、氮肥施用过多，以及高温、高湿易发生。注意棚室温湿度管理，可用甲基硫菌灵可湿性粉剂，每隔 7 天喷洒 1 次进行防治。黄瓜蚜虫属于较常见的虫害类型，温度 16～22℃，相对湿度 75％以下时，有利于黄瓜蚜虫繁殖。要做好整枝处理，增加通风效果，或悬挂黄板对其进行诱杀，选用高效低毒农药防治，在蚜虫幼虫期，可选用 10％吡虫啉可湿性粉剂 1 000～1 500 倍液喷施防治。

（4）收获。当瓜条长 25 厘米、直径 4.5 厘米左右时即可采收。整个摘瓜期 1 个月左右，7 月底拉秧，准备下茬豆角种植。

4. 豆角栽培技术

（1）播种。于 7 月底播种，每 667 米² 种子用量 2.5 千克，株距 40 厘米，行距 1 米，定植 5 000 株。

（2）田间管理。

①温光管理：播种完成后棚内温度尽量高于 30℃；其次，种子发芽后棚内白天温度应控制在 25℃以上，夜晚温度应控制在 15℃以上。另外，如果遇到持续低温天气，需要每隔 4 天通风 1 次，为豆角苗创造良好的生长环境。

②水肥管理：豆角播种后 3～4 天即可齐苗，4～5 片叶时吊绳起蔓，将第一穗花以下的分枝全部打掉，根据品种长势摘心。田间管理遵循先控后促，开

花前要控水促根。豆角幼苗阶段所消耗的肥料较少，若施肥量过多会造成豆角苗徒长。豆角长 15 厘米左右浇第一次水，并随水每 667 米^2 施入液体氮肥（尿素硝酸铵，总氮≥355 克/升）10 千克，摘头次豆角浇后第二次水，并随水每 667 米^2 施入高钾复合肥（N-P$_2$O$_5$-K$_2$O＝12-6-44）1.75 千克，此后根据土壤墒情进行膜下滴灌，保持土壤湿润即可，并每次采摘后随水每 667 米^2 施入复合肥 1.75 千克。为了避免豆角苗出现早衰现象，在长势旺盛阶段，可以叶面喷施 0.3% 磷酸二氢钾溶液，强化水肥管理，加速豆角苗侧枝与主蔓持续开花结荚，提高豆角种植产量。

当豆角主蔓长出第一花穗时剪除下面的侧芽，并摘掉主蔓上的弱小、带病的叶片；当豆角主蔓生长至 2 米左右时，只保留顶端侧枝的 1 片叶并摘心封顶，保证田间的通风性和透光性。

（3）病虫害防治。综合运用健康栽培及生态调控手段，提高豆角植株的抗病能力。平衡追施氮、磷、钾及微量元素，及时摘除老叶、病叶、病花、病果等并集中销毁，减少再侵染源；严格控制棚内温湿度，及时通风除湿、降温，提高棚膜透光率，创造不利于病原菌生存的环境条件。温室大棚豇豆灰霉病发生普遍，低温高湿条件下发病严重，豆角叶、茎、花及豆荚均可染病。可选用 70% 烯酰·嘧菌酯水分散粒剂 1 500 倍液防治，或 45% 百菌清烟剂 250 克于夜间熏烟防治。

（4）收获。豆角于小雪前拉秧，于土壤封冻前施入有机肥，为翌年马铃薯种植做准备。

5. 效益分析

四膜覆盖马铃薯收获期提前到 4 月中下旬，刚好赶上当地一年中市场价格最高的时期。马铃薯每 667 米^2 产量 2 000 千克，市场价格 3.6～4 元/千克，产值为 7 200～8 000 元；黄瓜每 667 米^2 产量为 3 500～4 000 千克，价格 2 元/千克，产值 7 000～8 000 元；豆角每 667 米^2 产量为 2 500～3 000 千克，价格

马铃薯四膜覆盖

马铃薯复种豆角

3 元/千克，产值 7 500～9 000 元，成本 1 500 元。三茬种植每 667 米² 净利润
为 1.72 万～2.05 万元，效益可观。

（三）地膜马铃薯—大葱栽培技术模式

每年 3 月初，土壤化冻后使用地膜立即播种早熟马铃薯，6 月上旬即可收
获，马铃薯收获后立即栽种大葱，大葱可以在 10 月底至 11 月初收获。

1. 品种选择

（1）马铃薯。选用石薯 1 号、荷兰 15 号等生长期短、结薯早、薯块膨大
快的早熟品种的脱毒原种或一级种薯。

（2）大葱。选用优良品种如青叶 1 号、章丘大葱等，且用发芽率在 90％
以上的当年新种子。

2. 地膜马铃薯栽培技术

（1）种薯准备。种薯处理包括催芽和切块 2 个阶段。将种薯在 15～20℃
的条件下催芽，分拣出芽长 0.5～1 厘米的薯块，见光练芽 7 天左右，在播种
前 12～24 小时切成 30 克左右的薯块，每块留 1 个健康芽眼，保证芽眼下有较
厚的薯肉。切好的薯块在阴凉通风处摊晾 7～8 小时，温度不低于 10℃，伤口
稍微干燥后进行播种。

（2）播种。

①播前准备：土壤封冻前每 667 米² 撒施充分腐熟的鸡粪 2 000 千克，深
耕 15～20 厘米，春季播前每 667 米² 施复合肥（N-P_2O_5-K_2O＝18-18-18）40
千克作为底肥。

②播种：马铃薯在 3 月 8 日左右播种，种植方式为单垄双行种植，种薯用
量每 667 米² 150 千克，密度每 667 米² 4 500 株。垄距 70 厘米，株距 18 厘米，用
马铃薯播种机进行覆土起垄，垄高 10～15 厘米，垄上肩宽 60 厘米。每 667 米²
用 5％的辛硫磷颗粒剂 3.0～4.0 千克、硫酸钾型三元复合肥 50～75 千克施入播
种沟内，与土均匀混合后播种。将发芽长度一致的薯块播种在同一地块，芽眼
朝上，种薯覆土 8～10 厘米厚。整平垄面后，用 33％二甲戊灵乳油每 667 米² 用
量 100～125 毫升，加水 30 千克均匀喷雾，立即覆盖宽 100～110 厘米，厚
0.05 毫米的生物降解膜。铺膜时要将膜拉紧、铺直盖严、压实，使地膜紧贴
土壤表面，为防大风揭膜，每隔 5 米压适量土。

（3）田间管理。

①破膜培土：当马铃薯幼苗出土后，及时破膜将苗放出，破口要小，放出
苗后用湿土封住膜孔。晚霜过后及时揭膜，中耕除草培土 5～8 厘米厚，现蕾
期进行第二次培土，2 次培土后垄高达 25 厘米左右。

②水肥管理：出齐苗后追肥并浇第一次齐苗小水，同时每 667 米² 追施液
体氮肥（尿素硝酸铵，总氮≥355 克/升）10 千克；现蕾期结合浇水每 667 米²

追施高钾水溶肥 5 千克（N-P_2O_5-K_2O＝12-6-44）；开花期薯块开始迅速膨大，根据土壤墒情浇第三次水，此时不再追施任何化肥，特别是氮肥，以免引起植株徒长，收获前 15 天如果缺水浇第四次小水，为防治早衰可叶面喷洒 3％的磷酸二氢钾 1～2 次。开花期若植株徒长，每 667 米^{2}用 5％烯效唑可湿性粉剂 20 克，叶面喷雾 1～2 次。

（4）病虫害防治。

主要病害有早疫病、晚疫病等；主要地下害虫有蛴螬、地老虎、金针虫等，地上害虫有蚜虫、白粉虱等，以预防为主，综合防治，掌握最佳的防治时期，注意收获前 1 周内不再用药。

①农业防治：选用抗病良种，平衡施肥，前茬作物收获后及时清理前茬残枝枯叶，保持田园清洁，深耕将地表的病菌及害虫翻入土中，减少病菌及虫口基数。

②物理防治：利用黄板诱杀蚜虫，或用银灰色地膜避蚜，用黑光灯、频振式杀虫灯或性诱剂诱杀害虫。

③化学防治：首选绿色低毒、安全高效的生物农药，尽可能减少化学农药使用次数及用量。

早疫病、晚疫病：早疫病用 80％代森锰锌可湿性粉剂 800 倍液预防，连续防治 2～3 次；发病初期用 10％苯醚甲环唑水分散粒剂 1 500 倍液每隔 7 天喷 1 次，连用 2～3 次；晚疫病用 58％甲霜·锰锌 500 倍液预防，连续防治 2～3 次；发病初期用 72％霜脲·锰锌可湿性粉剂 600 倍液，或 68.75％氟吡菌胺·霜霉威 600 倍液每隔 7 天喷 1 次，连用 2～3 次。

虫害：苗期发现蚜虫或白粉虱必须及时杀灭，否则可能传染病毒造成减产。蚜虫、白粉虱可用 10％吡虫啉可湿性粉剂 1 000～1 500 倍液，或 1％吡虫啉 2 000 倍液等药剂防治；播种时每 667 米^{2}撒施 3％辛硫磷颗粒剂 3.0～4.0 千克，可以有效防治地老虎、蛴螬、金针虫等地下害虫。

（5）适时收获。

根据马铃薯成熟情况，结合市场行情适时收获，收获日期一般在 6 月 1～10 日，收获后及时清除田间地膜，抢时复种大葱。

3. 大葱栽培技术

（1）播种定植。大葱 3 月 15 日至 4 月 1 日开始育苗，结合整地每 667 米^{2}施腐熟有机肥 3 000～4 000 千克、磷酸氢二铵 20 千克。浅耕细耙，整平。每 667 米^{2}播种量 2 千克左右。出苗后及时拔除杂草，马铃薯收获后及时整地定植，必须保证移栽后有 130 天的生长期。

定植时以每 667 米^2 1.8 万株为宜，沟距 70～80 厘米，沟宽 30 厘米，株距 4.5 厘米，在定植沟内每 667 米^{2}撒施腐熟有机肥 3 000～4 000 千克、磷酸氢二铵 15 千克、过磷酸钙 50 千克，定植后浇水缓苗。

（2）田间管理。

①水肥管理：定植 10～15 天后适当浇水，促进根系发育，此时应掌握小水多浇的原则，并注意雨后排水。8 月大葱进入缓慢生长期，该阶段持续 40～50 天，其间灌水 2～3 次，结合灌水每次每 667 米² 追施尿素 10～15 千克。随后进入旺盛生长期，约 60 天，此期每隔 6～7 天灌水 1 次，要浇足浇透，并每次每 667 米² 随水追施尿素 15～20 千克，同时每隔 10 天用 5 克/千克硼砂溶液进行叶面追肥 1 次，连喷 2～3 次。收获前 10 天停止灌水。

（3）病虫害防治。优先采用农业防治、物理防治、生物防治，必要时使用化学防治，保证农药残留不超标，达到产品安全、质优的目的。田间悬挂黄板防治蚜虫、葱潜叶蝇等害虫。用 20％三唑酮乳油 2 000 倍液，或 15％三唑酮可湿性粉剂 2 000 倍液喷雾，10～15 天 1 次，连喷 1～2 次，防治锈病；用 50％甲霜铜可湿性粉剂 800 倍液，或 72.2％霜霉威水剂 800 倍液叶面喷施，防治霜霉病；用 77％氢氧化铜可湿性粉剂 500 倍液，或 72％霜脲·锰锌可湿性粉剂 800 倍液叶面喷施，防治白尖病。

（4）收获。大葱适当晚收，当外叶生长基本停止，叶色变黄绿时即可收获，一般在 11 月上旬，土壤封冻前收获完毕。

4. 效益分析

地膜马铃薯复种大葱栽培模式可实现一年两熟高效栽培，其马铃薯上市早，价格高。前茬马铃薯每 667 米² 可收获鲜商品薯 3 500 千克，市场价格 1.5～1.7 元/千克，产值为 5 250～5 950 元。大葱则每 667 米² 可收获 5 000 千克左右，售价 0.6～0.8 元/千克，可实现产值 3 000～4 000 元，前后两茬每 667 米² 产值达 8 250～9 950 元。

（四）地膜马铃薯—大白菜栽培技术模式

每年 3 月初，土壤化冻后使用地膜立即播种早熟马铃薯，6 月上旬即可收获，马铃薯收获后立即栽种大白菜，大白菜可以在 10 月底至 11 月初收获。

1. 品种选择

（1）马铃薯。选用优质、早熟、抗病、高产的脱毒种薯，如荷兰十五、石薯 1 号等。

（2）大白菜。选用优良品种，如北京新三号。

北京新三号是北京市农林科学院蔬菜研究所培育的杂交种。生长期 80～85 天，外叶深绿，叶面稍皱，开展度较小，叶球中桩叠抱，后期壮心速度快，紧实，单球净菜重 4～5 千克，耐储运，高抗芜菁花叶病毒病，抗霜霉病。

2. 地膜马铃薯栽培技术

参照 P167～P168 地膜马铃薯栽培技术。

3. 大白菜主要栽培技术

（1）播种定植。选用发芽率 90％以上的当年新种子。一般在 8 月 1 日左右开始播种育苗，结合整地每 667 米² 施腐熟的有机肥 6 000～8 000 千克、磷酸氢二铵 20 千克。每 667 米² 播种量 50 克左右，3 天左右即可出苗。出苗后及时拔除杂草，8 月 20 日左右移栽定植，每 667 米² 定植以 2 500 棵为宜，行距、株距均为 50 厘米。

（2）田间管理。

①水肥管理：大白菜定植后浇水缓苗，并随水施入液体氮肥（尿素硝酸铵，总氮≥355 克/升）每 667 米² 8～10 千克。莲座期需水较多，掌握地面见干见湿，对莲座叶生长既促又控。为了满足莲座期大白菜快速生长的营养需要，一般结合浇水施入液体氮肥（尿素硝酸铵，总氮≥355 克/升）每 667 米² 10～15 千克，此时应掌握小水多浇的原则，并应注意雨后排水，以防烧苗。大白菜结球期需水量最多，应适时浇水。结球后期则需控制浇水，以利贮藏。

②病虫害防治：优先采用农业防治、物理防治、生物防治，必要时使用化学防治，保证农药残留不超标，达到生产安全、优质的目的。定植后 20 天左右开始防治病虫害。霜霉病可用 58％甲霜·锰锌 500 倍液叶面喷雾防治；病毒病可用 2％宁南霉素水剂 200～400 倍液喷雾防治；蚜虫和白粉虱可用 10％吡虫啉可湿性粉剂 2 000 倍液喷雾防治。

（3）收获。

大白菜在 10 月 20 日左右开始收获，于小雪前收获完毕。

4. 效益分析

该模式可实现一年两熟高效栽培，其中马铃薯上市早，价格高。前茬马铃薯可收获鲜商品薯每 667 米² 3 500 千克，市场价格 1.5～1.7 元/千克，产值为 5 250～5 950 元；大白菜可收获每 667 米² 5 000 千克左右，售价 0.6～0.8 元/千克，可实现产值 3 000～4 000 元，前后两茬每 667 米² 产值达 8 250～9 950 元。

秋茬大白菜定植

地膜马铃薯复种大白菜

（五）大棚春夏茄子—夏秋豆角—秋冬小白菜绿色复种高效栽培技术模式

茄果类和叶菜类蔬菜轮作，避免了设施蔬菜生产中的连作障碍，用地与养地相结合，使土壤生态环境得到有效修复。

1. 品种选择

（1）春夏茄子。选用优良品种茄杂 6 号。

（2）夏秋豆角。选择优良品种长丰 110。

（3）小白菜。宜选择耐寒力较强、品质好的中熟品种。常种的有二月慢、三月慢、高脚白等。

2. 大棚春夏茄子栽培技术

（1）播种定植。土壤封冻前撒施充分腐熟鸡粪每 667 米^2 2 000 千克，深耕 15～20 厘米，春季播前施复合肥（N-P$_2$O$_5$-K$_2$O＝18-18-18）每 667 米^2 40 千克作为底肥。选择成熟度好的种子催芽播种，采用无土穴盘育苗，一般 12 月上旬至下旬播种，苗龄 70～80 天，苗期适时通风炼苗，培育塔形壮秧。壮秧标准苗龄为 5～7 叶，茎叶粗壮，根系发达，无病虫害。当 10 厘米地温连续 7 天稳定在 13℃以上时，及早定植，一般在 2 月 15 日左右定植。定植以每 667 米^2 1 800 株为宜，行距 90 厘米，株距 40 厘米。

（2）田间管理。

①水肥管理：大棚茄子从幼苗到收获均需水肥充足，茄子定植时浇定植水，茄子定植 1 周后浇缓苗水，坐果后浇第三次水，当茄果鸡蛋大小时浇第四次水，并随水施肥复合肥（N-P$_2$O$_5$-K$_2$O＝12-6-44）每 667 米^{2}3 千克，3 月底至 4 月初可摘门茄，此后根据天气状况合理安排浇水，为防止后期脱肥，可隔 1 水随水冲施 1 次肥。高钾复合肥（N-P$_2$O$_5$-K$_2$O＝12-6-44）与液体氮肥（尿素硝酸铵，总氮≥355 克/升）每 667 米^{2}10 千克交替使用。

当结 3～5 个茄子时可进行摘心，每株保留 2～3 个主干，生长期间及时剪去徒长枝和过长枝条，不留空枝，四门斗茄坐住后留 1 叶去尖，保留果下侧枝并培养成结果枝，使植株茎秆粗壮，节间缩短，后期连续坐果能力增强。在中后期，把下部病叶、老叶、黄叶分次摘除，可减少养分消耗，改善通风透光条件。

②温度、湿度与光照管理：茄子整个生长期的适宜温度为 25～30℃，定植 7 天内基本不放风，棚温在 25℃左右。缓苗后棚温高于 25℃时需加强通风，降低温湿度，去除膜上水珠，以增加光照。棚外气温升高并且门茄采收后，要加大棚内通风量，棚外温度夜晚在 15℃以上时，一定要留通风口，特别是在盛果期，棚内温度白天应保持在 28～35℃。当棚外气温可满足茄子生长时，即在 5 月中下旬可以揭掉棚膜。

（3）病虫害防治。优先采用农业防治、物理防治、生物防治，必要时使用

171

化学防治，保证农药残留不超标，达到生产安全、优质的目的。黄萎病是茄子生产中最主要的土传病害，对茄子生长及产量和品质危害极大。定植时穴施硫酸铜 30 千克/公顷＋碳酸氢铵 135 千克/公顷，生长期每 667 米^{2}用 80％代森锰锌可湿性粉剂 150～195 克对水喷雾，可有效控制黄萎病的发生。在大棚通风口设置防虫网，在棚内挂黄板诱杀白粉虱和蚜虫。

（4）收获。根据市场价格，灵活掌握采摘时间，要赶在露地茄子上市前采摘出售完。一般在 7 月中旬拉秧，拉秧后整株粉碎作为绿肥施入田中。

3. 夏秋豆角栽培技术

（1）播种。豆角于 7 月底播种，播种、田间管理及病虫害防治参照 P165～P166 豆角栽培技术。

豆角一般在 9 月中旬开始收获，采摘期 1 个月左右，10 月中旬拉秧。拉秧后直接拔除植株，将地整平，浇足底水，为下茬作物做准备。整个生长期每 667 米^{2}产量 2 500 千克。

4. 秋冬小白菜栽培技术

（1）播种。小白菜每 667 米^{2}用种子量为 1 000 克左右，用锄开沟，深 1～3 厘米，行距 10 厘米，将种子均匀地撒在沟内。

（2）田间管理。小白菜出苗前温度保持 20～25℃，保持土壤湿度；出苗后温度白天保持 15～20℃，夜间 5～10℃。足墒播种后，后期不用水肥措施。

（3）病虫害防治。棚室内主要病害为小白菜霜霉病。气温 16℃以上、相对湿度高于 70％，或有连续的阴雨天易发生。主要危害叶片，受浸染后，叶面初呈现边缘不明显的褪绿斑点，后扩大为受叶脉限制的不规则形块状黄褐色枯斑。相应的叶背出现稀疏白霉病征，严重时病斑连合为斑块，致叶片干枯。优先采用农业防治、物理防治、生物防治，必要时使用化学防治，保证农药残留不超标，达到生产安全、优质的目的。要控制棚内温湿度，可有效减轻病害发生，病害发生后可用 75％百菌清 700 倍液，或 25％的甲霜·锰锌可湿性粉剂 600 倍液防治。

（4）收获。小白菜从播种到采收为 30～60 天，可根据成熟度和市场需求适时采收，可提高产量和品质。一般每 667 米^{2}产量 2 000 千克。

5. 经济效益分析

该模式可实现一年三熟高效栽培，茄子上市早，价格高。茄子每 667 米^{2}产量 10 000 千克，市场价格 2 元/千克，产值为 2 万元；豆角每 667 米^{2}可收获 2 500 千克左右，售价 1 元/千克，可实现产值 2 500 元；小白菜每 667 米^{2}产量 2 000 千克左右，售价 1 元/千克，可实现产值 2 000 元；三茬作物每 667 米^{2}产值达 2.45 万元，经济效益可观。

>>> 正定正昇家庭农场 <<<

一、经营主体简介

正定正昇家庭农场，位于正定县东房头村东南部，北邻 201 省道，距县城 12 千米。基地占地面积 20 公顷，主要以蔬菜种植为主，建设四季棚 6 个，占地 1 公顷，冷棚 12 个，占地 3.3 公顷，种植露地蔬菜 3.3 公顷，蟠桃 1.7 公顷，黄桃 6 公顷。基地主要产品有番茄、黄瓜、豆角、土豆、芹菜、白菜、甘蓝等十余种蔬菜。严格按照绿色蔬菜生产标准规程操作。

正定县东房头村，地势平坦开阔，土壤肥沃丰饶，加之水利条件得天独厚，为蔬菜的种植与生长提供了极为有利的自然条件。2018 年，该地成功通过了农业部无公害蔬菜的权威认证。依托这一显著优势，基地积极与河北省农林科学院合作，实施技术联姻，成功试验并推广了绿色防控、膜下滴灌、夏季高温闷棚等一系列前沿新技术。

视频监控系统全面覆盖，确保了从无公害蔬菜标准向绿色蔬菜标准的顺利跃升与认证。基地还为周边有意向的农户提供免费的技术培训与支持，精心指导，成功培养了一批蔬菜种植的科技示范户，真正实现了"帮扶一户，带动一片"的良性循环，逐步扩大了蔬菜的种植规模。

在建立蔬菜基地的同时，基地还精心建设了一座堆沤池，为基地内有机肥的施用以及蔬菜品质的提升提供了坚实的保障。展望未来，基地计划进一步增加产品深加工项目，如黄桃深加工，同时加强冷库建设，并持续扩大种植面积，力求实现向规模化、标准化、多元素化的华丽转身。

二、经营主体经营模式模式

该经营主体注册了"正昇农场"商标，创立了自己的品牌。主要采用农超对接、大商户直接订购以及在蔬菜批发市场直接销售三种经营模式，这三种经营模式均减少了农产品流动环节，降低了流通成本，让安全、绿色的蔬菜直接送到消费者餐桌上。

三、经营主体生产模式

该基地的四季棚是全钢架结构，全长 90 米，跨度 12.5 米，高 4 米。棚内面积 0.1 公顷。四季棚的生产模式主要是早春茬番茄—秋延后黄瓜—油菜栽培技术模式。

（一）早春茬番茄栽培技术模式

1. 品种选择

选择耐低温弱光、抗病性强、丰产、优质、适应性强的品种，如圣尼斯313、多瑞吉星、金鹏系列等。

2. 育苗

（1）种子处理。种子可进行温汤浸种或药剂消毒，浸种过程中除去秕籽和杂质，用清水洗净种子上的黏液，等种子风干后再播种。

（2）播种。装满基质的穴盘压穴，然后播种，每穴播种1粒种子，根据种子大小掌握覆种厚度，厚度宜1~2厘米。种子盖好后喷透水，以穴盘底部渗出水为宜，之后进行催芽。

（3）苗期水分管理。如床土过干，及时补充水分，如苗旺长，用叶面肥矮丰灵800~1 000倍液喷施。

3. 整地施肥

定植前7~10天整地，每667米² 应均匀施入腐熟的有机肥2 000~3 000千克，过磷酸钙50千克，氮磷钾复合肥（N-P$_2$O$_5$-K$_2$O＝15-15-15）80千克，然后深翻土地，起高垄，垄高为30厘米。

4. 定植

定植时间一般选择在1月中下旬进行，早春番茄可采用密植栽培，一般每667米² 定植3 500~4 000株。

5. 定植后管理

定植后要及时浇定植水，水要浇透，但不可大水漫灌，5~7天后再浇1次缓苗水。缓苗中耕后，安装滴灌管，然后在台边开小沟，覆盖地膜，调整植株，把膜压好。缓苗期白天的温度要保持25~30℃，夜间不低于15℃。花期为了保证开花授粉，白天室内温度要控制在20~25℃，夜间控制在18~20℃。在花期，通常可以在番茄开花当天，或开花后1~2天，使用2,4-二氯苯氧乙酸浸花或涂抹花柄，也可用对氯苯氧乙酸溶液喷花，使用浓度据当时的天气状况确定，可有效提高坐果率。

6. 结果期管理

进入结果期后，要对温室内温度进行科学控制，如果温度过低会造成生长缓慢，温度过高则影响果实着色。一般情况下，温度在白天要控制在25℃，夜间控制在15℃。这时正是温度逐渐升高的时期，为避免温室内温度过高，要做到及时放风。在第一穗果坐住以后，果实长到核桃大小就要开始浇水和施肥，即浇催果水和催果肥。浇水时要配合施肥同时进行，可以每667米² 追施尿素8~12千克，磷酸二氢钾10千克，以促进果实的发育。为了保障水肥供应，以后每隔7~10天浇1次水，要做到三水两肥。进入坐果后期，就只浇水，不用再追肥。在番茄盛果期，除浇水追肥外，要进行叶面喷肥，以满足果实发育的需要。每 667 米^2 可以用 30 克尿素和 30 克磷酸二氢钾对水 50 千克的混合液进行喷施。间隔 7～10 天喷施 1 次，连续喷施 2～3 次。

7. 病虫害防治

（1）物理防治。

防虫网：将温室放风口处用规格为 40 目的异型防虫网密封，阻止蚜虫、白粉虱迁入。

黄板：每 20 米^2 悬挂规格为 25 厘米×30 厘米的黄板 1 块，挂在行间或株间，黄板底部高出植株顶部 20 厘米，诱杀粉虱和蚜虫。

（2）化学防治。

病毒病：用 0.5％氨基寡糖素水剂 500 倍液喷施。

早疫病：用 70％代森锰锌可湿性粉剂 500 倍液或 10％苯醚甲环唑水分散粒剂 1 500 倍液喷雾防治。

晚疫病：用 72％霜脲·锰锌可湿性粉剂 1 500 倍液喷施。

灰霉病：用 50％腐霉利可湿性粉剂 1 500～2 000 倍液喷施。

蚜虫：用 10％吡虫啉可湿性粉剂 1 500 倍液喷施。

斑潜蝇：用 1.8％阿维菌素乳油 2 000 倍液喷施。

收获前 15 天停止用药。

8. 适时收获

到 5 月中旬可以适时采收番茄，采收期一般会持续到 7 月中旬。

（二）秋延后黄瓜栽培技术

1. 品种选择

选择抗病性强、耐高温、雌花节位低、高产的品种，例如津优系列。

2. 育苗

可采用穴盘育苗的方式，每 667 米^2 需要用种 80～100 克。当黄瓜苗期出现 2～3 片真叶时，即可定植。

3. 苗期管理

秋延后黄瓜的苗期正值高温季节，应适量浇小水降温，防止高温高湿造成幼苗徒长，影响花芽分化。苗期要多次浅中耕松土，保墒促扎根。

4. 整地起垄

前茬作物收获后，及时整地施肥，黄瓜生长快，产量高，所以在定植前要施入充足的基肥。每 667 米^2 可施腐熟有机肥 3 000 千克，氮磷钾复合肥（N-P$_2$O$_5$-K$_2$O＝15-15-15）80 千克，并且深翻细耙，然后做垄，垄底宽 80 厘米，上部宽 60 厘米，高 20 厘米，垄上双行种植。定植后及时浇 1 次缓苗水。

5. 定植后管理

（1）水肥管理。进入结果期，当植株根果谢花，开始膨大时，要及时浇催果水。这个时期正值炎热的夏季，为防止干旱，一般3～5天浇1次水。10月以后，气温逐渐降低，水分蒸发减少，浇水次数要适当减少，一般5～7天浇水1次。结果前期，每浇4～5次水，配合追肥1次。一般每667米^{2}施大量元素水溶肥（N-P$_2$O$_5$-K$_2$O=20-20-10）10～15千克。在盛果期每浇3次水，配合施高钾肥1次。为了满足黄瓜生长的养分需求，在盛果期可以每667米^{2}叶面喷施尿素300倍液50千克，每隔10天左右进行1次，喷肥应在晴天上午进行。

（2）温度管理。棚内温度白天维持在25～30℃，夜间维持在15～18℃。9月中旬以前以降温为主，在晴朗高温天气条件下，要覆盖遮阳网降温，同时打开底角、顶风口，昼夜通风。9月中旬至10月上旬这段时期要及时封闭棚膜，以维持棚内温度。这时如果夜间气温在15℃以上，则不用关通风口。进入10月中旬后，外界气温逐渐降低，此时白天应注意进行通风，夜间应封闭棚膜。到了11月上旬，夜晚在棚膜上及时盖草苫保温，11月中旬拉秧。

6. 病虫害防治

病虫害要以防为主，从黄瓜一叶一心开始，每隔7～10天，喷保护性杀菌剂1次，叶面、叶背及植株各部分均匀喷施，以晴天下午喷药为好，及时摘除病叶、病果。

在病虫害化学防治中，要选用高效、低毒、低残留农药，严格执行安全间隔期。

霜霉病：用72.2%霜霉威盐酸盐水剂800倍液喷施。

灰霉病：用50%腐霉利可湿性粉剂1 500～2 000倍液喷施。

斑潜蝇：用1.8%阿维菌素乳油3 000倍液喷施。

蚜虫：用1.8%阿维菌素乳油3 000倍液，或10%吡虫啉可湿性粉剂1 500倍液喷雾。采收前15天禁止喷药。

（三）油菜栽培技术

1. 育苗

采用育苗移栽的方法，有利于培育壮苗。播前药剂拌种，每千克种子用多菌灵粉剂20～30克拌种，以杀死种子表面的病菌。每667米^{2}用种700～1 000克，3～4片真叶时定植。

2. 定植后管理

定植株行距均为16～20厘米。油菜生长期较短，要保持有充足的水分，一般整个生育期浇2次水即可。结合浇水每667米^{2}追施尿素15千克。

3. 病虫害防治

油菜虫害主要有蚜虫、菜青虫等，病害主要有霜霉病等。蚜虫可用吡虫啉等药剂喷雾防治；菜青虫可用 5.7％甲氨基阿维菌素苯甲酸盐、1.8％阿维·高氯等高效低毒杀虫剂防治。

4. 采收

春节前，根据油菜生长情况及市场需求适时采收。

>>> 河北菘盛富渔农业科技有限公司 <<<

一、经营主体简介

河北菘盛富渔农业科技有限公司坐落于河北省石家庄市正定县南楼乡厢同村，注册资本为 3 000 万元。这是一家专注于农业科技、生物技术领域的科技型农业企业，主营业务涵盖果蔬采摘服务、农业观光旅游服务，以及水产品、昆虫类的养殖与销售，同时大力开展果蔬的种植与销售。目前，公司占地面积超过 17.3 公顷，拥有职工 13 人，累计投资超过 2 500 万元。公司已建成 20 栋现代化智慧型连栋冷棚，划分为 8 个生产单元，配备了 72 条蔬菜生产水耕床、48 个鱼池以及一座蔬菜育苗温室。

自 2017 年起，河北菘盛富渔农业科技有限公司的技术团队便致力于研究鱼菜共生系统水培蔬菜种植技术。2018 年，正定县农业综合技术推广站与该公司携手，联合河北省生态环境监测中心和河北省农林科学院经济作物研究所的专家，共同筛选水培蔬菜品种，并成功探索出芹菜与鱼共生的种养循环模式。

二、经营主体经营模式

鱼菜共生系统作为一种新型的复合生态体系，将蔬菜水培和水产养殖相结合，通过"水产养殖尾水种植蔬菜—蔬菜净化水质养鱼"实现鱼菜共生的种养循环。该技术可以有效利用由鱼的排泄物中的氨氮经微生物分解生成的硝酸盐，为植物提供营养，让动物、植物、微生物三者之间达到和谐的生态平衡。该方法是可持续循环型零排放的低碳生产模式，也是有效解决农业土地和生态危机的有效方法。

三、鱼菜共生系统水培芹菜栽培技术

1. 芹菜品种选择

首先选择抗病品种。水培适宜的芹菜品种有黄心脆芹、加州王（文图拉）、绿色拉利、美国西芹、佛罗里达、意大利冬芹、意大利夏芹、犹他、四季西芹（原秋实）、夏芹、天津实心芹菜。春芹菜选用冬性强，不易抽薹，抗病、耐寒的品种；秋芹菜选择耐热、抗病、生长快、产量高、品质好、耐储运的品种。芹菜种子小，幼芽顶土能力弱，种皮革质化，并含抑制发芽的挥发油，透水性较差，发芽十分缓慢且不整齐。经过包衣处理的种子，外表更加平滑、统一，且发芽相对整齐，出苗大小均匀，幼苗的抗病性、抗逆性增强。一般芹菜的商品种子，大多进行过包衣处理，芹菜育苗建议使用此类种子。

2. 育苗

（1）场所。冬春季育苗以日光温室、塑料大棚为宜，夏秋季以遮阳棚为宜。

（2）育苗基质配置。用草炭、蛭石按 2∶1 的体积比，或草炭、腐熟的棉籽皮、蛭石按 1∶1∶1 的体积比，或腐熟的棉籽皮、蛭石按 2∶1 的体积比配成育苗基质，并在基质中加入三元复合肥（$N-P_2O_5-K_2O=15-15-15$）1～2 千克/米^3，混匀装入 128 孔穴盘或者平盘撒播。

（3）浸种催芽。将种子放入凉水中浸种 24 小时，其间搓洗 2～3 次。将种子取出后用 0.2％高锰酸钾溶液消毒 20 分钟，清水洗净，用透气纱布包好，湿毛巾覆盖，在 15～20℃条件下催芽。期间，每天翻动种子 1～2 次，每 2 天用清水淘洗 1 次，有 50％种子露白时就可播种。

（4）播种育苗。将装有基质的穴盘浇透水，以浇水后穴盘下方小孔有水渗出为标准，播入经过催芽的种子，使种子与基质充分接触，不需要覆盖蛭石，应及时加盖遮阳网，播种后棚室内温度保持 20～25℃，播后喷 68％精甲霜·锰锌水分散粒剂 600 倍液封闭苗盘，预防苗期病害。

（5）出苗前管理，苗床气温白天保持 20～25℃，夜间 10～15℃。冬春季育苗，要注意加盖地膜和草苫保温。夏秋季育苗，应采用遮阳网覆盖，遮阳降温。

①苗期管理：芹菜相较于其他叶菜类蔬菜生长缓慢，苗龄较长，一般苗龄 50～60 天，4～5 片叶时，育苗期间的水分一般以小水勤浇为原则，避免长期水量过大，保持土壤湿润即可。发芽期商品基质中的养分基本可以供苗生长，出齐苗后，白天温度保持 18～22℃，夜间不低于 10℃。在育苗期间，浇小水保持土壤湿润。根据幼苗生长情况叶面追施 0.1％～0.3％的氮磷钾水溶肥（$N-P_2O_5-K_2O=20-20-20$），氮肥不宜过多，氮肥过多、温度过高时容易形成叶柄细长、叶片薄的徒长苗。

②调整苗序：芹菜幼苗生长到 2 片叶左右时要进行调苗，将大小一致的幼苗调到同一张穴盘里，把穴盘苗按苗的大小分成 2～3 个级别，分开管理。调苗是保证同一级别的穴盘苗长势均匀一致，管理技术一致，定植后可以同时采收。管理过程中要尽量使水肥、光照、温度等影响因素均匀一致，保证每株芹菜幼苗大小一致，从而减少调苗的工作量。

③定植前两周管理：定植前两周，可根据植株长势确定是否追肥，如需追

肥，随水追施 1 次尿素，每 667 米^2 施 5～8 千克。当苗龄达到 50～60 天，真叶 4～5 片，株高 12～15 厘米时，即可定植。

3. 定植

（1）定植前准备。鱼菜共生系统种植区和养殖区水道通畅，种植区浮板栽培的水培池一般用砖垒成或用无缝镀锌方管加防水帆布做成，宽度 45～130 厘米，长度 30 米，深度 15～20 厘米。定植区材料准备：环保级 EPE 材质漂浮板或聚乙烯发泡板（PP 级），规格为 40 厘米×60 厘米，厚度为 3 厘米，漂浮板上均匀打孔，孔径 3.2 厘米，孔距 10 厘米；种植绵直径 3.2 厘米，高 3.0 厘米。种植篮外直径 4.5 厘米，内直径 3.15 厘米，高 4.5 厘米。

（2）定植密度。定植按照 20 厘米×20 厘米的密度进行。密度过小影响产量和水体净化速度，密度过大会影响水体碳氮比，也会导致通风不良，使植株下部烂叶。

（3）定植方法。将芹菜苗根部放入种植绵中心位置，种植绵放置种植篮中，种植篮按株行距放置漂浮板孔穴内。再将定植好芹菜苗的漂浮板移植入水池内。

4. 定植后管理

（1）光照。光照保持在 2 000～4 000 勒克斯。过量光照会造成水体藻类滋生。棚室薄膜要定期冲洗。冬季光照不足，用反光膜、补光灯等补充光照。夏季光照太强，可用遮阳网遮蔽。

（2）氧气。鱼菜共生系统养殖区鱼的密度较高，若水体溶氧量过低会影响鱼和硝化细菌的代谢，降低芹菜根部生理代谢水平和营养吸收水平，短时间的较低溶氧量会造成鱼死亡。一般要求水体溶氧量为 5～8 毫克/升。如果水体溶氧量不足或遇高温、阴雨天气，要利用水泵增加水流快速溶氧，或用充氧泵增加水体溶氧量。

（3）温度。棚内温度在 10～25℃最适宜，冬季温度宜保持在 5℃以上，夏季需保持在 18～28℃。

（4）水质。水体 pH 保持在 6.5～7.0。氨浓度小于 1 毫克/升。若水中硝酸盐浓度低于 5 毫克/升，要每日慢慢加大鱼的每日喂食量，若水中硝酸盐浓度高于 150 毫克/升，要慢慢减小鱼的每日喂食量。保持水质稳定。

（5）水体营养。养殖初期的鱼体重较小，每日摄食量是体重的 10%。体重大于 1 千克的鱼，每日的摄食量为其体重的 1%～ 2%。如出现芹菜失绿现象，或水体营养不能满足芹菜生长需要时，把环保昆虫产生的虫沙投放到水体中，增加水体肥力，提高芹菜生长必需的营养。

（6）茬口管理。水培定植茬口按照随采收随定植的原则，水池四季留存，没有严格的季节要求。

茬口安排

栽培季节	播种期	定植期	收获
春季芹菜	9月中旬至10月上旬	10月下旬至11月下旬	12月至翌年4月
	11月上旬至12月上旬	1月上旬至2月上旬	4～5月
	12月上旬至1月下旬	3月上旬至4月下旬	5～6月
夏季芹菜	3月上旬至4月下旬	5月下旬至6月下旬	7～8月
秋季芹菜	5月中旬至6月上旬	6月下旬至7月中旬	9～10月
秋延迟芹菜	6月中旬至7月上旬	7月下旬至9月上旬	11～12月
越冬芹菜	7月中旬至8月上旬	8月下旬至9月下旬	10月至翌年2月

①春茬设施栽培：春季鱼苗较小，初期芹菜定植面积占水体面积的10%～20%。定植期为棚内最高气温10℃以上，水温稳定在5℃以上时。随着鱼苗不断生长，每月增加定植面积5%～10%。芹菜进入旺盛生长期后，15天左右喷施叶面肥1次。

②夏茬设施栽培：合理通风。尽量扩大通风口，尤其是对于安装防虫网的大棚，通风口更要增大，以保证棚内空气流动，及时将棚内的热量排出棚外。使用遮阳网、降温剂（利凉）或在农膜上泼洒泥浆、墨水、腐植酸钠等。中午时，即使在通风良好的情况下，棚内温度也多超过35℃，要及时使用遮阳网、降温剂等，遮阳降温。注意遮阳时间不可过长，以11：00～15：00进行遮阳为好。使用遮阳网进行凉亭式遮阳，降温效果更好。

合理套种。如在棚内种植蔓生蔬菜为主栽品种遮阳。可以将蔓生蔬菜种在大棚山墙及后墙上，减少墙体对热量的吸收，降低棚内温度。

棚内安装微喷降温设备。可以在棚内按照每2米^{2}1个的密度安装微喷头，在棚内温度较高时，利用水泵将水从喷头内以雾状喷出，从而达到加湿降温的目的。

③秋冬茬设施栽培：定植后降温蹲苗。芹菜进入旺盛生长期，15天左右喷施叶面肥1次。10月下旬后，及时盖膜扣棚，棚内气温白天保持15～20℃，夜间10～13℃。白天气温高于25℃要及时放风，夜间低于10℃，室内加温。

（7）水肥管理。水中EDTA-Fe的浓度控制在2毫克/升，芹菜出现黄叶、叶片白化植株矮小等症状时一般是水体EDTA-Fe浓度太低造成，应及时补充水体EDTA-Fe。水体pH保持在6.5～7.0。芹菜生长中后期，叶面喷施钙钾叶面肥、酵素稀释液、氨基酸液体肥等，提高芹菜生长速度和增加其商品性。

（8）病虫害防治。防治坚持以"预防为主，综合防治"的植保方针，优先采用农业措施、物理措施和生物防治措施,科学合理地利用化学防治技术。

农业防治:及时清洁田园,降低病虫基数。芹菜采摘完毕后要清洁种植区,如芹菜根部腐烂,清除腐烂部分,然后将芹菜根放到0.5‰高锰酸钾溶液中灭菌消毒,再用清水冲洗干净后放回水培池。操作中不要伤到水生根,及时摘除病叶、病株,集中销毁。

物理防治:棚室所有通风口、入口处设置60目防虫网,阻挡蚜虫、粉虱、小菜蛾、甜菜夜蛾等害虫进入。悬挂黄板诱杀蚜虫、粉虱,悬挂蓝板诱杀蓟马。每667米^{2}棚室悬挂粘虫板20~30张。

生物防治:释放丽蚜小蜂防治粉虱。每667米^{2}棚室每次释放丽蚜小蜂2 000头左右。释放智利小植绥螨防治叶螨。在初见叶螨或定植后1周时,在棚室内释放智利小植绥螨。

5. 收储和包装

可按市场需求适时收获。采收工具清洁卫生。芹菜整体清洁,外观鲜嫩,表面有光泽,不脱水,无皱缩,颜色浓绿,叶片厚,无抽薹和黄叶,无异常外来水分,无腐烂、异味、灼伤、冷害、冻害、病虫害及机械伤。逐件称量包装好的产品,每件的净含量不应低于包装外标签的净含量。单贮、单运。在包装上要加贴认证标识。

6. 生产档案

建立严格的投入品管理制度。投入品的购买、存放、使用及包装容器应回收处理,实行专人负责,建立进出库档案。应详细记载使用农业投入品的名称、来源、用法、用量和使用方法、停用的日期,病虫草害发生与防治情况,产品收获日期。档案记录保存5年以上。生产单位要如实填写生产记录,能反映出从种植到销售的真实情况。生产记录用于接受农产品质量监管部门的检查。

7. 产值效益

鱼菜共生系统水培芹菜栽培技术合理利用水资源的同时,减少了农业投入品如化肥、农药的投资。按照一个鱼菜共生系统拱棚2 000米^{2}面积计,水面芹菜种植面积为1 200米^2,年产3~4茬,每茬每667米^{2}产4 000千克,一年一个连栋拱棚水培芹菜效益可达6.4万~8.5万元,是普通温室芹菜栽培效益的1.5~2倍。鱼菜共生水培芹菜的环境可以采取人工智能控制,受产地和季节影响较小,规模可根据实际场地和人力物力资源灵活配置,既可利用乡村闲置小庭院的平面或立体栽培,发展庭院经济,亦可采用现代化智能温室进行产业化规模生产,社会效益和经济效益显著。该技术经济实用、安全可靠,技术模式可示范推广,能显著增加农民收入,助力乡村产业振兴。

鱼菜共生系统水培芹菜栽培技术

鱼菜共生系统水培芹菜栽培技术

>>> 石家庄欣壁林生态园家庭农场 <<<

一、经营主体简介

石家庄欣壁林生态园家庭农场 2014 年 5 月 16 日正式挂牌成立。其主要经营范围涵盖：苗木与花卉的种植及销售；食用农产品的种植及销售；化肥、饲料及农业机械的销售；以及农业技术的开发、咨询、转让与服务。农场坐落于石家庄市正定县曲阳桥乡北白店村，紧邻滹沱河西岸，被小壁林场温柔环抱。这片土地以其原生态的沙质土壤和纯净无污染的环境而著称。农场总面积达93.3 公顷，其中，农场办公区、农机农具库房及物资库等配套设施占地约1 000 米²，布局合理，功能完善。

二、经营主体经营模式

农场现由原来的以种植为主，逐步转型为集育种、育苗、储存、加工为一体的现代化产业园。以新技术、新品种推广和技术服务为主导，发展林下特色养殖、绿色蔬菜果品采摘、休闲观光等绿色经济。积极推进农产品"三品一标"建设，种植的红薯已取得"绿色农产品"标识，并已注册"欣壁林"农产品商标。引导当地种植大户采用滴灌、覆膜等新技术种植红薯喜获丰收，为周围农户做好试验、示范、推广样板。农场成立至今，荣获"2017年度省级示范家庭农场""2016年度农林生产先进单位""河北省农业产业协会理事单位""质量、服务企业品牌推荐单位"。

三、经营主体生产模式

种植绿化苗木、法桐、竹柳、杨树、国槐等26.67公顷；种植大田作物小麦、玉米13.33公顷；种植红薯、白萝卜、南瓜、药材等53.33公顷；红薯储存地窖一座，占地面积1 100米^2，储存量500吨。目前，该家庭农场主要进行甘薯育苗及甘薯、小麦、玉米、树木种植等。2022年春季该农场利用沙滩地，试验种植贝贝南瓜—白萝卜，面积约33.3公顷。春季4月中旬定植贝贝南瓜，到7月初收获。8月上旬种植白萝卜，11月初收获。

（一）贝贝南瓜栽培技术

1. 种植特点

贝贝南瓜对于水肥的需求量较大，因此在整个生育期尽量能够保障高肥力供给，因此选择的种植地点尽可能的肥力好一些。沙壤土的比热容比较小，有助于拉开昼夜温差，有利于贝贝南瓜果实中糖类物质的合成，因此，沙壤土更加适合种植贝贝南瓜。但贝贝南瓜怕涝，喜欢偏酸一点的土壤，因此，贝贝南瓜不可种植在洼地，可以选择地势略高、排水条件良好的地方。

（1）品种。选择耐高温、抗性好、商品性好的品种，如贝贝、银栗、贵族2号等。

（2）定植时间。4月中旬，晚霜期过后，要尽可能早定植，争取夏季温度高时，植株尽可能大面积覆盖裸露地表，降低地表温度。

（3）施肥整地。贝贝南瓜吸肥性强，需肥量大，要重施基肥。侧重底施有机肥，可以选择一些腐熟的有机肥。定植前每667米^{2}施入腐熟有机肥2 000～3 000千克、氮磷钾三元复合肥（N-P$_2$O$_5$-K$_2$O=15-15-15）50千克、有机生物菌肥100千克，均匀撒施于地面，深翻耙细，每垄安装1条滴灌带。

（4）定植密度。行距150～180厘米，株距45～50厘米。

2. 田间管理

（1）苗期。根据苗期长势，适当均衡补给氮磷钾，苗期管理相对比较宽松，只要不出什么意外，贝贝南瓜还是可以正常生长的，不用过多干预。

（2）温度管理。缓苗期间白天温度控制在25～32℃，夜间温度控制在20℃左右，温度不低于10℃。缓苗后降低温度，白天温度控制在25℃左右，夜间控制在12～15℃。结果期白天温度控制在28℃左右，夜间控制在15℃以上。

（3）追肥浇水。贝贝南瓜对于水肥需求比较高，且喜欢偏沙的壤土，因此在生长过程中很容易出现肥力难以维系的情况，因此在结果之后或者开花之前可以考虑追施一些腐熟的有机肥。定植后立即浇水，促进缓苗，结果前不再浇水。子蔓上果坐住后进行追肥。每 667 米² 追施高钾型水溶肥（N-P$_2$O$_5$-K$_2$O＝10-20-30 或 13-6-41）15～20 千克，以后每采收 1 次果追肥浇水 1 次。

（4）提高坐果率。当主蔓长出 3 片真叶、蔓长约 25 厘米时打头。侧枝 3 片叶时喷施增瓜灵。用药前 1～2 天必须浇水 1 次。增瓜灵施用方法为每 667 米² 用 45～60 克，对水 15 千克（具体浓度配比按照药效说明进行稀释）喷撒植株叶面，喷至叶面湿润为止，不能多喷或少喷，1 天 1 次连喷 3～4 天，以促进雌花发育。

（5）科学坐瓜。贝贝南瓜每 667 米² 定植 600～700 株，双干整枝（留 2 个侧枝），每个侧枝留 3～4 个果。第一个果着生位置为 8～10 片叶（每个果之间相隔 2～3 片叶）。

3. 病虫害防治

主要病虫害有白粉虱、红蜘蛛、蚜虫、病毒病。

（1）虫害预防。用吡虫啉可湿性粉剂防治白粉虱、蚜虫；用哒螨灵防治红蜘蛛。要及时防治白粉虱、蚜虫等刺吸式害虫，以免因其刺吸传播病毒病。

（2）病毒病防治。病毒病在高温干旱的环境下易发生。

优选抗高温品种。尽量提前定植时间，4 月 20 日开始定植，5 月 10 日定植完毕。当夏季温度高时，争取植株秧蔓覆盖空地，减少裸露沙地暴晒在太阳底下，尽量降低地表温度。底施腐熟牛粪、鸡粪等有机肥，提高土壤有机质含量，减少病毒病发生。贝贝南瓜行间适当间作春玉米，为贝贝南瓜遮阳降温。及时防治虫害，尤其防治刺吸式口器害虫，如白粉虱、蚜虫等，阻断害虫传播病毒的途径。

如果发生病毒病，喷施烷醇·硫酸铜＋氨基寡糖素（芸薹素内酯）＋鱼蛋白＋利巴韦林＋锌肥，连续喷施 2～3 次，5～6 天喷 1 次。

4. 适时收获

6 月底 7 月初根据市场需求，适时收获。由于收获瓜量大，要暂存仓库内，仓库要求阴凉，通风，地面最好铺草苫或软质物，避免机械损伤。

5. 产值效益

每 667 米² 产量 1 500 千克，3 元～3.2 元/千克，产值 4 500～4 800 元。销售渠道为电商及蔬菜批发经营商户。

（二）白萝卜栽培技术

1. 优选良种

选择抗性好、耐贫瘠的品种，如长美 737。

2. 整地

施足基肥，每 667 米^2 施入有机生物菌肥 1 千克，复合肥（N-P$_2$O$_5$-K$_2$O＝15-15-15）50 千克。翻地起垄栽培，垄高 15～20 厘米，垄距 70 厘米，小行距 20 厘米，株距 25 厘米。每 2 垄安装 1 条滴灌带。采用种绳播种，先播种盖土，再浇水。

3. 田间管理

（1）间苗定苗。早间苗、晚定苗，白萝卜不易移栽，也无法补苗。第一次间苗在子叶充分展开时进行，当萝卜长至 2～3 片真叶时，开始第二次间苗；长至 5～6 片真叶时定苗。

（2）中耕除草与培土。结合间苗进行中耕除草。中耕时先浅后深，避免伤根。第一、二次间苗要浅耕，锄松表土，最后一次深耕，并把垄沟的土壤培到垄面，以防倒苗。

（3）浇水。浇水应根据白萝卜的生育期、土质、降水、土壤含水量、气候温度等实际情况进行。

①发芽期：播后要充分浇水，土壤有效含水量适宜在 80％以上，因沙滩地，要密切关注土壤墒情，及时浇水，以防高温发生病毒病。

②幼苗期：苗期根浅，需水量小。土壤含水量适宜在 60％以上。见干见湿，小水勤浇。

③叶片生长旺盛期：这段时间，叶片不断增加，叶面积逐渐增大，肉质根也开始膨大，需水量大，要求适量灌溉。

④肉质根膨大期：要求充分均匀浇水，土壤含水适宜在 70％～80％。

（4）施肥。结合整地，施入基肥，基肥量占施肥总量的 70％以上，根据沙滩地特点，在幼苗期、叶片生长旺盛期、肉质根膨大期分 3 次进行追肥。幼苗期、叶片生长旺盛期以追施氮肥为主，每次追施含氮水溶肥 5 千克，肉质根膨大期应多施磷钾肥，追施高钾水溶肥 5 千克，收获前 20 天内不再追肥。

4. 病虫害防治

及时防治病毒病、霜霉病、黑腐病等病害，菜青虫等鳞翅目幼虫及蚜虫等虫害。喷施烷醇·硫酸铜＋锌肥＋（氨基寡糖素）＋芸薹素内酯防治病毒病；用霜脲·锰锌或甲霜灵防治霜霉病；用阿维菌素或氯氟氰菊酯防治菜青虫等鳞翅目幼虫；用吡虫啉可湿性粉剂防治蚜虫。

5. 收获

根据市场需求和生育期，11 月初及时收获。

6. 经济效益

每 667 米^2 产 7 000～8 000 千克，价格 0.5 元/千克，产值 3 500～4 000 元。

贝贝南瓜 白萝卜

第四章 石家庄市赵县蔬菜产业发展典型案例

>>> 赵县福聚农作物种植专业合作社 <<<

一、经营主体简介

赵县福聚农作物种植专业合作社，2014年3月7日成立，法人代表李建省，坐落于石家庄市赵县北王里镇后田村。紧邻308国道与青银高速路口，且与京港澳高速出口相距不远，赵元路更是横贯园区，交通四通八达，地理位置得天独厚。合作社业务范围广泛，包括统一采购生产资料，统一规划蔬菜、粮食、瓜果的种植，统一销售农产品；积极引进新技术、新品种，推动农业现代化；定期开展与蔬菜种植相关的技术培训、技术交流及信息咨询，助力成员技能提升。目前，合作社拥有职工100余名，其中技术骨干5人，管理人员8人，生产一线人员72人，以及财会、办公室等后勤支持人员6人。植保团队经过专业培训，以6~8人为一组，严格按照标准化作业流程操作，确保质量管理体系高效运行，实现从田间到餐桌的全程无污染控制，让消费者品尝到新鲜、安全的蔬菜。

合作社基地内建有3个高标准育苗温室，配备20公顷高端设施的钢架大棚，另有13.33公顷露地用于种植新品种瓜菜。未来，基地将继续引进新技术与高档蔬菜品种，规范设施蔬菜栽培技术，不断满足市场对高品质、健康蔬菜的需求。

二、经营主体经营模式

合作社成立以来，始终按照"五统一管理"，即统一品种种植、统一农资使用、统一标准生产、统一质量检测、统一标识销售，建立了33.33公顷标准化蔬菜种植基地，年产蔬菜可达3000吨左右，总收入近1000万元。合作社实行了通防统治，推广了绿色防控技术、膜下滴灌、有机肥替代、轻简化栽培等新技术。并加入了河北省农产品质量安全追溯平台，做到了农产品质量可追溯。

三、经营主体生产模式

该合作社主要生产模式为棚室马铃薯—胡萝卜一年两茬栽培技术模式、大棚番茄—黄瓜—菠菜一年三茬栽培技术模式,通过重施有机肥、微滴灌水肥一体化节水灌溉、设置防虫网、悬挂黄板、生物农药统防统治等新技术的应用,大大减少了瓜菜病虫害的发生,达到了农产品提质增效的目的。

(一)棚室马铃薯—胡萝卜一年两茬栽培技术模式

1. 茬口安排

(1)马铃薯。1月下旬至2月上旬播种,5月中旬收获。

(2)胡萝卜。8月上旬种植,11月下旬到翌年1月下旬收获。

2. 品种选择

(1)马铃薯。选择抗病性强、优质、高产、商品性好、适合市场需求的品种,如希森6号、荷兰15。

(2)胡萝卜。选用适宜当地的品种,如红深5号、红森。

3. 马铃薯栽培技术

(1)播前准备。选择地势高、土壤肥沃、与非茄科作物轮作2年以上的地块种植。

播前切块催芽:将经过挑选的种薯块放在10~20℃的室内15天左右,当芽刚刚萌动时,或幼芽刚刚长出时,即可切块播种。切块重量以20~30克为宜,每个切块上带1~2个芽眼,便于控制密度。切好的薯块应及时消毒。用1千克多菌灵配100千克滑石粉拌1 000千克薯块进行消毒。

(2)整地施肥。12月上旬在土壤还未上冻前进行深翻。马铃薯喜肥,底肥一定要施足,一般每667米² 施农家肥2 000~2 500千克,氮磷钾复合肥40千克。马铃薯对钾肥的需求量较大,可适当增加硫酸钾等钾肥的投入量,最好作为底肥施用,每667米² 用量在20千克。墒情不足的在下种前一定要洇地造墒,时间一般在播种前5天。行距75厘米,株距20厘米。

(3)播种。12月中旬播种,每667米² 用种量在150千克左右。种块切口晾干后选择地势高燥、通风向阳的地方催芽,夜间要注意保温,防止冻害,期间要用喷雾器在种块上面喷1~2次清水,当芽长到0.8厘米左右时即可播种。用马铃薯播种机播种,一般马铃薯薯播种、滴灌带安装、地膜铺设同时进行,边播种边盖地膜并用土把地膜压严实。

(4)苗期管理。播种20天左右,即有苗露土时可将出苗处的地膜抠破放风,防止蒸苗,待苗长到10厘米高时周围的地膜用土压严。马铃薯生长前期一般不用浇水,见花后再浇水。马铃薯生长中后期对水的需求量较大,一般保持见干见湿,可每隔10天浇水1次,一般浇水3~4次即可成熟。收获前10

天停止浇水。在 4 月初，块茎膨大期每 667 米^2 追施碳酸氢铵 75 千克左右，在生长后期叶面喷施磷酸二氢钾，延长叶片功能期，防止早衰，提高产量。

（5）病虫害。虫害主要有蚜虫、蓟马等，病害主要有早疫病、晚疫病等。

农业防治：利用蚜虫的趋光性使用黑光灯诱杀蚜虫，每隔 30～40 米悬挂 1 个。深耕深翻减少虫害。在作物上面 20 厘米处挂粘虫板。100 克小瓶装的捕虫胶可涂规格 25 厘米×15 厘米的粘虫板 70～80 片。取虫胶 2.5 克左右，均匀地摊撒在虫板上，然后用双手将两块虫板粘合，再慢慢分开，再粘合，这样重复几次，2 张粘虫板上的虫胶就粘匀了。旧虫板可多次涂刷，反复使用。

生物防治：注意保护蚜虫的天敌。如七星瓢虫、十三星瓢虫、大绿食蚜蝇等；可用生物药剂 3% 除虫菊素微囊悬浮剂每 667 米^2 45 毫升喷雾防治。

药剂防治：消灭蚜虫在初发阶段，可选用 70% 灭蚜松可湿性粉 0.5 千克对水 500～1 000 千克喷雾，或 100 倍液拌种，或 50% 二溴磷乳油 0.5 千克对水 500～1 000 千克，或 50% 蚜吡酮 2 000～3 000 倍液喷雾，交换使用。在晴天无风傍晚时喷施，喷施药物时注意多喷施叶片背面。

早疫病：发病初期用药喷雾防治，每隔 7～10 天喷 1 次，视病情防治 1～3 次。药剂可选用 70% 代森联干悬浮剂 600～800 倍液，或 75% 百菌清可湿性粉剂 600 倍液，或 25% 嘧菌酯悬浮剂 1 000～1 500 倍液等。病害快速增长期，要加大用药量，均匀喷雾整张叶片。

晚疫病：发病初期药剂防治，可选用药剂有 80% 代森锰锌 600～800 倍液，58% 甲霜·锰锌 500 倍液，64% 噁霜灵·锰锌 500 倍液，60% 琥·乙膦铝 500 倍液，以上药剂连续喷 2～3 次，每次间隔 7～10 天。

（6）收获。注意适时收获。5 月中旬我国北方产区的土豆还没有大量上市，这时的市场供应量较小，价格较高，提前上市交易能获取较高的经济效益。

4. 胡萝卜栽培技术

（1）整地。8 月上旬深翻耕地，每 667 米^2 施硫酸钾复合肥（N-P$_2$O$_5$-K$_2$O＝18-18-18）50 千克。

（2）播种。用播种铺滴灌一体机进行播种，播种、起垄、铺滴灌带同时进行。每 667 米^2 用种量 250 克，株行距 40 厘米×70 厘米。

（3）苗期管理。播种后浇一次提苗水，一般根据墒情浇 1～2 次水即可。在肉质根开始膨大时，每 667 米^2 施硫酸钾复合肥（N-P$_2$O$_5$-K$_2$O＝18-18-18）30 千克。

（4）收获。12 月初至翌年 1 月底开始收获，每 667 米^2 产 6 000 千克左右。

5. 产值效益

（1）经济效益。两茬作物年产值达 2.4 万元。早春马铃薯每 667 米^2 产量

4 000 千克，产值 12 000 元；胡萝卜每 667 米^2 产量 6 000 千克，产值 12 000 元。

（2）社会效益。保证农户丰产、丰收，并定时向种植户推广新品种、新技术。带动了当地设施蔬菜产业的快速发展，加强了销售渠道建设，确保了产品销路，不仅带动了该合作社产业发展，而且还促进了周边地区和相关产业的发展。

马铃薯收获　　　　　　胡萝卜生长期　　　　　　胡萝卜收获

（二）大棚番茄—黄瓜—菠菜一年三茬栽培技术模式

大棚番茄—黄瓜—菠菜一年三茬栽培技术模式，适宜在冀中南地区推广种植。该模式通过微滴灌水肥一体化节水灌溉、病虫害绿色防控技术的应用，大大减轻了蔬菜病虫害的发生，达到了蔬菜提质增效的目的。

1. 茬口安排

（1）番茄。番茄 10 月下旬育苗，12 月中旬定植，翌年 3 月中下旬收获，6 月中旬拉秧。

（2）黄瓜。黄瓜 5 月中旬育苗，6 月中下旬定植，8 月中旬收获，9 月下旬拉秧。

（3）菠菜。10 月初撒播，12 月中旬收获。

2. 品种选择

（1）番茄。建议选用保时捷 916。

（2）夏茬黄瓜。建议选用德瑞特 L26。

（3）菠菜。建议选用大叶菠菜。

3. 番茄栽培技术

（1）育苗。10 月下旬开始育苗，可采用日光温室育苗。当幼苗长到两叶一心时分苗，可以直接将苗移栽至规格为 10 厘米×10 厘米的营养钵。当苗龄在 40～45 天，具 5 片真叶时，即可定植。

（2）定植。12 月中旬定植。定植前先整地，一般每 667 米^2 施底肥 2 000～3 000 千克腐熟的鸡粪，50 千克复合肥。采用大、小行种植，小行行距 60 厘米，大行行距 80 厘米，株距 50 厘米，每 667 米² 栽 2 000 株左右，注意覆盖地膜。

（3）田间管理。定植后，及时吊蔓、除草、松土等。采用地膜覆盖＋膜下暗灌节水灌溉技术，根据地块的实际湿度掌握浇水时间，宜小水浇灌，切忌大水漫灌。开花前不旱不浇水，以防落花落果。等第一穗番茄长到核桃大小时，开始水肥管理，结合浇水每 667 米² 追水溶肥 5～10 千克，一般 1 次净水、1 次水肥，而且有机肥和化肥要交替施用。注意保花保果及病虫害预防。

（4）病虫害防治。

①物理防治：设置 40～60 目防虫网，悬挂黄板，适当增施磷肥钾肥，提高植株综合抗病能力，增施有机肥。采用膜下灌溉技术，减少空气湿度，保护地尽可能多通风，发病初期及时摘除病叶和病果。合理密植，实施与非茄科作物轮作倒茬，注意打杈，改善通风透光性；对土壤进行深翻冻垡，增强土壤的透气性。

②化学防治：

灰霉病：用 75％甲基硫菌灵 800 倍液、20％嘧霉胺悬浮剂 600 倍液、50％腐霉利可湿性粉剂 600 倍液、50％腐霉利烟熏剂（保护地用烟熏剂效果更好）等防治，以上药剂交替使用，以免产生抗药性。

早疫病：用 80％代森锰锌可湿性粉剂 600 倍液、58％甲霜・锰锌可湿性粉剂 600 倍液、50％烯酰吗啉可湿性粉剂 600 倍液，治疗剂用 10％苯醚甲环唑水分散粒剂 1 500 倍液、25％嘧菌酯悬浮剂 1 500 倍液等。

晚疫病：用 58％甲霜・锰锌可湿性粉剂 500 倍液、60％噁霜・锰锌可湿性粉剂 500 倍液、75％百菌清可湿性粉剂 600 倍液、50％多菌灵可湿性粉剂 500 倍液防治；要以预防为主，综合防治，药剂要交替使用。

白粉虱：用 75％吡虫啉水分散粒剂 7 500 倍液、10％吡丙醚乳油 1 000 倍液、20％啶虫醚乳油 1 000 倍液、10％吡蚜酮 1 000 倍液等防治。

美国斑潜蝇：用 1.8％的阿维菌素 800 倍液防治。

（5）采收。3 月中下旬开始收获，6 月中旬拉秧，每 667 米² 产量 6 000～7 500 千克。

4. 黄瓜栽培技术

（1）育苗。5 月中旬育苗。

（2）定植。6 月下旬定植。选择晴天上午定植，采用大小行栽培，一般每 667 米² 定植 2 800～3 000 株。

（3）田间管理。

浇水：定植后浇 1 次缓苗水，不旱不浇水。摘根瓜后进入结果期和盛果期，需水量增加，掌握小水勤浇，保持土壤湿润即可。

追肥：结果初期，结合浇水隔两水追一次肥，结果盛期可隔一水追一次肥，每次每 667 米² 追施水溶肥 5～10 千克，生长中期追施钾肥 10 千克。

叶面喷肥：结果盛期用 0.3%～0.5% 磷酸二氢钾和 0.5%～1% 的尿素溶液叶面喷施 2～3 次。

温光管理：黄瓜在幼苗期，白天温度控制在 25～30℃，夜间温度控制在 15～18℃；开花期最适温度 17～25℃；结果期白天温度控制在 25～29℃，夜间温度控制在 18～22℃。根果坐住后若温度过高，大棚膜上可覆盖遮阳网或喷施遮阳剂遮光降温，避免高温强光危害；同时注意通风，保持棚内相对湿度在 80% 以下。

（4）病虫害防治。

霜霉病：用 5% 百菌清粉剂或 5% 霜脲·锰锌粉剂，每 667 米² 每次 1 千克，用喷粉器喷施。

疫病：用 72.2% 霜霉威水剂 800 倍液喷雾。

枯萎病：通过高温闷棚、轮作、选用抗病品种、嫁接育苗等措施防治。

（5）收获。8 月中旬开始收获，9 月下旬拉秧，每 667 米² 产量 6 000～7 500 千克。

5. 菠菜栽培技术

（1）整地。苗地要施足基肥，每 667 米² 施优质腐熟鸡粪肥 2 000 千克，复合肥 50 千克，钾肥 20 千克或草木灰 200～300 千克。基肥与苗地的土壤充分混合后即可播种。

（2）播种。要求选择颜色新鲜，饱满的种子，并做好播前处理，将种子翻晒、催芽，每 667 米² 播种量为 100～120 克。播种后，用细土覆盖种子，覆盖的细土层厚约 1 厘米，并淋水保湿。

（3）田间管理。菠菜一般采取平畦栽培，播种后浇第一次水，出苗后喷施阿维菌素进行病虫害防治，菠菜长出 3～4 片叶时进行疏苗，保证密度合理。整个生长发育期，保持田间湿润，土壤疏松。

（4）病虫害防治。霜霉病和炭疽病可于发病初期用 75% 百菌清 600 倍液、25% 甲霜灵 700～800 倍液喷施。

（5）适时采收。12 月中旬采收，每 667 米² 产 2 000 千克。

6. 经济效益

三茬蔬菜年产值达 41 600 元。番茄每 667 米² 产量 6 500 千克，产值 26 000 元；黄瓜每 667 米² 产量 6 000 千克，产值 9 600 元；菠菜每 667 米² 产量 2 000 千克，产值 6 000 元。

番茄生长期　　　　　　　　　　　黄瓜生长期

>>> 赵县绿生蔬菜种植专业合作社 <<<

一、经营主体简介

赵县绿生蔬菜种植专业合作社成立于 2012 年 7 月 23 日，位于韩村镇杨家庄村。注册资金 300 万元，共有农户 51 户，耕地面积 46.67 公顷，其中日光温室占地 33.33 公顷，露地蔬菜占地 13.33 公顷，品种主要有番茄、彩椒、青椒、尖椒、黄瓜、茄子、豆角、胡萝卜等；水果主要有梨、草莓、桃等。该合作社以科技推广为中心，不断发展现代农业，以为农服务为导向，引导农民科学种植，提高土地产出效益。合作社以河北省农林科学院为技术依托，以市场需求为导向，紧抓市场需求，以蔬菜种植基地为示范，以规范化运作为保障，带动周边农户发展标准化蔬菜生产，同时还积极开拓蔬菜销售市场，广辟销售渠道，以生产绿色瓜菜为基本目标，做好蔬菜和水果无农药残留自检工作，同各大城市超市、学校、企业、机关和蔬菜批发市场等建立长期合作关系，近两年，园区连续参加京津冀蔬菜食用菌产销对接活动，在北京新发地菜市场建立起了良好的供销关系。

二、经营主体经营模式

合作社实行统一管理，聘请专业的技术人员为其提供技术指导和培训，统一购置化肥、农药等生产资料，出入库全部实行电子化办公，园区通过连续参加京津冀蔬菜食用菌产销对接大会，建立了稳定的供销关系。实行病虫害统防统治，推广了绿色防控、膜下滴灌、有机肥替代、轻简化栽培等新技术。注册了"神花"品牌，被农业农村部绿色食品发展中心认证为绿色产品，并加入了河北省农产品质量安全追溯平台和国家农产品质量安全追溯平台，做到了农产品质量可追溯。

三、经营主体生产模式

该合作社发展了日光温室秋冬茬番茄—冬春茬番茄—春夏茬套种黄瓜栽培技术模式，该模式通过重施有机肥、微滴灌水肥一体化节水、设置防虫网、悬挂粘虫板、利用生物农药统防统治等新技术的应用，大大减少了瓜菜病虫害的发生，达到了农产品提质增效的目的。

1. 茬口安排

（1）秋冬茬番茄。7月上旬育苗，8月上旬定植，10月上旬采收，12月底拉秧。

（2）冬春茬番茄。12月上旬育苗，1月中旬定植，3月下旬采收，6月中旬拉秧。

（3）春夏茬套种黄瓜。5月中旬在番茄行间播种黄瓜，6月下旬采收，7月中下旬拉秧。

2. 品种选择

（1）秋冬茬番茄。选择高抗病毒病、抗逆性强、抗高温、丰产、优质、适应性强的品种，如金棚236、金棚秋帅、珍奇、双瑞8号等。

（2）冬春茬番茄。选择耐低温弱光、高抗病毒病、抗逆性强、丰产、优质、适应性强的品种，如金棚6077、东圣1561、金棚JP11-8等。

（3）春夏茬套种黄瓜。选择高抗病毒病、耐热、优质、高产、商品性好、适合市场需求的品种，如津优39、津优38等。

3. 秋冬茬番茄栽培技术

（1）育苗。种子在播前4~5天，先用清水预浸，去除杂质，然后在50~55℃温水中浸种10分钟，其间不断搅动，在水温自然降至30℃时停止，静置浸泡8小时。捞出、沥干水分进行催芽，有60%~70%种子露白时播种。选择地势高、通风、排水良好的温室育苗。配备遮阳网和防虫网，并对育苗设施进行消毒处理。采用72孔穴盘基质育苗，播种到齐苗白天温度保持在25~30℃，齐苗后白天温度保持在23~25℃。如基质过干，及时补充水分，如苗旺长，用叶面肥矮丰灵800~1 000倍液喷施。

（2）定植前准备。

清洁田园：清除前茬作物的残枝烂叶及病虫残体。

棚室消毒：在定植前7~10天，每667米²用20%百菌清烟剂250~400克熏棚。一般在晚上进行，熏烟棚室密闭24小时。

整地施肥：深翻土地，结合整地每667米²施优质腐熟有机肥2 000~3 000千克，（N-P$_2$O$_5$-K$_2$O=15-15-15）三元复合肥50千克。

（3）定植。8月上旬定植，采用大小行栽培方式，大行距90厘米，小行距 50 厘米,株距 35 厘米。定植密度每 667 米²2 700~2 800 株。

（4）定植后的管理。定植前期棚顶用遮阳网遮盖,温度降至 28℃时,撤去遮阳网。定植后期晚间温度低于 16℃要盖严棚膜,在白天温度超过 32℃时通风,夜间注意防寒保温。

采用膜下滴灌或沟灌。定植后随即浇水,7 天后浇缓苗水。第一穗果长至核桃大小时进行第一次追肥浇水,每 667 米² 追三元复合肥（N-P$_2$O$_5$-K$_2$O＝15-15-15）10 千克,每穗果追 1 次肥,一般追肥 4~5 次。

采用单干整枝,侧枝全部打掉。一般留果 4~5 穗,当最上部果穗开花时,留 2 片叶打顶。第一穗果成熟前 5 天,摘除其下全部叶片。当番茄每穗花有 2~3 朵开放时,在上午 9:00~10:00,用 20~30 毫克/升番茄灵喷花 1 次。

（5）病虫害防治。主要病害有病毒病、早疫病、晚疫病、灰霉病等。主要虫害有蚜虫、粉虱、潜叶蝇等。

①物理防治:

黄板:每 20 米² 悬挂规格 25 厘米×30 厘米黄板 1 块,挂在行间或株间,高出植株顶部 20 厘米,诱杀粉虱和蚜虫。

防虫网:在温室放风口处设置规格为 40 目的防虫网。

趋避蚜虫:覆盖银灰色地膜驱避蚜虫。

②化学防治:

病毒病:用 0.5％氨基寡糖素水剂 500 倍液喷施。

早疫病:用 10％苯醚甲环唑水分散粒剂 800~1 200 倍液喷施。

晚疫病:用 72％霜脲·锰锌可湿性粉剂 1 500 倍液喷施。

灰霉病:用 50％腐霉利可湿性粉剂 1 500~2 000 倍液喷施。

蚜虫:用 10％吡虫啉可湿性粉剂 1 000 倍液喷施。

粉虱:用 25％噻虫嗪水分散粒剂 2 000~3 000 倍液喷施。

潜叶蝇:用 1.8％阿维菌素乳油 1 000 倍液喷施。

（6）采收。果实转色成熟后,及时分批采收。

4. 冬春茬番茄栽培技术

（1）育苗。种子先用清水预浸,去除杂质,然后在 50~55℃温水中浸泡 10 分钟,其间保持不断搅动,在水温自然降至 30℃时停止搅动,静置浸泡 8 小时。捞出、沥干水分进行催芽,有 60％~70％种子露白时播种。选择地势高、通风、排水良好的温室育苗。配备遮阳网和防虫网,并对育苗设施进行消毒处理。采用 72 孔穴盘基质育苗,播种到齐苗白天温度保持在 25~28℃,齐苗后白天温度保持在 20~25℃。如基质过干,及时补充水分。

（2）定植前准备。

参照 P194 秋冬茬番茄栽培技术（2）定植前准备。

（3）定植。1 月中旬定植，选择晴天上午定植。采用大小行种植，每 667 米^2 定植 2 000～2 200 株。

（4）定植后管理。

温度管理：定植后 1 周内不放风，室内温度白天 25～30℃，夜间 12～15℃；1 周后放风，温度白天 23～25℃，夜间 13～17℃。

光照管理：保持棚膜洁净，在温室的后墙张挂反光幕，以增光保温。

水肥管理：定植 7 天后浇缓苗水，水量不宜过大。浇水后及时中耕，第一穗果坐住前控水。第一穗果长至核桃大小时进行第一次追肥浇水，每 667 米^2 追三元复合肥（N-P$_2$O$_5$-K$_2$O＝15-15-15）15 千克，每穗果追 1 次肥，一般追肥 4～5 次。

植株调整：采用单干整枝，侧枝全部打掉，一般留果 4～5 穗，当最上部果穗开花时，留 2 片叶掐心或打顶。第二穗果成熟后，摘除其下全部叶片。

保花保果：第一穗花开放时，将熊蜂箱放入棚内授粉，每 667 米^2 放 1 箱，蜂箱上方 20～30 厘米处搭遮阳篷。或当番茄每穗花有 2～3 朵开放时，在 9：00～10：00，用 20～30 毫克/升番茄灵喷花 1 次。

（5）病虫害防治：参照 P195 秋冬茬番茄栽培技术（5）病虫害防治。

5. 春夏茬套种黄瓜栽培技术

（1）育苗。播前采用 55℃温水浸种 10 分钟，用清水冲洗干净黏液后晾干。5 月中旬当番茄结 2 穗果时，将其底部的残枝、老叶摘除，在番茄的栽培垄内侧直播黄瓜。

（2）田间管理。

温度管理：在冬春茬番茄没结束之前与番茄同样管理，番茄拉秧后白天温度不高于 35℃，夜间 15～20℃。

水肥管理：在冬春茬番茄没结束之前与番茄同样管理，番茄拉秧后每 7～10 天结合浇水每 667 米^2 冲施平衡肥（N-P$_2$O$_5$-K$_2$O＝15-15-15）10～15 千克，拉秧前 10～15 天停止浇水施肥。

植株调整：黄瓜植株生长到 15～20 厘米时，将番茄蔓从根部剪断拉秧，将黄瓜吊蔓，适时坠秧。

（3）病虫害防治。主要病害有霜霉病、细菌性角斑病等。主要虫害有粉虱、蚜虫、红蜘蛛、茶黄螨等。

①物理防治：设 40 目异型防虫网阻虫，挂黄板诱杀粉虱和蚜虫。

②化学防治：

霜霉病：用 72.2% 霜霉威盐酸盐水剂 800 倍液喷施。

细菌性角斑病：用 72% 新植霉素可湿性粉剂 4 000 倍液喷施。

红蜘蛛、茶黄螨：用 25% 灭螨锰可湿性粉剂 1 000 倍液喷施。

蚜虫：10% 吡虫啉可湿性粉剂 1 000 倍液喷施。

粉虱：用 25% 噻虫嗪水分散粒剂 2 000～3 000 倍液喷施。

（4）采收。开花后 7 天左右及时分批采收。

6. 经济效益

三茬蔬菜每 667 米^2 年产值达 55 000 元以上，其中：秋冬茬番茄每 667 米^2 产 7 500 千克，产值 30 000 元左右；冬春茬番茄每 667 米^2 产 7 500 千克，产值 15 000 元左右；春夏茬套种黄瓜，每 667 米^2 产 4 500 千克，产值 10 000 元左右。

番茄生长期　　　　　　　　　　黄瓜生长期

>>> 赵县天舟农作物种植专业合作社 <<<

一、经营主体简介

赵县天舟农作物种植专业合作社成立于 2017 年，法人周新山，注册资金 100 万元，产品注册商标有"姜把式"和"大福姜至"。基地位于韩村镇韩村，临近 308 国道，地理位置显要。合作社生姜种植面积约 33.33 公顷，每 667 米^2 产量 5 000～7 500 千克，总产量约 3 000 吨，主要从事生姜种植与储存。目前，该合作社正在兴建双层地下姜窖，姜窖占地面积约 5 000 米^2，姜窖建成后，总面积约 10 000 米^2。

二、经营主体生产模式

赵县天舟农作物种植专业合作社以生姜栽培为主，采用小拱棚种植生姜。

三、生姜高产栽培技术

1. 种姜处理

（1）选种消毒。在播种前30天（一般在2月下旬）进行选种处理。根据栽培目的和市场要求选择优质、丰产、抗逆性强、耐贮存的优良品种，如黄姜。选肥大饱满、皮色光亮、不干裂、无病虫害、无机械损伤的姜块做种。用芸薹素50毫升、乙酸·噁霉50毫升、阿维菌素50毫升进行种块消毒，防止腐败病（姜瘟）的传播危害。在选种消毒时，发现呈水渍状且肉质变色，表皮容易脱落的种块，说明已经受病害感染，必须淘汰。

（2）晒种催芽。为了出芽快而整齐，在播种前1周左右，选择晴天，将种块翻晒数天，一层层放好后，再盖草帘或稻草，经过20余天，幼芽长至1厘米左右时取出。也可放于温室或塑料大棚内，维持20℃以上的温度进行催芽，以姜种芽基部饱满肥大，无白根长出最佳。将姜种切成100克左右的大小姜块，每块姜种上保留1个壮芽（少数姜块也可保留2个壮芽），其余幼芽全部掰除。

2. 整地施肥

姜喜欢土层深厚，富含腐殖质的肥土。姜的根系少，分布范围小，用来栽姜的土地须实行深翻暴晒，使其风化疏松，以利根系生长发育。姜的产量高，生长期长，故需肥量多，每667米^{2}施腐熟羊粪肥4 000千克，施含有对姜瘟病、姜茎基腐病等病原菌具有拮抗作用的枯草芽孢杆菌的生物有机肥100~150千克，氮肥4~6千克，磷肥2~3千克，钾肥5~7千克。

3. 播种栽培

（1）播种。4月初进行播种，每667米^{2}播种量500千克，种块的大小与产量关系甚大，使用较大的种块不但出苗早，生长发育也快，可提早成熟，而且产量高，因此种块应不小于100克。

（2）栽培。为了避免在生长期间根茎露出土面，降低品质，在栽培时必须适当深播，利用开沟机按行距开沟，以深度25厘米左右、宽度20厘米左右为宜。生姜品种不同，种植密度有所不同。以缅姜为例，一般行距70~75厘米，株距25~30厘米，每667米^{2}种植4 000株左右，每667米^{2}用种块量400~500千克。在播种时，应将芽朝上放，未经催芽的种块平放或斜放均可。播种后覆盖5~6厘米厚的细泥土，使其尽快出苗。对播种完成后的姜地浇水、覆膜。用2米长的竹片支成拱形支架，然后覆膜。

4. 田间管理

（1）搭棚遮阳。姜不喜烈日照射，喜散射光。因此在播种出苗后，秧苗高达15厘米时，应搭高1.7米左右的平架，平铺黑色遮阳网，挡住部分阳光，降低照射强度，以利植株生长。到了秋天光照强度减弱，这时由于地下部的根茎膨大，需要较多的光照，再撤去遮阳网，增加光合作用，提高产量。

（2）中耕培土。姜的地下部有向上生长的习性，且喜欢疏松通气的土壤，故在生长期间应进行中耕培土。一般中耕 2～3 次，结合培土进行。生长前期中耕适当深些，到了中后期植株较大，且地下部已开始膨大，应实行浅中耕。培土可增厚土层，防止姜块露出土面降低质量。通过培土，将原来的平地逐渐变成高垄，使土壤滤水和透气，有利于生长，提高产量和品质。

（3）追肥。姜在生长期间，应根据植株的长势追肥，一般追 4 次，前 3 次施肥量为每 667 米^2 菌肥 80 千克，平衡复合肥（N-P$_2$O$_5$-K$_2$O＝15-15-15）50 千克。第四次施肥结合中耕除草施用高钾复合肥（N-P$_2$O$_5$-K$_2$O＝15-8-25）每 667 米^2 50 千克。

5. 采收贮藏

（1）采收。在 10 月中下旬至 11 月进行。待姜的地上部植株开始枯黄，根茎充分膨大且老熟时采收。这时采收的姜块产量高，辣味重，且耐贮藏运输，作为调味或加工干姜片品质好。但采收必须在霜冻前完成，防止受冻腐烂。采收应选晴天完成，齐地割断植株，再挖取姜块，尽量减少损伤。

（2）贮藏。利用姜窖进行贮藏。1 层沙 1～2 层姜，码成 1 米高、1 米宽的长方体垛，每垛 1 250～2 500 千克，垛的四周用湿沙密封，姜窖上方留气孔，但要避免冷风吹入。

6. 经济效益

地膜加小拱棚的生姜栽培模式，每 667 米^2 产 5 000～7 500 千克，效益颇为可观。

生姜小拱棚

生姜田间　　　　　　　　　　　　生姜丰收

>>> 赵县诚荣蔬菜种植专业合作社 <<<

一、经营主体简介

赵县诚荣蔬菜种植专业合作社成立于 2009 年，现有社员 79 名，位于沙河店镇西大诰村村北 500 米，合作社主要为农户提供农资购销、农产品统一生产和销售、技术服务。为拉动土地规模流转，做好农业综合开发，力促社员增收，合作社从 2011 年 9 月开始以土地流转方式流转土地 33.33 公顷，建设设施蔬菜生产基地，符合保障京津冀地区蔬菜供应、稳定物价的国家政策导向，有力保障了石家庄蔬菜供应，对赵县农业结构调整，农民增收起到了积极地推动作用。2019 年赵县诚荣蔬菜种植专业合作社固定资产 2 200 万元，建成全钢架日光温室 93 座，带动周围村民 178 户，为周围村民及社员增收 150 多万元。

二、经营主体生产模式

目前，该基地主要生产模式有赵县日光温室羊肚菌高效栽培模式。自2018 年基地在原有传统蔬菜、水果种植的基础上，谋求基地产品向高端产品发展，开始种植羊肚菌并取得了成功，产量逐年提升。2024 年已经发展到 60 个日光温室。基地的羊肚菌种植技术在石家庄地区甚至其他地区影响甚大，到基地参观学习的人络绎不绝，基地还为其他种植户提供菌种、营养包、种植技术，为老百姓带来了可观的收入。

三、羊肚菌的生物特性

羊肚菌又称美味羊肚菌，别名羊肚菜、羊肚蘑、羊肚子、阳雀菌、蜂窝蘑等，是世界公认的一种珍稀食药用菌，是欧洲公认的仅次于块菌的美味食用菌，但至今商品化人工栽培面积仍不大，尚为驯化中的食药用菌。羊肚菌不仅香味独特，而且营养丰富，特别是富含有机锗，具有补肾、壮阳、补脑、提神的功能；主治肾亏损，对头晕失眠、肠胃炎症、脾胃虚弱、消化不良、饮食不振有良好的治疗作用；同时也具有防癌、抗癌、预防感冒，增强人体免疫力的效果，在医学上有重要的价值，在国际市场上十分紧俏，目前国内收购价一直稳定在每千克 400～500 元，国际价格更高。由于野生资源十分有限，因此羊肚菌的人工栽培及开发利用具有广阔的市场前景。

羊肚菌属低温高湿型真菌，每年春季 3～5 月雨后多发生，秋季 8～9 月也偶有发生，但数量很少。羊肚菌生长期长，除需较低气温外，还要较大温差，这可刺激菌丝体分化。其菌丝生长温度为 21～24℃；菌核形成温度为 16～21℃；子实体形成与发育温度为 4～16℃，湿度为 65％～85％。为此，栽培时间尽量放在 11～12 月。羊肚菌对光照的要求为，微弱的散射光有利于羊肚菌子实体的生长发育，强烈的直射光则有不良的影响。羊肚菌对土壤的 pH 要求在 6.5～7.5，中性或微碱性有利于羊肚菌生长。羊肚菌常生长在石灰岩或白垩土壤中。在腐殖土，黑、黄色壤土，沙质混合土中均能生长。在暗处及过厚的落叶层中，羊肚菌很少发生，即便发生质量也较差。所以，足够的氧气对羊肚菌的正常生长发育是必不可少的。

四、羊肚菌的栽培技术

1. 整理菌床

先将菇房消毒，然后将地整成大宽垄，垄宽 1～1.2 米，将土耙细；垄间距 30 厘米左右，方便田间操作。然后按木屑 75％、麸皮 20％、磷肥 3％、石膏 2％的比例配料，拌匀后均匀地撒在条垄的地面上，每 667 米² 200～250 千克；再将配料与土壤充分翻拌均匀。

2. 营养料装袋

栽培料：木屑 45％、小麦 30％、麸皮 20％、磷肥 1％、石灰 1％、腐殖土 3％。料水比为 1：1.3，含水量保持在 60％。将料拌好，用规格为 17 厘米×33 厘米的聚丙烯或聚乙烯塑料袋装料，每袋装 500～600 克，然后高压或常压灭菌。

3. 接种

一般 11 月初接种。可一次性灌足水，让土壤湿度保持在 70％～90％，直接将菌种接入土壤中；再覆盖 2～3 厘米厚的细土，喷适量水，以利菌种保湿发菌。最后将营养料袋逐个排列在菌床上，1 米² 床面排 6 个左右。

4. 生产管理

羊肚菌喜湿，生长环境必须保持一定湿度。早春温度合适，有利于菌丝体和子实体生长。一般发菌 60～70 天，早春季节如几周内温度在 4～16℃，则能刺激羊肚菌子实体的形成；轻喷水，保持土壤湿润，空气湿度 85％～95％。如果温度低于 4℃或高于 18℃，都会影响子实体发育，且一天中温度不宜剧烈变化。总之，在早春出菇前后保持适宜的温湿度环境，是羊肚菌栽培成功的关键。

5. 采收

2 月开始逐渐采收成熟的羊肚菌子实体，采收时间一般会持续到 5 月初。羊肚菌采收后应随机清理泥土，并按照质量等级装入密封的袋中，置于阴凉、干燥、通风处保存、待售。

6. 经济效益

人工栽培羊肚菌每 667 米^2 可出菇 100～150 千克。如果按照每千克鲜菇 400 元的价格，每 667 米^2 羊肚菌的产值可达 5 万元左右，其经济效益非常可观，而且人工栽培的羊肚菌填补了野生羊肚菌产量不足的市场空白。

羊肚菌种植

羊肚菌生长期

羊肚菌收获

第五章 石家庄市无极县蔬菜产业发展典型案例

>>> 无极县马趁来家庭农场 <<<

一、经营主体简介

无极县马趁来家庭农场于 2020 年 4 月成立。主要从事小麦、玉米、蔬菜等农作物的种植。自 2018 年开始种植生姜，采用比较原始的 2 米宽的小拱棚种植，产量低、品质差。从 2019 年开始与山东省昌邑市富农大姜专业合作社、山东济宁农业科学院中国姜网强强联手，引进 6 米宽的拱棚生姜生产技术及管理模式。

二、经营主体经营模式

无极县马趁来家庭农场灌溉采用微喷加滴管的模式，能增加湿度还能提高水肥利用率，做到节水保肥。采用标准株距行距，每 667 米² 种植 4 200～4 600 株，有效提高产量和品质。采用精准施肥方案，沟底肥做到有机无机相结合，补充氮磷钾的同时增加土壤中的有机质和微量元素，中期注意高磷肥的投入，促进植株分化，后期以高钾肥为主，有利于生姜膨大。

无极县的土壤、水源 pH，完全符合大姜生长需求。

2018 年，每 667 米² 产量 7 500 千克，每 667 米² 增加收入 8 000 元以上。2020 年得到石家庄市政府及无极县农业农村局领导的重视，年种植生姜百余亩。自 2019 年，农场每年应石家庄市领导的邀请参加种植展示会，受到了石家庄市领导的表扬，带动了周边村大面积种植生姜，同时也增加了农村富余劳动力的收入，提供了多个农民就业岗位，为周边村民增加了收入。农场成立期间在各级领导的支持下建设了储存量 750 吨的大型地下贮藏室，为生姜安全贮藏提供保障。

三、经营主体生产模式

目前农场主要生产模式为小拱棚生姜种植技术。

四、小拱棚生姜种植技术

1. 晒姜催芽

生姜的育苗很关键，近几年生姜的土传病害特别严重。优选无病害的地块，优选优良品种，选留姜芽饱满，无花皮无赖皮病的姜做种。育芽要求：晾晒姜种 23 天，进入育芽室，控制温度在 30℃左右，通风排潮，1 周后给姜种盖被子保湿，温度控制在 27℃左右，以后每周降 2℃，4 周后根据姜芽大小控制温湿度，种植前挑选姜芽。

2. 生姜开沟

生姜开沟行距建议不低于 65 厘米，有利于生姜后期膨大，深度 27 厘米左右。

3. 生姜定植

株距控制在 20~25 厘米，盖土厚度 3 厘米左右，有利于生姜快速出芽。

4. 灌溉

生姜定植以后需要及时灌溉，以大水为宜，以后根据土壤湿度灌溉及冲施生根剂、大量元素、中微量元素肥。

5. 放风

每年 4 月底生姜开始出土，根据定植早晚，盖土厚度和出土时间也不统一，在生姜出土后要根据当时温度放风，开始放风建议放小孔，随着姜芽的高度增加，温度适当降低。

6. 覆盖遮阳网

生姜喜阴，每年五一开始给生姜拱棚覆盖遮阳网，起到降温保湿作用。

7. 生姜小培土

每年 6 月 20 日左右生姜开始第一次追肥培土，此时生姜以三芽为主，俗称三股权。这个时间段生姜对肥料的需求量开始变大，要及时追肥。

8. 坐美大培土

每年 7 月 10 日后生姜开始进入分化膨大高峰期，需要进行大培土并及时追施肥料，以施钾肥为主

9. 生姜出土

每年 10 月 10 日生姜开始出土收获。

10. 生姜储存

要求姜窖无细菌，无虫卵，以免存放的生姜腐烂、产生虫口。

生姜常见病害：叶部病害以炭疽病、叶斑病、叶枯病等为主。地下病害以根腐病、茎基腐、姜瘟、花皮病等为主。虫害以菜青虫、钻心虫、蓟马、根结线虫为主。

>>> 无极县红鑫牛蔬菜种植专业合作社 <<<

一、经营主体简介

无极县红鑫牛蔬菜种植专业合作社位于河北省无极县王村，现注册资金274.9万元，社员58名，合作社现有统筹统管基地86.7公顷，于2010年7月正式成立。

合作社于2013年筹措资金，统筹统建大型种植基地，建设了第五代冬暖式大棚56座，占地15.3公顷，主要种植作物为黄瓜，年产1 860吨。同时还建设了活动实践基地700米^2，绿色生态种养区2 000多米^2。还建有食品检测室、农业农资展示间、办公室、农资仓库、多媒体教研室等，园区内主干道已硬化，水电设施配套完备。2015年7月，合作社注册了"极程"商标。2016年2月，基地通过了河北省无公害蔬菜农产品产地认证；2016年8月，获得了农业部无公害农产品证书。同时无极县红鑫牛蔬菜种植专业合作社承担了石家庄市蔬菜示范工程建设项目。合作社经过几年的发展，其间经社员的要求，以及在无极县农业农村局农技专家的建议下，在王村村西统筹统建第六代暖式大棚80余座。园区路面已硬化，绿化覆盖率达90%，水电齐全，业态布局合理。两大基地占地86.7公顷，已实现设施黄瓜周年生产模式。以草莓、桃子、樱桃番茄采摘为特色，也为市民提供优质蔬菜，合作社田间生产记录完整，农业投入品管理制度健全，符合国家食品安全标准。

二、经营主体经营模式

红鑫牛蔬菜种植专业合作社通过多年发展，现已形成合作社＋农户＋企业和园区现代农业新形势。多种模式的结合，在蔬菜种植时全部引进绿色、健康、优质、符合市场需求的品种。根据品种特性制定生产操作流程，按流程管理生产，实行统防统治的植物保护规范。园区实行集约化育苗，有机肥、菌肥配施及全元素肥及水肥一体化技术；采取功能地膜除草、高温闷棚、病虫害绿色防控技术等，为优质蔬菜安全提供了技术支持。产品在园区内实施多种包装形式。销售的农产品质量可靠，检测合格后才会销往各地。

三、经营主体生产模式

目前合作社主要生产模式为冬暖式温室冬春茬黄瓜和夏秋茬黄瓜迭代种植模式。

1. 种苗选择

应选择前期耐低温、后期耐高温、持续结果能力强、抗病的高产品种，如

LN66 黄瓜、联盟 N9 黄瓜。

（1）LN66 黄瓜。该品种由山东安信种苗股份有限公司培育。该公司位于山东的泉城济南，拥有多项专利，科研实力强。创造了"25 节点育苗法"，并且公司已经顺利上市。该品种适合冬春茬口，前期耐低温，长势强壮，瓜条顺直，商品性好，瓜长 35 厘米左右，单果重 180 克，抗病性好、产量高。

（2）联盟 N9 黄瓜。该品种为山东蔬菜集团培育，该品种适合春夏秋种植，耐高温，颜色油亮，有光泽，不黄头，拉瓜能力强，抗靶斑病、角斑病等病害，瓜长 33 厘米，单果重 170 克。

2. 育苗

种苗可由育苗企业直供。育苗企业通过定点观察育苗流程，能筛选出优质健康种苗，为种植户直接提供苗。

3. 定植时间

（1）冬春茬黄瓜。两叶一心、苗龄 30 天左右、苗高 8～10 厘米时适合定植，定植时间在元旦前后。

（2）夏秋茬黄瓜。于 5 月底至 6 月初定植。

4. 整地施肥

以腐熟的农家肥为主，每 667 米^2 用量 5～8 米^3。新棚每 667 米^2 多用 2 米^3。每 667 米^2 用 45% 或 51% 硫酸钾平衡复合肥 100 千克，中微量元素肥 10～20 千克，微生物菌剂 3～5 袋，将肥料撒于地表。旋耕平地后，划沟等待定植。

5. 定植

整好地后晾晒一段时间，选择在晴朗天气进行移栽，移栽后立即浇透水。并随水冲施翠姆菌剂促进生根缓苗。株距 25 厘米，采用大小行定植，大行距 1.1 米，小行距 0.7 米，也可以采用 1 米的等行距定植。每 667 米^2 定植 2 700 株左右。

6. 田间管理

（1）苗期管理。黄瓜定植后根据天气、土质情况，在 3～6 天后回水。回水时随水冲施氨基酸生根产品或菌剂等，促进黄瓜生根，以利缓苗。选择晴天喷施叶面保护剂 1 次，防虫防病，同时对作物进行保护，保护期可持续 35 天左右。

（2）结果期管理。黄瓜坐果到采摘期一般为 7 天左右，该时间也会因天气情况而发生变动。黄瓜为无限生长型作物，持续结果能力强。根据黄瓜生长特性，结果前期 10～15 天浇水 1 次，随水每 667 米^2 冲施平衡水溶肥（N-P$_2$O$_5$-K$_2$O＝20-20-20）5 千克。中期天气变暖，蒸腾量增大，浇水周期随之缩短，改为 7～10 天浇 1 次，每次每 667 米^2 随水施翠姆水溶肥、陶氏益农水溶肥和平衡水溶肥（N-P$_2$O$_5$-K$_2$O＝20-20-20）7.5 千克，时间持续到 6 月。结果中期每浇 2 次水后，冲施 1 次菌剂和中微量元素肥，促根的同时补充微量元素，提升黄瓜口感、产量。每天通过风口调节温度和湿度。每 15 天对瓜秧进行 1 次整理，以龙头不倒为标准，及时清理打掉的下部叶片。15 天进行 1 次病虫害防治，通过肥、水、通风、挂粘虫板等措施对病虫害进行防治。

7. 综合防治病虫害

病虫害防治以预防为主。种子消毒培育壮苗，增施有机肥，加强栽培管理。病虫害点片发生时，及时采取有效措施，减少虫源、病源，减少农药使用量。放风口加盖防虫网，棚内悬挂粘虫板，必要时用烟雾剂防治病虫害。

（1）农业防治。前茬作物收获后，及时清理前茬残枝枯叶。通过深耕将地表的病原菌及害虫翻入土中，高温闷棚消毒 15～20 天。夏季高温、高湿、多雨，可采用多效地膜铺盖，减少草害，降低根系周围温度，有利于植株生长。冬季也可铺设地膜，提高地温和保温效果。

（2）物理防治。通风口设防虫网，棚内悬挂粘虫板，可预防虫害，减少病毒病的发生；冬季采用二层膜保温保墒，可降低湿度，减少病害。

（3）化学防治。一般在 2 月末至 3 月初天气放晴时虫害增多，黄瓜虫害有蚜虫、白粉虱、蓟马、青虫等。蚜虫、白粉虱可用噻虫嗪防治。蓟马可用吡蚜酮、螺虫乙酯防治，青虫可用氯虫苯甲酰胺防治。

（4）真菌病害。黄瓜真菌病害以霜霉病和靶斑病为主，有时也发生疫病。以上病害用霜霉威盐酸盐、烯酰吗啉、腈菌唑防治，阴天有时也发生灰霉病，用嘧霉胺防治。

（5）细菌病害。细菌病害主要有角斑病、软腐病等，防治药剂有噻唑锌、中生菌素、春雷霉素等。

（6）病毒病。病毒病也是黄瓜主要病害。防治药剂有盐酸吗啉胍、毒氟磷、多酶免疫蛋白等。

8. 综合效益

该模式实现了黄瓜周年供应，冬春茬黄瓜在春节前后开始采摘供应，黄瓜每 667 米^2 产量 15 000 千克，收益 45 000 元左右，夏秋茬黄瓜生长周期一般 3 个月，产量在 3 500～5 000 千克，收益在 15 000～20 000 元。收益每年在 60 000～6 5000 元。

9. 注意事项

黄瓜生产不能使用未登记的肥料产品，不使用工业废弃物，以及未经发酵腐熟、重金属含量超标的肥料。使用的农药必须符合农业施用标准要求，不得使用国家禁止的农药，使用后的农药包装应统一回收，集中处理。

黄瓜栽培与采收、包装

>>> 无极县金达农服生姜全产业链服务商 <<<

一、经营主体简介

金达农服由润民农资牵头成立，是一家集蔬菜种植、生姜种植培训、生姜储存与销售于一体的综合性社会团体服务商。

金达农服位于河北无极县王村，紧邻河北省省道易官线，交通十分方便，配有办公室、农资展示区、多媒体培训室、检测室等。经过几年的发展，与北方蔬菜媒体、农业农村局等单位合作，形成了从种植、生产管理、机械植保、收购到销售全产业链服务。该服务商以无极县为中心，带动周边种植生姜面积66.67公顷。

二、经营主体经营模式

金达农服拥有示范田，以种植新品种、推广新技术为宗旨。金达农服通过走进用户种植区进行实地指导，为用户提供多项种植管理技术。从种到收再到售的全产业链服务，提高了用户种植的积极性。金达农服积极发挥带头作用，以种植户＋优秀企业的现代化发展形式，推广了先进的生姜环保催芽技术，以及生姜开沟机、收获机作业等机械化生产技术，提高了用户的工作效率和工作质量的同时，为高产打下基础。

三、经营主体生产模式

目前金达农服主要生产模式为大姜种植模式。

1. 整地

每 667 米² 撒施腐熟的农家肥 5 米³ 左右，平衡肥（N-P$_2$O$_5$-K$_2$O＝15-15-15）50 千克，用专用深耕机耕深 38 厘米后晾地，来年选择晴朗天气浇水，水渗后开沟准备种姜。

2. 催芽

生姜催芽是生姜种植关键环节。催芽宜在催芽室进行。种植 667 米²，需催芽室 15～20 米²。催芽室周围做好保温措施，地下铺设专用硅胶纤维电暖线，以便催芽室加温；用竹耙、木凳支起高 40 厘米左右的催芽床。催芽一般在 2 月 15 日左右进行。选择晴天将种姜晾晒 2 小时，喷一遍杀虫、杀菌和打破休眠的药剂，再晾晒 1 小时翻面，再次喷药剂，用药后再晾晒 2 小时，之后进入催芽室。种姜进入催芽室后用无纺布包裹好。催芽室温度保持在 30℃，持续 7～10 天后排潮气、倒垛，使温度降到 26～28℃，这时开始出芽。到 20 天时芽如花生豆大小，这时再次降温，使温度降到 22～24℃，5 天后再次降温，炼芽准备播种。

3. 开沟播种

在生姜催芽时，对预留的姜地进行整理浇水，随水用噻虫氨＋氟氯氰菊酯＋吡虫啉药剂预防地下害虫，根据天气、土质，一般在 7～10 天后用生姜专用的开沟机开沟，行距为 68 厘米，深度为 28 厘米左右。开好沟，选择晴天种植，种植株距为 2 米 9 株，芽朝西南放好，用人工或机械埋土，埋土厚度为 3～5 厘米，浇大水达到沟背湿润，然后喷除草剂，交叉插竹片盖膜，等待出芽。

4. 田间管理

生姜从种植到收获全程浇水 16 次左右。生姜定植时需要施 1 次定植底肥。底肥推荐每 667 米² 用全控肥 80～120 千克、中微量元素肥 20 千克、农大菌剂 120 千克。4 月 10～25 日，根据天气搭建好遮阳网。定植后盖膜。10 天左右浇水，随水用根碧多氨基酸水溶肥和农大点土成金生物菌剂，每 667 米² 5 千克。之后每 10 天浇 1 次水，在 25～30 天出苗，这时注意放风，防止烧苗。苗出齐后，随水施 2～3 次高磷水溶肥和平衡肥，后根据天气揭膜。揭膜后施肥并进行小培土。小培土前施肥非常关键。推荐每 667 米² 用半控肥料 80～120 千克、中微量元素肥 20 千克、农大菌剂 80 千克。小培土后进行大培土，用高钾肥（N-P$_2$O$_5$-K$_2$O＝15-5-25）40千克左右。以后每10～15天随水施1次高钾水溶肥（N-P$_2$O$_5$-K$_2$O＝13-7-40），每667米^{2}用量10千克。为了增加产量，最后3水可以适当施用硝酸钾水溶肥。9月20日左右，开始控水，等待收获。

5. 收获

生姜收获，应准备剪刀、塑料筐等用具和起姜机。先用叉子把地两头的姜收获，之后再用起姜机收获，对沟起姜。起姜机起姜后，人工拔出生姜并放好，用剪刀剪去生姜地上部分，将生姜放入筐中，直接销售或者入窖保存。

6. 入窖贮藏

将生姜放入筐中，将筐放在传输机上，送入窖中。在窖中，将筐中的生姜取出，一层层码好后用沙子盖好，窖中放满生姜后用拌好药的沙子盖好，大概40天后封窖。等待明年出售。

四、经济效益

生姜是种植工序较多的蔬菜作物，产量也比较高，每667米^{2}产量在4 000～6 000千克，正常年份每667米^{2}产值在0.8万～1.5万元。

生姜种植

>>> 无极县广源蔬菜种植专业合作社 <<<

一、经营主体简介

无极县广源蔬菜种植专业合作社现有社员310户，注册资金2 000万元，办公区有办公室24间。合作社总资产3 525.62万元，其中固体资产净值2 665.49万元，年实现销售收入718.51万元，年盈余261.44万元。

合作社于2011年开始进行设施蔬菜园区建设，园区现种植规模87.7公顷，其中日光温室占地34.3公顷，含现代钢架结构温室97座，设施内栽培面积16.7公顷；陆地叶菜种植面积53.4公顷。合作社有保鲜冷库1座，水电等配套设施完善。2015年合作社以实施"地下水超采综合治理项目"为契机，实施了水肥一体化工程，设施蔬菜园拥有水泵及配套装备 6 台套，每眼机井配置恒压变频供水设备及首部过滤器 1 套，并安装用水计量设备，主干管采用 Φ110PVC 管材，长度 3 870 米，支管采用 Φ63PE 管材，长度 10 800 米，毛管采用 Φ16PE 内镶式滴灌带，长度 422 000 米，1 座温室配 1 个施肥罐。露地叶菜园拥有水泵及配套设施 13 台套，每眼机井配置 1 套首部过滤器及智能施肥系统，并安装用水计量设施，主干管采用 Φ110PVC 管材，长度 10 050 米，支干管采用 Φ63PE 管材，长度 6 670 米，毛管采用 Φ40PE 微喷带，长度 101 205 米。

二、经营主体经营模式

合作社始终坚持"以服务社员为根本宗旨，为全体社员谋利益"的原则，实行统一采购生产资料、统一引进新品种、统一防虫治病、统一管理、统一销售的"五统一"管理模式，内控机制健全、管理制度完善。合作社始终把产品质量安全作为蔬菜生产的生命，配备化验检测室及必要的农残速测设备。2011年以来，先后接受农业农村部组织的蔬菜质量安全抽检 7 次，接受河北省农业农村厅抽检 11 次，合格率均为 100%，2012 年，生产基地被河北省农业厅认定为"无公害农产品生产基地"，所生产的黄瓜、苦瓜、番茄被农业部认定为"无公害农产品"，2014 年全面推行质量追溯制度，同时注册了"芳香园"品牌商标。

合作社于 2016 年开展蔬菜集约化育苗业务，建设专用育苗温室 2 座，占地面积 4 660 米²，并配置了环保温控设备，2016 年育苗 150 万株，2017 年育苗 200 万株，以自育自用为主。为进一步开展业务，2017 年，新建育苗智能连栋温室 1 座，占地 3 360 米²，已初步具备了年育苗 500 万株以上的育苗能力。

三、经营主体生产模式

合作社主要生产模式为日光温室苦瓜栽培技术模式及露地不结球白菜栽培技术模式。

（一）日光温室苦瓜栽培技术模式

1. 品种选择

选择优质苦瓜品种，如泰国绿丰等。

2. 整地施肥

施足基肥，深翻改土，尽量不连作。一般每 667 米² 追施优质土杂肥或腐熟鸡粪 5 000 千克以上，氮磷钾复合肥 40 千克左右，深翻 30～40 厘米。

3. 育苗方法

（1）播种期。苦瓜自播种至采收大致 100 天，考虑到温室的温度条件及在春节能够上市，播期宜在 10 月上旬。

（2）苗床准备。床土中加入 30%腐熟有机肥，共同过筛，然后回填备用。

（3）种子处理。苦瓜种子种皮坚硬，必须进行浸种催芽。用 60℃左右的热水浸种 12～15 小时；浸泡过程中，适当搅拌。浸种结束后搓洗，搓洗后的种子用净毛巾或纱布包裹，在 35℃条件下催芽，大约 3 天即可发芽。催芽期间宜用温水每天冲洗 1 次，60%种子露白时即可播种。

（4）苗床管理。出苗后，温度可掌握在 25℃左右，过高时要放风，夜间温度低于 15℃时，可加盖草帘保温。

4. 定植后管理

（1）种植密度。苦瓜的种植密度范围较大，与品种的熟性和生长势有关，与整枝技术密切相关。露地栽培的密度在每 667 米² 1 000～1 500 株，温室栽培的密度为每 667 米² 2 000 株左右。

（2）定植后盖地膜。盖地膜有利于提高地温，同时能降低大棚湿度，减轻病害。盖地膜后要开孔掏苗。

（3）吊蔓及搭棚架。吊蔓一般用尼龙塑绳。以尼龙塑绳作牵引，绑蔓上爬。搭棚架，利用大棚的坚固支架，在大棚架下搭钢丝，将吊蔓绳固定在钢丝上，供苦瓜茎叶攀缘生长结瓜。也可用竹竿引蔓。

（4）整枝技术。苦瓜的茎叶繁茂，分枝力强，几乎每一叶节都能产生侧蔓、卷须、花。分枝（侧蔓、子蔓）同样如此。因此不论露地还是棚室栽培必须进行整蔓。棚室栽培整蔓尤其重要。棚室栽培的整蔓方法：首先保持主茎的生长，南北留主茎的高度不一样，北端高 1.50 米以下的侧蔓全部去掉，南端高 60 厘米以下的侧蔓全部去掉。主茎伸长到一定高度后，留 2～3 个健壮的侧枝与主茎一起上棚架。其后再产生的侧枝（包括多级分枝），有瓜即留枝（蔓），并当节打顶，无瓜则将整个分枝从基部剪掉。这样整枝可增加前、中期的产量，有利于控制茎叶，以免茎叶过多影响通风透光，也可防止营养生长过旺。各级分枝上如出现 2 朵雌花时，可去掉第一朵雌花，留下第二朵雌花。第二朵雌花一般比第一朵雌花的结果质量好。

（5）人工授粉。棚室内栽培苦瓜须进行人工授粉，一般在 10：00 前后，摘取新开的雄花，进行花对花授粉，或采用熊蜂授粉。

（6）水肥管理。苦瓜定植时浇透水，一般在结瓜前不再浇水，以后每隔 10～15 天浇 1 次，并随水冲施速效氮、磷、钾肥。一般以氮肥为主，每次每 667 米² 可冲施尿素 5 千克左右。

（7）后期管理。大棚苦瓜后期管理主要是指 4、5 月及以后时间的管理。后期管理一般不整枝，放任生长，但要注意摘除老叶，加强通风透光。5 月前后逐渐去棚膜、地膜。苦瓜的生长势很强，在 7～8 月的高温季节照样生长良

好，因此，只要市场行情好，又不急于倒茬，就可继续加强水肥管理，栽培
生长。

（8）适时采收。苦瓜的幼瓜食味不好，以中度成熟的瓜条食味好，且耐储
运，好销售。采收的标准是果实瘤状突起明显，饱满而有光泽，顶部花冠脱
落；白皮苦瓜、表皮由绿变白色，有光亮感时即可。一般自雌花开花至采收
12～15 天的时间，苦瓜的柄长且牢固，可用剪刀采摘。采摘过晚，则苦瓜顶
端开裂，露出红瓤，无法出售。

5. 苦瓜病虫害防治

苦瓜病害前期较少，以病毒病为主，应在发病前或少量植株发病后及时喷
药预防，可用 20％病毒 A500 倍喷 2～3 次，有较好防效。白粉病是苦瓜中后
期的主要病害，在发病前或发病初期用药效果较好，可选用 10％苯醚甲环唑
1 500倍喷 2～3 次。苦瓜一般虫害较少。

（二）露地不结球白菜栽培技术模式

1. 品种选择

选择抗病、优质、高产、抗逆性强的不结球白菜品种，早春栽培要求选择
耐寒、耐抽薹的品种。

2. 茬口安排

春茬 3 月中旬至 4 月上旬播种，5～6 月采收。夏茬 5 月上旬至 6 月上旬
播种，7～8 月采收。秋茬 8 月中旬至 9 月下旬播种，10～11 月采收。

3. 整地做畦

（1）整地施肥。选择地势平坦、排灌方便，土壤耕层深厚、疏松、肥沃、
pH 在 6.0～7.5 的地块，前茬以瓜类、豆类、葱蒜类作物为宜，忌与十字花
科蔬菜作物连作。在前茬收获后，播种前，每 667 米^2 撒施腐熟的有机肥 3～
4 米^3 和三元复合肥（N-P$_2$O$_5$-K$_2$O＝15-15-15）25 千克作为基肥。有机肥和化
肥均匀撒施后，深耕 20～25 厘米，整平耙细。

（2）做畦。精细整地做畦，一般平畦栽培，畦宽 1～1.5 米，畦埂宽 30～
35 厘米，畦埂高 10～15 厘米。除尽杂草和前茬作物等。

4. 播种

春茬、夏茬、秋茬栽培，播前浇足底水，划沟、播种，沟深 1～1.5 厘米，
行距 15～20 厘米，播后盖细土 0.5～1 厘米厚。春播应进行覆膜保温，出苗后
及时揭去地膜；夏季及秋季应在畦面上覆盖遮阳网降温保湿，待子叶出土后及
时揭去遮阳网。每 667 米^2 播种量为 300～500 克。

5. 田间管理

（1）间苗定苗。第一片真叶展开时间苗，去掉病残弱苗，株距 5～8 厘米；
4～5 片真叶时定苗，株距 10～15 厘米，在间苗、定苗的同时拔除杂草。

（2）浇水。播种后及时浇水，保证苗齐苗壮；定苗后及时浇水，保持土壤湿润。低温季节少浇水。时间宜在中午前后。高温季节需水量大，要及时浇水，在早、晚进行。遇雨积水，及时排水。

（3）施肥。定苗后，及时追肥，每 667 米^2 施用尿素 5～10 千克，均匀撒施于畦面。施肥与浇水结合进行，收获前 7 天停止施肥。

6. 病虫害防治

不结球白菜主要病害有病毒病、霜霉病、软腐病、黑斑病等。主要虫害有蚜虫、菜青虫、小菜蛾等。病虫害防治要坚持以农业防治、物理防治为主，以化学防治为辅，掌握最佳、最好防治时期。选用高抗多抗品种；增施有机肥；采用轮作、倒茬等耕作方式；及时排涝，防止田间积水；勤除杂草，保持田园清洁，降低病菌及虫口基数。

（1）物理防治。利用黄板诱杀蚜虫或用银灰色地膜驱避蚜虫，用黑光灯、频振式杀虫灯或性诱剂诱杀鳞翅目害虫。

（2）化学防治。应使用高效、低毒、低残留的农药，注意轮换交替用药，严格控制农药使用次数和安全间隔期。

①病毒病：病毒病是夏秋茬主要病害之一，用 15％盐酸吗啉胍·乙铜可湿性粉剂 500 倍液喷雾，7～10 天喷 1 次，连续防治 2～3 次。

②霜霉病：发病初期可用 72％霜脲·锰锌可湿性粉剂 600～800 倍液，或 58％甲霜·锰锌可湿性粉剂 600～800 倍液，进行叶面喷洒，7～10 天喷 1 次，连续防治 2～3 次。交替轮换使用药剂。

③软腐病：对软腐病发生田块应及时拔除病株，并用 20％噻菌铜悬浮剂 500 倍液，或 80％乙蒜素 1 500 倍液进行喷雾。

④蚜虫：可选用 10％吡虫啉可湿性粉剂 1 000 倍液，或 20％啶虫脒水分散颗粒剂 3 000 倍液等喷雾防治。

⑤菜青虫和小菜蛾：在幼虫低龄期，用 20％氯虫苯甲酰胺水分散粒剂每 667 米^{2}10 克，或 10％氟虫双酰胺 1 500 倍液喷雾防治，7 天喷 1 次，连续喷 2～3 次。

7. 采收

外叶叶色开始变淡，心叶伸长到与外叶齐平（俗称"平心"）时采收。采收时间以早晨和傍晚为宜。

第六章　石家庄市栾城区蔬菜产业发展典型案例

>>> 石家庄市栾城区神农福地种植专业合作社 <<<

一、经营主体简介

石家庄市栾城区神农福地种植专业合作社，位于栾城区柳林屯乡大任庄村，紧邻衡井公路，交通便利，地理位置优越。于 2011 年建设至今总投资 1 000 余万元，园区占地面积 22.7 公顷以上，其中农业产业园占地 9.78 公顷，建设日光温室 34 座，以蔬菜种植销售为主；休闲农业园占地 4.5 公顷，建设日光温室 10 座，以休闲采摘为主；林果产业园占地 8.4 公顷，以桃树种植采摘、销售为主。

合作社与石家庄市农林科学研究院、河北省科技师范学院等科研院所开展技术合作，园区培养技术骨干 8 人、管理人员 4 人，培训技术人员 20 人。

在石家庄市农林科学研究院的协助下建立了设施蔬菜标准化生产制度及生产流程。在栾城区农业农村局的支持下建立了农残检测和二维码质量追溯系统。在 2021 年休闲农业园区所有温室实现了物联网智能控制，实现了农业生产智能化。

经过多年努力，合作社园区获得多项荣誉：

2014 年，获得栾城区农业畜牧局颁发的"新型农民培育工程实习实训基地"；被河北省农业厅授予"河北省省级示范社"称号。

2015 年，获得河北省科学技术厅颁发的"设施作物栽培 1 拖 N 模式采传控关键技术研究"国际先进成果证书并由河北省科技厅授予"河北省科普示范基地"；被石家庄市教育局授予"石家庄市中小学劳动教育实践基地"；被河北省林业厅授予"河北省观光采摘园"称号。

2016 年，被河北省科学技术厅授予"河北省优秀农村科普示范基地"称号；被河北省科学院生物研究所授予"绿色草莓标准化种植示范基地"称号；被河北科技师范学院授予"园艺科技学院实践教育基地"称号；被河北省外国专家局授予"2016—2018 年度河北省引进国外智力成果示范推广基地"称号。

2017年，获得"河北省首批农业专家工作站""河北省全民科学素质教育基地""河北省科普e站示范站""石家庄市高端设施蔬菜标准产业园"称号；成立"栾城区科普惠民工作站"并获得河北省科学技术协会2017年科普惠农项目；成为河北省农业企业现代农业产业园经济发展联合会理事单位。

2018年，获得"石家庄市现代农业园区"和"石家庄市市级科技园区"称号。

2019年，成为栾城区"绿卡"人才暖心社。

2020年，成为"石家庄市农林科学研究院科技示范推广基地"。

2021年，成为栾城区创新驿站；园区产品入选河北广播电视台"严选好物"；获评河北省休闲农业三星级农业园区。

2022年，成为栾城区草莓科技综合服务平台，石家庄市农业科技示范点。

园区坚持以绿色发展和智慧农业建设为发展方向，本着"为耕者谋利，为食者造福，引领创新农业，倡导绿色消费"的经营理念，紧紧围绕农业现代化建设，提高农业经济力和竞争优势，把园区打造成"科技农业、绿色农业、智慧农业、质量农业"的样板，带动周边农村共同发展农业经济，引领区域农业高质量发展，促进农业增效、农民增收，为实施乡村振兴战略提供强力支撑。

二、经营主体经营模式

神农福地种植专业合作社和种植大户联动发展，进一步完善"园区＋合作社＋农户"的现代农业发展新模式，坚持"智慧农业"现代农业的发展思路，积极做好一二三产业有机融合。在种植上，100%引进使用名特优品种普罗旺斯和市场新宠儿铁皮番茄，以及红颜草莓和露地春雪桃，所有种植的品种均制定生产技术操作规程，100%按标生产，实行统防统治，推广绿色防控、膜下滴灌、智能管理、夏季高温闷棚、有机肥替代、轻简化栽培等实用新技术，先进技术应用覆盖率达100%，为蔬菜安全生产提供了技术支撑。注册了"墟里烟"商标，所生产的番茄、草莓、水蜜桃均获得了国家绿色食品认证。设置了"二维码"质量追溯系统，让产品质量可追溯。

三、经营主体生产模式

目前，该合作社主要生产模式有日光温室越冬一大茬番茄物联网智能管理模式。

（一）茬口安排

当年10月种植番茄，翌年6月上旬收获完毕，高温闷棚2个月，8月下旬定植草莓，实现番茄—草莓轮作。

（二）品种选择

选用优质、高产、抗病能力强的品种，如普罗旺斯、冬宝、粉琪等。

（三）培育壮苗

1. 营养土准备

育苗所用的营养土以牛粪与田园土各50％的比例配制，将配好的营养土装入穴盘（50穴），紧密码放在苗床中。

2. 种子处理

一般在8月下旬播种。播前温汤浸种：将种子放入55～60℃温水中，搅拌至水温降至30℃，再浸泡6～8小时。催芽：将浸泡好的种子用干净的纱布和湿麻袋片包好，放在28～30℃的条件下催芽，当70％种子露白时即可播种。

3. 穴盘点播

每穴1粒种子，不分苗，一次成苗。播种后育苗棚要加盖小拱棚和遮阳网。控制光照。

4. 苗期管理

苗期水分管理：苗期不旱不浇，以控为主，若缺水可在晴天中午洒水，严禁浇大水。育苗穴盘要通过调换位置，使其长势均匀。温度管理以白天不高于35℃，夜间不低于20℃为宜；特别注意12：00～16：00，如遇过强光照要及时加盖遮阳网，避免幼苗日灼；为了防治病毒病，可喷施香菇多糖1次。当幼苗长高至15～20厘米，具有4～6片真叶，苗龄35～40天时，即可定植。

（四）适时定植

定植前每667米^{2}施用腐熟牛粪8 000千克，深翻25～30厘米，耙平地面。整地后，按照宽1.2米、高30厘米的规格起垄，垄面耙糖平整，并铺好地膜，灌1次透水。一般于9月下旬至10月初定植。定植方法采用明水定植，即先栽苗，后浇水。按照一垄双行的栽培方式，株行距为30厘米×60厘米，每667米^{2}定植2 800株左右。定植一般选在晴天下午进行，定植后及时灌足定植水。

（五）田间管理

1. 施肥

结合滴灌进行追肥，每次冲施水溶肥5千克，硫酸钾复合肥5千克，根据肥力需求的具体情况，各追施4次。

2. 浇水

定植后1周，浇1次缓苗水。当幼苗生长点附近叶色变浅，心叶伸展，表明已缓苗。第一穗果坐住后浇催果水，之后10天左右浇1次水。由于冬季地温较低，冬季要避免大水漫灌，以免影响植株生长。

3. 植株调整

采用塑料绳吊挂法支撑植株，随植株生长及时进行吊蔓。整枝方式采用单干整枝，及时去除根蘖和分枝，打去老叶和黄叶，促进通风透光。一般单株保留 4～5 穗果，为了提高商品性能，要选留好果穗并做好果穗整理。

4. 温度控制

定植后应保持棚内温度与外界气温一致，通过昼夜通风，使白天温度不高于 30℃，夜间温度不低于 20℃。当夜间温度降到 13℃ 以下时应关闭通风口，注意防寒和早霜冻。进入 10 月，外界气温更低，要本着通风口由大到小的原则管理，夜间温度不能低于 13℃。10 月中下旬要根据气温变化及时加盖草苫。结果期正值全年温度最低季节，温度管理就显得十分重要，要保证夜间最低温度不低于 12℃，如果低于此水平，需做短期增温措施。

5. 光照管理

进入 11 月光照渐弱，除应及时清洁屋面，减少积尘，保证光照外，最好在室内北墙张挂反光幕，以增强光照，增加产量，提高品质，增加收入。

6. 辅助授粉

为了提高坐果率和果穗的整齐度，可采用人工振荡授粉，一般在开花后的每天 10：00～11：00 进行。

（六）病虫草害防治

1. 防治基本原则

采取"预防为主，综合防治"的方针，从农田生态的总体出发，以保护、利用田间有益生物为重点，协调运用生物、农业、人工、物理措施，辅之以高效低毒、低残留的化学农药进行病虫害综合防治，以达到最大限度降低农药使用量。

2. 常见病虫害

番茄易发生的病虫害有晚疫病、病毒病、灰霉病、蚜虫、白粉虱等。重点要调整好棚内的温湿度，创造一个适合番茄生长而不适合病虫害发展的棚室条件。

（1）农业防治。选用抗病品种，如普罗旺斯、雅尼、粉丽亚等；实行 2 年轮作；加强田间管理，保持通风，及时排湿。

（2）物理防治。可用黄板诱杀蚜虫和白粉虱，上下风口使用防虫网防虫或者使用诱捕灯诱杀害虫。

（3）生物防治。保护天敌，建立有利于各类天敌繁衍和不利于病虫草害滋生的环境条件，如以蚜虫为食的甲虫和黄蜂等，提高生物多样性，维持农业生态系统的平衡。

（4）化学防治。

晚疫病防治：发病初期可用 72％霜脲·锰锌可湿性粉剂喷施，每 667 米² 用 150 克，安全间隔期 7 天。

病毒病防治：可用香菇多糖 0.5％水剂，每 667 米² 用 180 毫升喷施，安全间隔期 7 天。

灰霉病防治：发病初期以用药预防为主，每 667 米² 用 40％嘧霉胺悬浮剂 90 克喷施，安全间隔期 3 天。

蚜虫：喷施 10％吡虫啉可湿性粉剂 1 次，防治蚜虫，每 667 米² 使用制剂 10 克，安全间隔期 7 天。

>>> 河北祥聚农业科技开发有限公司 <<<

一、经营主体简介

河北祥聚农业科技开发有限公司成立于 2017 年 8 月，位于栾城区太行大街与衡井公路交口，交通非常便利。公司以田园果蔬采摘、乡村原生态观光、休闲旅游为主题，是极好的休闲旅游胜地。现有日光温室 16 个，其中 8 个用于种植普罗旺斯番茄，6 个用于种植红颜草莓。2 个用于种植其他绿色蔬菜，占地 8 公顷以上，职工 40 人，技术人员 8 人。

近年来栾城区着重发展设施农业，栾城区也是石家庄最早引进设施农业的地区，番茄、草莓的设施种植无论是面积还是技术在石家庄市都名列前茅，在河北省、石家庄市、栾城区相关领导的指导下，公司对自己的设施进行了升级改造。园区自备水井，设蓄水池，安装水肥一体化设备，旱能灌，涝能排。在标准化生产方面，建立了生产技术标准体系及产品质量安全分等分级制度，基地内种植作物全部实现依标生产。

二、经营主体经营模式

公司地理位置优越，依托太行大街采摘片区，线下销售主要以采摘为主，同时积极拓展新的销售渠道，线上与线下相结合。近年来，接待了大量的游客前来采摘，并与有关单位合作组织了 3 次大型的团购采摘活动。春季受邀加入两个大型电商平台京东和美团，销量增长迅猛，园区内农产品供不应求，经济效益逐年递增。

种植的番茄品种主要为普罗旺斯，口感极佳，被誉为"番茄中的贵族"，对种植技术要求较高，公司严格把控种植过程确保果实品质，番茄上市以来受到广大市民的高度认可。

种植的红颜草莓果肉细腻柔和，酸甜适口，香气浓郁，品质优良。

三、经营主体生产模式

合作社主要生产模式为日光温室越冬一大茬番茄栽培模式。

1. 品种选择

合作社主栽番茄品种为普罗旺斯，口感好，具有较强的生长势，优质、高产、耐弱光，抗病能力强。

2. 育苗

根据暖棚的保温效果和市场多年价格走势，决定育苗时间。一般在 9～10 月播种，避开高温时的粉虱、蚜虫、病毒病高发时段。采用穴盘育苗，育苗期 30～35 天。

将普罗旺斯与抗黄化曲叶病毒的品种分开育苗，做好粉虱防护工作，轮换使用虫卵双杀的杀虫剂（氟吡呋喃酮＋螺虫乙酯），并采用防虫板和防虫网进行物理防治，避免苗期感染黄化曲叶病毒。注意苗期夜间温度不要长期低于 15℃，否则影响植株花芽分化。

3. 整地施肥

清空棚内上茬作物的枝蔓及杂草。彻底做好全棚消毒，避免残留病菌孢子造成下茬作物病害隐患，为增加棚体冬季保温效果，施稻壳肥，增加有机质、疏松土壤、提高地温，底肥每 667 米^2 使用量为：稻壳粪 10 米^3、硫酸钾 25 千克、钙镁磷肥 25 千克、硫酸亚铁 1.5 千克、硼砂 1.5 千克、硫酸铜 1 千克、硫酸锌 1 千克，施后深翻土壤。

4. 定植

定植时间选择在 10～12 月，此时段上市时间在翌年的 2～5 月，收益高。如果想延后上市，定植时间也可选择在 2 月。

采用高垄栽培，垄宽 1.2 米，垄高 25～30 厘米，将种苗栽在垄上，一垄双行，垄间行距 60 厘米，覆膜栽培。每 667 米^2 栽培 2 000～2 200 株。

5. 田间管理

（1）控温。定植到缓苗期（7～10 天）要保温。白天最高温度维持在 32～35℃，提高地温，促根生长。深秋定植，此时外界温度低，一般不通风，室内湿度过大，尤其在低温弱光天气时，应选择中午时间适当放风，待潮气放出后及时封闭棚膜。

缓苗后，白天温度应控制在 20～25℃，夜间温度保持 18℃左右。开花坐果期，应保持白天温度 20～30℃，夜间温度 15℃左右，温度过高或过低都不利于植株生长。

（2）水肥管理。全生育期需追肥 4 次左右。第一穗果坐住长到核桃大小时，幼果转入迅速膨大期，要结束蹲苗，追肥浇水；果实由青转白时，浇第二次水同时追肥，以后每隔5~6天浇1次水。进入盛果期后室外温度逐渐降低，且外界光照时间短而弱，植株生长和果实发育比较缓慢，此时必须适当控制浇水。12月中下旬到翌年1月基本不浇水。2月中旬后，随天气转暖，开始浇水。

（3）光照管理。11月光照渐弱，应及时清洁屋面，减少积尘，最好在室内北墙张挂反光幕，以增强光照，增加产量，提高品质。

（4）植株调整。及时摘除根蘖、老叶、病叶及黄叶，促进通风透光。采用塑料绳吊蔓，随植株生长及时进行绑蔓。为提高坐果率和果穗的整齐度，可采用人工振荡授粉，一般在开花后的每天10：00~11：00进行。

（5）病虫害防治。温室番茄的病虫害防治要以农业防治为主，以药剂防治为辅。即通过采用高垄栽植，地膜覆盖，以及避免干旱、高湿等措施预防病果、烂果的发生。发现病株、枯叶及时摘除，防止病害发生蔓延。协调运用农业、物理、生物措施，辅之以高效、低毒、低残留的化学农药进行病虫害综合防治，以达到最大限度降低农药使用量。番茄主要病虫害有早疫病、晚疫病、叶霉病、蚜虫、白粉虱等。

①早疫病：发病时可喷施40％百菌清悬浮剂，每667米^{2}有效成分含量60克，安全间隔期7天，或波尔多液（石灰：硫酸铜1：1）稀释200倍喷雾。

②晚疫病：发病时可施用68％精甲霜·锰锌水分散粒剂，每667米^{2}用100克，对水50千克喷雾，安全间隔期5天。

③叶霉病：发病初期可用10％苯醚甲环唑水分散粒剂，每667米^{2}用50克，对水50千克喷雾，安全间隔期7天。

④蚜虫：喷洒25％噻虫嗪水分散粒剂，每667米^{2}用4克防治蚜虫，或者用5％天然除虫菊素乳油喷雾，每667米^{2}用制剂40克，或用0.3％印楝素乳油每667米^2 40克喷雾。

⑤白粉虱：用黄板诱杀成虫；以虫治虫，以丽蚜小蜂控制白粉虱的危害，当白粉虱成虫数量达每株1~3头时，按白粉虱成虫与丽蚜蜂1：（2~4）的比例释放丽蚜小蜂，每隔7~10天释放1次，共放蜂3次，能有效控制其危害；或用10％吡虫啉可湿性粉剂喷雾，每667米^{2}用量10克，安全间隔期10天。

（6）采摘。冬季和早春温度低，要在果实九成熟时采收。早春过后温度较高，采收期可适当提前。摘时要轻拿、轻摘、轻放。可根据市场需求适时采摘。

6. 经济效益

日光温室越冬一大茬番茄通过线下和线上结合销售，可实现每667米^{2}产值3.8万元。其中2月中下旬之前每667米^{2}产量可达4 000千克以上，按平均价格 5 元/千克，实现产值 20 000 元以上；2 月中下旬至 6 月下旬拉秧每 667 米^2 产量可达 6 000 千克以上，按平均价格 3 元/千克，实现产值 1.8 万元。

>>> 石家庄市栾城区冯亮种植专业合作社 <<<

一、经营主体简介

石家庄市栾城区冯亮种植专业合作社成立于 2011 年 5 月，位于石家庄市栾城区石栾大街与柴武大街交口路西 500 米，法人代表冯永亮，注册资金 100 万元。合作社占地 8 公顷以上，建设日光温室大棚 25 座，拥有员工 30 余人，年产值 200 余万元。合作社以蔬菜种植为主导产业，主要种植茄子、番茄、水果、冬瓜等，通过科学安排茬口实现周年生产。合作社拥有自备井，设蓄水池，采用暗灌浇水，硬化主干道，自备变压器确保用电，达到了水、电、路设施配套，确保旱能灌、涝能排。在标准化生产方面，建立了生产技术体系及产品质量安全分等分级制度，基地内种植的蔬菜全部实现了依标生产，100％实行田间档案记录；在制度化管理方面，建立了蔬菜生产管理档案，对土壤、肥料、水源、农药严格要求；建立了蔬菜质量安全追溯、检测监督等制度；配备蔬菜安全检测设备，定期进行田间抽样检测。

二、经营主体经营模式

合作社自成立以来，注重种植基地的建设。一是选择优质地块，突出绿色环保、无公害主题。在合作社创立初期就制定了"质量第一"的生产理念，对所种植的蔬菜建立种植档案，品种选用、育苗、定植、浇水、施肥等一系列生产过程全程记录，责任落实到每一个种植人员，在作物整个生长期内，每天的工作均记录归档，并建立电子档案以备及时查询，形成完整的可追溯链条。二是签订农产品种植收购合同，在巩固适季蔬菜种植的基础上，发展新品种蔬菜种植，解决了种植品种单一、销售难的问题。同时，合作社还与河北省、石家庄市、栾城区农业科技部门合作开展先进种植技术、优良品种引进，以及农民种植技术培训工作。

三、经营主体生产模式

目前，合作社主要生产模式有日光温室—大茬茄子换头栽培模式。

（一）品种选择

选择熟性较早，适合嫁接的茄子品种，如黑元帅、D8 号、硕源黑宝、军川大龙长茄等。

1. 黑元帅

最新培育的优良杂交新品种。始花节位低，6～7节即可开花结果，比其他品种早熟10天左右。果实大、色泽亮、抗病性强、耐寒性好。植株高大，长势强健，结果能力强，挂果期长，高产，售价好，效益高。

2. D8号

由荷兰育种家在紫红圆茄的基础上杂交分离而成，极早熟，秋延后6叶时坐果，早春6～7叶时坐果，叶片小，透气性好，生长势强，果实紫黑色，果面油亮，果肉绿白色，细嫩，品质极佳，可提前5天上市，早春、越夏、秋延、越冬、露地栽培均适应。

3. 硕源黑宝

早熟一代杂交种，适合早春保护地栽培，果实近圆球形，果皮黑色，颜色靓丽，果肉白嫩、细密，单果重750～1 000克，抗逆性强，果实膨大快，商品性好。

4. 军川大龙长茄

该品种生长期适宜温度15～30℃，植株生长旺盛，果实黑亮，果长30厘米左右，果实横径7厘米左右，单果重300克左右。

（二）育苗

1. 播前种子消毒

育苗一般在11月，播种前用55～60℃的热水浸种，水量相当于种子干重的6倍左右，期间不停地搅拌并维持水温，浸泡20～30分钟；捞出后再用1％硫酸铜浸种5分钟，预防炭疽病和疫病的发生；捞出后用清水冲洗干净，再用10％磷酸三钠浸种15分钟，以钝化病毒，预防病毒病的发生，种子处理后冲洗干净，再在20～25℃的水中浸泡8～12小时后播种。

2. 穴盘护根育苗

采用穴盘护根育苗、一次成苗的现代化育苗技术，可保护幼苗根系，有效地防止土传病害的发生。茄子一大茬换头栽培一般采用50孔穴盘育苗。育苗基质采用草炭：蛭石以2∶1混合，并在每立方基质中加50千克腐熟鸡粪、1千克复合肥，混合均匀。

3. 苗期化学调控

在幼苗生长到6～7厘米（或幼苗长到3～4片真叶）时，选择在傍晚喷洒生长调节剂，培育壮苗。

（三）定植

1. 定植苗龄及时期

应选择苗龄在60～70天，株高18厘米以下，具4～5片真叶的适宜幼苗定植。一般在2月10日前后定植。

2. 高温闷棚消毒

茄子一大茬换头栽培，植株生长期大大延长，为保证植株生长健壮和预防病虫害的发生，必须保证植株获得足够的营养，并进行土壤消毒处理。施足以有机肥为主的基肥，一般每 667 米² 施有机肥 3 000～4 000 千克，同时施入杀菌剂和杀虫剂，进行高温闷棚消毒，一般要求在闷棚 20 天以上，彻底消灭土壤残留的病菌、虫卵等，并将有机肥充分腐熟。

3. 整地施肥

定植前 1 周进行整地做畦，按株距 50 厘米、行距 80 厘米开浅沟，沟深 10～15 厘米，沟内每 667 米² 施磷酸氢二铵 15 千克、过磷酸钙 50 千克、硫酸钾 20 千克（或将磷酸氢二铵、过磷酸钙、硫酸钾换成复合肥 40 千克）、硫酸铜 3 千克，硫酸锌 1 千克，硼砂 1 千克，生物钾肥 1 千克；深翻与土混匀，之后整平。

4. 定植

定植必须选择晴天，栽后立即浇透水，并随水每 667 米² 冲施敌磺钠 2～3 千克。这种栽培形式定植密度一定要稀，选择单株栽培，穴距 40 厘米，每 667 米² 栽2 200 株左右。

（四）田间管理

定植缓苗后，结合划锄进行培土，要始终保持地面潮湿，但切忌大水漫灌，否则易疯秧。植株一旦出现徒长迹象，应及时在傍晚喷洒缩节胺或矮壮素等生长调节剂，可以明显矮化植株，增加茎粗，降低开花节位，使植株开花、结果提前，提高抗病毒病、疫病能力。开花期可喷施爱多收、绿丰 95 等促进坐果的生长调节剂，结合喷洒 0.1% 硼砂效果更好。植株现蕾后结合中耕培土 2～3 次，培成 10～15 厘米高的小高垄。

第一穗果坐稳后，每 667 米² 追施硫酸钾复合肥 10～12 千克。茄子采收后，每 667 米² 追施尿素 10～12 千克、硫酸钾 10～15 千克，或硫酸钾复合肥 15～20 千克。采收盛期，应水水带肥，每 667 米² 每次追施硫酸钾复合肥12～15 千克，结合防病每周喷 1 次 0.2～0.3% 磷酸二氢钾与 0.1% 尿素的混合肥液。3 月 20 日前后收获第一茬茄子。上市初期价格行情较好，售价 4 元/千克，每 667 米² 产量约 3 300 千克；后期行情下行，售价 3 元/千克，每 667 米² 产量约 4 200 千克。

6 月 20 日前后，第一茬茄子采摘结束，开始田间换头（换头技术参照 P161（5）茄子植株"换头"技术）、整枝，期间处在高温、高湿季节，应注意防治病虫害。

7 月 10 日前后收获第二茬茄子。前期销售价 2 元/千克，每 667 米² 产量约 3 000 千克；后期行情下行，售价 1.6 元/千克，每 667 米² 产量约 4 500 千克，第二茬收获总量也在7 500千克。10月底拉秧后，及时播种菠菜或香菜等叶菜类蔬菜，春节前收获。

（五）综合防治病虫害

病虫害防治以预防为主，从种子消毒做起，培育壮苗，增施有机肥，加强栽培管理。病虫害点片发生时及时采取防治措施。为减少虫源，减少农药的使用量，温室放风口用防虫网隔离。冬季低温寡照雾霾天气选用烟雾剂防治。

1. 农业防治

前茬作物收获后及时清理残枝枯叶，深耕将地表的病菌及害虫翻入土中，进行高温闷棚消毒15～20天。定植时外界处于高温、高湿、多雨的环境，宜采用浅沟定植，逐步中耕培土，膜下沟灌或膜下滴灌的方法，达到定植前期降低根系温度，冬季降低室内空气湿度，减少病虫害发生的效果。

2. 物理防治

在温室放风口处设置防虫网（40目），棚内悬挂黄板，畦面覆盖地膜等，防治蚜虫、白粉虱等蔬菜害虫，降低棚内湿度，减少病虫害发生。

3. 化学防治

（1）虫害。整个生育期注意防治蚜虫、白粉虱、茶黄螨等害虫。蚜虫、白粉虱可用10％吡虫啉1 000倍液，或1％吡虫啉2 000倍液，或40％氯虫·噻虫嗪每667米^2 8～12克等药剂防治；茶黄螨可用15％哒螨酮乳油300倍液，或1.8％阿维菌素乳油3 000倍液，或15％哒螨灵乳油1 500倍液，或73％克螨特乳油2 000倍液等药剂进行防治。

（2）真菌性病害。防治绵疫病、猝倒病、褐纹病、立枯病等真菌性病害可用25％嘧菌酯悬浮剂3 000倍液，或10％苯醚甲环唑水分散粒剂1 500倍液，或53％精甲霜·锰锌600～800倍液，或32.5％吡唑奈菌胺·嘧菌酯悬浮剂1 500倍液，或47％春雷王铜可湿性粉剂400～500倍液，或62.75％氟吡菌胺·霜霉威水剂1 000倍液，或72.2％霜霉威1 000倍液等。

（3）病毒病。可在防治蚜虫、白粉虱、茶黄螨的同时，喷施20％链霉素·琥珀铜500～800倍液，或1.5％烷醇·硫酸铜水乳剂500～600倍液，或2％宁南霉素水剂200倍液。药剂防治7～10天喷1次，尤其在定植前、定植后、多雨季节几个关键时期，应及时、连续喷2～3次。可每667米^{2}撒施枯草芽孢杆菌可湿性粉剂（每克含$3×10^9$个有效活菌）500～1 000克，防治土传病害，在苗期、定植期撒药土，或随定植水冲施药剂。

（六）经济效益

该模式可实现周年生产，效益较高，全年每667米^{2}产量可达15 000千克以上，实现产值3.9万元。

第七章　石家庄市行唐县蔬菜产业发展典型案例

>>> 行唐县沟北蔬菜种植专业合作社 <<<

一、经营主体简介

行唐县沟北蔬菜种植专业合作社位于行唐县城西部丘陵地带，距县城15公里。南邻S331省道，距京昆高速13千米，交通便利，地理位置优越。合作社成立于2009年3月，注册资金360万元，主要业务范围：瓜果、蔬菜种植、销售；为本社成员提供蔬菜、瓜果种植、技术管理、农资购买及产品销售等服务。

二、经营主体经营模式

合作社自成立以来，随着国家相关政策的出台，其相关制度和运行机制都在不断完善和提高，为社员提供统一提供种苗、统一提供服务、统一产品检测、统一产品包装、统一集中收购、统一对外销售的"六统一"服务，把合作社生产和经营过程中获得的所有利润全部分配给社员，使社员效益最大化。

三、经营主体生产模式

目前，该合作社主要生产模式有日光温室甜瓜—黄瓜栽培技术模式、日光温室甜瓜—番茄培技术模式等。

（一）甜瓜栽培技术

1. 育苗

选择优良品种。棚室甜瓜栽培要选择早熟性好、抗病性强、含糖量高、商品性好、耐运输的品种，如绿宝、红城系列等品种。播种前将种子用55℃左右的温水浸种10～15分钟消毒，水温不可过高，以免种壳炸裂，影响发芽率。再放到清水中浸种24小时，然后在28～30℃温度下催芽。待种子60%露白后即可播种。播种期一般在10月下旬至11月上中旬，苗龄45～60天。甜瓜根系再生力弱，栽培要培育壮苗，小苗移栽尤为重要。甜瓜的壮苗标准是下胚轴粗短，节间短，三叶一心至四叶一心时期叶片舒展，叶色绿，根系发育好，根系白嫩。

2. 定植

（1）定植时间。1 月定植。

（2）定植方法。采用高垄定植。垄宽 65～70 厘米，株距 50 厘米，每穴双株。

3. 定植后管理

（1）水肥管理。定植缓苗至坐果前一般不浇水，墒情不够浇小水。开花坐果期浇水要慎重，浇水过多易落花落果。坐果以后要及时浇水，有利于果实膨大。追肥：甜瓜茎叶生长迅速，多蔓多瓜，需要足够的肥料和良好的土壤营养，除种植前施足底肥外，一般还需要追肥 3～4 次。

（2）伸蔓整枝。

整枝原则：地爬栽培一般留 3 片叶摘心，见果就抓，见尖就掐，前紧后松；吊蔓栽培视品种而定，子蔓结果吊主蔓，孙蔓结果吊子蔓，看植株长势决定是否摘心。整枝时间：喷药后、阴天、雨天有露水尽量不整枝，中午枝条软，温度高，伤口愈合快，适宜整枝。

整枝方法：第一茬瓜留瓜节位宜选在主蔓第 4～8 节之间，主蔓上每片叶的叶腋间都能长出腋芽，即子蔓，一般品种子蔓长出 1 片叶后着生 1 个瓜胎，子叶腋芽抹掉，保留第四至八节位叶的腋芽，待腋芽长出第一片叶，其叶腋间长出 1 个小果时将果前叶打掉，只留 1 叶 1 瓜。第四至八叶的腋芽都如此整理，选果柄粗，果形正的定瓜 3～4 个。主蔓继续生长。待下面的甜瓜开始成熟时，从瓜蔓顶部往下数留第三至四个腋芽处结的果，腋芽整理同前，定果 2～3 个。其余腋芽随长随抹掉，每株上下两茬瓜，一般结 5～7 个果。

（3）人工授粉。甜瓜为两性花，人工授粉是促进坐果的必要措施。采集刚刚开放的雄花，剥去花瓣，将雄蕊轻轻地向结果雌蕊上涂抹。如遇到雨天，应将授粉后的雌花戴上纸帽，保证授粉成功。种植面积较大的可采用坐果灵片及强力授粉精进行叶面喷施。

4. 病害防治

（1）炭疽病。炭疽病是瓜类生产的主要病害，不但在生长季节发病而且在储运期也可继续危害，引起果实腐烂。防治方法：喷洒 65% 代森锌可湿性粉剂 400～600 倍液，或 80% 炭疽福美可湿性粉剂 800 倍液，或 70% 代森锰锌可湿性粉剂 500 倍液，或 50% 多菌灵可湿性粉剂 500～700 倍液，每隔 7～10 天喷 1 次，连续喷 2～3 次。

（2）疫病。甜瓜疫病又称死秧，是近几年危害甜瓜的主要病害，特别在雨后，病害来势凶猛，传播速度快。防治方法：刚发现病情，立即喷洒 25% 甲霜灵可湿性粉剂 800～1 000 倍液，或 58％甲霜·锰锌可湿性粉剂 500 倍液，或 64％噁霜·锰锌可湿性粉剂 400～500 倍液，或 50％敌菌灵可湿性粉剂 400 倍液，或 25％甲霜灵 600 倍液，或 70％乙磷·锰锌可湿性粉剂 500 倍液，每隔 7～10 天防 1 次，连防 3～4 次。

（3）蔓枯病。又称为黑斑病、黑腐病，是甜瓜产区较为普遍发生的一种病害。防治措施：发病初期，全面喷施 70％代森锰锌可湿性粉剂 500 倍液，或 50％甲基硫菌灵 500 倍液进行防治。

5. 采收。果实成熟后及时采收

（二）黄瓜栽培技术

1. 品种选择

选用前期耐高温、高湿，后期适应低温的优良高产品种，如津霸 H-8、津优 11 号、津绿 1 号等。

2. 播种期

各地区应根据当地的气候条件及茬口安排做到适时播种。播种过早，苗期赶上高温多雨，病害较重，前期产量虽高，但与露地秋黄瓜同时上市，既不利于延后供应，也影响产值。

3. 苗期管理

黄瓜播后 3～4 天拱土出苗，此时就要把密集的苗疏掉一部分，1 周出齐苗后，进行第一次间苗，待第一片真叶长出后进行第二次间苗，长至 3～4 片真叶就可按株距定苗。此外直播黄瓜容易造成缺苗现象，应及时补苗，可在清晨或傍晚采用移栽补苗办法保证全苗，补苗时注意浇足水。以后每天要浇水 1 次，直至补苗活棵。育苗的黄瓜，移栽前秧地要浇透水，便于起苗和多带土，移栽后每天早晨、傍晚要浇水 1 次，直至幼苗活棵。

4. 田间管理

（1）温度管理。大棚秋黄瓜栽培的气候特点：前期高温，炎热多雨；后期温度急剧下降，棚内外气温变化比较剧烈。要掌握好四个阶段温度管理，即上午 26～30℃、下午 20～25℃、上半夜 15～20℃、下半夜 12～15℃。要通过放风、关闭风口，加盖覆盖物来控制。若气温不高或遭遇阴天，上午达不到 30℃，中午也要放小风。夜间温度偏高时要放夜风。晴天的早晨要放近 30 分钟早风。每天擦干净棚膜，增加光照，冬季加盖草苫提高温度。

（2）水肥管理。在根瓜坐住 50％～60％，且单果长将近 10 厘米长时开始浇催果水，头三四水可不带肥，之后要水水带肥。

（3）病虫害防治。常见的病害是霜霉病、疫病、角斑病、叶枯病；虫害除蚜虫、茶黄螨外，近年来潜叶蝇、菜青虫也有发展的趋势。对于各种病虫害要以预防为主，注意观察及时防治。

5. 产值效益

该模式每 667 米² 产值在 2.5 万元左右。

>>> 行唐县羊柴盛阳大白菜种植专业合作社 <<<

一、经营主体简介

行唐县羊柴盛阳大白菜种植专业合作社位于行唐县城西北部，东临无繁公路，南距京昆高速 2 公里，交通便利，地理位置优越，合作社共有社员 200 多人。

二、经营主体经营模式

为确保基地的蔬菜生产质量安全，合作社按照产业模式进行管理，以人为本，服务"三农"，组织生产、销售农户的蔬菜产品，引进新品种，推广新技术，提倡科学管理，切实做好蔬菜的产前、产中、产后服务工作。

三、经营主体生产模式

该合作社主要生产模式是春玉米—大白菜、小麦—大白菜等生产模式

（一）春玉米栽培技术

1. 品种选择

选用品质好、产量高、抗病性和抗逆性强的优良品种。

2. 播期

一般播期在 4 月上中旬，宜在气候比较稳定时播种。

3. 播种要求

采用精量播种，播种密度在每 667 米² 3 500～4 000 株，播种深度以 4～5 厘米为宜。

4. 查苗补苗

玉米出苗后要及时查苗补苗，如果有缺苗现象的田块，一般采取两种方法补苗。一是补种，将玉米种子浸种催芽后播种。二是移苗补栽（移栽的苗一般要求在 3 叶期内，如果移栽的苗过大，成活率低），移栽后要浇足定根水。

5. 适时除草

未进行播后苗前封闭除草或封闭除草失败，以及杂草大且零星分布的地块，进行中耕除草或人工拔除杂草。未进行播后苗前封闭除草或封闭除草效果差的地块，可在玉米 3～5 叶期、杂草 2～4 叶期用苯唑草酮悬浮剂＋莠去津水分散粒剂＋专用助剂＋烟嘧磺隆等进行苗后除草。使用烟嘧磺隆除草剂的地块，施药前后 7 天应避免使用有机磷农药，以免发生药害。如出现除草剂药

害，症状较轻时，可喷施叶面肥、生长调节剂（如赤霉素、芸薹素内酯）等。

6. 水肥管理

（1）追施穗肥。避免在拔节期追施氮肥，以防玉米植株基部茎节过度伸长而增加倒伏风险。大喇叭口期是玉米需肥关键期，此时期追肥可以促进大穗形成，一般地块每 667 米^2 追施尿素 10～15 千克。对于没有底施缓释肥的地块，应每 667 米^2 追施尿素 20～25 千克。

（2）保障抽雄期水肥供应。此时期一定要保障水肥供应，遇旱浇水。同时，玉米抽雄开花期补施氮肥，可以提高光合速率、延缓植株衰老，促进粒重提高。高产田或水肥一体化田块，可以结合浇水或有效降水追施尿素，一般每 667 米^2 施尿素 10 千克左右。也可喷施磷酸二氢钾和尿素，延长叶片功能期，提高同化产物向籽粒转化的效率和数量。

7. 防治病虫害

苗期的虫害主要有地老虎和二点委夜蛾。地老虎和二点委夜蛾会咬断幼苗茎基部，使植株死亡，造成缺苗断垄，可每 667 米^2 用 4.5％高效氯氟氰菊酯乳油 40～60 毫升对水 30～45 千克喷于植株和周围的土面上，或每 667 米^2 用 40％辛硫磷 500 毫升拌豆饼（麦麸）沟施进行诱杀。要加强对蓟马、草地贪夜蛾、玉米螟、棉铃虫、黏虫、蚜虫等害虫，以及褐斑病、黑粉病、叶斑病等病害的防控。要重点抓好草地贪夜蛾的统防统治和联防联控工作，及时控制害虫扩散危害。

8. 适时收获

当玉米基部叶片干枯、苞叶变白枯松、籽粒变硬时开始收获。此时玉米籽粒饱满，营养物质含量最高，且含水量低，便于脱粒和贮存。过早、过迟采收均影响产量。

（二）大白菜栽培技术

1. 播前准备

（1）播前整地。整地前底施优质农家肥 3 000 千克左右，磷酸氢二铵 20 千克，尿素 10 千克，硫酸钾 15 千克，宜采用高垄、半高垄栽培。

（2）品种选择。选择抗病、耐病品种，如北京新三号等。

（3）科学用肥。大白菜属于叶菜类蔬菜，对氮肥的需求量偏大，除了满足氮肥之外，还要保证磷、钾肥的供应。根据长势和肥力状况，在莲座期、包心初期、包心中期追肥 2～3 次，追肥以尿素为主，每次每 667 米^2 追肥量以 15 千克左右为宜。

（4）药剂拌种。播种前用药剂拌种进行种子消毒，可有效防治软腐病、黑腐病。

（5）播期。一般为立秋前后 3 天。应选择在下午播种，使幼苗在播后第三天傍晚出土，经过一夜的生长可忍耐较强的日晒。

2. 田间管理

（1）间苗、补苗、适时定苗。幼苗出土 3 天后进行第一次间苗，4～5 片叶时进行第二次间苗，每穴留 2～3 株苗。根据苗的强弱程度，留强去弱，当叶片长到 8～9 片叶时，按株距大约 50 厘米进行定苗。间苗定苗的时间，掌握在中午高温时分进行为好。如发生缺苗，应及时补栽。

（2）中耕除草。中耕除草结合间苗分别在定苗和莲座中期进行，按照"头锄浅、二锄深、三锄不伤根"的原则进行，高垄或半高垄栽培要遵循"深锄沟、浅锄背"的原则，结合中耕锄草培土，如莲座后期生长过旺，可进行蹲苗。

（3）浇水追肥。如底肥用量少，可在苗期追一次肥，每 667 米² 施尿素 10 千克。在莲座期、结球始期和中期各追 1 次肥，每 667 米² 施尿素 15～20 千克。浇水要结合追肥进行，结球前期土壤见干见湿，结球期要保持土壤湿润。收获前 10～15 天停止浇水，以利贮藏。

（4）病害防治。大白菜主要病害有软腐病、霜霉病、病毒病、黑斑病和白斑病等，对白菜的产量影响很大，防治方法如下：

软腐病：高畦栽培，保持田间排水良好，通风顺畅；适时播种，防止早衰；实行长垄短灌，雨后及时排水，灌水前除去病株，以减轻病原菌传播。发病初期可用 20％噻唑锌悬浮剂 400～500 倍液喷施，或 20％噻菌铜 500 倍液交替喷雾，每周 1 次，连喷 2～3 次。

霜霉病：以农业防治为主，以化学防治为辅。发病初期可用 40％乙磷铝 800 倍液，或 58％甲霜·锰锌 500 倍液，或 1.5％霜疫威 1 000 倍液叶面喷雾，每周 1 次，连喷 2～3 次。

病毒病：先要防治传毒的蚜虫，可用 10％吡虫啉 2 000 倍液喷雾，每隔 7～10 天喷 1 次，连喷 2～3 次。白菜发病后，喷洒 1.5％烷醇·硫酸铜 800 倍液，或吗啉胍·乙酸铜，每周 1 次，连喷 2～3 次。

黑斑病：发病初期用 50％多菌灵 500 倍液，每 5～7 天喷 1 次，连喷 2～3 次。

白斑病：轮作，增施基肥，防止田间积水能减少该病的发生。发病初期用 50％多菌灵 500 倍液，或 70％代森锰锌 500 倍液喷雾，每隔 10 天喷 1 次，连喷 2～3 次。

（5）虫害防治。

菜青虫：三龄后可蚕食整个叶片，危害重的仅剩叶脉，严重影响白菜生长和包心，造成减产，可用 1.8％阿维菌素乳油 3 000 倍液和 4.5％高效氯氰菊酯乳油 1 500～2 000 倍液交替喷雾防治。

甜菜夜蛾：为暴发性、间歇性害虫，主要以初孵幼虫群集叶背吐丝结网，在网内取食叶肉，留下表皮成透明的小孔；四龄以后食量大增，将叶片吃成孔洞或缺刻，严重时仅剩叶脉和叶柄，对产量和品质影响较大。可用 0.5％甲维盐乳油 1 000 倍液和 2.5％多杀菌素悬浮剂 1 000 倍液交替喷雾防治。

小菜蛾：可将菜叶吃成孔洞和缺刻，严重时全叶吃成网状，在苗期常集中心叶危害，影响白菜包心。防治方法同菜青虫。

3. 收获

收获前 10 天用麦秸或稻草等材料将外叶扶起包住叶球，防止收获前霜冻损伤或机械损伤。中晚熟品种尽量延长生长期，但霜冻前必须收获。

4. 经济效益

两茬作物每 667 米² 效益 6 000 元左右，其中：玉米每 667 米² 产 650 千克，效益 2 000 元左右。大白菜每 667 米² 产 6 000 千克，效益 4 000 元左右。

>>> 行唐县老二家庭农场 <<<

一、经营主体简介

行唐县老二家庭农场位于行唐县南桥镇西杨庄村村南。农场经营规模 10.4 公顷，办公场所 100 米²，供晒种、选种、存粮等用途的场地 1 700 米²，是一家集经济作物（大姜、大葱、中药材）种植、新品种引进、新技术推广、产品贮藏与销售于一体，以家庭农场成员为主要劳动力的新型农场。农场常年劳动力 5～6 人，农忙季节 20～30 人，技术人员 2 人。农场配备了全套农机设备，采用规范化管理，科学种植，机械化耕作，科学实用的技术规程等。现有冷藏姜窖 16 个，可容纳生姜 200 吨；另有长 20 米、宽 6 米的粮食贮藏大棚 1 个，扒粮机 1 台，铲车 1 辆，输送带 1 个。农场注重科技支撑，多次邀请专家为品种选择、生姜种植、病虫害防治等提供技术指导。2019 年 12 月参加了全国生姜行业高峰论坛暨产销对接会。农场带动全村 25 户村民通过种植大姜发家致富，种植面积达 133.33 公顷，并带动周边十几个村子走上了生姜种植之路。

二、经营主体经营模式

自 2016 年注册家庭农场以来，农场以发展创新为理念，不断扩大融资，规模效益日新月异。通过"互联网＋种植＋贮藏＋销售"的现代化作业模式，形成生产、销售一条龙服务。在蔬菜种植上，严格按照生产技术操作规程进行生产，通过精细选种、化肥减量、科学水肥、绿色防控等新技术，确保产品优质和安全。近年来，随着农场种植规模的不断扩大，在"三农"政策的引导下，经济效益逐年提高，除 2021 年因生姜种植效益受损外，近几年纯利润都在 50 万元左右。

三、经营主体生产模式

目前，该农场主要生产模式有小棚姜栽培、露地大葱栽培、地膜中药材栽培等生产模式。小棚生姜栽培技术介绍如下。

1. 品种选择

根据行唐县环境条件和品种适应性，选择优质、高产、抗病性和抗逆性强、耐贮存的优良品种。一般选用鲁姜 1 号、山农 1 号、冀姜 5 号、昌邑胖娃娃等品种。

（1）鲁姜 1 号。该品种是莱芜市农业科学研究院利用 $60Co\gamma$ 射线，辐射处理莱芜生姜后培育出的优质、高产、性状稳定的新品种。试验表明，该品种平均单株姜块重 1 千克，每 667 米² 产量高达 4 552.1 千克（鲜姜 5 302.5 千克），比莱芜生姜增产 20% 以上；姜块肥大丰满，姜丝少，肉细而脆，辛辣味适中；姜苗粗壮，长势旺盛；地下肉质根较莱芜生姜数量少，但根系粗壮，吸收能力强。

（2）山农 1 号。山农 1 号生姜是山东农业大学联合青州市经济开发区大姜协会，利用常规诱变育种和生物技术相结合的方法选育而成。将莱芜生姜经过辐射处理，再进行组培快繁，之后种植到种植田。从经辐射处理的莱芜生姜种植田中选出目标单株进行种植复选，经过连续 5 年的筛选试验，成功选育出性状优良而稳定的生姜新品种。该品种植株高大粗壮，生长势强，产量高，效益好。株高 80～100 厘米，叶片大而肥厚，叶色浓绿；茎秆粗壮，分枝数少，通常每株具 10～12 个分枝；叶片开展，色深，抗逆性强；姜块大且以单片为主，姜丝少，肉细而脆，辛辣味适中，每 667 米² 产 6 500 千克左右。

（3）冀姜 5 号。冀姜 5 号生姜品种属疏苗型大姜品种，适收期平均株高 122.6 厘米，茎粗 1.82 厘米。叶片平展开张，略向上冲，叶色浓绿，功能叶片数 33～35 片。姜块多呈双层排列，姜球肥大，表皮光滑，肉质细腻，粗纤维少，辛辣味浓。每 667 米² 产量 6 500 千克以上。对姜瘟病、炭疽病和茎基腐病有较强的抗性。

（4）昌邑胖娃娃。该品种为疏苗型，植株高大粗壮，生长势强，叶片大而肥厚，茎秆基部粗而健壮。该品种植株分枝少，通常每株具有 8～10 个分枝。生长期间叶片平展略向上冲。姜球上部鳞片呈淡粉红色，姜球数较少，但姜球肥大，姜球节较少，姜片平顶，整齐度高，多呈单层排列。抗病性强、产量高、品质好、但耐贮性稍差。

2. 选种与处理

（1）选种。选择姜块肥大饱满，色泽光亮、肉质新鲜、不干缩、不腐烂、未受冻，质地硬，无机械损伤，无病虫危害的姜块做姜种。严格淘汰瘦弱干瘪、肉质变褐及发软的姜块，对于那些蛆头姜、花皮姜、热闷姜、伤凉姜等不正常的姜，不能存在侥幸心理，要坚决剔除。

（2）晒种。姜种经过几个月的贮藏后，大部分处于休眠状态，通过晒种，可提高种姜温度，加快姜的生理活性恢复，以打破其休眠状态。通过晒种，太阳紫外线可杀灭部分病原菌和虫卵，减少病虫害发生。另外通过晒种，可降低姜种内水分，催芽时不易腐烂。

在播种前30天左右开始晒种。小拱棚种植，一般在2月15～18日左右进行，具体时间根据当时气候条件和天气状况而定。晒种时，选晴天用清水冲去姜块上的泥土，在背风向阳处，平铺在草席或干净的地面上晾晒1～2天。中午阳光强烈时，进行遮阳，傍晚收进室内。晾晒过程中，随时去除皱缩、干瘪、质软、变色、受冻以及受病虫害侵染的劣种。

在晒姜种过程中要用杀菌剂和杀虫剂消毒。将氯溴异氰尿酸杀菌剂、微量元素水溶肥，以及高效氯氟氰菊酯高效低毒杀虫剂等，按说明书将药液配好，每15千克配好的药液（一喷雾器）可喷洒1 000千克左右姜种。正面晾晒好后用喷雾器喷药杀菌，然后将姜种翻过来，晒另一面，晒好后继续喷药杀菌，喷药要做到均匀到位。晒好后的姜种，要及时装袋或装箱，准备下一步进行催芽，千万不要在外面过夜。晾晒时间建议在10：00～15：00。

（3）催芽。催芽可促进种姜幼芽萌发，种植后出苗快，长势强而整齐。催芽可用袋装，也可用框装。在同样的催芽房里，袋装比框装多装种姜1倍左右，但袋装不如框装好操作，将来捡姜芽时框装比较方便。

袋装方法：将晒好的种姜装在尼龙网袋里。装袋时，要慢慢地一块一块把姜摆放整齐，一层层放好。然后将一袋袋种姜堆放在预先弄好的支架上。

框装方法：在框内垫一层稻草，然后把晒好后的种姜放入筐内，一层层摆放好后，把装好种姜的筐放在催芽房的货架上，盖上草帘或稻草，然后催芽。

催芽：要求催芽房内湿度80%～90%，前期温度控制在25～28℃，中期22～24℃，后期20～22℃。在催芽过程中，若温度低于18℃，则姜芽生长迟缓，会使播种时间向后推迟。催芽后期，温度不宜过高，若长期处在28℃以上，长出的姜芽瘦弱细长，不利于高产栽培。催芽房内应放2～3个温度计，随时观察室内温度变化情况，及时采取增温或降温措施，以确保种姜始终处于最适宜温度范围，保障催芽质量。催芽时间一般在30天左右。

催芽后，要做好精选种姜的工作，把姜块发黄、多芽、姜芽瘦弱、有病芽及无芽的种姜剔除。

（4）壮芽标准。芽身粗短、顶部钝圆，芽长 0.5～2.0 厘米，芽粗 0.5～1.0 厘米。

（5）掰姜种。生姜在催芽后到三股杈期所需要的营养都来自姜母，所以掰姜除应选留壮芽外，还应考虑姜块的大小。在一定范围内，姜块越大，出苗越早，姜苗生长越旺，产量也越高；如果姜块太小，则出苗迟，幼苗弱，单株产量低，商品性差。

掰姜块时，把催芽后的姜种掰成重 70～100 克的姜块，每个姜块须保留 1 个壮芽（少数姜块也可保留 2 个壮芽），其余幼芽全部掰除，伤口用草木灰或石灰粉处理后即可播种。一般每 667 米² 用种量在 500 千克左右。

在掰姜种过程中，去除幼芽基部发黑，或掰开姜块后断面呈褐色的姜块。掰姜时还应注意，为了以后便于管理，可按姜块大小及幼芽强弱进行分级，种植时分区种植，分别视生长情况进行不同的管理。

3. 种植田准备

（1）冬前深耕。秋作物收获后，及时清除田间杂草、残枝烂叶，深翻土地 30 厘米以上。部分菜农施用化肥不当，以及连作种植等，导致土壤板结，土壤团粒结构遭到破坏，土壤中病原菌、虫卵越来越多。冬前深翻土壤，一方面可以改善土壤结构，使土质疏松，土壤地力恢复到最佳状态。另一方面，能够破坏病原菌和虫卵的生存环境，杀灭一部分病原菌和虫卵。

（2）早春施基肥。翌年早春土壤解冻后，及早进行精细整地，使土壤达到无明暗坷垃，上松下实。结合整地每 667 米² 撒施优质腐熟农家肥 4～5 米³，或优质圈肥 5 000～10 000 千克做基肥。每 667 米² 增施对姜瘟病、姜茎基腐病等具有拮抗作用的含枯草芽孢杆菌的生物有机肥 100～150 千克，氮肥（N）4～6 千克，磷肥（P_2O_5）2～3 千克，钾肥（K_2O）5～7 千克。然后将肥料与土壤混匀，整平耙细。

（3）开种植沟。开沟前首先要压地，目的是让表层土壤更结实，为打姜沟做准备。然后泼水，保持表层土湿润，这样打姜沟不滑土。若适逢雨雪天气，土壤湿润，可省去泼水。然后就可以开姜沟了。开姜沟时，沟深一般在 25～30 厘米，沟宽 15 厘米左右。沟与沟之间的距离（行距）大多在 65～70 厘米。

4. 定植

（1）定植时间。定植时一定要在 10 厘米地温稳定在 15℃ 以上时播种。在适宜的栽培季节，以适时早播为好。行唐县一般在清明前后播种。

（2）定植密度。生姜品种不同，种植密度有所不同。对于土壤肥力高、水肥条件好的地块，种块重 60～80 克的，建议行株距为 65 厘米×20 厘米，即每 667 米² 栽 5 000 株左右；对于土壤肥力和水肥条件中等的地块，种姜块重 50 克左右的，一般行株距为 60 厘米×18 厘米，即每 667 米² 栽 6 000 株左右。

（3）定植法。选晴天上午，在定植沟内浇足底水，水渗后，将姜种按株距排放在沟中间，芽排成一条线，姜芽朝向要一致。如果姜沟呈东西沟向，姜芽一律向南或东南；如果姜沟呈南北沟向，姜芽一律向西。这样摆有利于接收光照，促进发芽。要尽量做到姜芽与土面持平，可上齐下不齐，这样做的好处是，埋土不易伤到姜芽，而且容易做到出芽整齐。

（4）覆土。覆土厚度要适中，一般 3～5 厘米。对于黏性土壤及早播种的要浅覆土，覆土厚度以 3 厘米左右为宜。沙性土壤容易失水，保水能力差，晚播的地块因温度高，失水也快，因此覆土可相对厚些，以 4～5 厘米为宜。覆土后喷洒除草剂。

（5）搭棚覆膜。用竹片做小拱棚，然后覆盖塑料棚膜，棚膜可选用厚度 0.01 毫米、宽 200 厘米规格的塑料膜，一次性盖 2 行。

5. 田间管理

（1）发芽期管理。种姜播种后幼芽萌动至第一片姜叶完全展开为发芽期。一般需 40 天左右，此阶段主要靠姜种自身贮存的养分发芽生长。生姜播种时已浇透底水，出苗前一般不浇水，有利于提高地温，提早出苗。出苗率达到 80% 以后，根据姜地干湿程度，及时浇水。每 667 米^2 随水冲施大量元素水溶肥 2.5 千克。保持土壤见干见湿。

（2）幼苗期管理。

①水肥管理：从第一片姜叶展开，到形成 2 个较大的侧枝权为幼苗期，需时 60～70 天。生姜幼苗期生长量小，需水肥量少，但对水肥要比较严格。通常在苗高 25～30 厘米，并具有 1 个或 2 个小分权时，视墒情浇 1 次水，并结合浇水施 1 次肥，即壮苗肥，这次施肥以氮肥为主，每 667 米^2 可施尿素 10～15 千克，或硫酸铵 20 千克。

②遮阳：生姜为喜光耐荫作物，发芽期要求黑暗，幼苗期要求中强度光，不耐强光。当姜苗长出 3～4 片叶时及时遮阳，一般在 6 月上旬进行。可搭建拱棚架，扣上遮光率为 30% 的遮阳网，或搭建立式网障遮阳（将幅宽 60～65 厘米、遮光率 40% 的遮阳网立式设置成网障固定于竹、木桩上）。

③撤膜：6 月中下旬左右撤塑料膜，撤膜时，要由小到大进行，不可一下把膜撤完，以免对姜苗造成伤害。此时，姜苗已有两个侧枝形成，即进入旺盛生长期。

（3）旺盛生长期管理。姜苗进入旺盛生长期，对水肥量要求逐渐增大。这个阶段是获得高产的关键阶段，一般在立秋前后，结合拔除杂草或拆遮阳网再追肥 1 次，即大追肥。这次追肥对促进发棵和根状茎膨大有着重要作用，要求肥料一要量大、二要营养全面、三要肥效持久。这次追肥应将肥效持久的农家肥与化肥结合施用，每 667 米^2 用粉碎的饼肥 70～80 千克，或腐熟优质干粪肥

500 千克并加入复合肥 25～50 千克，在姜苗的一侧，距植株基部 15～20 厘米处开一条施肥沟，将肥料撒入沟中，并与土、肥混匀，然后覆土封沟、培土，浇透水。在 9 月上旬，当姜苗具有 6～8 个分杈时，追 1 次肥，称补充肥。这次追肥一方面促使茎叶茂盛，防止后期脱肥导致茎叶早衰，使生姜根状茎迅速膨大；另一方面促进根系生长，提高根系吸收能力。对于长势弱或长势一般的姜田及土壤肥力低的姜田，此期可追化肥，尤其是钾肥和氮肥，以保证根状茎所需的养分，一般每 667 米^{2}可施尿素 10 千克、硫酸钾 30～40 千克，或复合肥 25～30 千克；对于土壤肥力高，植株生长旺盛的姜田，也可酌情少施或不施，以免茎叶徒长，影响根状茎膨大。此期水分管理，可根据植株长势、土壤保水能力及天气状况决定浇水次数及浇水量，保持土壤湿润即可，一般 4～5 天浇 1 次水。9 月中旬至 10 月下旬，姜块进入膨大中后期，根据姜地干湿程度每 7～10 天浇 1 次水，每次浇水每 667 米^{2}随浇水冲施高钾水溶肥 15 升，连续施肥 2～3 次。

（4）培土。根茎的生长需要黑暗湿润的环境，因此应随姜的生长陆续进行培土。撤荫障前可随中耕向姜沟中培土。第一次培土是在撤荫障重追肥后进行，把原来垄上的土培到植株基部，变沟为垄，以后可结合浇水施肥，视情况再进行 1～2 次培土，逐渐把垄加高加宽。培土厚度以不使根状茎露出为度，若培土过浅，则产量降低；但培土过深，也不利于生姜的生长。

6. 病虫害防治

（1）农业防治。实施 3 年以上轮作，避免连作或前茬为茄科作物；播种前清除杂草及前茬作物残枝烂叶，并集中无害化处理，以减少虫源和病源；选用抗病品种；平衡施肥；提高土壤有机质含量，提高生姜抗病性。

（2）物理防治。

①杀虫灯诱杀害虫：每 1.5 公顷姜地放置 1 盏频振式杀虫灯，在杀虫灯下套 1 个袋子，内装少量挥发性农药，可对少量未死亡的飞蛾进行熏杀。

②糖醋液诱杀害虫：用糖、醋、水、高效氯氰菊酯按 1∶1∶3∶0.1 的比例混合，将配好的诱杀剂放置在口径 20～25 厘米的瓶或其他容器内，诱杀剂以占容器体积的 1/2 为宜，诱杀剂保持 3～4 厘米深，将瓶或容器悬挂在田间，要高出生姜植株 30～40 厘米，每公顷放 2～3 个。定时清除诱集的害虫，每 5～7 天换诱杀剂 1 次。

（3）化学防治。

姜瘟病和茎基腐病：发现病株及时拔除，并对病穴及病株周围姜株用 57.6% 氢氧化铜可湿性粉剂 400～600 倍液，或 5% 漂白粉 3 000～4 000 倍液进行灌根，每穴 0.5～1 升。发病初期，叶面喷施 77% 硫酸铜钙可湿性粉剂 600～800 倍液，或喷施波尔多液。

姜斑点病：发病初期喷施 70%甲基硫酸菌灵可湿性粉剂每 667 米^{2}50～60克，或 25%嘧菌酯悬浮剂 1 500 倍液。

姜炭疽病：发病初期用 64%噁霜·锰锌可湿性粉剂 500 倍液喷雾。姜炭疽病多发期到来前，用 25%嘧菌酯悬浮剂对水 50～60 千克喷雾防治。

姜螟和地老虎：在姜螟或地老虎卵、幼龄期喷施 4.5%高效氯氰菊酯乳油 1 500～2 000 倍液，或 20%氯虫苯甲酰胺悬浮剂 5 000 倍液。

根结线虫：每 667 米^2 用 10%噻唑磷颗粒剂 1.5～2 千克混土沟施。

蓟马：每 667 米^2 用 70%吡虫啉水分散粒剂 3 克，或 20%啶虫脒可湿性粉剂 5 克对水 30 千克喷雾防治。

7. 采收

（1）采收时间。一般在霜降前采收，植株顶部叶片枯黄时，是生姜的收获适期。用于加工嫩姜的可在旺盛生长期收获。

（2）采收方法。收获前 3～4 天，先浇小水，使土壤充分湿润。采收时抓住姜株慢慢拔出或刨出，并轻轻抖掉泥土，然后在茎基部以上 2 厘米处把茎秆削掉，生姜即可入窖或出售。对入窖贮藏的生姜，在采收前 15 天左右停止浇水，控制姜块含水量，减少烂姜，延长生姜贮藏期。

第八章 石家庄市高邑县蔬菜产业发展典型案例

>>> 高邑县和阳家庭农场 <<<

一、经营主体简介

高邑县和阳家庭农场于 2015 年 12 月 11 日成立，位于高邑县中韩乡河村南，现有固定资产 1 800 余万元，占地面积 28.3 公顷，设施面积 15 公顷，其中暖棚 43 座，冷棚 3 座；小麦种植面积 13.3 公顷。设施蔬菜种植面积占比为50％以上。

经营范围涉及高科技蔬菜示范园建设、绿色蔬菜种植、超市配送、农资销售、农业科技引进推广、农业科技人员培训等。现聘请有高级技术职称专业人员 2 人，中级技术职称 4 人，棚区内种植番茄、黄瓜、豆角、丝瓜、芹菜、香菜等蔬菜，以番茄种植为主，推广品种有圣尼斯 313、京番 404、京番 401、京番 308、京番 309、京番 303、普罗旺斯、18109、静冈高糖、中华绿宝等，高邑县和阳家庭农场种植的番茄口感鲜甜，远近闻名。

二、经营主体经营模式

农场以"绿色蔬菜，健康生活"为目标，坚持"循环经济"发展模式，采用以有机肥和微生物菌肥为主的施肥原则，推广物理生物等绿色病虫害防治方法，规模化生产，科学化管理，对生产中的每一个环节，都严把质量关，建立起了完善的质量监控体系，实现了蔬菜生产从田间到餐桌的全流程监控，保证老百姓吃上放心的绿色蔬菜。以生产优质安全的蔬菜为己任，打造高邑蔬菜品牌，谱写绿色、安全、生态的现代农业产业化新篇章；以百倍的努力与社会各界同仁通力合作，携手共创人类绿色食品新辉煌。

三、经营主体生产模式

目前，该园区主要生产模式为温室冬春茬番茄高品质栽培技术。

四、温室冬春茬番茄高品质栽培技术

1. 施肥整地

（1）基肥使用。有机质含量大于等于 20％的土壤，底肥每 667 米² 施用腐熟有机肥 2～3 米³；有机质含量小于 20％的土壤，每 667 米² 添加腐熟有机肥 5～6 米³。定植前土壤主要养分达到有机质含量 20％～30％、速效磷 100 毫克/千克。连作区每 667 米² 添加中微量元素肥 20～25 千克。肥料使用按《肥料合理使用准则 通则》（NY/T 496）的规定执行。

（2）整地做畦。施肥后，旋耕土壤深 25～30 厘米。南北向做平畦，大小行，大行距为 80 厘米，小行距为 70 厘米。

2. 灌溉系统

安装与栽培行同向的微滴灌设备，铺设双行滴灌管，相邻两滴头间距 30～40 厘米，滴灌主管道直径为滴灌支管直径的 2 倍以上，配备过滤网和施肥罐。

3. 品种选择

温室冬春茬番茄选择早熟、抗逆性强、产量高，前期产量高而成熟期较集中的无限生长习性品种，如金棚、瑞粉 882、爱吉 115、瑞星 5 号、浙粉 702、京研、农博士等。

4. 定植

（1）种苗选择。壮苗标准：苗高 15～20 厘米，四叶一心至五叶一心，茎粗 0.4～0.6 厘米，节间较短，茎秆直立挺拔，叶片肥厚，叶色深绿，秧苗顶部稍平而不突出，乳白色根系，无病虫。

（2）定植时间及密度。在 12 月下旬至翌年 1 月中旬定植，在晴天上午进行。株距 30～35 厘米，每 667 米² 2 000～2 500 株。

（3）定植准备。定植前两天，栽培行撒施木霉菌或枯草芽孢杆菌等微生物菌剂，每 667 米² 用量 3～4 千克，与土混匀后开启滴灌，滴水量为以滴水孔为中心的直径 6～8 厘米范围温润即可，1～2 天后定植。

（4）定植方法。定植时植株与滴灌孔一一对应，滴灌带放置在苗的外侧。浅栽不埋子叶。定植后滴水，滴灌量掌握在以植株根颈部直径 30 厘米范围土壤湿润为宜。

5. 生产管理

（1）温湿度管理。通过放风、灌溉调节温、湿度。番茄不同生育时期温湿度管理指标见下表。

番茄不同生育时期温湿度管理指标

生育期	温度管理（℃）		空气相对湿度（%）	土壤相对湿度（%）
	白天	夜晚		
缓苗期	28～30	17～20	≤80	65～85
初花期—初果期	20～25	13～15	60～65	60～80
盛果期	20～25	>13	50～60	60～85

（2）中耕。定植后 5～7 天在距离植株根颈部 2 厘米处中耕，深度 6～10 厘米。结合中耕，将栽培行中间土壤培向植株根颈部，培土厚度 4～6 厘米。

（3）灌溉。土壤含水量小于或接近 60% 时开始灌溉，灌溉至土壤含水量接近或等于 80% 时停止。水质应符合《农田灌溉水质标准》（GB 5084）的要求，灌溉后表土湿润范围以植株为中心，直径不小于 30 厘米；3 月底前，在晴天上午灌溉。

（4）施肥。

①叶面肥：缓苗后开始补充钙、镁、硼中微量元素肥，浓度 0.2%，10～12 天 1 次，植株最上面的一穗果开花后，停止补充硼肥，最上面的一穗果直径 2～4 厘米时，停止补充钙、镁叶面肥。

②追肥：第一穗果直径 3～4 厘米时开始追肥，追施 $N:P_2O_5:K_2O$ 比例为（1.4：1：2.6）的水溶肥，每 667 米^2 5～6 千克，一穗一肥，共追肥 3～4 次；第三次追肥，每 667 米^2 冲施上述水溶肥 8～10 千克，灌溉量每 667 米^2 10～13 米^3。

第四果穗膨大期结束，追施 $N:P_2O_5:K_2O$ 比例为 7.7：1：10.3 的水溶肥，每 667 米^2 6～8 千克，灌溉量每 667 米^2 10～13 米^3。

整个生育期追肥 4～5 次，随肥见水，晴天上午施肥，施肥完成后，再浇 5 分钟清水。

（5）植株调整。

①吊蔓：初花前用细绳及时吊蔓，绳的顶端系在秧苗上方的铁丝上，下端打活结或者用专用夹子固定到秧苗基部，将秧苗绕缠到绳上，保持植株顶部高度一致，每 3～5 天结合整枝绕秧 1 次。

②整枝：

侧枝整理：植株第一穗果开花前，在第一果穗下部侧枝保留 3 片叶后掐尖。第一穗果坐住后，一次性去除下部所有侧枝。第一果穗以上侧枝长至 8～10 厘米时，在晴天上午及时掰除。

打顶：保留 5～7 穗果，最后一果穗上留 3 片叶子于晴天上午打顶。

去老叶：第一穗果直径 3～5 厘米后，保留果穗下部 3 片功能叶片，去除多余的老、残、病叶。每穗果实膨大期结束后，去除该果穗下部叶片。

（6）保花促果。

①熊蜂授粉：第一穗果 20％花开后，引入熊蜂，蜂箱放置在距离地面 50 厘米的温室东南或西南角，每 667 米²50～80 头，按照《设施番茄熊蜂授粉技术规程》（NY/T 3045）规定执行。

②人工振荡授粉：在番茄开花盛期，每天 8：00～10：00 晴天无露水时用人工振荡授粉器对花朵进行辅助授粉。

（7）病虫害防治。

防治原则：贯彻以预防为主，综合防治的植保方针，以利用植物源农药和微生物源农药防治为主，以利用高效、低毒、低残留的化学农药防治为辅，掌握最佳的防治时期，收获前 7 天内不再使用农药。

主要病虫害：主要病害有叶霉病、灰霉病、晚疫病、叶斑病；主要虫害为蚜虫、粉虱。

病虫害防控措施：定植后，用 400 倍枯草芽孢杆菌加植物免疫蛋白 1 000 倍在植株叶面、地面整体喷雾预防，10～12 天 1 次，避免强光下操作。主要病虫害生物防治方法见下表。

温室冬春茬番茄主要病虫害生物防治

病害	生物药剂	使用方法
叶霉病	2％春雷霉素水剂 550～1 000 倍液、47％春雷·王铜可湿性粉剂 500～700 倍液或 10％小檗碱 600～800 倍液、植物免疫蛋白 1 000 倍液叶面喷施	7～10 天喷 1 次，连续喷 2～3 次，交替使用药剂
灰霉病	1 000 亿活孢子/克枯草芽孢杆菌水分散粒剂 300 倍液、1 亿活孢子/克木霉菌水分散粒剂 600～800 倍液、哈茨木霉菌 300 倍液、1.5％苦参蛇床素 500～750 倍液、0.3％丁子·香酚 750 倍液、2.1％丁子·香芹酚水剂 600 倍液或 10％小檗碱 600～800 倍液、植物免疫蛋白 1 000 倍液，发病初期喷植株及地面	7～10 天喷 1 次，连续喷 2～3 次，枯草芽孢杆菌、木霉菌及哈茨木霉菌避免在强光下施用
晚疫病	0.3％丁子·香酚 750 倍液、10％多抗霉素可湿性粉剂 500～800 倍液、10％小檗碱 600～800 倍液、植物免疫蛋白 1 000 倍液、嘧啶核苷类抗菌素 1 000～1 500 倍液或 2％氨基寡糖素水剂 200～300 倍液叶面喷施	5～7 天喷 1 次，连续喷 2～3 次，交替使用
叶斑病	乙蒜素 2 500 倍液、腐殖酸 800 倍液、红糖 100 倍液、80％大蒜素 5 000 倍液或 0.5％氨基寡糖素水剂 600～800 倍液，结合补充 0.2％钙元素叶面肥叶面喷施防治	
蚜虫、粉虱	温室加 40 目防虫网，每 667 米² 悬挂黄板 30～50 片，或分次释放丽蚜小蜂、共 2 万头；药剂防治用苦参碱 1 500～2 000 倍液、3％除虫菊酯乳油 800～1 200 倍液喷施或 0.5％藜芦碱 400～600 倍液叶面喷施	

化学防治：主要病虫害化学防治方法见下表。

温室冬春茬番茄主要病虫害化学防治

病虫害	化学药剂	备注
晚疫病	用72％霜脲氰·锰锌600～800倍液、58％甲霜·锰锌800～1 000倍液、70％甲霜·铝铜800倍液或60％吡唑醚菌酯1 000～1 500倍液喷雾防治，交替用药，5～7天喷1次，连续喷3次	
叶霉病	用10％苯醚甲环唑1 500～2 000倍液或25％嘧菌酯悬浮剂2 000倍液，喷雾防治，交替用药，5～7天喷1次，连续喷3次	
灰霉病	用10％腐霉利烟剂或45％百菌清烟剂，每667米²250克熏1夜；40％嘧霉胺悬浮剂800～1 200倍液或50％异菌脲按1 000～1 500倍液喷雾防治，交替用药，5～7天喷1次，连续喷3次	晴天叶面无露水后施药；如下午施药保证夜间叶面干爽
叶斑病	用苯醚甲环唑水分散粒剂1 500倍液、250克/升嘧菌酯悬浮剂1 500倍液或64％噁霜·锰锌可湿性粉剂400倍液喷雾防治，交替用药，5～7天喷1次，连续喷3次	
蚜虫	晴天的前一天晚上，21：00后用异丙威烟雾剂熏棚，每次每667米²200～300克；10％吡虫啉可湿性粉剂1 000倍液、50％抗蚜威可湿性粉剂2 000倍液或3％啶虫脒乳油1 000倍液叶面喷雾防治，交替用药，5～7天喷1次，连续喷3次	
粉虱	晴天的前一天晚上，21：00后用异丙威烟雾剂熏棚，每次每667米²200～300克；1.8％阿维菌素2 000～3 000倍液、25％灭螨锰乳油1 000倍液、25％噻嗪酮可湿性粉剂2 500倍液或2.5％联苯菊酯3 000倍液叶面喷雾防治，交替用药，5～7天喷1次，连续喷3次	

6. 采收

果实转色后，忌在高温、暴晒时采收。

番茄生长期　　　　　　番茄采摘　　　　　　番茄装箱

>>> 高邑县城东农业科技发展专业合作社 <<<

一、经营主体简介

高邑县城东农业科技发展专业合作社位于高邑县后哨营村,是高邑县温室黄瓜生产的发源地。后哨营村从 1990 年开始生产温室黄瓜,通过多年的实践摸索出一套具有本地特色的种植模式,生产的黄瓜产量高,品质好,在河北省及周边省份享有盛名。在此基础上,后哨营菜农在 2009 年自发成立了合作社。合作社现有日光温室 104 座,保温大拱棚 16 座,设施内种植面积 26.7 公顷,主要种植嫁接黄瓜。黄瓜每年生产两茬,每茬每 667 米^2 产量 10 000 千克,产值 25 000~30 000 元。经济效益显著。

二、经营主体经营模式

合作社围绕促进现代农业发展,提供产业化服务,建立"合作社＋农户"的新型利益联结机制,通过推广标准化、模式化栽培,采取统一种植模式、统一质量标准、统一农资采购、统一销售、分户管理的方式,逐年壮大,经济效益逐年提高。

三、经营主体生产模式

目前,该合作社主要生产模式为日光温室冬春茬黄瓜绿色生产技术模式。该模式以病虫害生物防控为核心。

四、日光温室冬春茬黄瓜绿色生产技术模式

1. 茬口安排

温室冬春茬黄瓜。日光温室内 12 月至翌年 1 月育苗,1 月底至 2 月下旬定植,6 月底至 7 月初拉秧。

2. 定植前准备

轮作倒茬:在土传病害发生地块与非葫芦科蔬菜轮作 3 年以上。

清洁温室:及时清除作物病残体,带出温室集中无害化处理。

安装防虫网:在温室通风口及门口安装 40~60 目防虫网,其中通风口防虫网需用卡槽密封。

处理土壤:将温室清理干净后在无风日卷起保温被,打开上下风口,低温冻棚,5~7 天后关闭风口,升温整地,每 667 米^2 撒施 EM 菌、枯草芽孢杆菌或木霉菌等生物菌剂 4~5 千克。

消毒温室:定植前一天,用 3~5 波美度的石硫合剂均匀喷洒温室墙体表

面及作业道。

铺设滴灌带：安装与栽培行同向的微滴灌设备，铺设双行滴灌管，滴头间距 30～40 厘米，及时覆盖地膜。

3. 幼苗期管理

（1）选择壮苗。选用优质早熟、抗病品种。实生苗壮苗标准，三叶一心至四叶一心，株高 8～12 厘米，茎粗 0.6～0.8 厘米，节间短，子叶完好；嫁接苗壮苗标准，四叶一心至五叶一心，株高 13～18 厘米，砧木和接穗的嫁接口愈合好，子叶完好，接穗叶色浓绿，种苗根系乳白色，无病虫。

（2）定植。按照《日光温室黄瓜、番茄节水灌溉技术规程》（DB13/T 1137）标准执行。于晴天上午定植，定植密度每 667 米^2 2 500～2 800 株。

（3）控制温湿度。定植后 7～10 天，白天棚内温度高于 32℃，空气相对湿度高于 85％时放风，以幼苗叶片不结露为宜。

（4）促根控旺。定植缓苗后，叶面喷施 0.2％磷酸二氢钾，7～10 天喷 1 次，上午喷施，连续喷 3 次。

（5）诱杀害虫。

种植诱虫植物：在温室南侧，每隔 6～8 行黄瓜单行定植烟草 5～8 棵，每 667 米^2 定植 50～60 株，诱集粉虱和蚜虫，用藜芦碱 400 倍液或苦参碱集中杀灭。

色板诱虫：每 667 米^2 悬挂规格为 30 厘米×25 厘米的黄板 30～40 块，诱杀蚜虫、粉虱。

喷施生物药剂：定植后在植株叶面、地面用枯草芽孢杆菌 400 倍液和植物免疫蛋白 1 000 倍液喷雾，避开强光时段操作，10～12 天喷 1 次，可结合叶面肥喷施一同进行。

4. 结果期管理

（1）整理植株。及时去除植株侧枝、卷须、老叶、病残叶等并带出棚。

（2）高温闷棚。晴天中午滴灌 30 分钟后，密闭温室，当植株上部温度超过 45℃时开启上放风口，温度控制在 40～45℃，维持 1 小时。

（3）水肥管理。喷施叶面肥：缓苗结束后，补充浓度为 0.2％的钙、镁、硼中微量元素肥，10～12 天补 1 次，拉秧前 15～20 天停止补施。

（4）追肥及灌溉。整个生育期追肥 8～11 次，随水见肥，晴天上午施肥，施肥完成后，再浇 5 分钟清水。日光温室冬春茬黄瓜不同时期施肥及灌溉情况见下表。

日光温室冬春茬黄瓜不同时期施肥及灌溉情况

追肥时期	N∶P$_2$O$_5$∶K$_2$O	每 667 米^2 追肥量（千克）	追肥次数（次）	灌溉水量（米^3）
根果坐住时	1∶1∶1	5～8	1	9～11

（续）

追肥时期	N：P$_2$O$_5$：K$_2$O	每 667 米^2 追肥量 （千克）	追肥次数 （次）	灌溉水量 （米^3）
根果摘除时	1.4：1：2.6	9～11	2～3	11～13
盛果期	1.7：1：2.2	10～12	3～4	11～13
末果期	1.8：1：1.9	6～8	2～3	9～11

综合应用农业防治、物理防治及生物防治等措施，适当应用高效、低毒化学农药，实现对病虫害发生发展的减避、防治，从而控制农业有害生物的危害，减少化学农药的投入，减少农药对农产品的污染，减轻农药残留对人类和环境的危害，保证农产品的质量与安全。

5. 病虫害防治

主要病害有白粉病、霜霉病、角斑病、靶斑病等；生理性病害有畸形瓜、苦味瓜、化瓜、花打顶等。主要虫害有粉虱、蚜虫。主要病虫害及防治方法分别见下表。

日光温室冬春茬黄瓜常见病虫害及有利发生条件

病虫害名称	病原或病虫类别	有利发生条件
白粉病	真菌：二孢白粉菌、单囊壳菌（瓜类单丝壳）	二孢白粉菌：温度 20～25℃。单囊壳菌：温度 16～24℃，相对湿度 75%，空气不流通，管理粗放
霜霉病	真菌：古巴假霜霉菌、藻状菌	气温 15～24℃，相对湿度 83%以上
角斑病	细菌：丁香假单胞杆菌黄瓜角斑病致病型、单黄孢细菌油菜黄疸孢菌黄瓜致病变种	丁香假单胞杆菌黄瓜角斑病致病型：气温 22～28℃，相对湿度 70%以上。单黄孢细菌油菜黄疸孢菌黄瓜致病变种，气温 15～30℃，相对湿度 75%以上
靶斑病	细菌、真菌混合：半知菌的棒孢菌	温度 20～30℃，相对湿度 90%以上
畸形瓜		弱光照，昼夜温差小，营养、水分失衡
苦味瓜	生理性病害	低温弱光，氮多，磷钾肥少
化瓜		光合作用不足或养分不均衡引起营养输送受阻
花打顶		根弱、控旺生长调节剂使用过量
粉虱	同翅目粉虱科	温度 18～21℃
蚜虫	同翅目蚜科	温度 16～22℃，相对湿度 75%以下

日光温室冬春茬黄瓜主要病虫害生物防治措施

病害	生物药剂	使用方法
白粉病	10%多氧霉素可湿性粉剂 500～800 倍液、1%蛇床子素水乳剂 400～500 倍液或 10%小檗碱 600～800 倍液、植物免疫蛋白 1 000 倍液叶面喷施	7～10 天施 1 次，连续施 2～3 次，交替使用

（续）

病害	生物药剂	使用方法
靶斑病	3 000 亿孢子/克荧光假单胞杆菌 750 倍液，于发病初期喷植株	7~10 天施 1 次，连续施 2~3 次，避免强光下操作
霜霉病	10％多抗霉素可湿性粉剂 500~800 倍液、1.3％苦参碱 1 500 倍液、1.5％苦参蛇床素 500~750 倍液叶面喷施	
角斑病	41％乙蒜素 2 500 倍液、腐殖酸 800 倍液、红糖 100 倍液、5％大蒜素 5 000 倍液或 2％春雷霉素水剂 550~1 000 倍液，结合补充 0.2％钙元素叶面肥叶面喷施防治	5~7 天施 1 次，连续施 2~3 次，交替使用
蚜虫、粉虱	温室加 40 目防虫网，每 667 米² 悬挂黄板 30~50 片，或分次释放丽蚜小蜂共 2 万头；药剂防治用苦参碱 1 500~2 000 倍液、3％除虫菊素乳油 800~1 200 倍液或 0.5％藜芦碱 400~600 倍液，叶面喷施	
畸形瓜		平衡营养，壮根稳水、增加光照。尖顶瓜壮根、蜂腰瓜补钾和硼
化瓜		壮根，平衡营养
苦味瓜		减氮，增加土壤湿度

6. 拉秧清棚

生长期结束后，及时拔出棚内植株残体，清洁温室备用。

日光温室冬春茬黄瓜生长情况

第九章 石家庄市灵寿县蔬菜产业发展典型案例

>>> 灵寿县多丰农业开发有限公司 <<<

一、经营主体简介

灵寿县多丰农业开发有限公司成立于 2014 年 11 月，注册资金 1 500 万元，公司位于灵寿县三圣院乡西木佛村。公司现有职工 39 人，专职技术人员 18 人，占地面积 66.7 公顷以上，建有日光温室蔬菜大棚 38 座、技术培训室 3 个、恒温库 2 座，配有员工食堂、宿舍、外送车辆等，目前公司已取得"有机认证证书"，注册了"众溪"品牌商标。

二、经营主体经营模式

主要经营范围包括蔬菜、葡萄的种植、销售及技术咨询服务等。

三、经营主体生产模式

主要种植模式有黄瓜—番茄两茬高效栽培技术模式，年生产有机蔬菜近 250 吨。种植茬口安排：第一茬为秋冬茬黄瓜，8 月上旬定植，9 月中旬采收，12 月底拉秧；第二茬为冬春茬番茄，1 月中旬定植，3 月下旬采收，7 月中下旬拉秧。

四、栽培技术

（一）秋冬茬黄瓜栽培技术

1. 品种选择

选择高抗病毒病、抗逆性强、丰产、优质、适应性强的品种，如津优 35、津优 38、津绿等。

2. 定植前准备

（1）清洁田园。清除前茬作物的残枝烂叶及病虫残体。

（2）棚室消毒。在定植前 7～10 天，每 667 米² 用 20% 百菌清烟剂 250～

400 克熏棚。一般在晚上进行，熏烟密闭棚室 24 小时。

（3）整地施肥。深翻土地，结合整地每 667 米² 施优质腐熟有机肥5 000～7 000 千克，复合肥 50～100 千克。

3. 定植

采用大小行种植，大行距 70 厘米，小行距 50 厘米，株距 33～35 厘米，每 667 米² 定植 3 300～3 500 株。

4. 定植后的管理

日光温室秋冬茬黄瓜生育前期处于高温强光季节，因此，这一时期应以降低温度为中心，主要采取昼夜大放风、勤浇水、适当松土等措施。定植后 3～4 天灌 1 次缓苗水，满畦或全沟灌水，表土半干时松土。根瓜坐住后开始 1 周灌 1 次大水。进入 11 月中旬，天气逐渐变冷，浇水量要逐渐减少，进入 12 月基本不要灌水。根瓜采收后，可随水每 667 米² 追施尿素 5 千克，钾肥 10 千克，或复合肥 20 千克。在温度管理上，前期要放风降温，后期要加强保温。9 月中旬以后夜间要覆盖底角膜，10 月下旬夜间要盖草帘（夜间温度低于12℃）。11 月中旬以后还要加盖保温被。在光照管理上，冬季要尽量擦净塑料薄膜上的污染物，增加透光率。在植株调整上，及时摘除老、病、黄叶和 10 节以下的侧枝；10 节以上的侧枝留一条瓜，在瓜前留 1 片叶摘心，主枝长至25～30 节时摘心，以促进回头瓜的形成和生长。

5. 病虫害防治

主要病害有霜霉病、细菌性角斑病等。主要虫害有粉虱、蚜虫、红蜘蛛、茶黄螨等。

（1）物理防治。设防虫网阻虫，挂黄板诱杀粉虱和蚜虫。

（2）化学防治。

霜霉病：用 72.2％霜霉威盐酸盐水剂 800 倍液喷施。

细菌性角斑病：用 20％噻唑锌悬浮剂 400～500 倍液喷施。

红蜘蛛、茶黄螨：用 25％的灭螨锰可湿性粉剂 1 000 倍液喷施。

蚜虫：用 10％吡虫啉可湿性粉剂 1 000 倍液喷施。

粉虱：用 25％噻虫嗪水分散粒剂 2 000～3 000 倍液喷施。

6. 采收

开花后 7 天左右及时分批采收。

（二）冬春茬番茄栽培技术

1. 品种选择

选择耐低温弱光、高抗病毒病、抗逆性强、丰产、优质、适应性强的品种，如金棚系列、瑞特粉娜等。

249

2. 定植前准备

（1）清洁田园。清除前茬作物的残枝烂叶及病虫残体。

（2）棚室消毒。在定植前 7～10 天，每 667 米² 用 20％百菌清烟剂 250～400 克熏棚。一般在晚上进行，熏烟密闭棚室 24 小时。

（3）整地施肥。深翻土地，结合整地每 667 米² 施优质腐熟有机肥 3 000 千克，氮磷钾（15-15-15）三元复合肥 50 千克，尿素 25 千克。

3. 定植

采用大小行栽培方式，大行距 90～100 厘米，小行距 60～70 厘米，株距 35 厘米。定植密度每 667 米² 2 300～2 500 株。

4. 定植后管理

（1）温度管理。定植后 1 周内不放风，室内温度白天 25～30℃，夜间 12～15℃；1 周后放风，温度白天 23～25℃，夜间 13～17℃。

（2）光照管理。保持棚膜洁净，在温室的后墙张挂反光幕，以增光保温。

（3）水肥管理。定植 7 天后浇缓苗水，水量不宜过大。浇水后及时中耕，第一穗果坐住前控水，土壤见干见湿。第一穗果长至核桃大小时进行第一次追肥浇水，每 667 米² 地追氮磷钾（15-15-15）复合肥 15 千克，每穗果追 1 次肥，一般追肥 4～5 次。

（4）植株调整。采用单干整枝，其余侧枝全部打掉，一般留果 4～5 穗，当最上部果穗开花时，留两叶掐心或打顶。第二穗果成熟后，摘除其下全部老叶、病叶。

（5）保花保果。第一穗花开放时，将熊蜂箱放入棚内释放熊蜂授粉，每 667 米² 1 箱，蜂箱上面 20～30 厘米处搭遮阳篷。或当番茄每穗花有 2～3 朵开放时，在上午 9：00～10：00，用 20～30 毫克/升的番茄灵喷花穗 1 次。

5. 病虫害防治

主要病害有病毒病、早疫病、晚疫病、灰霉病等。主要虫害有蚜虫、粉虱、潜叶蝇等。

（1）物理防治。

黄板：每 20 米² 悬挂 25 厘米×30 厘米黄板 1 块，挂在行间或株间，高出植株顶部 20 厘米，诱杀粉虱和蚜虫。

防虫网：在温室放风口处铺设规格为 40 目异型防虫网。

趋避：覆盖银灰色地膜驱避蚜虫。

（2）化学防治。

病毒病：用 0.5％氨基寡糖素水剂 500 倍液喷施。

早疫病：用 10％苯醚甲环唑 800～1 200 倍液喷施。

晚疫病：用 72％霜脲·锰锌可湿性粉剂 1 500 倍液喷施。

灰霉病：用50％腐霉利可湿性粉剂1 500～2 000倍液喷施。

蚜虫：用10％吡虫啉可湿性粉剂1 000倍液喷施。

粉虱：用25％噻虫嗪水分散粒剂2 000～3 000倍液喷施。

潜叶蝇：用1.8％阿维菌素乳油1 000倍液喷施。

6. 采收

果实转色成熟后，及时分批采收。

>>> 石家庄兆鸿农业科技开发有限公司 <<<

一、经营主体简介

该公司2014年成立，注册资金500万元，位于灵寿县牛城乡倾井庄村，园区面积20公顷，地处一级水源保护区。经营范围为农业种植技术研发与推广，优质玉米、优质小麦、蔬菜、瓜果、花卉、苗木的种植与销售，中药材的种植。公司积极发展设施农业，建设温室大棚面积10公顷，主要种植品种为番茄、黄瓜等新鲜蔬菜，园区水电齐全，交通条件便利。

公司的发展为当地村民提供了就业机会，同时通过技术示范和推广，带动周边农户发展生产致富。

公司产品通过渠道销售和会员销售，产品品质得到广泛的好评，公司还积极发展生态观光、采摘等休闲农业，多种形式促进生产和市场的发展。

二、经营主体经营模式

公司种植基地建立基地投入品市场准入制，从源头控制好蔬菜生产安全。为保证基地生产的产品达到优质、安全和无污染的要求，为广大消费者提供充足的绿色蔬菜，严格按照绿色蔬菜种植技术规程生产。产品严格按照采收标准采收；产品采收前进行病虫害检查并在基地技术人员的指导下进行采收；采收后的产品按规格要求进行分级处理；产品采收后，按采收批次分别对产品进行农药残留检测。

三、经营主体生产模式

目前，该公司主要生产模式为日光温室番茄—黄瓜高效栽培技术模式。

（一）番茄栽培技术规程

1. 范围

规定了石家庄兆鸿农业科技开发有限公司绿色食品番茄种植的产地条件、种植管理、病虫害防治及产品采收、包装、储运等规范。

2. 规范性应用文件

NY/T 391　绿色食品　产地环境质量

NY/T 393　绿色食品　农药使用准则

NY/T 394　绿色食品　肥料使用准则

NY/T 655　绿色食品　茄果类蔬菜

NY/T 658　绿色食品　包装通用准则

NY/T 1056　绿色食品　贮藏运输准则

3. 术语与定义

（1）生物有机肥。生物有机肥是指特定功能微生物与主要以动植物残体（如畜禽粪便、农作物秸秆等）为来源并经无害化处理、腐熟的有机物料复合而成的一类兼具微生物肥效和有机肥效的肥料。

（2）产地环境条件。选择空气清新、地下水质纯净、土壤肥沃，未受污染，远离工业区，生态环境良好的地区，应符合 NY/T 391 的要求。

4. 种植管理

（1）育苗。采用温室大棚穴盘育苗，育苗期为 7 月和 12 月，选择抗病、优质、高产、商品性好的品种，种子发芽率 90% 以上。

（2）定植。移栽前将棚内作物彻底清除，施入腐熟有机肥，深翻土壤并经高温闷棚后，按大行距 80 厘米、小行距 50 厘米起垄，垄高 15～20 厘米，株距 40 厘米，定植密度每 667 米²2 800～3 000 株。15：00 后开始定植，定植后浇足定植水，促进快速发生新根。保证白天温度 28～30℃，空气相对湿度 60%～70%。

（3）田间管理。

①温度管理：缓苗后至开花前，控制白天温度 28～30℃，夜间温度 15～18℃，结果期白天温度 25～28℃，夜间温度 15～18℃。

②水肥管理：一般上午浇水，苗期和低温期要控水，浇水后闭棚增湿 2 小时左右，然后注意通风排湿，减少夜间结露。第一穗果直径达到 2.5 厘米左右时开始追施生物有机肥。

（4）植株调整。

①吊绳：植物单干整枝，每株留 6 穗果，最后一果上留 2 片叶掐尖，及时吊绳防止倒秧，去除侧枝，减少养分消耗，必要时采用人工振荡授粉。

②盘头：7～10 天盘一次，盘头时用手背将植物生长点与线绳撑开，以减少损伤。

③拿杈：7 天拿一次，去掉叶腋处侧枝，不留余杈。

④疏花疏果：7～8 天疏一次，培育果重 200 克以上大型果，每串预留 3 个果，果重 140～180 克中大型果，每串预留 4 个果，果重 100～140 克中型

果,每串预留 5~6 个果。

⑤落秧:12~14 天落 1 次,每次落 40 厘米左右,保证最下面的果实不会接触到地面。

⑥去老叶、病叶:7 天去一次,冬季每株保留 10~12 片叶,夏季每株保留 16~18 片叶。从下部开始去除老叶、病叶。

5. 病虫害防治

坚持以预防为主,综合防治的植保方针,针对不同防治对象及其发生情况进行防治。

(1) 药剂防治。注意用药量、用药时间和用药间隔期。如使用本种植操作规程未列入的其他农药防治病虫害,应符合 NY/T 393 的要求。

早疫病:用 46% 氢氧化铜水分散粒剂每 667 米^2 25 克喷雾,每季最多喷 3 次,每次用药间隔 7~10 天。

青枯病:用 3% 中生菌素可湿粉剂 600 倍液灌根,每季最多灌 2 次,每次间隔 7~10 天,安全间隔期 8 天。

蚜虫:1.5% 苦参碱每 667 米^2 30 克对水喷雾,每季最多使用 1 次,安全间隔期 10 天。

(2) 农业措施。通过植株整理摘除病叶、老叶、黄叶和病果、畸形果,拔除病株,减少病害。注意整枝打杈前用浓肥皂水洗手,防止操作时接触植株伤口传播病虫害。整枝打杈后可用草木灰浸泡液喷施植株,以起到消毒杀菌作用。

(3) 物理防护。在大棚通风口处挂防虫网,阻止飞虫进入。

6. 收获

(1) 注意采收的果实要成熟无病态,剔除不良果实。

(2) 避免带露水采摘,同时要保持采摘工具清洁无污染。

(3) 保证果蒂完整,分拣重量一致,摆放整齐装筐。

(4) 采收前 15 天停止一切农药的使用,采后不得浸水或喷洒化学药剂。

7. 采收、包装、储运

(1) 产品质量标准。按 NY/T 655 执行。

(2) 检测。生长期施用化学合成农药的果实,采收前 1~2 天必须进行农药残留检测,合格后及时采收,分级包装上市。

(3) 包装。应符合 NY/T 658 的要求。

(4) 储运。应符合 NY/T 1056 的要求。

对番茄生产的全过程建立田间生产记录并妥善保存,以备查阅。

(二)黄瓜栽培技术规程

1. 范围

规定了石家庄兆鸿农业科技开发有限公司绿色食品黄瓜种植的产地条件、

种植管理、病虫害防治及产品采收、包装、储运等规范。

2. 规范性引用文件

NY/T 391　绿色食品　产地环境技术条件

NY/T 393　绿色食品　农药使用准则

NY/T 394　绿色食品　肥料使用准则

NY/T 747　绿色食品　瓜类蔬菜

NY/T 658　绿色食品　包装通用准则

NY/T 1056　绿色食品　贮藏运输准则

3. 产地环境条件

应符合 NY/T 391 的要求。

4. 茬口安排及品种选择

（1）茬口安排。黄瓜属于喜温、耐弱光蔬菜，日光温室两茬种植一般于 1 月和 8 月定植。

（2）品种选择。选择优质、高产、抗病一代杂种。温室栽培宜选择黄瓜王、津春 3 号、津美 3 号、中农 5 号、北京 206、乾德等。

5. 种植管理

（1）育苗。

①育苗场地：采用温室育苗。

②苗床准备：每立方米肥沃大田土加 15 千克腐熟鸡粪，充分混合过筛，装入营养钵内。用直径 10 厘米，高 10 厘米，底部有小孔的营养钵育苗，在钵内加入 7 厘米厚的营养土，营养钵排放在苗床内备用。也可用穴盘（72 穴）育苗，穴盘内备好营养土。

③种子选择：选择籽粒饱满，纯度好，发芽率高，发芽势强的种子。黄瓜品种为乾德 1702。

④浸种催芽：用 55～60℃温水浸种，并不停搅拌，待水温降至 30℃时停止搅拌，再浸泡 4 小时。浸种后将种子搓洗干净，捞出并沥去水分，用干净的湿布包好，在 28～30℃温度条件下催芽，当 70％种子露白后播种。

⑤播种：苗床育苗宜选择晴天中午进行，播前苗床内要充分浇灌底水，水渗后按 7～10 厘米² 1 穴点播，播后及时在种子上盖厚 1.0～1.5 厘米过筛的蛭石，全畦播完后再撒一层厚约 0.5 厘米蛭石。每 667 米² 约需要种子 125～150 克。容器育苗，营养钵或穴盘内充分浇水，水渗后撒一层过筛细潮土，然后将种子播于钵或盘内，每钵（穴）1 粒，上覆蛭石 1.5 厘米厚，并整齐码放在育苗床内。

⑥苗期管理：播后要在苗床上覆盖薄膜。发芽初期要求温度较高，苗出齐后应适当降温，苗床上的薄膜要逐渐拉大缝隙，直至撤除。随着气温升高，温

室育苗设施覆盖的薄膜和草苫也要逐渐加大缝隙和延长拉苫时间，以锻炼幼苗的适应性。苗期不旱不浇，如旱可在晴天中午洒水，严禁浇大水，浇水后注意放风排湿。容器育苗要注意保持土壤湿度。通过揭盖草苫调节光照时间，每天光照时间要达到 8 小时以上。容器育苗可通过调换容器的位置，改善受光条件。苗期一般不追肥，后期可用 0.2%磷酸二氢钾溶液进行叶面喷施，促进幼苗苗壮生长。

通过以上措施，在苗高 10～13 厘米，茎粗 0.6～0.7 厘米，三叶一心至四叶一心，苗龄 30～40 天时定植。

（2）定植前准备。

①整地：定植前清除前茬残留物，深翻晒土，晾晒 1 周。

②施基肥：肥料的选择和使用应符合 NY/T 394 的要求。移栽前将棚内作物彻底清除，施入腐熟有机肥，深翻土壤并经高温闷棚。

③做畦：保护地栽培采用高畦或瓦垄畦，畦宽 1.3～1.5 米，高 15 厘米，畦面覆盖地膜，定植 2 行。

④幼苗处理：定植前苗床要适度浇水并切坨、起苗、囤苗等。起苗时以苗为中心切 7～10 厘米^2 的土坨，并码放在原苗畦内，四周用细土弥缝。容器育苗定植时直接搬动即可。

（3）定植。在 10 厘米地温稳定在 12℃以上时定植。定植前 10～15 天扣膜升温。每 667 米^2 定植 3 000～3 500 株，浅栽。

（4）田间管理。

①前期管理：黄瓜定植后，浇透水，待土壤稍干后即中耕，以提高土壤疏松度，促进发根缓苗，根瓜采收前，视土壤状况浇水。定植初期，温度白天应掌握在 30～32℃，夜间 15～18℃。缓苗后，温度白天宜降至 25～28℃，夜间 13～15℃。定植后 10～15 天，株高 25 厘米左右时，开始吊绳、绑蔓、打杈。

②采收期管理：根果采收后，温度白天 25～30℃，夜间 15～18℃。浇水应选择晴天上午，浇小水或滴灌，浇水后应注意放风排湿，每 7～10 天浇 1 水。随水可追施腐熟鸡粪。

③后期管理：主要是促回头瓜和侧枝瓜，根据天气状况适当增加浇水次数，并打掉病、老叶，深埋或销毁。

（5）病虫害防治。黄瓜主要病虫害有霜霉病、蚜虫等，防治以预防为主，综合防治，坚持以农业防治、物理防治、生物防治为主，以化学防治为辅。

①农业防治：优先采用抗病虫品种，加强培育壮苗、栽培管理、中耕除草、耕翻晒堡、清洁田园、轮作倒茬等措施。调整好棚内的温湿度，合理进行整枝，促进通风透光，合理施肥，增强蔬菜抗病力。

②物理防治：采用人工除草，挂黄板等物理防治措施。在放风口上设置防

虫网，预防各种害虫侵入，挂黄板诱杀蚜虫、白粉虱。

③生物防治：主要是用天敌和生物药剂防治病虫害。

④化学防治：

霜霉病：用 40％多锰锌（代森锰锌 20％、多菌灵 20％）每 667 米^2 94～150 克对水 45～60 千克喷雾，安全间隔期为 15 天，每季最多施用 3 次。

蚜虫：用 1.5％苦参碱每 667 米^2 30 毫升对水喷雾，每季最多施用 3 次，安全间隔期 10 天。

6. 采收、包装、储运

（1）产品质量标准。按 NY/T 747 执行。

（2）采收。生长期施过化学合成农药的黄瓜，采收前 1～2 天必须进行农药残留检测，合格后及时采收，分级包装上市。

（3）包装。应符合 NY/T 658 的要求。

（4）储运。应符合 NY/T 1056 的要求。

对黄瓜生产的全过程建立田间生产记录并妥善保存，以备查阅。

第十章 石家庄市平山县和辛集市蔬菜产业发展典型案例

>>> 平山彦文家庭农场 <<<

一、经营主体简介

平山彦文家庭农场主要从事蔬菜种植与销售、育苗销售等业务。农场所在的西大吾乡东沿兴蔬菜基地建立于2002年，北邻滹沱河生态走廊、西接河北省级公路——沙东公路，交通十分便利。种植区已建成蔬菜大棚60个，占地6.67公顷以上，露地蔬菜2公顷以上。主要种植番茄、黄瓜、西葫芦、甘蓝、菠菜、豆角、茄子等。产品除在平山县销售外还往石家庄、井陉等蔬菜市场和超市销售。基地建设了连栋温室和配套设施，实现了大棚内温度有效控制，早春茬黄瓜室温比普通大棚提高1～2℃，4月8日左右开始采摘，比普通大棚提早采摘1周以上，在河北省属于首创。今年实施了"平山县2022年滹沱河沿线高端蔬菜育苗生产片区建设项目"，对原有棚室及配套设施进行了改造升级。

二、经营主体经营模式

在蔬菜种植上，积极引进使用先正达、河北省石家庄市农业科学院等知名企业和科研单位的新品种，100%按生产技术规程生产；实行统防统治，推广有机肥替代、绿色防控、夏季高温闷棚等实用新技术，先进技术应用覆盖率达到100%，为蔬菜安全生产提供了技术支撑。

三、经营主体生产模式

目前，该农场主要生产模式有大棚甘蓝三膜覆盖栽培技术模式、大棚大葱—番茄—菠菜一年三茬栽培技术模式。

（一）大棚甘蓝三膜覆盖栽培技术模式

1. 生产条件

（1）大棚选择。选择春秋用塑料大棚。

（2）棚膜选择。大棚外膜选用透光性、流滴性好的PO膜，厚度为0.08～

0.1 毫米；二膜和小拱棚膜选用 PE 膜，厚度为 0.02～0.04 毫米。

（3）灌溉设备。铺设双行滴灌管，相邻两滴头间距 30～35 厘米，配备过滤网和施肥罐。

2. 品种选择

选用早熟、耐抽薹、优质、抗病性好的品种，如中甘 21、冬丽 52 等。种子质量应符合《瓜菜作物种子　第 4 部分：甘蓝类》（GB 16715.4）的规定。

3. 种苗标准

选择商品穴盘苗，株高 15～20 厘米，茎粗不低于 0.3 厘米，植株健壮、无病虫害、根系发达。

4. 定植前准备

（1）扣大棚膜。12 月中下旬扣大棚外膜，促使地温回升。

（2）整地施肥。前茬作物（不宜为十字花科蔬菜作物）清理干净后，每 667 米² 均匀撒施商品有机肥 1 500～2 000 千克，过磷酸钙 35～40 千克，硫酸钾型复合肥（N-P_2O_5-K_2O＝15-15-15）40～50 千克，深翻 30 厘米，耙平做畦。肥料使用应符合《肥料合理使用准则　通则》（NY/T 496）的规定。

（3）做畦。平畦栽培，畦宽 1.2～1.5 米，畦长可根据棚大小定。

（4）扣二膜。1 月上旬于大棚膜间隔 15～20 厘米处覆盖第二层膜。

5. 定植

1 月中旬选择晴天上午定植。按株行距 40 厘米×40 厘米定植，每 667 米² 定植 4 000～4 200 株。

6. 定植后管理

（1）扣小拱棚。定植后扣小拱棚，用 2～3 米长竹竿或钢拱做支架，覆盖棚膜。

（2）补苗。定植 7～10 天后查苗，有缺苗则补苗。

（3）适时撤膜。2 月上旬撤掉小拱棚，并进行中耕。撤掉小拱棚后 13～17 天撤掉二膜。

（4）温度、水肥管理。不同生育时期温度、水肥管理措施见下表。

不同生育时期温度、水肥等管理措施

时期	时间	温度管理	水肥管理
苗期	1 月中旬至 2 月中旬	缓苗前不通风，定植后 7～10 天开始放风，温度白天保持 20～25℃，夜间保持 12～15℃	定植后浇定植水，7～10 天后浇缓苗水
莲座期	2 月中旬至 3 月中旬	适当通风，温度白天保持 18～23℃，夜间保持 10～15℃	前期控水进行蹲苗 10～12 天。蹲苗结束后保持土壤见干见湿，随滴灌冲施水溶肥 2 次，每次 5～7 千克

(续)

时期	时间	温度管理	水肥管理
结球期	3月中旬至4月上旬	白天不超过25℃，夜间不超过15℃	5～7天浇小水1次。结球前期每667米²随水追施尿素10～15千克、硫酸钾15～20千克。结球后期不再追肥，控制浇水
采收前			采收前1周停止浇水、施肥

7. 病虫害防治

（1）防治原则。根据《农药合理使用准则》（GB/T 8321）使用准则，贯彻以预防为主，综合防治的方针，掌握最佳的防治时期，严格控制农药使用次数和安全间隔期。

（2）主要病虫害。早春大棚三膜覆盖甘蓝生产整个生育期处于较低温度环境，主要虫害为菜青虫、蚜虫。

①菜青虫：

生物防控：在虫害发生初期，于傍晚叶面及地面喷施80亿孢子/毫升金龟子绿僵菌，每667米²用量40～45毫升，10～12天喷1次，连续喷2～3次。

化学防治：用5%氟虫脲可分散液剂1 500倍液，或4.5%高效氯氰菊酯乳油2 000～3 000倍液，5～7天喷雾1次，连续喷2～3次。

②蚜虫：

生物防控：在虫害发生初期，于傍晚叶面及地面喷施300亿孢子/克或100亿孢子/克球孢白僵菌油悬浮剂，浓度为1～2亿孢子/毫升，10～12天喷1次，连续喷2～3次。

化学防治：可选用10%吡虫啉可湿性粉剂1 000倍液，或40%啶虫脒水分散粒剂1 000～2 000倍液，或50%抗蚜威可湿性粉剂2 000倍液，5～7天喷雾1次，连续喷施2～3次。

8. 采收

4月上旬，甘蓝叶球紧实度达八成以上时，根据市场需求，适时采收上市，采收时保留1～2片轮外叶。4月底采收结束。

（二）大棚大葱—番茄—菠菜一年三茬栽培技术模式

1. 大棚选择

选择春秋用塑料大棚。

2. 茬口安排

大葱9月初育苗，11月初定植，翌年4月下旬始收；番茄3月下旬育苗，5月上中旬定植，7月上中旬始收，8月底拉秧；菠菜9月上旬直播，10月中下旬收获。

3. 大葱栽培

（1）品种选择。选择优质、高产、抗病、耐抽薹品种，如青杂 2 号、章丘大葱、晚抽一本等。

（2）育苗。种子质量、苗床准备、播种密度、播种方法、苗期管理按照《春大葱栽培技术规程》（DB 1301/T 322）的规定执行。

（3）定植。

①整地施肥：每 667 米^2 均匀撒施商品有机肥 3 000～4 000 千克，硫酸钾型复合肥（N-P$_2$O$_5$-K$_2$O＝15-15-15）40～50 千克。施肥后深翻 20～25 厘米，精耕细耙。根据棚大小做宽 2.5～3.5 米的平畦。肥料使用按《肥料合理使用准则 通则》（NY/T 496）的规定执行。

②定植时间及密度：11 月初，按行距 17～19 厘米，株距 11～13 厘米定植，每 667 米^2 定植 30 000～35 000 株。

③定植方法：定植前 3～5 天浇透水，平畦覆膜，插孔定植。深度 7～10 厘米，葱叶展开方向与行向呈 45°角。

（4）田间管理。定植后浇透水，7～10 天浇缓苗水。幼苗开始生长后，每 667 米^2 随水追施尿素 10～15 千克。生长期土壤湿度保持在 60％～80％，分别于 12 月中下旬、1 月上中旬、立春后 3 天内，每 667 米^2 随水追施尿素 10～15 千克、硫酸钾 15～20 千克。采收前 7～10 天停止浇水。3 月中下旬至 4 月上旬及时去掉大葱抽出的花蕾。

（5）病虫害防治。病害主要有紫斑病、霜霉病；虫害主要有甜菜夜蛾、大葱蓟马、大葱斑潜蝇。防治方法按照 DB1301/T 322 的规定执行。

（6）收获。4 月下旬开始根据市场需求及时收获。

4. 越夏番茄栽培

5 月上中旬定植越夏番茄。越夏番茄栽培技术按照《番茄越夏设施生产技术规程》（DB1301/T 220）的规定执行。

5. 秋菠菜栽培

（1）品种选择。选用早熟、耐抽薹、生长迅速、抗病性强、商品性好的菠菜品种，如荷兰菠菜、京菠 1 号等。种子质量应符合《瓜菜作物种子 第 5 部分：绿叶菜类》（GB 16715.5）的规定。

（2）整地。

①清洁棚室：8 月底番茄拉秧后，及时清理棚内杂草及番茄植株残体。

②整地施肥：每 667 米^2 撒施氮磷钾复合肥（N-P$_2$O$_5$-K$_2$O＝15-15-15）30～50 千克，深翻 25～30 厘米，做成 1.5～2 米宽的平畦。肥料使用应按 NY/T 496 的规定执行。

（3）播种。9 月上旬，按行距 15～20 厘米、深 1.5～2 厘米开沟撒播。每

667 米² 用种量 1.5～2 千克，播后覆土，适当镇压，浇透水。

（4）田间管理。

①温度管理：发芽期温度保持在 15～20℃；生长期白天温度宜保持在 17～25℃，夜间保持在 8～12℃。

②水肥管理：出苗前后小水勤浇，保持土壤湿润。生长期根据土壤墒情每 10～15 天浇水 1 次。当植株长到 5～6 片叶时，每 667 米² 随水追施尿素 12～15 千克；8～10 片叶时，每 667 米² 随水追施尿素 10 千克。采收前 7 天停止浇水。

（5）病虫害防治。

①霜霉病：发病初期叶面喷施 68.75％氟吡菌胺＋霜霉威 1 000 倍液，或 50％烯酰吗啉水分散粒剂 1 000 倍液，每 7～10 天喷 1 次，连续喷 2～3 次，采收前 10～15 天停止喷药。

②潜叶蝇：虫害初期叶面喷施 10％氯氰菊酯乳油 2 000 倍液，或 10％吡虫啉可湿性粉剂 1 000 倍液，每 7～10 天喷 1 次，连续喷施 2～3 次。

（6）采收。10 月中下旬，植株生长到 20 厘米以上时适时采收。

>>> 辛集市云大集生态农业发展 <<<
（河北）有限公司

一、经营主体简介

辛集市旧城云大集生态农业发展有限公司位于辛集市旧城镇，旧城镇的韭菜栽培历史悠久，已有 400 年的历史，公司是一家以韭菜绿色种植为主，专注于农产品加工及线上推广助农扶贫的企业。公司是辛集市农业产业化重点龙头企业，下设电商中心、蔬菜生产示范基地、冷储中心、美食中心、农产品检测实验室、肉品分割中心、物流服务中心和技术服务中心。销售的农产品包括韭菜、香椿、橄榄、白山药、阳光玫瑰葡萄、樱桃、禽蛋等。

二、经营主体经营模式

公司积极发展龙头企业、合作社和种植大户联动的发展模式，进一步完善"园区＋企业＋合作社＋农户"的现代农业发展新模式，坚持"互联网＋"现代农业的发展思路，基于互联网技术，利用自建的"云大集"电商平台，实现线上＋线下的销售模式。在蔬菜种植上，按品种制定绿色生产技术操作规程，统防统治，推广了集约化育苗、绿色防控、水肥一体化管理、在线智能检测温湿度及氮磷钾、有机肥替代等实用新技术，为蔬菜安全生产提供了技术支撑。注册了"云大集"商标，所生产的蔬菜产品全部在园区内就地分级包装，统一销售。设置了"二维码"质量追溯系统，让产品质量可追溯。

三、经营主体生产模式

目前，公司自有 33 350 米² 韭菜基地，通过温室、拱棚、露地相结合，实现了韭菜的周年供应，以日光温室韭菜绿色栽培为主要模式。

四、日光温室韭菜绿色栽培技术模式

1. 品种选择

选用适合本地条件，抗病虫、抗寒、耐热、分株力强、外观和内在品质好的品种。日光温室秋冬连续生产应选用休眠期短的品种，如 1791 韭菜、平韭4 号、平韭 2 号等。种子质量应符合《有机产品　第 1 部分：生产》（GB/T 19630.1）中的规定。

（1）1791 韭菜。河南省平顶山市农业科学研究所从川韭中选育而成的耐寒型品种，目前各地普遍栽培。该品种生长势强，株高 50 厘米左右。叶丛直立，叶片肥大而宽厚，叶宽 1.2～1.3 厘米，单株重 5 克。分蘖力强，粗纤维少，蛋白质含量高，甜中带辣，品质好。抗寒、抗旱能力强，冬季最低气温在 −7℃ 时，大部分叶片仍为青绿色。严冬季节稍加覆盖即可生产青韭，冬季回根晚，春季返青早。一般每 667 米² 产量 5 000～7 500 千克，抗湿、抗热性亦好，适宜河北保护地春季早熟栽培。

（2）平韭 4 号。河南省平顶山市农业科学研究所培育而成。株高 50 厘米，株丛直立，长势旺盛。叶片绿色、宽大肥厚，平均叶宽 1 厘米，每株有叶片数 6～7 片，单株重 10 克左右，最重 40 克以上。分蘖能力强，一年生单株分蘖 7 个左右，三年生单株分蘖 30 个以上。粗纤维含量少，辛辣味浓，品质上等。耐寒性特强，生长速度快，适宜河北大棚秋冬茬栽培。

（3）平韭 2 号。原豫韭 1 号，是河南省平顶山市农业科学研究所以洛阳钩头韭为母本、以河南 791 为父本，杂交选育而成。生长势强，株高 50 厘米左右。叶片较平展，叶色深绿，叶片宽大肥厚，背脊较明显。叶长 30～35 厘米，叶宽 1 厘米左右，单株叶片数 6～7 片。叶鞘绿白色，粗 0.8 厘米，单株重 8 克以上，最大单株重 40 克。分蘖力强，辛辣味浓，商品性状好，较耐存放。鲜韭产量高，一年可以收割 5～6 刀，每 667 米² 产量 8 500 千克以上。抗逆性强，春季发棵早，是露地早春栽培比较理想的 1 个品种。

2. 育苗

小面积种植每平方米用种 10 克左右。大面积种植每 667 米² 播种 5 千克左右。

（1）种子处理。播前晒种 2～3 天，晒后用 40℃ 温水浸种 24 小时，捞出

洗净沥干，用湿布包好放入 20～25℃ 环境中催芽，每天用清水冲洗 1～2 次，约 3 天，60％的种子露白即可播种。

（2）苗床选择及整理。选疏松肥沃、排灌方便、前茬未种过葱蒜类的地块，每 666.7 米² 施入沼渣 5 000 千克，整成宽 1.6～2 米、长 8～10 米、高 8～15 厘米的平畦。

（3）播种时间。从土壤解冻到秋分可随时播种，但夏至到立秋之间，因天气炎热，雨水多，对幼苗生长不利，故生产上多为春播和秋播。春播当地温稳定通过 10～12℃ 时播种，秋播尽量早播。

（4）播种方法。将整平的畦面镇压一遍，浇足底水，水渗后先薄撒一层细土，将催过芽的种子混 2～3 倍细沙（或过筛炉灰）均匀撒在畦内，播后覆细土 1.5 厘米厚，第二天再覆细土 1 厘米厚，覆土后覆盖地膜或稻草，70％幼苗顶土时撤除床面覆盖物。

（5）苗床管理。出苗后，保持土壤湿润，当苗高 4～6 厘米时，及时浇水，以后每隔 5～6 天浇水 1 次，当苗高 10 厘米时，每 667 米² 随水冲施沼液 400 千克。苗高 15～20 厘米时，再冲施沼液 400 千克，即应蹲苗，促地下部协调生长。定植前一般不收割，以促进壮苗养根。秋播苗天气转凉，应停止浇水，封冻前浇 1 次水。出齐苗后及时拔草 2～3 次。

3. 定植

（1）定植时间。韭菜全年都可移栽，但为保证产量及质量，一般春播苗在夏至后定植；夏播苗在大暑前后定植；秋播苗在翌年清明前后定植。

（2）整地施肥。每 667 米² 施沼渣 4 000～5 000 千克，草木灰 200 千克，深耕 25～30 厘米，耙细，整成宽 1.6～2 米，长 20～25 米的平畦。移植前 10 天浇透水，稍干后修整畦垄，耙平畦面待用。

（3）定植密度。适宜的行距为 20～25 厘米，墩距 5 厘米左右，每墩韭苗 5～10 株。也可适当减小墩距，每墩苗数相应减少，保持每平方米实栽 800 株左右为宜。

（4）定植方法。韭苗要随起随栽，不应长时间堆放。起出幼苗后，须根前端剪去，仅留 2～3 厘米，以促进新根发育。将干老叶片去净，再将叶子先端剪去一段，以减少叶面蒸发，维持根系吸收与叶面蒸发的平衡。按计划挖穴或开沟，同穴的韭苗，鳞茎要齐，株间要紧凑。鳞茎顶部埋入土中 2～3 厘米，过深生长不旺，过浅跳根过快。韭墩四周用土压实。为保证幼苗成活，栽后立即浇水。

（5）定植后管理。定植后 3 天开始查苗补苗，保证苗齐。定植后 7～10 天，结合浇水每 667 米² 冲施沼液 300～400 千克，浇水后及时划锄，以利保墒除草，此后进入生产管理。

4. 生产管理

（1）露地生长阶段管理。

水分管理：正常生产的韭菜应保持土壤见干见湿，进入雨季应及时排涝，当日最高气温下降到 12℃ 以下时，减少浇水，保持土壤表面不干即可，土壤封冻前应浇足冻水。

施肥管理：施肥应根据长势、天气、土壤干湿度情况，采取轻施、勤施的原则。结合浇水每 666.7 米² 每月冲施沼液 300～400 千克。

（2）保护地栽培管理。

扣棚时间：休眠期短的品种，在霜前即可扣棚，加盖棉被。休眠期长的品种，进入霜冻 30 天后才可扣棚。

棚室管理：扣棚前，结合冬季管理，将枯叶搂净，顺垄耙一遍，把表土划松。扣棚后，棚室内温度白天保持 20～24℃，夜间保持 12～14℃。株高 10 厘米以上时，温度白天保持 16～20℃，超过 24℃ 放风降温，夜间保持 8～12℃。注意控水控湿，相对湿度保持在 60%～70%。冬季中小拱棚栽培应加强保温，夜间温度保持在 6℃ 以上，以缩短生长时间。

水肥管理：扣棚前，每 667 米² 施粉碎的干沼渣 2 000～3 000 千克（第二年生产的覆新客土 2～3 厘米厚），顺垄耙一遍，把表土划松。扣棚后不浇水，以免降低地温，或湿度过大引起病害，当苗高 8～10 厘米时浇 1 次水外，其后在不影响正常生长的情况下，尽可能地少浇水或不浇水。

棚室后期管理：三刀收后，当韭菜长到 10 厘米时，逐步加大放风量，撤掉棚膜。结合浇水每 667 米² 冲施沼液 400 千克，并顺韭菜沟培土 2～3 厘米厚。苗壮的可在露地时收 1～2 刀。苗弱的，为养根不再收割。

（3）收割。

收割时期：保护地栽培根据生长情况和市场需求，20 厘米以上即可收割。

收割方法：用韭镰沿地表收割，刀口距地面不超过 2 厘米，以割口呈黄色为宜，割口应整齐一致。收割下的韭菜，择掉老化叶鞘、损伤叶片及根部泥土后，对齐根部，按每 500 克一把，在距根部 1/3 处，用专用捆扎带捆扎。

（4）收割后管理。韭菜收割后立即沿行撒施草木灰，划锄一遍，待 2～3 天后韭菜伤口愈合、新叶快出时，随浇水每 667 米² 冲施沼液 300～400 千克 1 次。

5. 病虫害综合防治

（1）主要病虫害。韭菜的主要病害有灰霉病、疫病等；主要虫害有韭蛆、飞虱、蓟马等。

（2）防治原则。以农业防治为主，配合采用物理、生物防治技术。加强水肥管理，提高韭菜的抗病能力。新栽地块，冬前深翻 20～40 厘米，施足腐熟的有机肥。覆土采用没有种过蒜、韭的深层土，可有效减少病虫害发生。搞好田园卫生，及时清除田间及周围杂草。早春萌芽前及每次收割后都应立即沿行撒施草木灰，可有效防治韭蛆。韭菜收割后，注意应清洁田园，将剩下的病叶、残叶带出田外，深埋处理，以减轻下茬韭菜的病源、虫源。

韭菜疫病：发病初期可用符合 NY/T 393 标准的 72％霜脲·锰锌可湿性粉剂，或 72％霜霉威水剂 800 倍液，或枯草芽孢杆菌 NCD-2 500 倍液，茎叶喷雾，每 667 米^2 用水量 15～20 千克，隔 7 天 1 次，连喷 2 次。

韭菜灰霉病：小拱棚内可用符合 NY/T 393 标准的烟熏或粉尘预防。每667 米^2 用 3％噻菌灵烟剂 250 克分点点燃，封闭温室，烟熏一夜。喷雾可用符合 NY/T 393 标准的 40％嘧霉胺悬浮剂 800～1 000 倍液，或 26％嘧霉胺·乙霉威水分散粒剂 600 倍液，或枯草芽孢杆菌 NCD-2 500 倍液。每 667 米^2 用药液 15～20 千克，隔 7 天喷 1 次，连喷 2 次。

害虫：使用色板诱杀和药剂熏杀棚内成虫。1 月上旬，棚室内始见成虫，用黑板、黄板诱杀成虫。黑板、黄板比例 2∶1，每 667 米^2 用 20～30 张。规格选用 24 毫米×40 毫米，厚度 0.3 毫米，涂胶量≥40 克/米^2。用细丝悬挂于大棚骨架上，色板面向南北，下沿距地表 15 厘米。

使用土壤电灭虫器消灭危害韭菜的迟眼蕈蚊幼虫。利用高压电击原理，在瞬间释放特高压（50 千伏，0.02 兆安），使 0～30 厘米深的土壤中的地蛆、蛴螬、蝼蛄、地老虎等地下生物丧失取食能力，直至毙命。一次可处理 18 米^2 的土地，时间 5 秒，一次充电可处理 90 米^2。

第十一章 其他地区蔬菜产业发展典型案例

>>> 安徽省蔬语生态农业有限公司 <<<

一、经营主体简介

安徽省蔬语生态农业有限公司成立于 2016 年，注册资本 1 000 万元，主要从事规模化品牌粮食和特色蔬菜生产。公司位于合肥市庐江县泥河镇，基地紧临合铜公路，交通便利，生态环境良好，灌溉水源主要来自黄泥河，河水清澈，符合无公害农产品产地的环境要求。目前，公司流转经营土地 220 公顷，固定资产 1 500 万元，拥有现代化喷灌育秧示范田 2.7 公顷，育秧工厂 2 000 米^2，钢架大棚 10 万米^2，连栋温室 1 万米^2，拥有旋耕植保等各类农业机械 30 余台套，以及日烘干能力 240 吨的粮食烘干线等，建成全程农事服务中心 1 个。公司年生产水稻 2 400 吨、小麦 800 吨、油菜籽 200 吨、芦笋 210 吨。与安徽省农业科学院、安徽省农业技术推广总站、合肥市农业科学院等单位长期合作，创建蔬语市级科技特派员工作站平台，致力于打造庐江县稻油轮作核心示范区。公司先后获得国家高新技术企业、农业产业化市级龙头企业、庐江县五一劳动奖章、庐江县"AAA 级信用新型经营主体"等荣誉。法人代表夏伟清先后获得全国粮食生产先进个人、安徽省劳动模范、安徽省产业发展带头人、合肥市"十佳"种植大户等各项荣誉。

二、经营主体经营模式

公司主要从事优质蔬菜种植，其中设施大棚种植芦笋，通过了有机认证，注册了"鑫蔬语"品牌，芦笋产品远销苏、浙、沪。从事粮油作物规模化生产，与粮油企业签订"四单"生产协议，发展订单农业。开展全程农业社会化服务，建设合肥市全程农事服务中心，为县域内农户提供从耕、种、管、收、储的全程农事托管服务。

三、经营主体生产模式

目前，该合作社芦笋主要生产模式为"设施芦笋绿色高产栽培技术"，该模式主要集成应用有机无机配施、测土配方施肥、耕地质量培育提升、水肥一体化定量灌溉和病虫害绿色防控等技术。

四、设施芦笋绿色高产栽培技术

1. 品种选择

选择本地适应性好、嫩茎深绿、粗细适中、不易老化、顶端抱合紧凑、优质丰产、抗逆性强、商品性好的优质高产芦笋品种，如阿波罗和阿特拉斯等F_1代双杂交种。

2. 育苗

（1）选择适宜播期。露地直播育苗一般于4月下旬至5月上旬进行，不能晚于9月上旬；大棚育苗一般在3月上中旬。

（2）种子处理。芦笋种皮厚且坚硬，外面有腊层，吸水困难，播前需浸种催芽。先将干种子放在55~58℃热水中浸泡20分钟，然后浸泡于28~30℃的温水中72小时，每天换水1~2次，使种子充分吸水膨胀，然后将水滤出，保湿，置于25~30℃的温度下催芽，催芽期间每天翻动2次，经5~8天60%以上种子露白后即可播种。

（3）苗床管理。苗床宜选择肥沃疏松的沙质壤土，播种前要深耕整地，施足底肥、培肥地力，每667米² 苗床施腐熟有机肥1 500~2 000千克，复合肥（$N-P_2O_5-K_2O=15-15-15$）50千克。翻耕整细后做畦，畦宽1.3~1.5米。播种采用纵畦横开沟，行距20~30厘米，株距7~10厘米，用打孔器打孔，每孔播1粒种子，覆土2.5厘米厚，然后盖上无纺布保湿保温。或采用长52厘米、宽28厘米，32孔的穴盘育苗，每穴播1粒种子，穴盘育苗定植时不伤根，定植后缓苗快。芦笋发芽适宜的温度为25~28℃，出苗后25℃，最高不超过30℃，最低温度不低于8℃，土壤保持湿润状态为宜。出苗后幼苗根系弱小，旱时及时浇水，及时除草，定植前7~10天，开始通风炼苗，使其适应外界自然环境。壮苗标准为苗高30厘米，有3条以上地上茎，10~15条肉质根。

3. 定植

（1）田块整理。选择土质疏松透气性好，地势高，排灌方便，土层深厚，富含有机质的沙壤土，pH6.5~7.5为宜，前茬不宜是根茎类、瓜类和茄果类蔬菜。大田深翻20~25厘米，旋耕做畦，畦宽1.2米，沟宽0.4米。

（2）适期定植。定植期宜选在秋末冬初秧苗的地上部枯黄时进行，或在春季2月定植。在畦面中间开40厘米宽、40厘米深的定植沟，把分级的笋苗放入沟内，壮苗每穴1株，弱小苗每穴2株，株距25～30厘米，定植密度为每667米² 1 800株左右，定植后要及时浇水缓苗，活棵后查苗补苗，发现缺苗及时补栽。

4. 田间管理

（1）施肥管理。根据芦笋不同生育时期生长需求，综合应用测土配方施肥和有机无机配施等高效施肥技术。幼苗期少量追肥，促苗早发，以腐熟有机肥为主；进入采笋期，增加追肥次数和追肥量，促使其正常生长。芦笋定植后第二年进入初采期，第三年进入成年期，采笋期内注意适时追施水肥，确保嫩茎快发、不散头。每年要重施3次基础肥，前2次每667米²分别追施硫基复合肥（N-P$_2$O$_5$-K$_2$O=17-17-17）40千克，第三次在冬季结合清园，清理枯死芦笋秸秆，在距根部40厘米处开沟，每667米²追施腐熟有机肥2 000～3 000千克和中微量元素肥20千克，施肥后旋耕垄面，旋耕深度以不破坏芦笋地下鳞茎盘为宜。在采笋期间，当芦笋出现变细、散头、弯曲等现象时，每667米²施充分腐熟的沼液2 500千克，随水施用水溶性复合肥5千克。

（2）日常管理。定植后15天进行一次中耕除草，疏松土壤，通气保墒，以后每隔半个月覆土1次，每次覆土厚度1～5厘米，直到地下茎埋在畦面下约15厘米；行间用1.5米宽的黑膜覆盖，防止杂草危害，雨季应挖排涝沟，防止存水烂根。苗高达50厘米时，每隔8～10米在株距间插上1.5米长的钢管，用丝膜绳环形固定笋苗，第一道在苗高40厘米高处，第二道在苗高1.2米处。降霜后地上茎枯萎，可保留越冬，既有保暖作用，又可避免雨水、雪水从残桩侵入伤害地下茎，春季抽生嫩茎前，将枯茎齐土面割除。根据芦笋生长情况，及时疏枝打顶，以利于通风透光，减轻病虫害发生，促进植株健壮成长。

（3）及时采收。芦笋在5月上旬开始采收，新鲜芦笋要求色泽一致、鲜嫩、整齐，笋尖鳞片抱合紧密，芦笋条直、不弯曲，无畸形，无虫蚀等。采笋时不可损伤地下茎和鳞芽，产笋盛期每天早、晚各收1次，笋粗在1～1.2厘米以下时，停止采收，进入下茬采收季，采收中对生长过细、弯曲、畸形、残枝、弱枝、病株应及时割除。每株留1～2个健壮茎秆进行光合作用，当其高度达到70厘米时及时摘心，以控制株高。

5. 病虫草害防控

（1）病害防控。主要防治茎枯病、立枯病等，采取以预防为主、综合防治的方针。首先要彻底清园，芦笋根盘上残留的枯茎是第二年病原菌的重要来源，严格清除病秆可明显减少发病；其次是药剂防治，可选用多菌灵、甲基硫菌灵、代森锰锌、百菌清等，可喷洒也可涂抹，在嫩芽出土20天内，连续用药三次，可有效控制茎枯病。

（2）虫害防控。芦笋主要虫害有甜菜夜蛾、棉铃虫、金针虫、蝼蛄、蛴螬、小地老虎、蓟马、蚜虫等，可选用氯虫苯甲酰胺、辛硫磷、菊酯类、吡虫啉类等高效、低毒杀虫剂，禁止使用高毒、高残留的农药，并严格控制农药使用量和使用次数。

6. 产值效益

该模式采用标准化生产，融合应用绿色高效生产技术，增加了芦笋产量，提高了芦笋品质。据测算，该模式芦笋较常规种植产量增加 10％以上，因品质提升销售单价提升 5％以上，年产量可达 26 吨/公顷，销售收入 32 万元/公顷，纯利润约 14 万元/公顷，较传统种植模式效益增加 15％以上。

>>> 庐江县庐城镇朱汉田莲藕种植家庭农场 <<<

一、经营主体简介

庐江县庐城镇朱汉田莲藕种植家庭农场成立于 2013 年，农场主要从事稻虾综合种养和早熟藕"花香藕"种植，现有稻虾综合种养生产基地 91 公顷，莲藕标准化生产基地面积 48 公顷，农场现有专业技术人员 7 人，挖掘机、旋耕机和采藕机等现代化农业机械 9 套，基地年产优质稻米 1 200 吨，小龙虾 270 吨，莲藕 550 吨，产品主要销往山东和浙江等地。2016 年，农场被安徽省农业农村厅评为"省级示范家庭农场"。

二、经营主体经营模式

农场主要从事稻田综合种养和优质莲藕生产销售，该农场探索总结出一套早熟莲藕标准化生产技术，该技术模式将当年藕田可收获的产品全部留作种藕，翌年荷花开时采藕，被称为花香藕，因藕体晶莹剔透、洁白无瑕、脆嫩可口，品质极佳，广受市场欢迎，增加了莲藕经济效益。

三、经营主体生产模式

该合作社生产模式为早熟花香藕绿色高效栽培技术模式。该模式主要集成应用有机无机配施、测土配方施肥、促早栽培和病虫草害绿色防控等技术。

四、早熟花香藕绿色高效栽培技术模式

1. 品种选择

选择早熟品种早 35 藕、鄂莲 7 号等优质高抗莲藕品种，种藕纯度 98％以上，具有 2 个及以上藕节，主藕或支藕完整，顶芽饱满未受伤，无病虫危害。

2. 定植

(1) 定植时间与播种量。一般在 15 厘米深土层地温稳定在 10℃，气温在 15℃以上，即可进行莲藕种植。露地种植莲藕播种期在 3 月下旬至 4 月中旬。用种量由栽种密度、土壤肥力、品种、藕种大小及采收时期等因素确定。一般晚熟品种、土壤肥力低、田藕迟收的栽种密度大，用种量多。中等肥力的田、洼地栽种莲藕，目标产量为每 667 米² 2 000 千克，一般株距为 1～1.5 米，行距为 1.5～2.0 米，定植密度为每 667 米² 270 穴，每穴 1～2 支，每支 2～4 节藕，如母藕、子藕、孙藕搭配，约需种藕 300 千克，如仅用子藕或孙藕，用种量为每 667 米² 100～150 千克。沟、塘栽种莲藕，如要求当年收获，用种量为每 667 米² 250 千克，每 667 米² 应在 400 穴以上，栽时一般每穴 3～4 支，大小搭配。

(2) 藕田准备。选择地势平坦、保水力强、排灌便利、富含有机质的田块，低洼稻田深耕 25～30 厘米，随翻耕每 667 米² 施腐熟有机肥 2 000～3 000 千克，复合肥（N-P₂O₅-K₂O＝20-13-12）40 千克，以及适量钙、硼等微肥，旋耕 2～3 次，旋耕后耙平，蓄水 5 厘米深。稻田改种莲藕的需在水稻收获后及时翻耕大田，使稻草在定植前充分腐熟，避免稻草腐烂产生的有害气体对种藕造成危害，定植前 2～3 天再翻耕大田 1 次。

(3) 定植方式。稻田、洼地种藕时，先将藕种按规定株行距排在田面上，边行距离田埂 1 米以上，藕头向内，以免后期莲鞭长出埂外。田内藕头朝一个方向排列或相对排列，种藕在田间呈三角形排列，这样可使莲鞭在田间规则分布，避免拥挤。种植行株距为 1.5 米×1.5 米，定植密度为每 667 米² 270 株。栽植时将藕头埋入泥中 10～15 厘米深，后把节翘出水面上，以接受阳光，增加温度，促进发芽。

3. 田间管理

以莲藕生育特征和产量目标为基础，综合应用测土配方施肥、有机无机肥配施和病虫害绿色防控等绿色高效栽培技术进行田间管理。

(1) 当年管理。在 1～2 片立叶期和封行前各追肥 1 次，第一次追施尿素每 667 米² 10 千克、复合肥（N-P₂O₅-K₂O＝20-13-12）每 667 米² 30 千克；第二次追施复合肥（N-P₂O₅-K₂O＝20-13-12）每 667 米² 50 千克；栋叶出现时追施第三次肥，追施复合肥（N-P₂O₅-K₂O＝20-13-12）每 667 米² 20 千克，施肥后要将叶片上肥迹清洗干净。

(2) 翌年管理。3 月中旬萌发前，人工拨除田间杂草，随即追施复合肥（N-P₂O₅-K₂O＝20-13-12）每 667 米² 20 千克，1～2 片立叶期与封行前分别追施复合肥（N-P₂O₅-K₂O＝20-13-12）30 千克和 40 千克。

(3) 水位管理。萌发期保持 3～5 厘米浅水，随立叶生长逐渐加深水层，封行时达 10～15 厘米，5 月下旬渐降至 5～10 厘米。

（4）及时采收。6 月上中旬采收花香藕，采取人工挖采，尽量保持藕支完好，不伤表皮，采挖后及时清洗上市。

（5）轮耕与种藕提纯复壮。在采收商品藕后，藕田中还存在主藕、支藕、或孙藕等种源，定植一次一般可采收 4～5 年，当莲藕出现退化现象，则需要进行土地的轮耕，轮耕 2 年以上。可以进行藕稻轮茬，前茬是早藕，后茬是双季晚稻，或前茬是早稻，后茬是莲藕；藕与水生蔬菜轮作等。种藕应具有本品种的优良特征、粗壮、芽旺，无病虫害、无损伤，有 4～6 节，子藕、孙藕齐全，朝同一方向生长，翌年春季栽藕前采集种藕。

4. 病虫草害防控

（1）病害防控。莲藕主要病害为莲藕腐败病，该病主要由土壤中镰刀菌引起。主要通过施用腐熟有机肥，实行定期轮作，选无病藕种等措施提高莲藕抗性，降低病原基数。在大田旋耕前，撒施 50％多菌灵粉剂每 667 米^2 2～4 千克，种藕用 50％多菌灵 800 倍液浸种，随即覆盖塑料薄膜闷种 24 小时，发病后及时拨除病株，并于发病初期大田喷施 50％多菌灵 600～800 倍液，或喷施 70％甲基硫菌灵 500～600 倍液。

（2）虫害和草害防控。莲藕主要虫害为蚜虫，可用 2.5％联苯菊酯 2 000 倍液防治。藕田杂草较少，一般在定植前结合整地、翻耕清除杂草，定植后至封行前，人工拨除杂草。

5. 产值效益

该模式较常规莲藕种植早上市 1 个月左右，且商品品质较好，销售单价增加 60％左右，据测算，该模式莲藕产量为 18 吨/公顷，销售收入 11.5 万元/公顷，纯利润约 2.5 万元/公顷，较常规莲藕种植效益增加 40％以上。

>>> 安徽丰美生态农业科技有限公司 <<<

一、经营主体简介

安徽丰美生态农业科技有限公司成立于 2014 年，流转经营土地面积达 133 公顷，建设连栋温控大棚 20 万米^2 左右，专注优质韭菜生产销售，韭菜年产量 5 000 吨，年产值达 2 000 万元。韭菜产品成功入驻生鲜传奇、联家超市、安德利和同庆楼等知名上市企业或农产品销售连锁店，在满足安徽合肥本地韭菜需求的同时，产品还销往江苏、上海等地。公司建有标准化韭菜生产园区，园区内设置生产区、示范区、加工区、保鲜区、检测室、仓库、办公区等，通过信息化手段，实现生产和农残全流程管控，标准化园区管理，可稳定生产并提供安全可靠优质农产品。公司与安徽省农业科学院、先正达和中盐红四方等科研院所和知名企业密切联系，一起探讨与研究种子、植保和肥料等相关专业技术。公司先后获得国家级标准园、安徽省级标准园、合肥市龙头企业示范基地等认定。

二、经营主体经营模式

公司专业从事韭菜生产销售，建设现代化韭菜生产园，园区实施标准化分区管理，示范区实施新品种和新技术试验与展示，生产区进行韭菜标准化生产，加工区进行韭菜产品分拣加工，保鲜区进行预冷仓储，检测室进行专业农残检测，仓库用于存放生产物资与机械，办公区等用于日常办公。基地进行"三统一＋全链条"管理，即统一技术模式与农资供应管理、统一机械化耕种收、统一包装销售、全生产链条可溯源质量与安全管理。

三、经营主体生产模式

目前，该合作社韭菜主要生产模式为设施韭菜标准化生产技术模式。该模式主要集成应用有机无机肥配施、测土配方施肥、耕地质量培育提升、水肥一体化定量灌溉和病虫害绿色防控等技术。

1. 品种选择

选用高产优质、抗病虫、抗寒、耐热、分株力强、外观及口味俱佳的品种，如雪韭、平韭、791、雪青、富韭 10 号等。

2. 育苗

（1）适期播种。韭菜以春播为主，3 月下旬至 4 月下旬播种，也可以在 9 月下旬秋季直播。

（2）苗床整理。选择耕层深厚，肥沃疏松，排灌方便，富含有机质的田块作为育苗床，每 667 米² 施用 1 500～3 000 千克腐熟有机肥作为基肥，施肥后精细整地。

（3）种子处理。选择颗粒饱满，上年收获的新种子，在 40℃温水中浸种，24 小时后将种子捞出，放入容器中，在 15～20℃条件下催芽，每天在清水中淘洗 1 次，48～72 小时发芽孔微露白即应播种。苗床浇足底水，待水渗入土壤后撒一层细土，将种子均匀撒播，覆盖 0.5 厘米细土（以看不见种子为宜），播后立即用地膜覆盖，出芽后揭除地膜，苗床播种量每 667 米² 4～5 千克，所需苗床面积与生产田面积比约 1：10。壮苗标准为苗龄 80～90 天，苗高 15～20 厘米，单株无病虫，无倒伏现象。

（4）苗床管理。苗期注意水分管理，以防止涝害或干旱为主，结合水分管理适时施肥，及时清除杂草。

3. 定植

（1）整地做畦。选择土壤肥沃、耕层深厚，排灌方便，交通便利的田块定植生产，定植前土壤深耕 20 厘米以上，耕后细耙，整平做畦，畦宽连沟 130 厘米，沟深 10～15 厘米。施肥结合整地，每 667 米² 施腐熟有机肥 2 000～3 000 千克。

（2）适期壮苗定植。一般于 8 月定植，幼苗 15～20 厘米高时即可定植，定植前将苗起出后进行整理和选择，剪去过长根须，留 2～3 厘米，再剪去一段叶子，按行距 30～35 厘米，株距 20～25 厘米定植，每穴栽苗 5～10 株。

4. 田间管理

以韭菜生育特征和采收生长情况为基础，综合应用测土配方施肥、有机无机配施和病虫害绿色防控等绿色高效栽培技术。

（1）第一年管理。定植当年，田间管理以水肥为主，追肥应根据长势、天气、土壤干湿度的变化，采取轻施、勤施的原则。苗高 35 厘米以下，每 667 米² 每次施 10％～20％腐熟有机肥 500 千克左右，施 1～2 次。苗高 35 厘米以上，每 667 米² 每次施 30％腐熟有机肥 800 千克左右，同时施入尿素 5～10 千克，或施入复合肥（N-P$_2$O$_5$-K$_2$O＝18-18-18）5 千克，干旱天气应加大稀释倍数。

（2）第二至四年管理。第二至四年每年的田间管理基本一致，每收割 1 次，施一次重肥，保证植株健康和养分供应，每 667 米² 施腐熟有机肥 400 千克，复合肥（N-P$_2$O$_5$-K$_2$O＝18-18-18）10 千克，尿素 10 千克，或采用专用韭菜水溶肥进行追肥，追肥在韭菜伤口愈合后，新叶快出时进行。

（3）及时采收。定植当年不收割，韭菜花及时摘除，第二年春秋各收 1 次韭菜，夏末秋初收 1 次韭菜花，收割以晴天上午为宜。收割刀口为鳞茎上方 3～4 厘米的叶鞘处，大约高出地面 1 厘米。收割后及时追肥。

5. 病虫草害防控

（1）主要虫害防治。韭菜最常见的害虫为韭菜迟眼蕈蚊，俗称韭蛆，韭蛆一年四季都可发生，但春秋两季危害较重，秋末最为严重，一般在成虫羽化盛期，用 48％氯吡硫磷 1 000 倍液、0.6％阿维菌素 1 000 倍液、20％氰戊菊酯 2 000 倍液喷雾防治。防治幼虫可采用以上药剂灌根，也可结合培土用 3％氯唑磷颗粒剂每 667 米² 使用 3～5 千克撒施根际防治。

（2）主要病害防治。韭菜主要病害为灰霉病和疫病。病害防治要加强田间管理，采取小水勤浇有助于提高地温，每次收割后，进行 2～3 次浅中耕培土，以降低棚内湿度，适时放风排湿，掌握收割时间，在低湿无露的条件下收割，割后先晾根再培土，及时清除病株残叶，增施肥料，增强韭菜抗病能力。采用化学药剂防治病害，在韭菜培土前连喷 2～3 次 70％多菌灵，或 70％甲基硫菌灵，或 40％异菌脲可湿性粉剂。疫病用 58％甲霜·锰锌 500 倍液连喷 2～3 次防治。

6. 产值效益

该模式进行标准化生产，订单化销售，保证了商品品质，具备一定生产效益。据测算，该模式韭菜销售单价较传统模式增加 30％以上，年产量可达 75 吨/公顷，销售收入 18 万元/公顷，纯利润约 9.8 万元/公顷，较传统种植模式效益增加 20％以上。

>>> 安亮家庭农场 <<<

一、经营主体简介

安亮家庭农场成立于 2013 年 3 月，位于山东省济南市长清区孝里镇安兰村，距长清城区 20 千米，济菏高速孝里出口 2 千米。农场流转土地面积 21 公顷（含经营权证 8 公顷），投资 600 多万元建设大拱棚 130 个，大棚面积 17.3 公顷。建筑面积 2 400 米^3，冷库 1 座，农作物秸秆腐熟沤制有机肥加工场地 1 处，可沤制有机肥 1 万米^3，消化作物秸秆 667 公顷，购置种植生产机械 30 多台套；高标准水肥一体化设备配套齐全；引进应用了多项新技术；配备了检验检测设备；实现了二维码标识上市。年销售瓜菜 400 万千克，销售收入 650 万元，纯收入 150 余万元，安置劳动力 100 人，每年发放农民工工资 200 多万元，取得了较好的经济效益和社会效益，为蔬菜产业发展闯出了一条新路子。

二、经营主体经营模式

家庭农场利用流转土地进行蔬菜生产，种植上精细化、管理上标准化、销售上品牌化，切实发挥合作社示范、引领和带动作用，被评为市级及省级示范农场。

三、经营主体生产模式

目前，该合作社主要生产模式为大棚早春大白菜—越夏大白菜—秋茬青蒜苗栽培技术模式。

四、大棚早春大白菜—越夏大白菜—秋茬青蒜苗栽培技术模式

茬口安排。早春大白菜 1 月上旬育苗，1 月底定植，3 月底采收。越夏大白菜 3 月上旬育苗，4 月初定植，6 月底采收。秋茬青蒜苗 7 月初播种，11 月底陆续采收，至翌年 1 月初采收完。

1. 大棚早春大白菜栽培技术

（1）品种选择。选用冬性强、耐抽薹的早熟大白菜品种。适宜品种有春大将、胶研春黄1号等。

①春大将：耐寒，耐抽薹，抗病性强；定植后65天左右采收；植株半直立，长势旺盛，叶片中等，外叶深绿，近圆形；包被结球，结球紧实，炮弹形，底部饱满，球高27厘米左右，球直径20厘米左右，球重2.5千克左右；中抗芜菁花叶病毒病，中抗霜霉病。

②胶研春黄1号：耐寒，耐抽薹，冬性强；定植后55天收获；株高46厘米，开展度70厘米，外叶绿色，叶面皱，帮浅绿色，合抱，筒形，叶球高34厘米，直径19厘米，外叶16片，球叶65片，内叶嫩黄，品质好，结球紧实；抗芜菁花叶病毒病，中抗霜霉病，抗软腐病。

（2）育苗。在日光温室、温床或防寒性较好的阳畦内播种育苗，保持环境温度不低于15℃。采用穴盘、营养钵或营养土育苗均可，育苗基质可采用商品育苗基质或由未种植过十字花科蔬菜的田园土和充分腐熟的厩肥混合配制，播种前浇透水。用温水浸泡大白菜种子30分钟后捞出，使用透气良好的纱布包裹种子置于20～28℃条件下催芽。种子出芽后播种，每穴/钵播3～4粒种子，播后覆盖细土，加盖薄膜，夜间加盖草苫，白天揭开。出苗后间苗，每穴/钵留1株苗。视基质墒情于晴天上午浇水。

（3）定植。大白菜幼苗长至4～6片真叶时定植。定植前棚内每667米² 施用腐熟粪肥1 000～1 500千克、复合肥40千克，耕翻做畦，畦宽80厘米，浇足底水。按行株距40厘米×50厘米定植，定植前覆盖地膜并按株距打孔，幼苗定植于孔内，定植后加扣小拱棚。定植前如遇降温天气，应适当推迟定植时间，防止白菜受低温春化造成早期抽薹。

（4）田间管理。

①温度管理：前期气温较低时，白天在保温的基础上适当通风除湿，减少病害发生率，夜间可在拱棚下部围挡草苫增加保温效果。后期气温升高后，白天加强通风、降温、除湿，使棚内最高温度保持在25℃左右。当最低气温升高至13℃时，撤去拱棚下部草苫，当最低气温稳定在15℃以上时，夜间保持拱棚下部通风口开放。

②水肥管理：大白菜生长前期应少浇水，可采用滴灌或开沟浇灌法，避免1次浇水过多。白菜莲座期至结球期应加强水肥供应，于莲座期和结球期各追肥1次，每667米² 每次冲施水溶肥10～15千克或尿素20～25千克，同时加大浇水量，视土壤墒情每5～7天浇水1次，浇水追肥应选择晴天上午进行。

（5）病虫害综合防治。按照以预防为主，综合防治的植保方针，坚持以农业防治、物理防治、生物防治为主，以化学防治为辅。

①农业防治：通过放风、地面覆盖等措施，控制各生育期的温、湿度，减少或避免病害发生；增施充分腐熟的有机肥，减少化肥用量；及时清除前茬作物残株，降低病虫基数；及时摘除病叶，并集中进行无害化销毁。

②物理防治：利用大棚放风口设置防虫网（40～60目）、棚内悬挂黄板等方法减少病虫害发生。

③化学防治：用31%噁酮·氟噻唑悬浮剂防治霜霉病。用50%氯溴异氰尿酸可溶粉剂防治软腐病。用15%啶虫脒乳油防治蚜虫。

（6）采收。大白菜达到商品成熟后及时采收上市，防止出现抽薹，降低商品品质。

2. 大棚越夏大白菜栽培技术

（1）品种选择。选用抗病性强、耐热、耐旱、早熟性强的品种。适宜品种有北京小杂50、青研夏白2号。

①北京小杂50：极早熟，生长期45～50天。植株整齐一致，株高30厘米，开展度57厘米，外叶绿色11片，叶柄白色。叶球叠抱，结球紧实，球型指数1.1，单株净菜重1.0千克左右，净菜率75%，耐热性好，高抗病毒病，抗黑斑病，耐霜霉病，商品性好、耐运输、风味品质好，生食口感更佳。

②青研夏白2号：生长期55天。株高39厘米，开展度60厘米，叶色黄绿，白帮，叶面稍皱、刺毛稀少。叶球长倒卵形，球叶合抱，球高21厘米，球径18厘米，单球重1.2千克，耐热性较好，中抗病毒病（TuMV），中抗霜霉病。

（2）整地施肥。前茬作物拉秧后及时清除枯枝败叶，浇水保墒。每667米^{2}施用腐熟有机肥1 500千克，复合肥40千克，深耕耙平。南北向起垄，垄高15厘米、宽30厘米，垄距50～55厘米。

（3）播种间苗。采用直播方式，于3月中下旬土壤墒情良好时，按株距35～40厘米挖穴，穴深5厘米左右，穴内适量浇水，水下渗后每穴点播3～4粒种子，覆盖细土，浇小水，避免水漫过垄造成土壤板结，影响出苗。出苗后，每隔2～3天于早晨或傍晚浇小水1次，保持土壤湿润。于2～3片真叶时间苗，5～6片真叶时定苗，每667米^{2}留壮苗3 500～4 000株。

（4）田间管理。管理应以促进植株生长为主。在定苗后5～7天，随水每667米^{2}冲施尿素20～25千克。莲座期至结球期，气温较高，土壤水分蒸发快，植株蒸腾作用强，每3～5天需浇水1次，结球初期每667米^{2}随水追施尿素20～25千克。

（5）病虫害综合防治。

①农业防治：通过放风、地面覆盖等措施，控制各生育期的温度、湿度，减少或避免病害发生；增施充分腐熟的有机肥，减少化肥用量；及时清除前茬

作物残株，降低病虫基数；及时摘除病叶，并集中进行无害化销毁。

②物理防治：通过大棚放风口设置防虫网（40～60目）、棚内悬挂黄板等方法减少病虫害发生。

③化学防治：用31%噁酮·氟噻唑悬浮剂防治霜霉病，用50%氯溴异氰尿酸可溶粉剂防治软腐病，用25克/升溴氰菊酯乳油防治菜青虫，用50%虫螨腈水分散粒剂防治小菜蛾。

（6）适时采收。越夏大白菜生长发育时间短，采收不及时易过度成熟，导致叶球破裂或生长腋芽，影响商品品质，可根据植株长势分批采收上市。

3. 大棚秋茬青蒜苗栽培技术

（1）品种选择。应选择早熟、生长快、假茎长、叶片肥厚、高产的品种。如苍山糙蒜、永年白蒜、苏联大蒜等。

①苍山糙蒜：是苍山大蒜中的一个品种。成株高80～90厘米，茎粗1.3～1.5厘米。叶色绿色，互生，呈扇形排列，叶片稍窄。蒜头多为4～5瓣，重30克左右，白皮。为早熟品种，生长期230～235天。

②苏联大蒜：植株生长势强，叶绿色，假茎粗壮，而蒜薹发育差。蒜头白皮或略带浅黄褐色、头大，每头蒜重60克左右，有8～10瓣。分蘖中等，生长期230天左右，抗病，产量高，休眠期短，秋季发芽早。辛辣味略淡，宜用于培植青蒜苗。

（2）播前准备。

①施基肥：播种前结合深耕（深25厘米）施足基肥，每667米²施用充分腐熟的有机土杂肥5 000千克，硫酸钾型复合肥40～50千克，翻耕、耙细、肥土混匀。

②整地做畦：整平地面后，按照宽1.2～1.5米做畦，畦长根据棚大小来定。

③选种分级：播种前进行瓣选，挑选直径在4～5厘米的洁白、瓣大、饱满的蒜头，剔除霉烂、损伤的蒜瓣。按照大、中、小进行分级，分开种植，保证出苗一致。

④蒜种处理：播种前去掉蒜头老根、老梗。播种前进行低温处理和拌种剂处理，促使早生根发芽，也可以防治地下病虫害。

（3）播种。按照株距3～5厘米，行距12～15厘米播种，播种深度3～4厘米；蒜瓣头朝上，保持直立，做到"上齐下不齐"；播种后覆土厚2厘米左右，压实后浇透水，浇水后最好再覆盖一层细土。

（4）田间管理。

①水肥管理：一般来说，蒜苗从栽种到收获需浇水3～4次。除栽后浇1次透水外；在苗高6～9厘米、15～20厘米和收割前3～4天各浇1次水，浇

水量要逐次减少，并且浇水后撒 2 厘米细土，可提高蒜苗假茎的高度。另外，第一次收割后畦面覆细沙，待苗伤口愈合长出新芽后再浇水。出苗后追肥 2～3 次，可随水每 667 米^2 追施 10～15 千克尿素。此外，也可通过喷施 0.1％磷酸二氢钾的方式进行叶面追肥，避免中后期出现干尖、黄叶。

②温光管理：蒜苗生长的适宜温度为 18～22℃。出苗前为促进发芽，棚内温度保持在白天 25℃、夜间 18℃左右；出苗后可逐渐降低棚内温度，白天保持 18～22℃，夜间 16℃左右；收割前 5 天，白天温度控制在 18℃左右、夜间控制在 10～15℃。

晴天时，棚内白天注意放风，防止高温、高湿条件引发病虫害，同时要保持棚膜清洁，提高透光性，增加光照时间。当气温降至－10℃左右时，棚内增加二层膜或小拱棚，或大棚外面覆盖草苫保温。

③中耕培土：生长期内中耕培土 2～3 次，可起到除草、保水保肥、增加蒜苗白长度的作用。每次培土以不埋叶鞘为好。

（5）病虫害综合防治。

①农业防治：根据当地主要病虫害发生及重茬种植情况，有针对性地选用高抗、多抗品种。通过放风、地面覆盖等措施，控制各生育期的温、湿度，减少或避免病害发生；增施充分腐熟的有机肥，减少化肥用量；及时清除前茬作物残株，降低病虫基数；及时摘除病叶，并集中进行无害化销毁。

②物理防治：棚内悬挂黄色粘虫板诱杀蚜虫等害虫。规格 25 厘米×40 厘米，每 667 米^2 悬挂 30～40 块，黄板等距离放置。在大棚门口和放风口设置40～60 目防虫网。

③化学防治：选用 75％百菌清可湿性粉剂 600 倍液，或 50％异菌脲可湿性粉剂 1 500 倍液喷雾防治叶枯病；选用 25％嘧菌酯悬浮剂 1 500 倍液，或 68.5％氟吡菌胺·霜霉威悬浮液 1 000～1 500 倍液等防治霜霉病；选用 2.5％溴氰菊酯乳油 2 000 倍液防治蚜虫。

（6）青蒜苗采收。一般在苗高 30～35 厘米、具有 4～5 片嫩叶时采收。连续采收的，第一刀不能伤及蒜瓣，采后及时覆土浇水，加强管理，以便后续采收。

>>> 泰安市岱岳区文龙瓜果 <<<
蔬菜种植农民专业合作社

一、经营主体简介

泰安市岱岳区文龙瓜果蔬菜种植农民专业合作社成立于 2021 年，位于泰安市高新区良庄镇大延东村。目前已签约 300～400 家农户，总面积 83 公顷，每年种植 3～5 茬，每 667 米² 净利润达到 1 万余元。

二、经营主体经营模式

合作社采用了"合作社＋基地＋农户"的生产管理模式，统供、统管、统销，通过农户以大棚入股，为当地大拱棚蔬菜产业发展开辟了一条高速发展道路。

三、经营主体生产模式

目前，该合作社主要模式为大棚早春马铃薯—越夏芹菜—秋茬青蒜苗栽培技术模式。

茬口安排：早春马铃薯 1 月上旬播种，3 月底采收；越夏芹菜 4 月上旬定植，6 月底采收；秋茬青蒜苗 7 月初播种，11 月底陆续采收，至翌年 1 月初采收完。

四、大棚早春马铃薯—越夏芹菜—秋茬青蒜苗栽培技术模式

1. 大棚早春马铃薯栽培技术

（1）品种选择。选择抗逆性强、丰产、优质、商品性好、适应当地栽培的品种，如东农 303、早大白等。

①东农 303：一般每 667 米² 产 1 500～2 000 千克。高产者可达 3 500 千克。该品种适宜密度每 667 米² 4 000～5 000 株。要求肥力中上等，苗期和孕蕾期不能缺素，适合早收留种。

②早大白：该品种适应性广、薯块大、结薯集中且整齐，商品薯率在 90％以上。每 667 米² 产量一般在 2 000 千克以上。

（2）整地施肥。

①整地施肥：随整地每 667 米² 撒施复合肥 75～100 千克，生物有机肥（有机质含量大于等于 45％）75～100 千克，深耕细耙。

②开沟施肥：整地后，按照行距开沟，沟深 20 厘米左右，每 667 米² 沟施复合肥 45～50 千克。

（3）播种。

①切块拌种：播种前选择晴天中午晒种醒薯 2～3 天，晒种后螺旋式切块，每块 50 克左右，每块种薯带 2～3 个芽眼。切刀用 75％酒精或 0.5％高锰酸钾溶液消毒。

②催芽：

整薯催芽：适合春秋茬。播种前 3～5 天将整薯置于温度 15～18℃，湿度 60％～80％室内催芽，当幼芽长到 1 厘米左右，见光处理，切块后拌种、

279

播种。

切块催芽：适合春茬。种薯切块拌种后晾晒 1～2 天，将薯块置于温度 15～18℃，湿度 60%～80% 的室内催芽，未通过休眠的种薯应用 0.5～1 毫克/千克的赤霉素水溶液处理，当薯芽长至 1.0～1.5 厘米时，将薯块放在散射光下晾晒，芽变绿即可播种。

③播种密度：

单垄双行种植：行距 80～100 厘米，株距 25～30 厘米，每 667 米² 播种 4 400 株左右。

单垄大行距或小行距单行种植：行距 60 厘米或 80 厘米，株距 20～25 厘米，每 667 米² 播种 4 500 株左右。

④播种方式：全自动化机械播种、培土、喷施除草剂、铺设滴灌带、覆膜及膜上覆土。沟施肥料后灌水，待渗后播种。春茬宜选择白色地膜，秋茬宜选择银灰色膜，膜上覆土厚度 2～4 厘米。

（4）田间管理。

①水肥一体化：

灌溉设备：水肥一体化设备涵盖水泵、过滤器、施肥器、控制系统及输配水管网。

灌溉水源：宜选用深井、蓄水池、水库等固定水源。

灌溉肥料：应选用水溶肥。

②水肥管理：出苗期保持土壤含水量 70% 左右，若土壤含水量低于 40%，可灌溉 1 次，每 667 米² 灌水 8～10 米³。

幼苗期：灌溉 1 次，每 667 米² 灌水 13～15 米³，随水冲施高氮或平衡型水溶肥 5 千克。

块茎形成期：灌溉 2～4 次，每 667 米² 灌水 8～10 米³，隔 1 次清水施 1 次肥，每次随滴灌施入平衡型水溶肥 3 千克。开花后喷施 2～3 次叶面肥。

块茎膨大期：灌溉 3～5 次，每 667 米² 灌水 10～12 米³，隔 1 次清水施 1 次肥，每次随滴灌施入高钾型腐殖酸水溶肥 5～8 千克。

成熟期：停止水肥管理。

③温度管理：拱棚栽培保持白天温度 20～26℃，夜间温度 12～14℃，温度适宜时，加大通风量。经常擦拭农膜上的灰尘，保持最大进光量。

④控旺管理：地膜栽培可在马铃薯现蕾期、开花期各喷施 0.1% 三十烷醇微乳剂 1 000～1 500 倍液 1 次；或在马铃薯块茎形成初期，每 667 米² 喷施 21% 氯胆·萘乙酸溶液 40～60 毫升，连续施用 3 次，每次间隔 10～15 天。

⑤除草：露地覆膜栽培马铃薯因地膜破损易产生杂草，在马铃薯株高 15 厘米，杂草 2～4 片叶期喷除草剂。

⑥撤膜：大棚内的三膜在 3 月中旬撤膜，具体可根据天气和长势情况开展；二棚在清明前后撤膜。

（5）病虫害综合防治。

①农业防治：包括但不限于选用抗病品种，播种脱毒种薯；合理密植，水肥一体化管理；及时清除田间病株；与非茄科作物进行 2～3 年的轮作倒茬。

②物理防治：距离株梢 15 厘米左右，每 20 米² 挂 1 块黄色黏虫板诱杀蚜虫等；拱棚通风口覆盖 60 目防虫网；人工捕杀二十八星瓢虫成虫；使用火焰熏杀甲虫。

③化学防治：用 80％代森锰锌可湿性粉剂，或 50％烯酰吗啉可湿性粉剂防治晚疫病；用 250 克/升吡唑醚菌酯乳油，或 50％啶酰菌胺水分散粒剂等防治早疫病；用 20％毒氟磷悬浮剂防治病毒病。用 70％噻虫嗪可分散粉剂防治蚜虫。

（6）马铃薯采收。除早熟品种外，植株大部分茎叶变黄枯萎时机械收获，收获时应避免碰伤或擦伤及块茎暴晒。

2. 大棚越夏芹菜栽培技术

（1）品种选择。选择耐热、抗病、抗逆性强、高产的优良品种，如法国皇后、美国芹菜等。

①法国皇后：植株高大，紧凑，株型整齐一致。耐热性好，抗病性强，叶柄实心，黄绿色，光泽度好，品质鲜嫩，耐抽薹，产量高。

②美国芹菜：大株型，叶片肥大，叶柄浅绿，横断面实心，半圆形，叶柄肥大宽厚，基部宽 3～5 厘米，叶柄一节长 27～30 厘米，株高 80 厘米，叶柄抱合紧凑，质地脆嫩，纤维少，品质优。

（2）育苗。春季断霜后至 5 月上中旬播种，6 月上中旬定植。播种前 1 周浸种催芽，当 80％～90％的种子露白后，即可播种。播种前先将育苗基质浇透水。将露白后的种子均匀撒到基质中，覆盖厚度 0.1～0.2 厘米，覆盖地膜保持基质湿润。

（3）定植。

①施基肥：每 667 米² 施入腐熟有机肥（有机质≥30％）2 000～3 000 千克、三元复合肥 20 千克。施入基肥后，用机械进行深翻，深度在 25～30 厘米左右。

②整地做畦：精细整地后，按照畦面宽 1.2 米做畦，沟宽 0.4 米。在畦上铺好滴灌管，滴灌孔距为 20 厘米。

③定植：选晴天下午定植，株行距一般均为 12～15 厘米，每穴播种 2～3 株。在定植的前 1 天浇水，保持畦面湿润。定植后浇透水。

（4）田间管理。

①遮阳防晒：芹菜不耐高温强光，遮阳可为芹菜创造适宜的生长条件。6月下旬开始覆盖遮阳网。

②植株管理：中后期需要把芹菜下部的叶子去掉，减少营养消耗，并增加通风透光，降低病害发生的概率。

③水肥管理：一般在定植后 2～3 天再浇 1 次缓苗水，促进缓苗和新根发生，待心叶变绿时，表明缓苗已经结束。当新根发出时，土壤要保持见干见湿，每隔 1 周于早上或者傍晚浇 1 次水，既保证土壤湿润，又能有效降低地温。遇连续的阴雨天气时，不再浇水。在生长前期，每 667 米^2 施用尿素 5～7千克、硫酸钾 1～3 千克；在植株旺盛生长期，需要追肥 2 次，每次每 667 米^{2}施尿素 8～10 千克、硫酸钾 3～5 千克。为了预防心腐病的发生，适时向叶面喷施硝酸钙或者氯化钙等钙肥。

④温湿度管理：将大棚两侧的风口开到最大，白天最高温度控制在 30℃以下，直到采收。棚内相对湿度应控制在 50%～60%，湿度过大容易发生软腐病。

（5）病虫害防治。按照以"预防为主，综合防治"的植保方针，坚持以农业防治、物理防治、生物防治为主，以化学防治为辅。

①农业防治：根据当地主要病虫害发生及重茬种植情况，有针对性地选用高抗品种。通过放风、地面覆盖等措施，控制各生育期的温、湿度，减少或避免病害发生；增施充分腐熟的有机肥，减少化肥用量；及时清除前茬作物残株，降低病虫基数；及时摘除病叶，并集中进行无害化销毁。

②物理防治：棚内悬挂黄色粘虫板诱杀蚜虫、斑潜蝇等害虫。选用规格25 厘米×40 厘米的虫板，每 667 米^{2}悬挂 30～40 块，黄色粘虫板等距离放置。在大棚门口和放风口设置 40～60 目防虫网。

③化学防治：使用 58%甲霜·锰锌可湿性粉剂 600～800 倍液，或 3%多抗霉素可湿性粉剂 300 倍液防治斑枯病；喷洒 70%噁霉灵可湿性粉剂 1 800 倍液，或 70%代森联水分散粒剂 500～600 倍液防治猝倒病；用 50%代森铵600～800 倍液，或 50%琥胶肥酸铜可湿性粉剂 500～600 倍液防治软腐病；每667 米^{2}用 98%石灰氮 30～50 千克，威百亩 20～25 千克，对土壤进行消毒，防治根结线虫；用 1.8%阿维菌素乳油 2 000～2 500 倍液喷雾，或 40%绿菜宝乳油 1 000～1 500 倍液喷雾，防治斑潜蝇。

（6）芹菜采收。采收过晚品质下降。当芹菜株植长到 50～70 厘米时，进行采收。采收过程中所用小铲要清洁、卫生、无污染，用小铲将西芹基部铲下，去掉老叶和边叶，保持植株完整良好。

3. 秋茬青蒜苗栽培技术

参照 P277～278 大棚秋茬青蒜苗栽培技术。